A FRAGMENTAÇÃO ADMINISTRATIVA DO ESTADO

Fatores Determinantes, Limitações
e Problemas Jurídico-Políticos

Daniela Bandeira de Freitas

Prefácio
Jessé Torres Pereira Junior

A FRAGMENTAÇÃO ADMINISTRATIVA DO ESTADO

Fatores Determinantes, Limitações e Problemas Jurídico-Políticos

Belo Horizonte

2011

© 2011 Editora Fórum Ltda.

É proibida a reprodução total ou parcial desta obra, por qualquer meio eletrônico, inclusive por processos xerográficos, sem autorização expressa do Editor.

Conselho Editorial

Adilson Abreu Dallari
André Ramos Tavares
Carlos Ayres Britto
Carlos Mário da Silva Velloso
Carlos Pinto Coelho Motta
Cármen Lúcia Antunes Rocha
Clovis Beznos
Cristiana Fortini
Diogo de Figueiredo Moreira Neto
Egon Bockmann Moreira
Emerson Gabardo
Fabrício Motta
Fernando Rossi
Flávio Henrique Unes Pereira

Floriano de Azevedo Marques Neto
Gustavo Justino de Oliveira
Jorge Ulisses Jacoby Fernandes
José Nilo de Castro
Juarez Freitas
Lúcia Valle Figueiredo (*in memoriam*)
Luciano Ferraz
Lúcio Delfino
Márcio Cammarosano
Maria Sylvia Zanella Di Pietro
Oswaldo Othon de Pontes Saraiva Filho
Paulo Modesto
Romeu Felipe Bacellar Filho
Sérgio Guerra

Editora Fórum

Luís Cláudio Rodrigues Ferreira
Presidente e Editor

Coordenação editorial: Olga M. A. Sousa
Revisão: Cida Ribeiro
Bibliotecária: Lissandra Ruas Lima – CRB 2851 – 6ª Região
Indexação: Fernanda de Paula Moreira – 2629 – 6ª Região
Capa, projeto gráfico e formatação: Walter Santos

Av. Afonso Pena, 2770 – 15º/16º andares – Funcionários – CEP 30130-007
Belo Horizonte – Minas Gerais – Tel.: (31) 2121.4900 / 2121.4949
www.editoraforum.com.br – editoraforum@editoraforum.com.br

F866f   Freitas, Daniela Bandeira de
A fragmentação administrativa do Estado: fatores determinantes, limitações e problemas jurídico-políticos / Daniela Bandeira de Freitas; prefácio de Jessé Torres Pereira Junior. Belo Horizonte: Fórum, 2011.

320 p.
ISBN 978-85-7700-413-3

1. Direito administrativo. 2. Administração Pública (ciência). 3. Ciências políticas. 4. Direito constitucional. I. Pereira Junior, Jessé Torres. II. Título.

CDD: 341.3
CDU: 342.9

Informação bibliográfica deste livro, conforme a NBR 6023:2002 da Associação Brasileira de Normas Técnicas (ABNT):

FREITAS, Daniela Bandeira de. *A fragmentação administrativa do Estado*: fatores determinantes, limitações e problemas jurídico-políticos. Belo Horizonte: Fórum, 2011. 320 p. ISBN 978-85-7700-413-3.

Ao Nuno, pelo carinho, paciência e apoio valiosos, e aos meus pais, pela força de sempre.

Agradecimentos

Ao Tribunal de Justiça do Estado de Rio de Janeiro, por me ter concedido a oportunidade e o tempo necessários para o desenvolvimento do curso de mestrado.

À Faculdade de Direito da Universidade de Lisboa, na pessoa da Dra. Maria José Abreu (Gabinete de Estudos Pós-Graduados), pela amizade e dedicação aos alunos do mestrado.

À Eliana, Ana Paula e ao Sargento Santos, funcionários de meu gabinete na Vara de Família da comarca de Teresópolis, Rio de Janeiro, pela dedicação e pelo apoio.

À Biblioteca do Tribunal Constitucional de Portugal, em Lisboa, pelo carinho de seus funcionários e pela ajuda nos momentos de pesquisa.

À Biblioteca do Tribunal de Justiça do Estado do Rio de Janeiro, pela eficiência na localização de obras bibliográficas importantes.

Ao Professor Doutor Paulo Otero, pela sua importante orientação neste trabalho, mesmo a distância.

Ao Professor Doutor Marcos Juruena Villela Souto, eis que sem a sua ajuda e incentivo não seria possível a publicação desta obra.

Se se procurar em que consiste precisamente o maior bem de todos, que deve ser o fim de todo o sistema de legislação, concluir-se-á que ele se reduz a dois objetivos principais: a liberdade e a igualdade.

(ROUSSEAU, Jean-Jacques. 1712-1778. Disponível em: <http://www.pensador.info/autor/Jean_Jacques_Rousseau/3/>)

Sumário

PREFÁCIO
Jessé Torres Pereira Junior 13

CAPÍTULO 1
INTRODUÇÃO 21
1.1   Enquadramento jurídico-político do tema 21
1.2   Justificativa do tema 26
1.3   Objeto da investigação 28

CAPÍTULO 2
UMA BREVE ANÁLISE HISTÓRICA 31
2.1   Uma breve visão da evolução histórica até o Estado moderno 31
2.2   O modelo do Estado liberal 46
2.2.1 A separação dos poderes e a "submissão" legal da Administração Pública 46
2.2.2 A concentração político-administrativa 53
2.2.3 A fragmentação administrativa em parceria com o setor privado 56
2.3   O Estado social e a "fuga" do centro 59
2.4   Conclusões 62

CAPÍTULO 3
OS PRINCIPAIS FATORES DETERMINANTES DA FRAGMENTAÇÃO ADMINISTRATIVA NO ESTADO CONTEMPORÂNEO 67
3.1   A transição da "Administração Pública social" para uma "Administração Pública social e reguladora" 67
3.2   A democratização da Administração Pública 92
3.2.1 Autoadministração 103
3.2.2 Administração participativa 108
3.2.3 Legitimidade do poder administrativo 115
3.3   A busca pela eficiência como princípio da Administração Pública 123
3.3.1 A reforma da Administração Pública: tecnicismo, flexibilidade e consensualidade 126
3.3.2 A "constitucionalização" da eficiência 132
3.4   Conclusões 140

CAPÍTULO 4
AS PRINCIPAIS LIMITAÇÕES JURÍDICO-POLÍTICAS DA
FRAGMENTAÇÃO ADMINISTRATIVA 145
4.1 O princípio da unidade político-administrativa 145
4.2 As normas constitucionais e as vinculações jurídico-públicas 162
4.3 As normas gerais do Estado central 171
4.4 As formas de controle do Estado central 181
4.5 A delimitação de competências político-administrativas 191
4.6 A opção política pelo "tamanho" da Administração Pública do Estado 203
4.6.1 A escolha das tarefas administrativas 204
4.6.2 O grau de intervenção da Administração Pública 210
4.6.3 A forma de Estado 212
4.7 O princípio da igualdade: objetivo da Administração Pública do Estado de bem-estar 213
4.8 Conclusões 220

CAPÍTULO 5
OS PROBLEMAS DA FRAGMENTAÇÃO ADMINISTRATIVA:
PRINCIPAIS QUESTÕES 227
5.1 O déficit de sistematização orgânico-funcional da Administração Pública: "o que é e quem é Administração Pública"? 227
5.2 Quais são as formas de fragmentação? 237
5.3 A debilitação do controle da Administração Pública: alguns tópicos relevantes 245
5.3.1 A debilitação do controle de legalidade 246
5.3.2 A debilitação do controle da gestão administrativa privada 251
5.3.3 A debilitação do controle administrativo da eficiência 257
5.3.4 A debilitação do controle da Administração independente 263
5.4 A "politização" do poder administrativo 268
5.5 A equação: "igualdade *versus* autonomia administrativa" 272
5.6 A centralização *versus* regionalização no Estado de bem-estar: realidade ou utopia? 278
5.7 Conclusões 285

CAPÍTULO 6
NOTA FINAL 291

REFERÊNCIAS 295

ÍNDICE DE ASSUNTOS 311

ÍNDICE DA LEGISLAÇÃO 315

ÍNDICE ONOMÁSTICO 317

Prefácio

Após longo evolver histórico, as sociedades do pós-guerra 1939-45 se dão conta progressiva de que sua escassa participação na avaliação das chamadas "razões de estado" e de que a interdição a controles, decorrente da discricionariedade administrativa — isto é, pouca democracia e muito autoritarismo —, permitem que agentes públicos, sejam os políticos, subordinantes, ou os administrativos, subordinados, escolham e empreendam ações governamentais dissociadas das necessidades reais e dos interesses autênticos das populações a que se deveriam supostamente destinar.

Os efeitos são conhecidos: programas e projetos de inadequada relação custo-benefício e resultados desviados do interesse público.

A mudança teria de começar, como começou, do fundamento de toda ordem jurídica, qual seja, a Constituição. As Constituições promulgadas no período, de que são exemplos as de Alemanha, Itália, Espanha e Portugal — não por acaso, nações que experimentaram modelos extremados de concentração autoritária do poder político, ao longo dos anos 1900 (nazismo, fascismo, franquismo e salazarismo, respectivamente) —, mais se empenham por definir em seu próprio texto políticas públicas limitadoras da discricionariedade e cuja execução possa ser objeto de controles efetivos pelas instituições incumbidas de aferir-lhes os resultados e coibir-lhes eventuais desvios.

Com a Constituição da República brasileira, de 1988, não foi diferente. Até porque também aqui se viveu período de radical concentração do poder político.

Das definições postas no texto constitucional até a sua absorção e observância cotidiana, porém, vão consideráveis distância e número de emendas. Mais de vinte anos e quase sessenta emendas são passados e o que se vê, na realidade brasileira atual, é a busca continuada da configuração e da afirmação dos novos paradigmas, a que resistem pessoas, corporações e culturas.

Quanto à configuração, pouca divergência ainda subsistiria no concernente à essência dos novos principais balizadores jurídicos do exercício da função administrativa estatal, em qualquer de seus poderes constituídos e independentemente de filiações ideológicas ou político-partidárias.

O patrimonialismo deve ceder ao compromisso com os resultados de interesse público, mensuráveis mediante indicadores objetivos e de acesso democratizado.

Toda ação governamental deve cumprir ciclo virtuoso de gestão técnica (planejamento, execução, controle e avaliação).

Não pode prevalecer a discricionariedade administrativa onde houver política pública traçada na Constituição.

Todos os atos dos agentes públicos, incluídos os providos de discricionariedade, devem enunciar os seus motivos e sujeitar-se a controles institucionais e sociais.

Adoção de meios jurídicos privados de atuação, movendo o centro de gravidade da Administração Pública da unilateralidade do ato administrativo para a consensualidade dos contratos e convênios de cooperação.

Os princípios, explícitos e implícitos, norteadores do sistema jurídico, entre os quais o da eficiência, encontram na Constituição sua sede principal e devem ser considerados normas jurídicas de eficácia imediata e providas de sanção, para o caso de inadimplemento, e não apenas proposições gerais, impessoais e abstratas, a serem perseguidas em prazo indeterminado.

Quanto à afirmação desses paradigmas no funcionamento do estado e nas suas relações com a sociedade, ainda carecem de maior efetividade os esforços que aqui e ali se desenvolvem para que se torne universal. Até porque, além de novos, ou exatamente porque novos, tais paradigmas suscitam perplexidades e divergências quando transplantados da concepção teórica para a prática das instituições e de seus agentes.

É necessário que, nas instituições, perseverem agentes que não desistam do compromisso com a mudança, cuja consecução também busca metodologia adequada.

Na interseção entre a utopia da conversão a novos paradigmas e a metodologia eficiente para realizá-la surgem personagens e temas especialmente importantes para a compreensão do momento histórico e dos horizontes com que acena para o futuro.

O presente texto situa-se nessa interseção, tanto em relação à autora quanto ao tema.

Daniela Bandeira de Freitas integra a magistratura jovem de um dos estados da federação brasileira mais propício para ilustrar o fenômeno da "fragmentação administrativa do estado", o tema que a autora que elegeu para suas reflexões acadêmicas.

No Rio de Janeiro, quinze milhões de brasileiros são vizinhos entre o que o desenvolvimento pode oferecer de mais fascinante e o que de mais degradante pode resultar da pobreza extrema. Há muito ricos e muito pobres, sob qualquer perspectiva econômica e socioantropológica com que se analisem riqueza e pobreza.

Por isto mesmo, na gestão dessa unidade da federação, convivem todos os modelos de Administração Pública, previstos ou compatíveis com as linhas traçadas na Constituição da República.

Esses modelos começam, na história recente do país, com a reforma consolidada pelo Decreto-Lei nº 200, de 1967, que dividiu a estrutura organizacional da Administração Pública brasileira em duas ordens de gestão: a da Administração dita direta e a da Administração dita indireta.

A primeira, integrada por órgãos subordinados, sem personificação jurídica própria, que operam diretorias, serviços e seções em que se decompõem os Ministérios, na esfera da União; as Secretarias de Estado, no âmbito dos governos de cada Estado-membro ou do Distrito Federal; e as Secretarias municipais, na esfera das Prefeituras de cada Município.

A segunda, integrada por entidades, cada qual com personalidade jurídica própria e autonomia patrimonial e financeira, vinculadas aos Ministérios ou Secretarias, quais sejam as autarquias, fundações públicas, empresas públicas e sociedades de economia mista (federais, estaduais, distritais ou municipais).

Essas duas ordens foram constitucionalizadas nos artigos 37 e 173 do Texto Fundamental de 1988, que lhes deu unidade principiológica e as submeteu a diretrizes gerais.

A Constituição da República de 1988 acrescentou terceira ordem, destinada a revigorar um instrumento de prestação de serviços públicos que se encontrava decadente, sufocado que fora pelas entidades de Administração indireta no pós-guerra 1939-1945, entidades essas que se faziam necessárias na contingência de reconstruir-se, sob o poder estatal, o que destruído fora pelo caos que sempre resulta dos conflitos bélicos.

Essa terceira ordem deduz-se do art. 175, segundo o qual os serviços públicos, cuja prestação é da titularidade do poder público — federal, estadual, distrital ou municipal —, podem ser executados, mediante delegação contratual, por empresas privadas que, por vencedoras de prélios licitatórios, se tornam concessionárias ou permissionárias de serviços públicos, sem perderem o caráter privado, nem integrando a Administração Pública, direta ou indireta, embora sujeitas à política tarifária e ao poder regulamentar do concedente ou permitente. Este, titular exclusivo do dever constitucional de prestar o serviço à população, pode escolher entre ser também o executor da prestação (por órgão da Administração direta ou por entidade da Administração indireta) ou adotar, como instrumento de execução da prestação, a via da concessão ou da permissão.

Essas três ordens de gestão pública não cobriam, como não cobrem, o amplo espectro dos serviços que, embora não sendo considerados públicos, no sentido de serem incumbência estrita do estado, importam à qualidade de vida, ou ao mínimo existencial, de numeroso contingente de cidadãos, em áreas que lhe são básicas, como as da educação, saúde, trabalho, moradia, assistência social ou equilíbrio ambiental, entre outras.

A prevalência essencial da dignidade da pessoa humana, perfilhada entre os princípios cardeais da república e do estado democrático de direito, levou a Carta de 1988 a considerar que, nessas áreas, o estado haveria de intervir não como titular exclusivo das prestações, como ocorre na Administração direta, na Administração indireta ou na administração por delegação às concessionárias e permissionárias. Tampouco poderia omitir-se ou deixar à própria sorte a ocupação daquele espaço, que, mal ou bem, vinha sendo objeto da atuação de associações privadas que, desde a década de 1930, podiam obter o título — mais honorífico e previdenciário do que operacional — de entidades de utilidade pública.

O estado haveria de entreter uma colaboração efetiva com essas entidades, as existentes e as que poderiam vir a ser constituídas, segundo novos modelos de interlocução sociedade-estado. Tal a origem das chamadas organizações sociais (OS) e organizações da sociedade civil de interesse público (OSCIP), cujo espaço de atuação é aquele que se descortina a partir dos artigos 199, §1º, 204, I, 205, 216, §1º, e 227 da CR/88.

Se quatro são as ordens de gestão pública traçadas ou admitidas pela Constituição de 1988 (administração direta, administração indireta, administração delegada e administração em parceria), qual o significado da expressão "Terceiro Setor", que findou consagrada para exprimir a faixa em que atuam as OS e OSCIP?

A denominação leva em conta a natureza e a extensão da ação estatal, que nosso vigente Texto Magno situou no epicentro do processo de desenvolvimento econômico e social que se deve gerir e fomentar de modo sustentado, isto é, com respeito à dignidade da pessoa humana, que, a seu turno, impõe a observância dos direitos e garantias fundamentais, limites às intervenções estatais e prevalência dos recursos naturais renováveis.

O primeiro setor desse processo de desenvolvimento pleno é o da ação estatal por competência própria e exclusiva, seja operando os órgãos subordinados da Administração direta, ou as entidades vinculadas da Administração indireta, ou, ainda, delegando a execução de serviços públicos a concessionárias e permissionárias, que mantém sob seu poder regulamentar e fiscalizatório. De toda sorte, é o estado agindo, intervindo, regulando, supervisionando, em maior ou menor escala.

O segundo setor do processo é o da atuação das sociedades empresárias, que, visando lucro, atuam segundo as regras de livre mercado. A postura estatal, aqui, é a de assegurar a liberdade de concorrência e a segurança jurídica das relações, segundo os princípios inscritos no art. 170 da Constituição.

O terceiro setor do processo é o de ação complementar ou supletiva. O ente público se torna parceiro de entidades privadas sem fins lucrativos, que, exatamente por isto, carecem de suporte material para agir em favor daqueles que, também desprovidos de meios suficientes, a ação estatal exclusiva ou delegada não alcança de forma eficaz.

Insinuam-se, desde logo, as inúmeras e delicadas questões que essa parceria haveria de suscitar quando posta a funcionar. É de funcionamento eficiente e eficaz que se deve cogitar. Sentido não haveria — sob a perspectiva do processo de desenvolvimento econômico e social sustentado, com respeito à dignidade da pessoa humana que o deve mover e inspirar, nos termos da Constituição da República — em o estado destinar recursos às OS e OSCIP para que não se cumprissem os objetivos de atendimento à sua clientela natural, composta pelos excluídos dos demais setores do processo ou por estes insuficientemente atendidos.

Essas questões são de variada índole — política, econômico-financeira, jurídica e gerencial.

Não raro, associa-se o chamado Terceiro Setor somente à atuação de organizações não governamentais (ONG), o que é incorreto, ao menos na experiência brasileira. Vistas como antagonistas do estado — por dele demandarem atuação mais efetiva ou mesmo diferente da empreendida —, as organizações não governamentais, surgidas no Brasil durante o período da ditadura militar (1964-1985), nenhum vínculo funcional têm, ou precisam ter, com o estado. Desempenham o papel de protagonistas do processo de desenvolvimento, chamando a si responsabilidades e encargos de executar, por movimento e consoante critérios próprios, atividades que reputam relevantes para o processo de desenvolvimento, bem como acompanhando e avaliando, com indicadores que constroem por sua conta e perspectiva, as ações estatais e seus resultados.

As ONG não representam, no direito brasileiro, uma forma de organização jurídica específica de entidade privada, nem há disciplina a seu respeito em normas positivadas, conquanto algumas a elas se refiram.

O termo ONG traduz, na experiência institucional brasileira, a formação de organizações privadas, constituídas principalmente nas décadas de 1970 a 1990, tendo por objetivo a defesa de direitos e a promoção do desenvolvimento sustentável, com eixo principal na redução das desigualdades.

Como exercem papel social reconhecido, sem vínculo algum com o estado — por vezes a ele opondo-se ou censurando-lhe omissões ou imperfeições —, as ONG tendem a ser incluídas no Terceiro Setor com a conotação genérica de setor paralelo à atuação estatal. O fato de se remeterem as ONG ao Terceiro Setor não as faz, necessariamente, entidades colaboradoras do estado, muito menos integrantes de qualquer daquelas quatro ordens de gestão pública – Administração direta, indireta, delegada ou parceira. Nem reduz o Terceiro Setor à sua existência.

A distinção está em que OS e OSCIP nascem, na iniciativa privada, para colaborar operacionalmente com o estado, ao passo que as demais ONG nenhum vínculo operacional mantêm com o estado, tanto que fazem a sua própria leitura e interpretação dos princípios e normas constitucionais, não raro divergente da leitura e interpretação que deles fazem os programas e projetos governamentais.

A diversidade não impede que, eventualmente, ONG e estado se associem em convênios para a execução de projetos de interesse público comum, desde que, por óbvio, haja convergência de perspectivas. Por isto que, nessas circunstâncias, ONG, OS e OSCIP tendem a ser confundidas, o que cumpre, todavia, evitar no campo dos conceitos.

Em suma, o processo de desenvolvimento econômico e social é obra conjunta do estado (primeiro setor), do empresário privado que almeja lucro (segundo setor) e da entidade privada que não o visa (terceiro setor), cada qual com seus matizes, métodos e regimes, sem embargo de manterem interfaces balizadas pela ordem jurídica.

O relacionamento desses três setores, naquelas quatro ordens de gestão do estado, está a produzir, na Administração Pública brasileira, quadro de incertezas e disputas no qual se encaixa, à perfeição, o tema da "fragmentação administrativa do estado". Notadamente quando gestores da Administração direta pretendam transferir à administração em parceria a integralidade da gestão de serviços da típica competência estatal.

O manejo do tema por membro do Poder Judiciário de um estado-símbolo como o Rio de Janeiro traz o testemunho de quem está a vivenciar o processo, também cultural, de transição do "estado patrimonialista" para o "estado eficiente", desde que democrático de direito, na medida em que submetido à tutela judicial, esta, a seu turno, confrontada com o desafio de redefinir-se a extensão da função historicamente mediadora do Poder Judiciário, que, exatamente por ser mediadora, exerce relevante papel na transição.

Segundo as garantias prometidas aos cidadãos pela Carta Fundamental de 1988 e na dicção de sua Corte Guardiã — o Supremo Tribunal Federal —, nada escapa à tutela jurisdicional. Seja lesão de direito tentada ou consumada, seja lesão decorrente de conflito entre particulares ou entre estes e o estado, sejam conflitos interindividuais, coletivos ou difusos, tudo pode e deve ser levado à composição judicial, da qual se espera solução em tempo razoável (C/88, art. 5º, inciso LXXVIII, acrescido pela Emenda Constitucional nº 45/2004).

E se a instituição judiciária não se mostrar apta a cumprir esse papel, as sociedades cogitam — já os pondo em prática — de outros instrumentos e formas de composição, tais como os da conciliação leiga ou do arbitramento. Importa, aos olhos da sociedade, que o direito desempenhe a sua função civilizatória, posto que também dele se exigem resultados.

O objeto dos temas clássicos de direito administrativo levados aos tribunais brasileiros não se terá alterado substancialmente. O repertório pretoriano continua a ser provocado, nessa matéria, por questões atinentes aos atos e contratos administrativos, ao regime jurídico dos servidores públicos, à responsabilidade civil do estado, à probidade dos agentes no exercício regular da função pública. O alvo da mudança são os meios e a efetividade dos controles internos e externos que se devem exercitar, a partir de conceitos expandidos ou renovados.

O presente livro pode ser lido com uma de duas posturas.

A do encantamento teórico com o descortino do processo histórico que leva à "fragmentação", que a autora demonstra remontar ao império romano, vara o medievo e chega ao estado moderno, absolutista, liberal e social, apresentando-se, hoje, na gestão estatal por toda parte.

Assumida essa primeira postura, o leitor resultará inquieto com o porvir e talvez se ponha em alienada "fuga" do que poderia ser a sua participação no processo. Postura que traduziria a antiga acomodação do cidadão, que considera o interesse público questão de estado, que não lhe diz respeito.

Ou postura de compromisso com a efetivação dos novos paradigmas que devem nortear a gestão eficiente do estado democrático de direito.

Perfilhada essa segunda linha, o leitor perceber-se-á partícipe do processo e integrar-se-á na travessia que as instituições brasileiras tentam cumprir, para que o estado democrático de direito saia das folhas da Constituição e incorpore, ao dia a dia da realidade, os valores que guiarão a nação rumo à chamada pós-modernidade da gestão pública de resultados, bem delineados os papéis dos agentes públicos e a participação da sociedade.

Daniela Bandeira de Freitas escolheu o tema certo para instigar à meditação e à ação. E se houve muito bem tanto para iluminar a meditação quanto para instrumentalizar a ação. Tudo indica que fez a sua escolha — após meditar, está a agir, a deduzir-se de uma de suas proposições conclusivas, acerca dos problemas decorrentes da fragmentação: "o próprio reconhecimento de planos distintos de fragmentação administrativa apresenta-se como estímulo a uma análise doutrinária que não apenas se dedique a classificar e a fracionar a Administração Pública, ainda entendida e concebida como um todo unitário, autoritário e hierárquico, mas sim que passe a vislumbrar uma Administração Pública orgânica e funcional fragmentada e, assim, fracionada em diversos âmbitos que, sob uma perspectiva plural e dinâmica, possibilite relações de gestão e controle, especialmente por parte do Estado, sob novas fórmulas de cooperação e coordenação".

Rio de Janeiro, julho de 2009.

Jessé Torres Pereira Junior
Desembargador do Tribunal de Justiça e Conferencista da Escola da Magistratura do Estado do Rio de Janeiro.

Capítulo 1

Introdução

Sumário: 1.1 Enquadramento jurídico-político do tema – **1.2** Justificativa do tema – **1.3** Objeto da investigação

1.1 Enquadramento jurídico-político do tema

A análise do fenômeno da fragmentação administrativa do Estado insere-se no âmbito do estudo jurídico, político e administrativo da ciência da Administração Pública, enquanto fenômeno que associa estes três pilares do Estado, em outras palavras: o direito, o aspecto político de escolhas do governo e a gestão pública do aparelho administrativo. Estes três aspectos do Estado possibilitarão enquadrar a organização e as atividades da Administração Pública em um grau de maior ou menor intensidade de fragmentação, a depender das escolhas políticas e da gestão pública de um dado Estado em um determinado momento histórico. Esta é uma primeira abordagem a ser realizada que servirá como ponto de partida para o desenvolvimento da investigação do fenômeno na atualidade.

Hoje, porém, em um Estado "neoliberal" e "gerencial", quando as opções políticas de reforma administrativa encontram-se na agenda de vários países da Europa Ocidental, assim como de países da América Latina, da América do Norte e até mesmo de países orientais, nas últimas três décadas e ainda permanecem como meta não atingida, a Administração Pública passa a ocupar um lugar de destaque, como instrumento que possibilita a execução das escolhas políticas de reforma. Por outro lado, a pluralidade da sociedade moderna e a própria globalização exigem respostas rápidas e efetivas que não mais se compatibilizam com um modelo centralizador de gestão político-administrativa. A fragmentação dos poderes do Estado, nos últimos anos, especialmente de poderes administrativos, sofre um significativo alargamento, o que passa a ser objeto de preocupação pelas ciências jurídico-políticas.[1] Porém, a dificuldade do tema reside no fato de que tanto a organização da Administração Pública, como suas atividades, ou melhor, a sua delimitação administrativa ou jurídica, encontram-se em período de grande instabilidade, seja quanto à determinação do que pode ser considerado como uma organização da Administração Pública, como o que pode efetivamente ser levado em conta como atividade eminentemente pública. Pode-se afirmar, mesmo, que as reformas administrativas operadas nos últimos anos trouxeram reflexos no âmbito organizacional e das atividades administrativas, com influência direta, inclusive, nas formas de distribuição de competências entre os entes territoriais dos Estados, possibilitando a revisão, em alguns países, de uma tendência centralista histórica, através de um processo de regionalização de Estados unitários, tal como ocorre na Itália e na Espanha.

O fenômeno da fragmentação dos poderes administrativos do Estado surge no âmbito da divisão do território em entidades fracionadas que passam a gozar de personalidade jurídica/coletiva própria e distinta do Estado central e de autonomia no sentido orgânico-funcional e no sentido material, de autogoverno e autoadministração. A divisão do Estado em frações distintas e autônomas representa, de um lado, a fragmentação dos órgãos político-administrativos do Estado e, de outro, a fragmentação dos poderes de decisão político-administrativa. O Estado "divide-se" como resposta à busca por uma maior eficácia e eficiência no cumprimento de suas tarefas que sofrem um significativo alargamento com o advento do Estado social, cujo substrato ideológico foi incentivado pela noção de justiça social e por um modelo de gestão pública, baseado nas práticas econômicas da política de bem-estar.

A análise do fenômeno, porém, não se circunscreve somente ao âmbito da divisão político-administrativa do território do Estado, mas durante o processo histórico do desenvolvimento do modelo de bemestar, o poder público conhece novas formas de divisão, ditadas pela

---

[1] Sobre a preocupação atual da perda da unidade do Poder Executivo, através da fragmentação administrativa do Estado e no sentido de que: "il primo segno di questo cambiamento sta nella perdita di unità del potere esecutivo, la cui frammentazione gli dà un'organizzazione che taluno chiama stellare o a rete ("vernetzte Verwaltung"), altri preferisce definire nebulosa, essendone incerti i confini. Enti pubblici, autorità indipendenti, agenzie vengono a comporre un universo amministrativo disperso, non più ordinato secondo la figura della piramide, con il governo al suo vértice. Lo stato, una volta ordinato *In*: modo compatto, finisce per rassomigliare a un gruppo industriale, di cui il governo è la società capogruppo, o a una confederazione di corpi autonomi" (CASSESE, Sabino. *Le basi del diritto amministrativo*. 6ª ed. Milano: Garzanti, 2000. p. 9-13).

impossibilidade do Estado e de suas próprias autonomias territoriais em atender todas as exigências de um novo modelo de Estado social, pós Estado liberal, no qual a Administração Pública deixa de ser a simples administração do Estado e passa a abranger outras formas jurídico-orgânicas institucionais públicas ou privadas, além de aumentar o espaço de novas formas de parcerias público-privadas, seja através do resgate da técnica concessória, seja sob a nova leitura do contrato administrativo, agora, denominado contrato público, que, por sua vez, passa a ser o instrumento de atuação da Administração Pública em detrimento da prática do ato administrativo. O aumento de tarefas do Estado social-prestador dá ensejo ao desenvolvimento de vários fenômenos de fragmentação organizacional e de poderes administrativos, seja através da descentralização ou mera desconcentração, seja através da concessão de autonomias político-administrativas com reflexos na própria forma de Estado federal, unitária e regional, seja através da descentralização da gestão dos serviços, e ainda através do fenômeno da privatização e do descentramento das decisões políticas e administrativas que passam agora a ser executadas pelos órgãos da União Europeia, em razão da integração de alguns países na Comunidade.

O fenômeno também torna-se evidente através do processo de reforma e busca por uma eficiência das tarefas públicas, aliada à concepção geral de que o Estado não mais possui condições de prestar todas as tarefas impostas pela Constituição. Neste momento, o setor privado assume um papel de agente colaborador e cooperador no desenvolvimento e na busca pela implantação de um modelo de Estado de bem-estar. As parcerias com a iniciativa privada revelam um processo de fragmentação das atividades da Administração Pública sob uma ótica não somente contratual de bilateralidade, mas de coordenação e colaboração, inserindo a análise do problema em um novo aspecto que foge aos modelos tradicionais de fragmentação institucional e territorial, abrindo-se espaço para novas formas e instrumentos administrativos de atuação, como os contratos, convênios, os acordos e os consórcios, através dos quais observam-se, muitas vezes, interesses multilaterais envolvidos.

Os novos espaços de atuação e organização da Administração Pública encontram-se em aberto, seja por força das rápidas transformações da "sociedade em rede" na era da informática, seja por força da velocidade das transformações sociais em uma sociedade cada vez mais globalizada em que os contratos públicos se internacionalizam e Estados instituem parcerias com empresas públicas estrangeiras de capital privado para executar tarefas administrativas ou prestar serviços públicos em ambos os países das respectivas nacionalidades ou apenas no país do Estado parceiro. À Administração Pública, hoje, abre-se um leque de opções de gestão de suas atividades e de seu arcabouço organizacional que merecem um enquadramento jurídico-político, inclusive para que as normas e princípios jurídicos, em especial, os princípios constitucionais, possam estabelecer critérios de limite a esta expansão administrativa, de forma a equilibrar a própria coesão necessária à existência e à plenitude do Estado.

Outra forma de fragmentação é observada sob a ótica do direito administrativo. O abandono do ato administrativo como forma principal de atuação da Administração Pública e o incremento da atividade contratual da Administração Pública, sendo o contrato um meio jurídico-privado por excelência, ensejaram um processo de utilização cada vez maior da Administração Pública de meios jurídico-privados como instrumentos de execução de suas tarefas, através de contratos privados, ao invés da utilização de contratos administrativos. Este processo desencadeou uma "privatização" dos meios jurídicos aplicáveis às relações administrativas, ensejando um verdadeiro direito privado aplicado à Administração Pública de natureza *sui generis*, pois sofre a vinculação direta de regras e princípios jurídico-públicos. A fragmentação do próprio direito aplicável à Administração Pública possibilitou, assim, uma divisão que antes não existia, qual seja, direito público administrativo e direito privado da Administração Pública.

O processo de fragmentação administrativa, ora vem acompanhado de um processo histórico de divisão de poderes políticos, ora de um momento de concentração de forças políticas, o que vai determinar ou influenciar a configuração de uma divisão de territórios administrativos dotados de mais ou menos poderes políticos ou de uma divisão de tarefas e funções administrativas, acompanhadas de um maior ou menor controle por parte do Estado central. Este movimento histórico que entrelaça a divisão administrativa com a divisão dos poderes políticos do Estado mostra-se impossível de se dissociar, desta tentativa de enquadramento jurídico-político do tema em estudo. A influência direta do poder político na Administração Pública revela-se de maneira clara na análise da divisão dos poderes administrativos do Estado.

O Estado, por sua vez, divide-se em territórios político-administrativos ou em territórios apenas administrativos, ao criar pessoas jurídicas de cunho territorial distintas do Estado central, o que remete à uma profunda ligação do fenômeno da fragmentação administrativa do Estado com as formas de Estado que hoje se conhece na doutrina do direito público: Estados unitários, federais e regionais.

Portanto, nesta tentativa de enquadramento jurídico-político do tema, pode-se concluir que a fragmentação administrativa do Estado pode ser encarada: (i) como um fenômeno que ocorre nos diferentes tipos de Estado a depender de sua conjuntura histórica; (ii) como um processo, sob a perspectiva do atual estágio de desenvolvimento da Administração Pública moderna, no século XX e início do século XXI.

Este processo desenvolve-se através de várias formas e modelos organizacionais e funcionais, especialmente, no período pós-Estado social, cuja crise possibilitou o seu incremento, podendo ser assim classificados em três grandes linhas de análise: a) a fragmentação administrativa sob a ótica da organização e das tarefas públicas do Estado; b) a fragmentação administrativa sob a ótica das atividades econômicas desempenhadas pelo Estado; c) e a fragmentação sob a ótica do sistema jurídico do direito administrativo, ou seja, sob a ótica de qual direito será aplicável à Administração Pública, o direito público ou o direito privado?

As diversas formas de fragmentação acabam por colocar em xeque o princípio da unidade político-administrativa do Estado, o que faz com que a Constituição institua limites jurídicos a este processo, com o objetivo de encontrar um equilíbrio que ao mesmo tempo não desnature o pluralismo organizacional e funcional do Estado democrático e não permita o privilégio da unidade, com o risco de que a concentração de poderes impeça a realização e a efetivação da justiça social e da democracia.

E a fragmentação administrativa, hoje, se por um lado apresenta seus benefícios no tocante à busca pela eficiência, pela desburocratização, por uma maior participação democrática (Administração Pública participativa) e, consequentemente, por uma maior legitimidade das decisões administrativas, por outro, apresenta problemas políticos e administrativos, tais como a dificuldade de controle administrativo, a dificuldade de delimitação do âmbito orgânico-funcional da Administração Pública, a interdependência maior entre poder político e a Administração Pública e o enquadramento do princípio da igualdade.

Cabe ainda, ressaltar que o processo de fragmentação caminha em duas direções contrárias, porém, concomitantes. Se, por um lado, observa-se uma tímida fragmentação administrativa em matéria de implantação de políticas de bem-estar pela Administração direta, por outro, sob a ótica das atividades administrativas econômicas do Estado, verifica-se uma fragmentação desenfreada, na busca por uma parceria cada vez maior com a iniciativa privada, inclusive em áreas consideradas como de competência exclusiva do Estado (tarefas de soberania). Ao que parece, o Estado busca se desfazer de tarefas públicas que exigem grandes investimentos, em razão da impossibilidade de arcar com estes empreendimentos. E, por outro, observa-se que em matéria de políticas públicas a serem executadas diretamente por ele, verifica-se uma concentração e uma mínima transferência de competências para as entidades administrativas infraestaduais.

Desta forma, neste cenário que apresenta uma Administração Pública dividida e plural, portanto, não se pode afirmar com certeza onde desembocará este "rio" fragmentado por diversos "canais", pois cada qual possui uma extensão distinta a ser analisada e individualizada. A preocupação, entretanto, revela-se naquilo que diz respeito ao necessário enquadramento jurídico-político do tema que se encontra em fase de amadurecimento doutrinário, seja no âmbito do direito administrativo, seja sob a perspectiva da ciência da Administração Pública. Só a partir deste enquadramento será possível às normas e princípios jurídicos e aos princípios de gestão pública equilibrarem as forças centralizadoras e descentralizadoras da organização e das atividades administrativas do Estado.

1.2 Justificativa do tema

No prólogo de seu livro *Tratado de Derecho Administrativo*, traduzido para o espanhol no ano de 1958, o professor alemão Ernst Forsthoff discorre sobre a sua preocupação acerca da ausência de correspondência entre a situação do direito constitucional e a realidade administrativa e a consequente dificuldade de uma exposição sobre os aspectos de enquadramento jurídico-doutrinário sobre o direito administrativo.[2] Esta preocupação do autor e professor alemão relembra a época histórica em que o livro foi escrito, na qual o Estado vivia uma atividade administrativa que se contrapunha às mínimas tarefas públicas do período liberal do final do século XIX e início do século XX. O Estado social apresentava-se, portanto, como uma nova realidade, com reflexos diretos na atividade e na organização da Administração Pública, realidade esta que deveria ser tratada e regulamentada pelo direito administrativo de então. A perplexidade do autor diante de novos fenômenos, em especial o desenvolvimento do constitucionalismo moderno nos países da Europa ocidental, que proporcionou uma maior vinculação material aos princípios jurídico-públicos constitucionais e

---

[2] FORSTHOFF, Ernst. *Tratado de derecho administrativo*. Madrid: Instituto de Estudios Políticos, 1958. p. 5, 6.

uma proliferação organizacional e funcional das atividades públicas, pode ser, de alguma forma, equiparada aos novos desafios impostos pelos novos modelos de gestão da Administração Pública na atualidade, que após ter sofrido uma expansão no conjunto de atividades e órgãos considerados públicos, passa a abranger órgãos e atividades privadas, regidos pelo direito privado, que atuam ora como agentes diretos, ora como parceiros e colaboradores do Estado.

Este modelo atual proporcionou, nas últimas três décadas do século XX e início do século XXI, um repensar sobre o sistema organizacional e funcional da Administração Pública, em razão de um processo de alargamento e expansão de suas competências, poderes e atividades, hoje exercidas e executadas por um grande número de entidades públicas e privadas distintas do Estado e de seu aparelho administrativo direto central ou periférico. E esta expansão revela vários âmbitos de fragmentação do Estado, seja em seu aspecto orgânico, funcional e jurídico.

O tema escolhido para esta dissertação revela a preocupação acerca do demasiado grau de fragmentação e dispersão do poder e da estrutura do aparelho administrativo do Estado que proporciona um repensar acerca dos equilíbrios necessários para a manutenção da unidade do próprio Estado e em especial, do controle e da efetividade de sua gestão administrativa. Se numa perspectiva o Estado de direito democrático exige a descentralização, a participação e a eficiência como metas, por outro, uma certa dose de unidade e controle impõe-se na medida em que a condução das políticas públicas não podem sofrer um grau exagerado de fragmentação, sob pena de se ter ameaçada a soberania interna e uma centralidade axiológica dos princípios políticos e jurídicos que direcionam a coesão de um determinado Estado.

Logo, a análise dos fatores determinantes da fragmentação, de seus limites e de seus principais problemas mais importantes na atualidade não pode passar ao largo do estudo da ciência política, da ciência da administração e do direito administrativo, na qualidade de instrumentos conformadores deste fenômeno e deste processo.

O tema escolhido é vasto e, por isso, de difícil análise. Porém, se o escolhi, foi porque vislumbrei nele suma importância para uma melhor construção dogmática sobre os limites, problemas e vantagens jurídico-políticas deste processo/fenômeno de fragmentação administrativa do Estado.

Entretanto, o tema mereceria um estudo mais aprofundado, o que esta dissertação não me possibilitará fazê-lo. Porém, na esperança de poder contribuir para uma melhor análise da ciência da administração e do direito administrativo quanto aos seus aspectos organizacionais e funcionais, esta pequena investigação já poderá ter cumprido o seu desiderato.

1.3 Objeto da investigação

O objeto desta dissertação inicia-se por uma breve análise histórica da fragmentação administrativa do Estado no Capítulo 2, através da qual se procura demonstrar, em primeiro lugar, que o fenômeno não se circunscreve às épocas modernas da história, pois se verifica formas de divisão da gestão administrativa, seja em seu aspecto funcional, seja no âmbito organizacional, em épocas antigas, e.g. no Império Romano e na Idade Média. Após uma rápida passagem pelas formas de fragmentação em Roma, passa-se à análise do período da Idade Média, ao procurar demonstrar a sua evolução até o despontar do Estado moderno. Na segunda parte, analisa-se o fenômeno no âmbito do Estado liberal sob três perspectivas distintas: (i) a separação dos poderes e a "submissão" legal da Administração Pública; (ii) a concentração político-administrativa; (iii) e a fragmentação administrativa em parceria com o setor privado. E na terceira parte histórica, finalmente, analisa-se o início do processo de fragmentação administrativa no Estado contemporâneo, com a caracterização de uma "fuga" do centro, em alteração ao modelo centralista do Estado liberal.

No Capítulo 3, a investigação circunscreve-se à análise dos principais fatores determinantes da fragmentação administrativa do Estado: (i) a transição da "Administração Pública social" para uma "Administração Pública social e reguladora", processo em que o Estado social, em crise, passa a se desfazer de uma série de tarefas que antes desempenhava, e assim, passa a transferi-las, cada vez mais, a pessoas coletivas/ jurídicas territoriais, funcionais ou institucionais, públicas ou privadas, provocando, assim, uma intensa divisão e dispersão de seus poderes administrativos e de suas estruturas de gestão; (ii) a democratização da Administração Pública, com a análise de três elementos fundamentais deste processo: a) o resgate do conceito de autoadministração, agora no âmbito do Estado contemporâneo, através do qual a autonomia é erigida como princípio constitucional e garantia da prerrogativa das comunidades em gerirem seus próprios interesses locais; b) a abertura, cada vez maior, das formas de participação coletiva ou individual em processos e procedimentos de tomada de decisões pelos órgãos e pessoas jurídicas que fazem parte integrante da Administração Pública; c) e a transformação da perspectiva do poder administrativo, que agora, após o processo de constitucionalização do direito administrativo, encontra-se fundamentado em uma ordem de valores e princípios constitucionais e em critérios de proporcionalidade que determinam suas decisões e procedimentos, trazendo para a órbita da Administração Pública uma nova forma de legitimidade, uma legitimidade democrática em contraste com uma legitimidade puramente legalista; (iii) e a busca da eficiência como princípio da Administração Pública que na onda do discurso de reforma do setor público, erigiu a eficiência como princípio constitucional e propiciou a reflexão acerca das responsabilidades pelas tarefas públicas, cuja execução passou a ser delegada e divida com a iniciativa privada e com a sociedade civil, após um amplo processo de privatização, ocorrido na maior parte dos países ocidentais nas últimas décadas do século XX e início do século XXI.

No Capítulo 4, após a análise dos fatores determinantes da fragmentação administrativa, procura-se investigar os principais limites jurídico-políticos deste fenômeno, que ainda continuam a atuar como mecanismos de equilíbrio de um Estado contemporâneo, plural e fragmentado em sua gestão administrativa. O princípio da unidade dos poderes do Estado aparece como principal limite, do qual todos os demais decorrem e atuam como solução de um Estado ao mesmo tempo plural e unitário em sua soberania interna.

No Capítulo 5, são trazidos alguns problemas que envolvem o fenômeno de fragmentação administrativa do Estado que se encontra em seu estágio mais avançado. A análise destes problemas resume-se às seguintes questões: (i) o déficit de sistematização orgânico-funcional da Administração Pública: "o que é e quem é Administração Pública?"; (ii) a debilitação do controle da Administração Pública, sob os aspectos da legalidade, da gestão privada da Administração Pública, da eficiência administrativa e da configuração da denominada administração independente; (iii) a "politização" do poder administrativo e a crescente interferência do poder político, em razão do demasiado grau de descentralização dos poderes e estruturas da Administração Pública; (iv) a análise da difícil equação: "igualdade *versus* autonomia administrativa"; (v) e a análise do fenômeno da regionalização no Estado de bem-estar, em especial na Europa, se representa uma realidade ou uma utopia de um discurso político que sob a promessa de uma maior descentralização, pretende, na realidade, a instituição de formas de controle e dominação.

Por fim, cabe aduzir que a análise dos fatores, limites e problemas que envolvem a fragmentação administrativa do Estado em seu aspecto externo — ou seja, sob a perspectiva da transferência de poderes administrativos para órgãos, organismos e pessoas coletivas/jurídicas de direito internacional, como aquelas que fazem parte integrante da Comunidade Europeia —, assim como a análise da fragmentação do direito aplicável à Administração Pública, em razão desta transferência de poderes no âmbito externo, não serão objeto deste trabalho, que privilegiará a análise do fenômeno no âmbito interno do Estado.

Capítulo 2

Uma Breve Análise Histórica

Sumário: 2.1 Uma breve visão da evolução histórica até o Estado moderno – **2.2** O modelo do Estado liberal – **2.2.1** A separação dos poderes e a "submissão" legal da Administração Pública – **2.2.2** A concentração político-administrativa – **2.2.3** A fragmentação administrativa em parceria com o setor privado – **2.3** O Estado social e a "fuga" do centro – **2.4** Conclusões

2.1 Uma breve visão da evolução histórica até o Estado moderno[3]

A fragmentação administrativa do Estado não é um fenômeno recente na história da Administração Pública dos países ocidentais.[4]

---

[3] Por uma questão metodológica, optei em analisar o fenômeno histórico da fragmentação administrativa do Estado absoluto a partir da evolução do período da idade média, passando pela época de transição, até o despontar do Estado moderno, quando já se é possível observar na doutrina algum tratamento sobre o modelo de divisão territorial-administrativa e das atividades administrativas do Estado. Neste sentido, cf. SANTAMARÍA PASTOR, Juan Alfonso. *Principios de derecho administrativo general I*. Madrid: Iustel, 2004. p. 28-31. (reimpressão, 2006).

[4] Importa destacar que o reconhecimento da Administração Pública como objeto de ciência ocorreu juntamente com o reconhecimento histórico do Estado. No sentido de que: "por otra parte, se está afirmando que la Administración, como el Estado, es un producto histórico, y que el tema debe estudiarse refiriéndolo a la época moderna, ya que solo hay Administración pública cuando aparece históricamente el Estado" (BAENA DEL ALCÁZAR, Mariano. *Curso de la ciencia de la administración*. 4. ed. Madrid: Tecnos, 2000. v. 1, p. 23). E, ainda, no sentido de que a inserção da Administração Pública no processo histórico adquire significativa importância, quando do surgimento de um novo tipo de organização política, o Estado moderno a partir do Estado absoluto e ao afirmar que: "pero nada más peligroso que hacer fáciles transposiciones históricas de unas épocas a otras refiriéndose a instituciones del pasado como si tuvieran el mismo significado que las actuales. Las organizaciones citadas de distintas épocas históricas no eran Administraciones públicas, porque la Administración, tal como hoy la entendemos, actúa como un elemento del Estado, el cual no puede identificarse con cualquier forma de organización política. (...)" (BAENA DEL

É possível observá-la desde a organização administrativa do império romano,[5] como forma de descentralizar as atividades públicas, na busca por uma paradoxal tentativa de integração das diversas áreas dominadas pelo governo de Roma,[6] como também em outras épocas

---

ALCÁZAR. *Curso...*, p. 23). Sobre a inexistência de uma Administração Pública organizada como ciência antes do surgimento do Estado moderno, cf. FORSTHOFF. *Tratado...*, p. 35-41. Em sentido contrário, inclusive ao apontar tipos de Administração Pública anteriores ao surgimento do Estado moderno, cf. WOLFF, Hans J.; BACHOF, Otto; STOBER, Rolf. *Direito administrativo*. Tradução de António F. de Sousa. 11. ed. alemã revisada. Lisboa: Fundação Calouste Gulbenkian, 2006. v. 1, p. 91-107. E, ainda, no sentido de que: "a Administração Pública moderna e o direito administrativo em vigor são produto de uma evolução histórica e de um processo mais ou menos em contínua evolução. Assim, parece ser metodicamente oportuno desenvolver a história da Administração Pública. Contudo, contra esta opinião tem-se sustentado a desnecessidade de conhecer o passado para lidar bem com o futuro. A história apresenta-se sem utilidade para o presente (...). Correcto nesta afirmação é que a história da Administração se limita ao *status quo ante* e ao *status quo*. Mas, determinadas raízes podem ser ultrapassadas por uma mudança do sistema de Estado. Nesse caso, não oferecerão reconhecimentos para a descrição do direito administrativo actual. Por conseguinte, devemos ter em consideração que durante a evolução histórica dos diferentes tipos de Estado também se formaram numerosos tipos de administração, que se distinguem pelo seu fim, pela sua estrutura orgânica, pelos seus meios específicos e pelas suas relações com o direito" (WOLFF; BACHOF; STOBER. *Direito...*, p. 91, 92).

[5] A escolha do exemplo romano como indicação histórica do fenómeno de fragmentação administrativa do Estado não afasta o reconhecimento de outras formas possíveis de sua incidência nos demais tipos de Estados pré-modernos (Grécia antiga, impérios orientais e idade média), cf. WOLFF; BACHOF; STOBER. *Direito...*, p. 93-104.

[6] Sobre os detalhes da história político-administrativa do império romano e em especial sobre a sua expansão de domínio a vastos territórios e sobre diferentes povos e etnias e sobre a descentralização dos serviços e poderes públicos que eram executados pelos magistrados nas cidades e províncias romanas e no sentido de que o Império Romano possuía uma superfície de 3,75 milhões de quilômetros quadrados e uma população calculada em 56 milhões de habitantes, que se distribuíam por todos os níveis civilizacionais, desde povos muito primitivos até aos mais sábios e cultos. Estruturalmente, este império era composto por uma constelação de cidades que se autogovernavam e que possuíam um centro urbano. Os magistrados locais eram encarregados de estabelecer a ligação entre o súdito e o Estado e exerciam funções administrativas de chefe da polícia local e agentes do fisco, dentre outras. E, também sobre outras características político-administrativas do império romano, cf. FINER, S. E. *A história do governo*. Tradução de José Espadeiro Martins. Mira-Sintra: Publicações Europa-América Ltda, 2003. p. 565-642. (Monarquias e impérios antigos, v. 1). E ao relatar que as províncias eram circunscrições territoriais dos territórios conquistados por Roma e que "daqui o passar-se a dar à palavra província, primeiro, o significado de governo de território fora da Itália; e depois o sentido de território fora da Itália submetido à jurisdição de um magistrado '*cum imperium*'. (...)
O *imperium* sob a República compreendia o poder administrativo, militar e jurisdicional. O magistrado dotado de império exercia, assim, nas províncias o poder absoluto, incluindo o direito de vida e de morte (...)". Também, segundo o autor, dentro de cada província, a unidade político-administrativa era a cidade, que até o século II da era cristã significava uma comunidade política dotada de governo e leis próprias, cf. CAETANO, Marcello. *História do direito português*. Lisboa: Verbo, 2000. p. 61-80. E, ainda, sobre algumas referências acerca da organização político-administrativa no Império Romano, cf. GILISSEN, John. *Introdução histórica ao direito*. Tradução de A. M. Hespanha e L. M. Macaísta. Lisboa: Fundação Calouste Gulbenkian, 2003. p. 80-92.

históricas de diferentes organizações político-administrativas, *e.g.* na Grécia antiga, nos impérios orientais e na idade média.[7] O império romano era dotado de um grande e imponente aparelho administrativo, que deixou seu legado na estruturação administrativa do mundo europeu ocidental.[8] O grau de fragmentação dos poderes político-administrativos em Roma podia ser sintetizado sob dois aspectos: (i) uma divisão administrativa territorial, através da qual os funcionários públicos indicados pelo governo central (pretores) tinham a seu cargo, sob sua responsabilidade, uma determinada área do território, onde se podia observar uma atividade administrativa gerida por interesses locais, porém, sob a supervisão do Imperador; (ii) e uma divisão de tarefas administrativas/executivas, ao lado de competências judiciais, exercidas pelos pretores e magistrados locais, através de delegação pelo Imperador.

Além da fragmentação político-administrativa, o Império Romano experimentou formas de colaboração entre a Administração e a sociedade civil,[9] de maneira que esta assumia algumas tarefas públicas através da *societas publicanorum* ou *societas vectigalium*, por exemplo, constituídas por contrato entre os *publicani*, aqueles a quem o Estado permitia a cobrança de impostos, e que então ficavam obrigados a entregar-lhe uma parte do tributo conseguido — o *vectigal*.[10] Com efeito, já no direito romano, admitia-se uma espécie de parceria através de um contrato, para que um cidadão ou um grupo de cidadãos levasse a cabo uma

---

[7] No sentido da divisão entre Administração Pública no Estado oriental, no Estado grego, no Estado romano, no Estado medieval e no Estado moderno, cf. AMARAL, Diogo Freitas do. *Curso de direito administrativo*. 2. ed. Coimbra: Almedina. 2005. v. 1, p. 51-90.

[8] Sobre alguns detalhes da Administração Pública no Império Romano e no sentido de que no topo da Administração Pública encontrava-se o Imperador, titular dos Poderes Executivo, Legislativo e Judicial. Porém, grande parte das funções executivas eram por ele delegadas ao pretor que tinha a seu cargo uma área geográfica territorial do império. Essa área do vasto território romano era dividida em municípios, províncias e cidades, que exerciam uma forma de autogoverno e autogestão dos assuntos periféricos ao Governo central, sob a supervisão e direção administrativa e judicial de um magistrado local. As relações entre a população local e o Estado central eram intermediadas pelos pretores e magistrados incumbidos pelo Imperador de fiscalizar e exercer competências administrativas e judiciais, cf. AMARAL. *Curso...*, v. 1, p. 55-60.

[9] Sobre a incidência do exercício de tarefas administrativas por particulares na antiguidade clássica, designadamente a existência de manifestações de fórmulas concessionárias na Grécia e em Roma, cf. GUEDES, Armando Manuel de A. Marques. *A concessão (Estudo de direito, ciência e política administrativa)*. Coimbra: Coimbra Ed., 1954. p. 26 *et seq.*, cf. também GONÇALVES, Pedro. *A concessão de serviços públicos*. Coimbra: Almedina, 1999. p. 45 *et seq.*

[10] No sentido de que, em sentido lato, o *publicano* era um "adjudicatário de abastecimentos, de obras estaduais a realizar e da exploração de bens do domínio público, como minas e salinas" (MARCOS, Rui Manuel de Figueiredo. *As companhias pombalinas*: contributo para a história das sociedades por acções em Portugal. Coimbra: Almedina, 1997. p. 16 *et seq.*).

tarefa pública, qual seja, a cobrança de impostos, da qual retiravam certo lucro pela retenção de parte dos tributos cobrados.

Após quinhentos anos do último imperador romano, a Europa passou por um longo período de decadência e anarquia política. As leis e a organização política e administrativa dos romanos ruíram com o fim do império. As leis romanas decaíram e cederam espaço ao desenvolvimento do direito local e dos costumes e à descentralização dos princípios e regras jurídicas. Porém, por volta do ano mil, uma nova ordem política e social começou a florescer na Europa ocidental, com especial influência do cristianismo e do feudalismo, como as duas grandes instituições de importância,[11] além das concepções germânicas.

A idade média é marcada por uma Administração Pública diversificada e sem organização,[12] fruto de uma descentralização jurídica e

---

[11] Sobre a influência do cristianismo da Igreja Católica e do feudalismo como instituições determinantes para o desenvolvimento das estruturas da sociedade medieval, cf. FINER, S. E. *A história do governo*. Mira-Sintra: Publicações Europa-América Ltda, 2004. p. 911. (As épocas intermediárias, v. 2).

[12] Sobre a diversificação e a descentralização político-administrativa no período da Idade Medida e sobre todos os fatores que antecederam o nascimento do Estado moderno na Europa, cf. FINER, S. E. *A história do governo*. Mira-Sintra: Publicações Europa-América Ltda, 2004. p. 1210-1216. (Impérios, monarquias e o Estado moderno, v. 3). Sobre os tipos de Administração Pública da Idade Média, cf. WOLFF; BACHOF; STOBER. *Direito...*, p. 95-98. No sentido de que os autores dividem, para fins doutrinários os tipos de Administração Pública em: 1. Administração imperial: a) sob o primado do Estado de conservação de direito — na qual o poder administrativo vinha alicerçado em vínculos contratuais; b) Administração de ocasião vinculada às pessoas, atrelada à concessão de regalias àqueles que atuavam em nome do rei; 2. Administração franca e Administração de cargos, associada a compromissos pessoais assumidos junto ao rei e a competências e instituições. Na maioria dos casos, estes "funcionários" reais cumpriam suas tarefas segundo a sua discricionariedade, mais no espírito do rei do que segundo as suas orientações; e 3. Administração feudal, baseada nos vínculos entre vassalos e senhores feudais, através da qual era concedido ao vassalo fiel um feudo que permanecia sob sua administração. É caracterizada por um caráter "multiforme" e um mínimo de organização institucional. E, ainda, que: "(...) O administrador estava obrigado a servir e ser fiel ao seu senhor (rei). Nos demais casos, ele era independente e estava certamente vinculado na sua discricionariedade por uma ideia geral de direito (*allgemeine Rechtsanschauung*), mas não por um direito administrativo positivo. Não existia um controle central e um poder tutelar de orientação, como em geral meios institucionais para a uniformização e o alinhamento da Administração" (WOLFF; BACHOF; STOBER. *Direito...*, p. 95-98). Também sobre as características administrativas da idade média em Portugal, cf. AMARAL. *Curso...*, v. 1, p. 60-63. E que, ao tratar sobre estas características, ressalta que: "durante a Idade Média, e apesar da fragmentação do poder político provocada pelo feudalismo — ou, entre nós, menos pronunciadamente, pelo regime senhorial —, alguns sinais evidenciam a presença da administração pública na vida colectiva.
Entre eles, destaque-se a existência de órgãos centrais (em Portugal, a *Cúria Régia*, o *Alferes-Mór*, o *Mordomo da Corte*, o *Chanceler* e, como funcionários subordinados, os *avençais*); de delegados locais do Rei em todo território (os *tenentes*, os *juízes*, os *mordomos*, os *alcaides* e, um pouco mais tarde, os *corregedores* e os *juízes de fora*); e de funcionários régios cobrando impostos, abrindo estradas, construindo edifícios públicos etc." (AMARAL. *Curso...*, v. 1, p. 60, 61).

política, traduzida pela ausência de unidade dos princípios e regras jurídicas[13] e pela hierarquia de poder político, caracterizada numa cadeia de vassalos e soberanos, ligados por vínculos contratuais, na qual a realeza, muito longínqua, ficava reduzida a uma dignidade ou prerrogativa no cimo da ordem feudal.[14] A ausência de Estado,[15] ou melhor, com a dissolução da ideia de Estado no período feudal, o poder sofre uma espécie de "privatização",[16] pois simplesmente não existia distinção entre os assuntos administrativos do reino, tratados por indivíduos privados ou por funcionários, delegatários das funções reais. Portanto, em vez do conceito moderno de *imperium*, pode-se atribuir a este período, a suas relações de poder, o conceito de *dominium*, conexo com os princípios da família e da propriedade.[17] Além dos territórios dos feudos, autoadministrados, com o desenvolvimento social, cultural e econômico dos reinos, já na baixa idade média, intensificam-se as estruturas urbanas autônomas, tais como: as comunas

---

[13] Sobre a ausência de uniformidade de regras e princípios uniformes que regulassem a divisão dos poderes político-administrativos entre as várias circunscrições territoriais e entre as diversas autoridade e funcionários, cf. CAETANO. *História...*, p. 215. O autor narra que: "as instituições medievais caracterizavam-se pela sua grande irregularidade e variedade: não havia regras uniformes para a divisão do território, nem quanto ao regime administrativo das várias circunscrições, nem para determinar o número, a denominação e os poderes das autoridades e funcionários. Tudo variava de lugar para lugar, com uma frequência desconcertante".

[14] Cf. MIRANDA, Jorge. *Manual de direito constitucional*. Coimbra: Coimbra Ed., 2003. p. 61. (Preliminares. O Estado e os sistemas constitucionais, t. I).

[15] O Professor Doutor Jorge Miranda, na esteira de Max Weber, sustenta que durante a Idade Média não há Estado, cf. MIRANDA. *Manual...*, t. I, p. 61, detalhe em nota de rodapé nº 1. Em sentido contrário, cf. AMARAL. *Curso...*, v. 1, p. 60, detalhe em nota de rodapé nº 3.

[16] Sobre o fenômeno da privatização do poder no período da Idade Média, cf. MIRANDA. *Manual...*, t. I, p. 61, cf. também AMARAL. *Curso...*, v. 1, p. 60. E no sentido de que: "a literatura sobre o feudalismo que citamos (...) está impregnada, como vimos, com a insistência de que a distinção entre 'obrigações públicas' e 'deveres privados' se apagou e que os primeiros passaram a ser os segundos. Dois pontos são dignos de comentário. O primeiro é de aplicação geral. Simplesmente, não existe distinção 'natural' entre os assuntos tratados pelos funcionários do Estado e os tratados por indivíduos privados. O segundo ponto é que o próprio conceito de direito 'público', dever e lei estão ausentes do relacionamento feudal como tal. Neste, a lealdade é devida ao seu senhor e não à comunidade e as obrigações são assumidas como contrato privado. O conceito de 'público' reside num só ponto, instituição, homem em todo o *regnum*: não no *dominus* mas no *rex*, o rei. Ele é o responsável pela defesa, justiça e pela segurança dos seus súbditos; e é nessa capacidade, com o decorrer do tempo, que a sua elevada função reabsorve a autoridade concedida aos seus vassalos e, ao fazê-lo, recria a esfera pública" (FINER. *A história...*, v. 2, p. 931, 932). Sobre a referência de "*stato patrimoniale*", segundo as características das suas relações jurídicas, cf. ROSSI, Giampaolo. *Diritto amministrativo*. Milano: Giuffrè, 2005. v. 1, p. 15, 16. Segundo o autor: "il diritto che veniva applicato non era uniforme, salvo poche e disorganiche disposizioni adottate dall'imperatore, vi era una molteplicità di jura singularia, corrispondenti alla frammentazione sociale e istituzionale".

[17] Cf. MIRANDA. *Manual...*, t. I, p. 61.

ou conselhos,[18] as corporações de mestres, as universidades, etc.[19] Cada uma destas estruturas passa a desenvolver atividades administrativas próprias, distintas e à margem de qualquer estrutura administrativa centralizada.[20]

O enfraquecimento do poder central, neste período histórico, a dispersão do povoamento e a necessidade de auto-organização espontânea das populações conduzem ao aparecimento de fórmulas de governo e administração locais (autoadministração), através das quais as comunidades locais chamam para si o desempenho das mais variadas funções de Administração Pública.[21] E ao lado das administrações locais, as instituições da Igreja Católica atuam como "corporações administrativas" na execução de tarefas ligadas a funções educativas, culturais e científicas.[22]

A luta entre o poder político centralizador do rei e o poder político local dos senhorios e nobres era fator limitador da reunificação do território do reino, bem como do próprio poder real que, aos poucos, foi obtendo êxito em sua batalha ao avocar em sua competência, cada vez maior, as decisões militares, políticas e de cobrança de impostos, antes de competência dos senhores feudais. Com o incremento da riqueza do reino e do poder real e com a influência cada vez maior da Igreja e de seus postulados canônicos, o rei passa a ter uma posição de maior proeminência sobre o poder político local, ao longo dos séculos XII a XIV e passa a concentrar, sob o seu controle, as atividades administrativas desenvolvidas ora pelas instituições da Igreja, ora pelas administrações privadas dos feudos e ora pelas administrações urbanas das cidades.

---

[18] Sobre a origem e o conceito indeterminados dos conselhos, cf. CAETANO. *História...*, p. 219-225. No sentido de que os conselhos representavam uma rede de agentes territoriais que asseguravam a administração da justiça do Rei que prevalece sobre os sistemas de justiça medievais, cf. BAENA DEL ALCÁZAR. *Curso...*, p. 78.

[19] Cf. AMARAL. *Curso...*, v. 1, p. 61.

[20] Sobre a administração urbana e o seu desenvolvimento no período da Idade Média e no sentido de que: "a administração urbana trouxe processos, livros e registros e teve nos escrivães do concelho (*Ratsschreiber*) os primeiros funcionários públicos modernos. No entanto, a administração urbana não era uma administração burocrática e institucional. Antes possuía o carácter de uma administração autónoma corporativa e associativa, que era exercida pelo sentido comum espontâneo da municipalidade politicamente legitimada. Esta não era objecto, mas sujeito, de uma administração de bem-estar interno. Considerando o que acabamos de referir, podemos concluir que 'quase tudo aquilo a que hoje chamamos Administração e direito administrativo' provém do município urbano autónomo" (WOLFF; BACHOF; STOBER. *Direito...*, p. 99).

[21] Cf. AMARAL. *Curso...*, v. 1, p. 61.

[22] Estas funções eram exercidas, em Portugal, pelas misericórdias, que foram enquadradas como corporações administrativas, cf. AMARAL. *Curso...*, v. 1, p. 61.

O desenvolvimento histórico que tem como marco o século XVI como linha divisória da organização política da Europa,[23] através da influência das ideias do Renascimento e da Reforma — que permitiram, finalmente, a secularização na condução das atividades políticas do Estado —, constituiu verdadeiro processo de surgimento dos Estados modernos. A noção de Estado, em sua plena acepção, teve como precursora a concentração do poder político nas mãos do monarca, vitorioso no embate político com os poderes dos senhorios e nobres locais. O fortalecimento militar do rei, como defesa do território de seu reino, e o aumento da atividade legislativa permitiram a consolidação dos costumes por meio de regras escritas, sob a influência do direito romano.[24]

Já a partir do século XII, o poder real, sob a influência dos princípios religiosos do cristianismo, passa a ser concebido sob a ideia de cargo ou ofício divinos e sob a ideia de que o rei nada mais era do que o "vigário de Deus,"[25] ao desempenhar na terra o papel do Senhor, assim como os Papas da época, ao comando central da igreja, como instituição.[26] "O rei, assim, desempenha um cargo, tem uma função e, consequentemente, um dever a cumprir. Não pode fazer tudo aquilo que lhe aprouver".[27]

O pensamento de que o poder real deve corresponder ao cumprimento do fim que levou Deus a outorgar-lhe tal poder leva à função real de realização da justiça. O processo de centralização do poder político possibilitou, por sua vez, o próprio alargamento da ideia de justiça,

---

[23] Cf. FINER. *A história...*, v. 3, p. 1209.

[24] Cf. FINER. *A história...*, v. 3, p. 1209-1242. Sobre os desenvolvimentos da conjuntura política em que se originou o Estado moderno, cf. JELLINEK, Georg. *Teoría general del estado*. Trad. Fernando de los Rios. Buenos Aires: Albatros, 1981. p. 242-248. Também sobre a evolução política da noção de Estado moderno, cf. CHEVALLIER, Jacques; LOSCHAK, Danièle. *Science administrative*. Paris: Librairie Générale de Droit et de Jurisprudence, 1978. t. I, p. 215-217.

[25] Cf. ALBUQUERQUE, Martim de. *O Poder Político no renascimento português*. Lisboa: Instituto Superior de Ciências Sociais e Política Ultramarina. Sep. Estudos Políticos e Sociais, v. IV, V, 1968. p. 145. Cf. também OTERO, Paulo. *O poder de substituição em direito administrativo*: enquadramento dogmático-constitucional. Lisboa: Lex. 1995. v. 1, p. 184, 185.

[26] Esta ideia, segundo os pensadores desta época, remete à conclusão de que: 1. o rei não era o dono do reino; 2. o poder real passa a ser limitado pela lei de Deus; 3. o poder do rei passa a ser limitado pelo fim a ser cumprido e confiado a ele, ou seja, o fim de se fazer justiça e alcançar a paz no reino; 4. e de que o rei deveria prestar contas de seus atos aos particulares e a Deus. A noção de *officium* é uma ideia da Idade Média que na Península Ibérica persistiu até muito tarde, até mesmo na idade moderna, ao influenciar a concepção de limitação do poder político, cf. ALBUQUERQUE. *O Poder Político...*, p. 145.

[27] Cf. ALBUQUERQUE. *O Poder Político...*, p. 145, cf. OTERO. *O poder de substituição...*, v. 1, p. 184, 185.

muito embora não se entendesse que o rei estivesse sempre subordinado ao direito. O crescente aumento da competência real de julgar e fazer justiça permitiu, por outro lado, também pela crescente centralização política, o surgimento da função real criadora do direito, especialmente daquelas regras processuais e outras que se faziam necessárias à realização da justiça. Desta forma, além da titularidade do poder de governar e concentrar o poder político primário, o rei desenvolvia o incremento da titularidade do poder judicial e legislativo.[28]

A concentração de poder faz nascer a ideia de que a única autoridade emana tão somente do rei, que passa a deter todas as funções do Estado. E também determina o alargamento da comunidade política através do reforço do aparelho de poder. As noções de soberania afloram e contribuem para o despontar das nações europeias e o rei ganha forças para converter, finalmente, a monarquia em absoluta, dando origem ao Estado absoluto ou Estado de Polícia, que perdurou do século XVI ao século XVIII,[29] no qual o rei ganha posição de proeminência sobre os demais estamentos da sociedade (clero, nobreza e terceiro estado) no tocante às decisões políticas.[30] Este período compreende duas fases: (i) do século XVI até o princípio do século XVIII, em que o poder absoluto do rei passa a ser entendido como poder divino, "o rei pretende-se escolhido de Deus"; (ii) e em uma fase subsequente, em que o pensamento político passará a atribuir o poder do rei dentro de uma fundamentação racionalista, é a chamada era do "despotismo esclarecido".[31]

---

[28] Cf. ALBUQUERQUE. *O Poder Político...*, p. 144-157, cf. OTERO. *O poder de substituição...*, v. 1, p. 172-210.

[29] Importa destacar que a evolução histórica para o Estado de Polícia, em que o absolutismo representa o esquema de poder político dominante do monarca não ocorreu de forma igual em todos os países da Europa e também o fortalecimento dos poderes reais não tiveram a mesma intensidade. Vale apontar o processo político, ocorrido na Inglaterra em que o Parlamento continuou a desempenhar o papel de órgão político de controle das funções do rei. Ao mencionar a administração do Estado na Inglaterra, neste período, cf. WOLFF; BACHOF; STOBER. *Direito...*, p. 102, 103.

[30] Cf. MIRANDA. *Manual...*, v. 1, p. 63-83.

[31] Cf. OTERO. *O poder de substituição...*, v. 1, p. 172-210, cf. também ALBUQUERQUE. *O Poder Político...*, p. 144-157. Sobre os acontecimentos fáticos associados ao desenvolvimento histórico do antigo regime, cf. ESCUDERO, José Antonio. *Curso de historia del derecho*. Madrid: Gráficas Solano, 1985. p. 721. Segundo este autor, o desenvolvimento histórico do antigo regime e do absolutismo encontra-se associado por meio de acontecimentos fáticos da Idade Média e pode ser classificado em três fases: 1. a origem e formação, com o início do fortalecimento do poder real já no final da Idade Média até a metade do século XVI; 2. o absolutismo problematizado por controvérsias doutrinárias, movimentos sociais e guerras religiosas até a metade do século XVII; 3. e o absolutismo maduro, durante a segunda metade do século XVII e todo século XVIII, cujo protótipo encontra-se no apogeu do despotismo esclarecido.

A descentralização política e jurídica do Estado medieval que afastava a própria noção de unidade, necessária ao conceito moderno de soberania, ínsito ao Estado moderno,[32] é seguida, portanto, por um período posterior de forte concentração política. O monarca, absoluto, passa a representar a própria soberania do Estado e a concentrar todos os poderes (legislativo, executivo e judicial) em suas mãos. Desta forma, o rei, vitorioso da luta política travada durante o período da Idade Média, consegue, através da avocação da competência de tributar, aumentar a riqueza do reino e o poderio militar, o que possibilita o incremento de sua força diante dos poderes dispersos e locais, em especial dos senhores feudais.[33] Logo, verifica-se, assim, a transição de uma "soberania piramidal e partilhada"[34] da Idade Média para uma "soberania absoluta e centralizada"[35] do Estado absoluto, não havendo mais espaço para a descentralização do poder político.

Nesta etapa de transição a um regime absolutista, que irá se consolidar no século XVII e XVIII, pode-se afirmar que o fenômeno da fragmentação administrativa do Estado aparecia em um cenário de luta política entre: (i) a crescente complexidade e desenvolvimento do aparato administrativo central do reino, com seus altos funcionários nomeados pelo rei, que passaram a exercer as atribuições delegadas de justiça e administração em um espaço territorial também definido pelo rei; (ii) a administração local urbana das cidades, concebidas como auto-administração, quase que um direito urbano autônomo,[36] com caráter corporativo e associativo; (iii) a administração dos feudos, esta fundada em relações privatísticas de poder entre vassalos e senhores feudais; (iv) as instituições administrativas eclesiásticas, que desempenhavam funções sociais, culturais e científicas; (v) e, finalmente, os corpos

---

[32] Sobre os motivos determinantes da aparição do Estado absoluto moderno: 1. os conflitos civis e revoltas populares, principalmente no século XVII; 2. a sofisticação das técnicas militares a serviço do rei; 3. e a formação de grandes exércitos, acompanhados de uma forte burocracia organizacional e financiados pelo crescimento da pressão fiscal do rei, cf. SANTAMARÍA PASTOR. *Princípios*..., p. 32. Também, sobre os fatores históricos determinantes para o despontar do antigo regime, cf. ROSSI. *Diritto*..., v. 1, p. 18-20.

[33] Neste sentido, cf. FINER. *A história*..., v. 2, p. 911 *et seq.*

[34] Cf. AMARAL, Carlos Eduardo Pacheco. *Do Estado soberano ao Estado das autonomias*: regionalismo, subsidiariedade e autonomia para uma nova idéia de Estado. Porto: Afrontamento, 1998. p. 142.

[35] Cf. AMARAL. *Do Estado soberano*..., p. 142.

[36] Sobre a administração urbana das cidades no período de transição ao Estado moderno, cf. WOLFF; BACHOF; STOBER. *Direito*..., p. 98, 99.

intermédios ao nível dos ofícios,[37] dos corpos, dos colégios, dos grêmios e das associações, cada qual com seu estatuto privativo.

Desta maneira, havia, nesta altura, duas formas distintas de fragmentação administrativa que dependiam de uma crescente ou não avocação pelo rei de questões e tarefas resolvidas e desempenhadas, seja pelas administrações locais urbanas das cidades, seja pelas administrações dos feudos, ou pelas corporações eclesiásticas. O processo de concentração política real possibilitou que o monarca, aos poucos, fosse trazendo para si, através da administração central de seus funcionários e delegatários, atribuições administrativas que antes se encontravam fragmentadas em organizações e sistemas diversos e à margem de qualquer poder central. Sob os ideais do iluminismo, o Estado passa a assumir um papel de catalisador e realizador do bem-estar, da segurança e da defesa dos súditos e do território de unificação do reino. E a partir deste cenário ideológico, o Estado moderno, construído sob as bases políticas de um modelo concentrador, passa a sofrer uma contenção ou uma limitação da fragmentação administrativa experimentada ao longo do período antecedente da Idade Média e durante o período de transição.

Com a consolidação do Estado moderno, sob o regime político do absolutismo, a diversidade e a pluralidade de núcleos administrativos sofrem um processo de concentração e esvaziamento, o que possibilita, em contrapartida, o incremento da complexidade burocrática do aparelho administrativo do Estado central. Porém, muito embora no Estado absoluto fosse verificada uma concentração total do poder político, o sistema comportava certo fracionamento da atividade administrativa, em virtude do alargamento das funções reais administrativas, aliadas ao incremento, por outro lado, das funções jurisdicionais e legislativas delas decorrentes.[38] Concebida como concessão do soberano, a "descentralização",[39] ou melhor, a fragmentação administrativa reporta-se aos corpos intermédios do Estado, ao nível dos ofícios,[40] dos corpos, dos colégios, dos grêmios e das associações, cada

---

[37] Sobre a origem e desenvolvimento dos ofícios no Estado absoluto, cf. OTERO. *O poder de substituição...*, v. 1, p. 210-238.

[38] Sobre o desenvolvimento da atividade jurisdicional e legislativa do rei no Estado absoluto, cf. OTERO. *O poder de substituição...*, v. 1, p. 172-209.

[39] O termo descentralização aqui não é utilizado em seu sentido técnico-jurídico de transferência de poderes administrativos a outras pessoas coletivas distintas do Estado. Mas, sim, como mera divisão da própria Administração central, semelhante ao fenômeno da desconcentração administrativa.

[40] Sobre a origem e desenvolvimento dos ofícios no Estado absoluto, cf. OTERO. *O poder de substituição...*, v. 1, p. 210-238.

qual com seu estatuto privativo. A atividade administrativa, no entanto, era sempre derivada, controlada e subordinada ao poder político soberano e concentrado do rei.[41]

Além dos corpos intermédios, a divisão administrativa, neste período, podia ainda, ser verificada sob dois aspectos: (i) a divisão administrativa do território, confundida com a administração local;[42] (ii) e a divisão de tarefas delegadas pelo rei aos altos funcionários que desempenhavam cargos ou funções permanentes ou a serviço pessoal do rei, denominados ministros da coroa. Não havia atribuições ou "competências" fixas destes funcionários, o costume estabelecia suas atribuições administrativas, e o rei podia, a todo o momento, dar-lhes novos encargos ou aliviá-los de outros.[43]

O Estado, neste período, confunde-se com a instituição real, e quaisquer outras autoridades, sejam elas políticas ou administrativas, passam a atuar, portanto, sob a delegação das ordens reais. Nesta altura, não havia diferenciação entre as funções e poderes do Estado. E o rei, ao mesmo tempo em que julgava, administrava. Portanto, não havia

---

[41] Cf. AMARAL. *Do Estado soberano...*, p. 51, 52. Segundo o autor: "trata-se, aliás, de uma caracterização que Alexis de Tocqueville recupera e explora na filosofia do Estado que permeia a sua oba monumental *Democracia na América*, e que continua a encontrar expressão na actualidade. Ao distinguir entre *governo e administração*, e ao preconizar a *máxima centralização do governo e a máxima descentralização da administração*, Tocqueville insere-se, claramente, no quadro traçado por Bodin, pois separa a actividade governativa, que é, afinal, a actividade política, da actividade administrativa, que é ancilar e inferior à primeira. Na perspectiva que Tocqueville apresenta, a actividade governativa dirige-se para o ordenamento daquilo que todos os membros do Estado têm em comum, daí a necessidade da sua máxima centralização no Estado que assume esta tarefa em regime de monopólio, o que constitui, então, expressão da soberania. Por seu turno, a actividade administrativa, por se dirigir à regulamentação e à adaptação, por assim dizer, às especificidades de cada uma das entidades que o compõem, dos princípios políticos definidos pelo Estado, deve ser, no paradigma de Tocqueville, maximamente descentralizada".

[42] Sobre a administração local em Portugal e no sentido de que: "o território estava dividido em terras de extensão variável, à frente de cada uma das quais se encontrava um rico-homem, que as 'tinha' em nome do rei, como governador da sua confiança (*tenens*, o *tenente*, que governava uma *tenência*).
Era o rico-homem, como já tem sido acentuado, fundamentalmente o chefe militar da sua "terra", devendo levantar nesta as tropas, em caso de mobilização, e manter sempre a sua *mesnada* composta pelos seus próprios vassalos — infanções, simples cavaleiros ou mesmo cavaleiros vilãos assoldadados. (...)
O rico-homem representava o rei e, como tal, podia intervir no governo do distrito e presidir às assembléias judiciais que na sede se reunissem" (CAETANO. *História...*, p. 214-216).
Também sobre o reconhecimento de estruturas locais administrativas na Espanha na época da Idade Média e sobre as suas modificações ao longo da evolução para o Estado absoluto, cf. PASTOR. *Princípios...*, p. 37, 38.

[43] Sobre os vários funcionários que desempenhavam cargos permanentes relativos ao reino, cf. CAETANO. *História...*, p. 213, 214.

diferenciação entre administração e justiça,[44] e, da mesma forma, aqueles encarregados de exercer as atribuições delegadas pelo rei também atuavam como autoridades julgadoras e administradoras ao mesmo tempo.[45] Ao rei competia a criação de todos os ofícios[46] relacionados com a justiça, concessão de doações de jurisdição[47] e a delegação da titularidade destes mesmos ofícios, através de relações fundadas em confiança.[48]

Com o crescimento da complexidade da administração do reino, através do incremento das funções reais, derivado da progressiva concentração de poderes políticos, também passou a ser possível observar, neste período, a aparição de uma burocracia profissional a partir do século XV, em razão do fato de que não era mais possível à nobreza e aos eclesiásticos, a título honorífico, desempenhar todas as atribuições confiadas pelo rei, o qual passa a se socorrer da burguesia letrada para ocupar e desempenhar algumas funções ou ocupar alguns cargos, seja a título permanente ou profissional. A incorporação da classe burguesa no âmbito do exercício das atividades administrativas deu ensejo à "patrimonialização"[49] dos ofícios públicos, através da comercialização destes cargos, o que deu origem a uma verdadeira burocracia estamental, que servirá como fundamento histórico mais tarde da figura contemporânea do funcionário público.[50]

A centralização dos poderes políticos requer uma necessária centralização dos poderes executivos e administrativos e observa-se nesta fase, já ao final do período medieval e início da consolidação

---

[44] Sobre a confusão legislativa entre as funções de julgar e administrar, cf. AMARAL. *Curso...*, v. 1, p. 64. Sobre a construção de o direito público administrativo ter ocorrido segundo o modelo do direito civil, cf. MAYER, Otto. *Derecho administrativo alemán*. 2. ed. Tradução do original em francês por Horácio H. Heredia y Ernesto Krotoschin. Buenos Aires: Depalma, 1982. t. I, p. 33.

[45] Neste sentido, cf. CAETANO. *História...*, p. 215. Segundo o autor: "o chefe militar era juiz, como juízes superintendiam na administração. A palavra 'juiz' empregava-se correntemente na acepção de presidente ou autoridade principal — sentido que ainda ficou para os nossos dias quando se fala no 'juiz' da irmandade ou confraria, no 'juiz' de uma festa aldeã... —, embora denotasse prevalecimento da função de administrar justiça".

[46] Sobre a não uniformidade do conceito de "ofício", cf. OTERO. *O poder de substituição...*, v. 1, p. 210. Notas de rodapé nºs 345 e 346.

[47] Cf. OTERO. *O poder de substituição...*, v. 1, p. 197.

[48] Mais detalhes sobre os "ofícios" neste período histórico, inclusive quanto à delimitação territorial da jurisdição de cada um, cf. OTERO. *O poder de substituição...*, v. 1, p. 211-225.

[49] Sobre a "patrimonialização" dos ofícios públicos, cf. SANTAMARÍA PASTOR. *Princípios...*, p. 39. Também sobre a comercialização dos ofícios públicos e suas consequências político-jurídicas, cf. OTERO. *O poder de substituição...*, v. 1, p. 228-236.

[50] Cf. SANTAMARÍA PASTOR. *Princípios...*, p. 39.

do Estado moderno,[51] um aumento da complexidade do aparelho administrativo do Estado central e da burocracia do reino.[52] Verifica-se o despontar de novas razões e fins do Estado que as desempenha, através da atuação das funções do rei, centralizador. Estas razões[53] podem ser fundamentadas em quatro acontecimentos históricos: (i) as necessidades militares do rei na defesa do território do reino, a fim de cumprir os objetivos de unificação político-territorial; (ii) o incremento das novas atividades econômicas, fundadas no mercantilismo, cujas bases deveriam obter uma regulamentação do poder político, com vias à cobrança de impostos; (iii) a concentração da competência da cobrança de impostos nas mãos do rei; (iv) e, finalmente, a filosofia política do iluminismo que, com fundamento no "despotismo ilustrado", passou a justificar o poder estatal pelo fim máximo de garantir o bem-estar de todos os súditos, estando, assim, autorizado a intervir em todos os âmbitos da vida social, inclusive, na liberdade pessoal.

Importa destacar que a fragmentação das atividades administrativas, além de serem confundidas com as tarefas de realização da justiça, também não conhecia nesta época o conceito de pessoa jurídica e a diferenciação clara entre direito público e direito privado. Por outro lado, torna-se evidente a confusão entre poder político e poder administrativo, não sendo possível propor-se uma diferenciação entre uma fragmentação administrativa e uma fragmentação política, propriamente dita. E ainda, que em razão de uma forte concentração de poderes políticos, a fragmentação administrativa deste período absolutista não pode estar associada ao conceito de autonomia político-administrativa e até mesmo ao conceito moderno de descentralização, pois as delegações operadas pelo rei de funções administrativas aos seus altos funcionários, e até mesmo a manutenção de outras administrações distintas do aparelho administrativo central, estavam sempre subordinadas ao monarca, às

---

[51] Sobre o conceito histórico de Estado moderno, cf. AMARAL. Curso..., v. 1, p. 63. Segundo ao autor: "o Estado moderno é o tipo histórico de Estado característico da Idade Moderna e Contemporânea — do século XVI ao século XX —, que, se define pelo aparecimento do próprio conceito de Estado na acepção que hoje tem; pela centralização do poder político; pela definição precisa dos limites territoriais do Estado e pelo controle efectivo do território pelos órgãos do Estado; pela afirmação da soberania do Estado (Jean Bodin, 1576), como poder supremo na ordem interna — contra o feudalismo e o regime senhorial — e independente na ordem internacional — contra a submissão quer ao papado quer ao Império; e pela crescente secularização do Estado, agora claramente colocado ao serviço de fins temporais e não de fins religiosos ou em submissão a Roma (Maquiavel e Hobbes)".

[52] Cf. AMARAL. Curso..., v. 1, p. 62.

[53] As razões nºs 1, 2 e 4 são expostas por Santamaría Pastor In: SANTAMARÍA PASTOR. Princípios..., p. 33, 34.

suas ordens e à sua fiscalização direta. Para tanto, o próprio rei passou a nomear funcionários que passaram a exercer as funções de supervisão e fiscalização.

O Estado absolutista moderno propiciou o aparecimento de uma administração de polícia, fundado no que a doutrina denomina Estado de Polícia.[54] A concentração político-administrativa era dominada por um poder coativo indeterminado, centralmente dirigido, que era usado para todos os fins sociais de ordenação e conformação.[55] Finalmente, foi institucionalizada uma administração central forte, unitária e hierarquizada, através de funcionários profissionais.[56] A Administração Pública, nesta época, ganha prevalência[57] com a livre criação do direito pelo monarca, que passou a criar regras administrativas de competência e delegação de atribuições. O Estado moderno assente nos conceitos de nação, secularização e soberania,[58] substitui finalmente uma administração feudal diversificada e plural por uma administração burocrática em sentido moderno, dotada de órgãos e serviços à disposição e sob as ordens centrais do monarca[59] e destinada a promover o bem-estar comum.[60]

Ainda neste tópico, cabe apontar que, nesta altura, adquire especial relevância a "teoria do fisco"[61] ou "teoria do domínio"[62] que

---

[54] Sobre a administração do Estado de Polícia, inclusive quanto às relações entre administração e seus súditos, cf. WOLFF; BACHOF; STOBER. *Direito...*, p. 105-108, cf. também CANOTILHO, José Joaquim Gomes. *Direito constitucional e teoria da Constituição*. 7. ed. reimp. Coimbra: Almedina, 2003. p. 91. Cf. também MAYER. *Derecho...*, t. I, p. 47-58.

[55] Cf. CANOTILHO. *Direito constitucional...*, p. 92. Cf. também MAYER. *Derecho...*, t. I, p. 59-61. Segundo este autor: "así se llega a tener dos personas jurídicas distintas, producto de una división jurídica del Estado: por una parte, el antiguo fisco, el Estado considerado como sociedad de intereses pecuniarios o persona jurídica de derecho civil; por otra parte, el Estado propriamente dicho, la asociación política, la persona jurídica de derecho público (...)".

[56] Cf. MATTEUCCI, Nicola. *Organización del poder y libertad*: historia del constitucionalismo moderno. Madrid: Editorial Trotta, 1998. p. 28-34. Segundo este autor: "en el plano sociológico el Estado absoluto se presenta como Estado administrativo, en la medida que el príncipe tiene a su disposición un instrumento operativo nuevo, la moderna burocracia, que es una máquina que actúa de manera racional e eficiente con una nueva finalidad".

[57] Neste sentido e no sentido de que: "destinatárias do direito administrativo transformado em lei pelo imperador, ou em seu nome, eram as autoridades (*Behörden*). Delas emanavam — no seu conjunto, de forma não sistemática — éditos, decretos, regulamentos, ordens, instruções ou circulares. (...) Contudo, do ponto de vista orgânico, não existia ainda uma separação entre 'Justiça' e 'Administração'. (...)" (WOLFF; BACHOF; STOBER. *Direito...*, p. 106, 107).

[58] Cf. MIRANDA. *Manual...*, t. I, p. 63-65.

[59] Cf. MIRANDA. *Manual...*, t. I, p. 71.

[60] Sobre a finalidade de promoção do bem-estar do Estado de Polícia, cf. ROSSI. *Diritto...*, v. 1, p. 23-25.

[61] Cf. CANOTILHO. *Direito constitucional...*, p. 92.

[62] Cf. CANOTILHO. *Direito constitucional...*, p. 92.

não deixa de configurar uma espécie de fragmentação do modelo administrativo do Estado. Passou-se assim, a admitir aos súditos a obtenção de uma indenização por atos de gestão privada do monarca, ou seja, quando ele agia não na esfera pública e sim na esfera privada.[63] Esta teoria agita-se em um Estado administrativo sem limites jurídicos até então e enseja uma divisão ou um desdobramento[64] entre o Estado, propriamente dito, dotado de soberania, e o Estado enquanto "fisco", entidade de direito privado e sem soberania.[65] Porém, este dualismo entre "Estado-poder público" e "Estado-pessoa jurídica" foi posteriormente ultrapassado com o advento do Estado liberal, momento em que restou consagrada a teoria da personalidade jurídica única do Estado e, assim, a ideia de que também quando a Administração atua sob as vestes de poder público surgem verdadeiras relações jurídicas.[66]

Após a passagem da Administração Pública por um período de convivência com uma forte descentralização política na idade média, em que não havia uma diferenciação entre administração e justiça, funções exercidas de forma cumulativa pelo rei, o Estado absoluto vai, enfim, conhecer uma antagônica força centralizadora do poder político e um incremento da Administração Pública, em razão do desenvolvimento do exército, das finanças e da justiça. O aumento da burocracia administrativa do Estado, neste estágio, acarreta uma complexidade da Administração Pública central e uma crescente transferência de funções a outros órgãos distintos do rei, *e.g.*, os conselhos. Assim, com o advento histórico do Estado absoluto, pode-se dizer que surge a ciência administrativa moderna, em razão da própria necessidade de divisão de tarefas administrativas, antes executadas de forma concentrada pelo rei.

---

[63] Neste sentido, cf. WOLFF; BACHOF; STOBER. *Direito...*, p. 108. No sentido de que nos países de influência francesa não se pode falar verdadeiramente em Teoria do Fisco, mas sim em uma distinção entre atos de autoridade e atos de gestão. Cf. GARCÍA DE ENTERRÍA, Eduardo; FERNÁNDEZ, Tomás-Ramón. *Curso de derecho administrativo*. 6. ed. Madrid: Civitas, 1993. v. 1, p. 354, 355.

[64] Ao utilizar a mesma expressão "desdobramento", cf. MIRANDA. *Manual...*, v. 1, p. 78. Ao descrever um verdadeiro "desdobramento esquizofrênico", cf. PARADA, Ramón. *Derecho administrativo*. 5. ed. Madrid: Marcial Pons, 1993. t. I, p. 253.

[65] Também no mesmo sentido e utilizando-se de uma metáfora para explicar este tipo de fragmentação do Estado, neste momento histórico sob a figura "à imagem de Dr. Jekyll e Mr. Hyde", cf. ESTORNINHO, Maria João. *A fuga para o direito privado*. Coimbra: Almedina, 1999. p. 23-28.

[66] Cf. GARCÍA DE ENTERRÍA; FERNÁNDEZ. *Curso...*, v. 1, p. 354, 355.

2.2 O modelo do Estado liberal[67]

2.2.1 A separação dos poderes e a "submissão" legal da Administração Pública

A transição ao período liberal, com o advento das revoluções liberais, surgidas no seio das lutas contra as forças de um regime absolutista e centralizador, preconizou o paradigma clássico da separação Estado/sociedade que supunha o monopólio estadual do poder político e da Administração Pública. O Estado passa a ser considerado como o espaço da autoridade, da unidade, do império do interesse geral e a sociedade, como o espaço da liberdade, da diversidade, da luta pelos interesses particulares. A Administração Pública, por sua vez, passa a ser compreendida, tão somente, como a Administração do Estado, e não como Administração Pública no sentido que hoje a compreendemos.[68] O dualismo Estado/sociedade dá origem à ideia de monopólio da Administração Pública que passa a ser confundida com a noção de Estado central, reduzida à concepção de Estado mínimo, simples garantidor da liberdade e da propriedade.

A Revolução Francesa, marco histórico de influência jurídicopolítica na maioria dos países da Europa ocidental nos séculos XVIII e XIX, é responsável por uma modificação na estrutura e nas atividades da Administração Pública da época, através de um robustecimento do aparelho administrativo do Estado central,[69] em continuidade às

---

[67] Sobre as características do Estado liberal, como subtipo do Estado moderno, oriundo das Revoluções americana e francesa no final do século XVIII, que conhece o seu apogeu durante o século XIX e declina na primeira metade do século XX, cf. AMARAL. *Curso...*, v. 1, p. 77. Segundo o autor, os aspectos políticos do Estado liberal são: " o aparecimento das primeiras Repúblicas nos grandes países ocidentais; adopção do constitucionalismo como técnica de limitação do poder político; reconhecimento da existência de direitos do homem, anteriores e superiores ao Estado, que por isso o Estado deve respeitar; proclamação da igualdade jurídica de todos os homens, independentemente do nascimento e de outros factores; plenitude do Estado-Nação; adopção do princípio da soberania nacional; aparecimento dos partidos políticos, do sistema de governo representativo e do parlamentarismo; subordinação do Estado à lei; prática do liberalismo económico; reforço substancial das garantias individuais face ao Estado".

[68] Cf. MOREIRA, Vital. *Administração autónoma e associações públicas*. Coimbra: Coimbra Ed., 2003. p. 23-35. Sobre o novo conceito de Administração Pública em sentido orgânico e material, cf. SOUSA, Marcelo Rebelo de; MATOS, André Salgado de. *Direito administrativo geral*. Lisboa: Dom Quixote, 2004. p. 38-48. (Introdução e princípios fundamentais, t. I).

[69] Neste sentido, inclusive ao apontar os fatores que contribuíram para o crescimento da Administração Pública, dentre eles: 1. a manutenção de um exército forte e permanente; 2. o incremento das atividades financeiras do Estado, em especial, aquelas vinculadas aos ingressos provenientes das colônias e da cobrança de impostos; 3. a centralização administrativa que demanda o aumento do número de funcionários da Administração central

características do antigo regime, porém fundada no reconhecimento da "submissão" da Administração Pública à lei e ao parlamento, o que faz desaparecer, de forma definitiva, a identificação do Estado e de sua Administração com a figura do rei/monarca.[70] Estas alterações puderam ser traduzidas sob dois aspectos:[71] (i) sob o aspecto "organizativo" da Administração Pública, através da aplicação a diversas estruturas administrativas da teoria da personalidade jurídica ao Estado central e a outras pessoas diversas do Estado, ou seja, estruturas intermediárias, como as províncias ou Municípios de ordem territorial;[72] (ii) e sob o aspecto "funcional",[73] através da "juridicização" das diversas atividades do Estado, enquanto pessoa de direito público. Assim, passa-se a reconhecer os atos praticados pelo Estado, enquanto Administração Pública, como atos jurídicos, cujos efeitos deveriam ser reconhecidos pela lei.[74]

---

e o aumento do próprio aparelho organizativo do Estado, através da criação de pessoas jurídicas territoriais distintas do Estado central; 4. o aumento de competências do Estado quanto à prestação de serviços públicos, em especial aqueles que deixaram de ser prestados pela Igreja, em razão da sua separação do Estado; 5. e, por fim, o desenvolvimento do mercantilismo e da expansão colonial que exigiram uma maior regulamentação econômica por parte do Estado, cf. BAENA DEL ALCÁZAR. Curso..., p. 81, 82. Também no sentido do crescimento da Administração Pública no período liberal, cf. SANTAMARÍA PASTOR. Princípios..., p. 47, 48. Segundo este último autor, no plano organizacional, a Administração estatal experimentou um crescimento "exponencial", através da multiplicação de pessoas a serviço desta Administração que forçou a implantação de esquemas de organização mais complexos e sofisticados. De um lado, surge a estrutura ministerial, como base deste tipo de organização administrativa. De outro lado, esta organização adota um modelo hierárquico de origem tipicamente militar, assentado sobre uma rede piramidal de órgãos unipessoais. E, por último, se estabelece uma organização territorial ou periférica da Administração central.

[70] Cf. SANTAMARÍA PASTOR. Princípios..., p. 47. Ao apontar as transformações da Administração Pública, no período do Estado liberal, em seu plano formal. Segundo o autor: "en un plan formal, esta Administración cobra por vez primeira identidad propia, dejando de ser una simples prolongación personal del rey. (...)" (BAENA DEL ALCÁZAR. Curso..., p. 91).

[71] Os dois aspectos aqui citados são apontados por: SANTAMARÍA PASTOR. Princípios..., p. 52.

[72] Sobre o reconhecimento da prática de atos públicos por estas entidades, cf. SANTAMARÍA PASTOR. Princípios..., p. 52.

[73] Também sobre o aspecto funcional, cf. BAENA DEL ALCÁZAR. Curso..., p. 91. Segundo o autor: a "juridicização" da vida pública identifica o Estado com o direito e possibilita a submissão da Administração Pública à lei.

[74] Sobre a origem do direito administrativo, ao desconstruir a tese histórica de que o direito administrativo teria surgido com o advento do princípio da separação dos poderes que possibilitou a submissão da Administração Pública à lei, à vontade do parlamento, cf. OTERO, Paulo. Legalidade e Administração Pública: o sentido da vinculação administrativa à juridicidade. Coimbra: Almedina, 2003. p. 269 et seq. Segundo este autor, o direito administrativo possui uma origem pretoriana, fundada na criação de uma Justiça especial em França (Conseil d'État) para julgar os conflitos nos quais a Administração Pública é parte e, assim, através destas decisões, cria-se um direito especial aplicado, tão somente, à Administração Pública. Portanto: "(...) a legalidade administrativa produzida pelo Conseil

O princípio da separação dos poderes aplicado no âmbito dos órgãos centrais do Estado trouxe consigo transformações que desembocaram em um sistema político-administrativo contraditório.[75] Se de um lado, os princípios liberais tiveram ampla aplicação quanto aos poderes políticos pós-revolucionários, já no tocante aos poderes administrativos, ou melhor, quanto à estruturação e definição das atividades administrativas do Estado, observou-se uma continuidade com o modelo anterior do antigo regime, através de um modelo centralizador de gestão e controle.[76] Isto ocorreu devido a diversos fatores que podem ser assim enumerados: (i) a aplicação rígida do princípio da separação dos poderes que desencadeou: a) a criação de uma justiça administrativa especial, sob o lema de que "julgar a administração é administrar"; b) e a estruturação de uma gestão unificada e centralizada fundada no princípio da responsabilidade política do governo perante o parlamento,[77] em razão da subordinação da Administração à lei e do princípio da hierarquia administrativa;[78] (ii) a existência de um parlamento único e central,

---

d'État é rebelde ao parlamento, alheia à lei e contrária à supremacia do Poder Legislativo, pois encontra no Poder Executivo a sua força jurídica" (OTERO. Legalidade..., p. 271). Ao realizar uma análise clara e fundamentada sobre a verdadeira gênese do direito administrativo, através da formulação de novos princípios gerais e novas regras jurídicas pelo Conseil d'État, na França, que tornaram viáveis soluções diversas das que resultariam da aplicação mecanicista do direito civil aos casos envolvendo a Administração Pública. Cf. BINENBOJM, Gustavo. Uma teoria do direito administrativo. Rio de Janeiro: Renovar, 2006. p. 11. Também, no mesmo sentido, cf. SILVA, Vasco Pereira da. Em busca do acto administrativo perdido. Coimbra: Almedina, 2003. p. 12. E, ainda, cf. GARCÍA DE ENTERRÍA; FERNÁNDEZ. Curso..., p. 480.

[75] Ao citar esta contradição entre os princípios políticos e os princípios administrativos do Estado liberal, cf. BAENA DEL ALCÁZAR. Curso..., p. 95. Também, ao demonstrar esta contradição, cf. SILVA. Em busca..., p. 16. Segundo este autor: "a teorização do Estado democrático e liberal apresentava, pois, uma 'costela' autoritária, ao lado de uma 'costela' liberal, o que permite explicar a relação de continuidade existente entre o Estado absoluto e o Estado liberal. O Estado liberal, tal como vai ser concretizado no continente europeu, era, no fundo, o resultado de um compromisso entre princípios liberais, ao nível da organização do poder político, e princípios autoritários, ao nível do funcionamento e controle da Administração. Compromisso 'prático', esse, que não era de resto contraditório com a própria matriz "teórica" do modelo de Estado liberal (...)".

[76] No sentido da continuidade do Antigo Regime quanto à criação de um órgão específico para julgar a Administração Pública (Conseil d'État) e quanto às políticas de centralização dos poderes administrativos, fundada em instrumentos jurídico-políticos de controle, cf. SILVA. Em busca..., p. 25-27. Também no mesmo sentido, cf. SANTAMARÍA PASTOR. Princípios..., p. 45, 46. E também cf. OTERO. Legalidade..., p. 269-272, especialmente ao apontar uma "ilusão de ótica" de uma gênese garantística do direito administrativo que nasce não como direito dos administrados, mas sim como direito da Administração Pública.

[77] Cf. BAENA DEL ALCÁZAR. Curso..., p. 92. Cf. também FORSTHOFF. Tratado..., p. 60, no sentido da dependência entre a Administração Pública e a Coroa, em razão da instituição da responsabilidade política do administrador perante o rei.

[78] Para um maior aprofundamento sobre o princípio da hierarquia administrativa, cf. OTERO, Paulo. Conceito e fundamento da hierarquia administrativa. Coimbra: Coimbra Ed., 1992. Em especial sobre a manutenção do modelo hierárquico após a revolução liberal, em razão do modelo organizativo centralizado, cf. OTERO. Conceito..., p. 306, 307.

como único órgão do Poder Legislativo, baseado no princípio liberal da representação política, através do qual deveriam ser emanadas todas as leis, sob as quais deveria a Administração pautar a sua atividade de gestão; (iii) a própria separação entre os poderes judiciais e administrativos,[79] que faz desaparecer todos os órgãos dispersos e descentralizados que exerciam de forma concomitante estas duas funções do Estado, tal como os ofícios públicos; (iv) e a importância do princípio da igualdade que encontra sua matriz político-ideológica nas revoluções liberais do século XIX e que possibilitará uma unificação da gestão administrativa, com o objetivo de uniformizar a prestação de serviços a todos os cidadãos do território do Estado.

Desta forma, a Administração Pública do Estado liberal não experimentou uma ruptura total com as estruturas e atividades administrativas do antigo regime,[80] apenas possibilitou, através da aplicação do princípio da legalidade, corolário da separação dos poderes, um enquadramento legal e jurídico das suas funções e modelos organizativos. Assim, manteve-se, em grande parte dos países da Europa Ocidental, sob as bases de um modelo napoleônico francês, um regime de administração centralizada, através do qual a Administração Pública busca "fugir" ao controle dos tribunais comuns, por representarem órgãos conservadores fundados ainda em ideais do antigo regime e busca assegurar à burguesia dominante no parlamento único o controle das atividades administrativas, de forma a garantir os seus interesses econômicos, especialmente de unificar os mercados nacionais, com regras uniformes, eliminando-se as disparidades dos poderes de gestão local.[81]

A Administração Pública converte-se em um centro de poder submisso ao princípio da legalidade, o que lhe possibilitou ter identidade própria, deixando de ser um simples "prolongamento"[82] do rei ou dos poderes do rei. Desta forma, opera-se a sucessão da Administração de polícia pela Administração de legalidade do Estado de direito. As ficções da pessoa jurídica do Estado e do Estado como pessoa jurídica de direito público e a evolução da dicotomia direito público e direito privado proporcionaram, principalmente sob a influência direta da

---

[79] No sentido da separação entre os poderes administrativos e judiciais do Estado, cf. FORSTHOFF. *Tratado...*, p. 73. Cf. também BAENA DEL ALCÁZAR. *Curso...*, p. 93. E também cf. AMARAL. *Curso...*, v. 1, p. 77.
[80] Cf. ROSSI. *Diritto...*, v. 1, p. 28-30, inclusive ao citar a expressão *stato liberale autoritario e limitato* ao se referir à Administração Pública do Estado liberal.
[81] Cf. SANTAMARÍA PASTOR. *Princípios...*, p. 46.
[82] Cf. SANTAMARÍA PASTOR. *Princípios...*, p. 47.

jurisprudência do Conselho de Estado na França, uma divisão das atividades públicas da Administração em face do exercício privado de atividades econômicas. E a lei passa a ser o centro de todas as atividades do Estado, o que possibilita, enfim, uma organização do poder público[83] e de suas relações jurídicas, passando a Administração ao patamar de "executora" das disposições legais, ou melhor, das escolhas do parlamento.[84]

Nesta época desenvolveram-se dois modelos de Administração Pública. O tipo francês, caracterizado por um sistema central e único de poder administrativo, e o tipo inglês, fundado sobre o conceito de *self-government*,[85] sob a ideia de que a periferia se autoadministra.[86] A fragmentação administrativa no regime francês preconizava uma concentração de poderes administrativos pelo Estado central, que debilitava as estruturas intermediárias, deixando, assim, pouco espaço de atuação livre para se autoadministrarem. Já o modelo inglês, também importado de maneira veemente pelos Estados Unidos da América, pressupunha um sistema de livre administração, através do qual os poderes, as atividades e as organizações administrativas deviam ser fragmentadas, remetendo ao poder político concentrado e ao Poder Judiciário os mecanismos de controle da gestão pública.[87] A organização

---

[83] Neste sentido. Cf. MAYER. *Derecho...*, t. I, p. 04, 05.

[84] Otto Mayer, no prefácio de MAYER. *Derecho...*, t. I, descreve as diferenças da transição do regime de polícia para o regime de legalidade da Administração Pública na França e na Alemanha, ao ressaltar que no regime francês, em razão da ruptura revolucionária, houve a destruição completa dos velhos quadros da atividade administrativa e a abolição de antigas fórmulas de gestão relacionadas com o antigo regime, possibilitando, assim, uma verdadeira reorganização administrativa. Já na Alemanha, destaca o autor, que não houve propriamente uma ruptura revolucionária, mas sim uma influência gradativa das ideias francesas de submissão da Administração Pública a uma organização legal, especialmente no tocante à teoria da personalidade jurídica.

[85] Ao utilizar o termo *self-government* para descrever o modelo de gestão administrativa inglês, cf. CASSESE. *Le basi...*, p. 28.

[86] Ao desenvolver as diferenças entre os regimes administrativos francês e inglês da segunda metade do século XIX até o início do século XX, cf. CASSESE. *Le basi...*, p. 27, 28. O autor desenvolve a ideia de que já na segunda metade do século XX, em razão do movimento de pluralização da Administração Pública, ambos os regimes vêm sofrendo um processo de convergência: de um lado a Administração, tipo estatal (francesa) vem incrementando modelos de maior regionalização ou, até mesmo, processos de federalização, através de leis que passaram a conferir maiores poderes político-administrativos às entidades locais, tal como ocorreu na França em 1982; e de outro lado, países com forte tradição de descentralização administrativa, hoje, admitem uma certa centralização de gestão, tal como ocorre nos Estados Unidos da América, onde Washington tornou-se centro administrativo de quase cinquenta Estados norte-americanos. Neste sentido, o mesmo autor, cf. CASSESE. *Le basi...*, p. 28, 29.

[87] Aléxis de Tocqueville em seu clássico livro *A democracia na América*, ao descrever o modelo de gestão político-administrativa dos Estados Unidos da América no século XIX, aponta a distinção entre "centralização governamental" e "descentralização administrativa",

administrativa francesa fundou suas raízes na Europa continental e configurou uma origem centralizadora dos poderes administrativos do Estado e, consequentemente, de sua Administração Pública. Em contrapartida, o regime de gestão pública inglês proporcionou o desenvolvimento de uma matriz descentralizadora da Administração Pública, fundada em uma fragmentação dos poderes administrativos.

Na Inglaterra não se desenvolve a ideia de Estado,[88] mas sim de *government*,[89] caracterizada por uma administração periférica descentralizada, sem uma constituição escrita ou qualquer regra formal

---

realidade, segundo o autor, verificada no sistema norte-americano. Neste sentido, cf. TOCQUEVILLE, Alexis de. *A democracia na América*: leis e costumes. São Paulo: Martins Fontes, 2005. p. 97-110. Segundo o autor: "o poder administrativo nos Estados Unidos não oferece em sua constituição nada central nem hierárquico; é isso que o faz não ser percebido. O poder existe, mas não se sabe onde encontrar o seu representante" (TOCQUEVILLE. *A democracia...*, p. 83). E, ainda que: "os magistrados da comuna e os do condado são obrigados, num número muito pequeno de casos previstos, a comunicar o resultado de suas operações aos funcionários do Governo central. Mas o Governo central não é representado por um homem encarregado de elaborar regulamentos gerais de polícia ou de baixar portarias para a execução das leis; nem de se comunicar habitualmente com os administradores do condado a que pertence a comuna; nem de fiscalizar sua conduta, dirigir seus atos e punir seus erros. Não há, pois, em parte alguma um centro para o qual os raios do poder administrativo vêm convergir" (TOCQUEVILLE. *A democracia...*, p. 84). Ao descrever a centralidade do poder político, em especial, do Poder Legislativo/normativo que passa a conformar todos os demais corpos intermediários no âmbito do poder administrativo, cf. TOCQUEVILLE. *A democracia...*, p. 85-91. No sentido da distinção entre "constituição administrativa" e "constituição política", ao apontar o caráter permanente e estável da organização administrativa, frente à mutação natural das convulsões políticas após a Revolução Francesa, cf. também TOCQUEVILLE, Alexis de. *L'ancien régime et la révolution*. Paris: Gallimard, 1967. p. 309-310. No sentido de uma enorme "fenda" (expressão utilizada pelo autor) entre o regime de Administração Pública da Europa continental e a experiência anglo-saxônica, cf. BINENBOJM. *Uma teoria...*, p. 17. Segundo este autor: "(...) enquanto no mundo europeu continental pós-revolucionário, o Estado-Administração torna-se o grande *protagonista* da produção normativa e da estruturação da vida econômica e social privadas, na Inglaterra e nos Estados Unidos, ao revés, a Administração Pública permaneceu, até pelo menos o primeiro pós-guerra, desempenhando um papel meramente *executivo*, subordinada ao direito comum e sob a vigilância do Poder Judiciário" (BINENBOJM. *Uma teoria...*, p. 17). Ao descrever a evolução histórica do modelo de centralização político-administrativa na França, cf. FANLO LORAS, Antonio. *Fundamentos constitucionales de la autonomia local*. Madrid: Centro de Estudios Constitucionales, 1990. p. 71-106.

[88] Neste sentido, cf. SILVA. *Em busca...*, p. 17. Também no mesmo sentido, cf. CASSESE, Sabino. Le trasformazioni dell'organizzazione amministrativa. *Revista Trimestrale di Diritto Pubblico*, n. 2, 1985. p. 377. Segundo este autor os poderes públicos na Inglaterra surgem como corpos distintos, sem que seja atribuída a uma ordem superior a tarefa de unificação e coordenação. Cf. CASSESE. *Le trasformazioni...*, p. 377. Cf. também GARCÍA DE ENTERRÍA; FERNÁNDEZ. *Curso...*, p. 29.

[89] No sentido de que na Inglaterra não se usa a palavra Estado, e sim o conceito de *government*, sem a existência de uma Administração periférica estatal, sem uma constituição escrita e nem uma regra formal sobre a divisão de poderes, cf. PARADA, Ramón. Administrações independientes y estado regulador. *In*: MOREIRA NETO, Diogo de Figueiredo (Coord.). *Uma avaliação das tendências contemporâneas do direito administrativo*. Rio de Janeiro: Renovar, 2003. p. 132.

sobre a divisão dos poderes.⁹⁰ No desenvolvimento do regime inglês, observa-se a ausência de uma rígida estrutura de departamentos administrativos, ao contrário do modelo francês, baseado no critério da hierarquia. As autoridades locais possuem uma competência territorial muito variada, assim como são variadas as suas denominações (*commission, office, consell, corporation, board, authority, association, centre*), conhecidas de forma abreviada como *quangos (quasi-autonomous non governmental organizations)*.⁹¹ Os *quangos* não estão subordinados a nenhum departamento ministerial (*non departmental bodies*) e sua autonomia é concebida mais como uma questão sociológica do que jurídica.⁹²

Em Portugal, o liberalismo instaurou uma administração local centralista e hierarquizada que visava o controle efetivo do território nacional e das comunidades locais.⁹³ Houve a substituição do "caos" e da dispersão administrativa do antigo regime (agravada pelas invasões francesas e pela instalação da corte no Brasil), por um sistema burocratizado e centralizado assente em um processo sistemático de nomeação de agentes do Estado, representantes do poder central. O Estado liberal português também inovou ao criar uma nova realidade autárquica, o distrito, sem qualquer enraizamento e tradição e que serviu apenas para reforçar a hierarquia já referida, sob o controle dos ministros do Reino.⁹⁴ O novo quadro administrativo situou-se dentro dos parâmetros

---

⁹⁰ Cf. PARADA. *Administraciones...*, p. 133. E, também. BAENA DEL ALCÁZAR. *Curso...*, p. 87-88.

⁹¹ Cf. PARADA. *Administraciones...*, p. 133.

⁹² Cf. PARADA. *Administraciones...*, p. 133, 134. Segundo o autor: "los 'quangos' no responden a rasgos precisos y en las relaciones oficiales (Report of Civil Service Department de 1978), no se describen genéricamente sus formas de funcionamiento, ni aparecen investidos de funciones homogéneas, las cuales, por el contrario, son de lo más variadas: consultivas, de gestión de fondos públicos, de difusión de informaciones, de arbitraje, y de decisión ejecutiva o de poderes cuasi-judiciales. Esta suprema variedad hace que ante los ojos continentales el mundo de los 'quangos' aparezca confuso y desconcertante. (...). La autonomía de los 'quangos' se concibe más como una cuestión sociológica que jurídica. Simplemente se confía en el prestigio aristocrático, profesional o científico de sus membros, pêro éstos son nombrados y destituídos por el ejecutivo, sin que se planteen problemas formales sobre la atribución de este poder".

⁹³ No sentido de que em Portugal, ao longo do Estado liberal, instaurou-se uma administração local centralista e hierarquizada que visava o controle efetivo do território nacional e das comunidades locais pelo Estado central, cf. OLIVEIRA, César. Os municípios no liberalismo monárquico constitucional. *In: História dos municípios e do poder local*. Lisboa: Círculo de Leitores, 1996. p. 195 *et seq.*

⁹⁴ Sobre as contradições e oscilações entre a reforma centralista de Mouzinho da Silveira, o código administrativo de 1842 e a descentralização do Código de Rodrigues Sampaio de 1878 e sobre a complexidade das reformas administrativas em Portugal, neste período histórico, cf. OLIVEIRA. Os municípios..., p. 195 *et seq.*

do "Estado-nação", concebido a partir de um modelo napoleônico, com ênfase na concentração de poderes no Estado central e na redução da participação das populações locais quanto às decisões de gestão administrativa. A reforma administrativa de Mouzinho de Oliveira[95] contribuiu de forma decisiva para uma organização da Administração Pública portuguesa nestes moldes no início do século XIX,[96] que, apesar de representar, no início, uma matriz centralizadora, foi substituída por uma maior descentralização logo após a sua implantação, por pressão de forças políticas opostas, em um período de intensa luta de interesses opostos.

2.2.2 A concentração político-administrativa

O Estado liberal, portanto, fundado em uma contradição entre os princípios políticos e administrativos, sob a ótica da Administração Pública pode ser classificado como um Estado "autoritário e limitado".[97] O modelo francês de Administração Pública pós-revolucionária, que encontrou eco em outros países da Europa, como Itália,[98] Espanha[99] e Portugal,[100] exprimia um sistema centralizado de gestão e controle.

O modelo francês da administração ministerial, fundado nos princípios da hierarquia e da unidade da Administração Pública[101] e baseada em critérios militares, era rigidamente organizado e ao nível das estruturas periféricas, o prefeito aparecia como um representante do Estado central,[102] submetido a um controle hierárquico e de responsabilidade política, encarnada através da responsabilidade política do Ministro de Estado, perante o parlamento.[103]

---

[95] Sobre a evolução da codificação administrativa e a importância das reformas trazidas por Mouzinho de Oliveira, cf. OLIVEIRA. Os municípios..., p. 205-211.

[96] Neste sentido, cf. AMARAL. *Curso*..., v. 1, p. 73-76. Segundo o autor Mouzinho de Oliveira, antigo ministro de D. João VI, elaborou um conjunto de diplomas fundamentais que modificaram de forma decisiva a Administração Pública portuguesa. Trata-se dos decretos nºs 22, 23 e 24 de 16 de Maio de 1832, que em seus fundamentos preconizava, de forma definitiva, a separação entre a Administração e a Justiça.

[97] Ao utilizar a expressão *Stato liberale autoritario e limitato*. Cf. ROSSI. *Diritto*..., v. 1, p. 29.

[98] Sobre as influências do modelo francês de Administração Pública na Itália, cf. ROSSI. *Diritto*..., v. 1, p. 29-37.

[99] Sobre as influências dos princípios da Revolução Francesa na Administração Pública espanhola, cf. SANTAMARÍA PASTOR. *Princípios*..., p. 49-52.

[100] Em Portugal, cf. AMARAL. *Curso*..., v. 1, p. 73-76.

[101] Cf. ROSSI. *Diritto*..., v. 1, p. 29-30.

[102] Neste sentido, cf. CASSESE. *Le basi*..., p. 32.

[103] Cf. ROSSI. *Diritto*..., v. 1, p. 30.

O modelo de concentração administrativa não possibilitou uma quebra de continuidade com a organização das estruturas administrativas do Antigo Regime. A manutenção de um aparelho central do Estado e a supressão de poderes da "livre administração" local e da administração associativa e corporativa, através do incremento das forças jurídicas e políticas de controle no Estado liberal, se por um lado possibilitou uma unificação jurídica da Administração Pública, seja sob o aspecto organizativo, seja sob o aspecto funcional, por outro não representou a aplicação democrática dos princípios liberais revolucionários, especialmente dos princípios libertários. A hierarquia administrativa e o forte controle político-administrativo sobre as estruturas intermediárias da administração do Estado deram ensejo a um modelo concentrador de poder, sobre o qual passou a repousar a Administração do Estado, confundida com o conceito de Administração Pública.

No período pós-revolucionário estabeleceu-se na França, como linha de força, um sistema organizativo baseado em uma cadeia de agentes administrativos individuais (Ministros, prefeitos, subprefeitos) que eram responsáveis junto à administração central por unidades territoriais criadas pela Constituição.[104] Estes agentes estavam subordinados à administração pelo princípio hierárquico e estavam obrigados a cumprir e a executar a lei de maneira uniforme em todo o território do Estado.

Este modelo centralizador gerou, no seio do Estado, uma tensão em razão da pluralidade de estruturas locais que mantinham a sua representação política no parlamento,[105] o que propiciou, já ao final do século XIX, uma elaboração jurídica sobre uma maior descentralização administrativa, construída através do pensamento de Maurice Hauriou, no ensaio "Etude sur la Décentralisation",[106] através do qual desenvolve a doutrina clássica sobre a descentralização administrativa do Estado, com o reconhecimento da existência da pluralidade de entidades territoriais secundárias, dotadas de personalidade jurídica própria, distintas do Estado central, e de prerrogativas de autoadministração, porém sujeitas ao controle administrativo de tutela do Estado central. Segundo esta construção teórica:[107] (i) em qualquer sistema constitucional sempre existirão fatores centralizadores e descentralizadores que

---

[104]Cf. FANLO LORAS. *Fundamentos...*, p. 89.
[105]Sobre a tensão entre o modelo de gestão centralizador e a pluralidade de entidades políticas, cf. FANLO LORAS. *Fundamentos...*, p. 109.
[106]*Apud* nota de rodapé nº 164 *In*: FANLO LORAS. *Fundamentos...*, p. 109.
[107]Ambas as conclusões são apontadas por, FANLO LORAS. *Fundamentos...*, p. 110 *et seq.*

coexistirão na manutenção do equilíbrio do próprio funcionamento das atividades político-administrativas do Estado; (ii) e o reconhecimento da personalidade jurídica a outras entidades jurídicas territoriais distintas do Estado central serve de fundamento para a instituição dos mecanismos de controle administrativo (tutela) da gestão efetivada por estas estruturas locais, sobre os seus assuntos locais e sobre a eleição de seus próprios representantes.

O Estado liberal, portanto, manteve uma concepção de defesa da centralização político-administrativa, como resquício do antigo regime[108] que sobrevive à Revolução Francesa. Isto porque a própria ideia de Constituição escrita, a manutenção na maioria dos países da Europa ocidental do regime de governo monárquico e a construção do pensamento liberal de preponderância da soberania popular através da representação da vontade do povo pelo parlamento não alterou o cenário de concentração pelo Estado central dos poderes de decisão política, caracterizados por um único órgão legislativo, o Parlamento, e por um Poder Executivo unitário.[109] No tocante ao poder administrativo, por sua vez, o período liberal apresentava uma feição menos radical de concentração, em especial nos países de tradição romana (*v.g.* Itália, França e Espanha) que seguiram o modelo de organização napoleônica. Este tipo de organização administrativa admitia a existência de entidades locais ou entidades distintas da estrutura do Estado central (Municípios, departamentos, etc.), porém, a matriz centralizadora fazia com que o Estado central dirigisse as atividades que eram consideradas como serviços do próprio Estado, e não daquelas entidades.[110] Logo, não havia uma verdadeira descentralização, ou seja, não se operava a transferência de poderes de decisão e organização administrativas aos entes locais ou àqueles em grau de hierarquia inferior na organização administrativa do Estado. A Administração Pública era encarada como

---

[108]Cf. OTERO. *Legalidade*..., p. 147-148, cf. também SILVA. *Em busca*..., p. 38-43.

[109]OTERO. *Legalidade*... p. 147, 148. Segundo o autor, não havia, portanto, fragmentação do poder político em unidades territoriais ou institucionais distintas do Estado central, tal como se observa em alguns Estados contemporâneos (Estados federados e regionais-autonômicos). Havia apenas uma divisão territorial para fins administrativos sob o controle do Estado central.

[110]Cf. PARADA, Ramón. *Derecho administrativo*: organización y empleo público. Madrid: Marcial Pons, Ediciones Jurídicas y Sociales S.A., 2002. t. II, p. 40-43. Segundo o autor: "este modelo de Administración surge tras la Revolución francesa, como la obra fundamental de Napoleón, que trasladó a la Administración civil la técnica centralizadota de la unidad de mando, típica de la organización militar. Sólo así fue posible controlar a los casi cuarenta mil municipios que surgieron con la Revolución, racionalizar la estructura territorial, asegurar la presencia del Estado en todo territorio y, en definitiva garantizar en toda la Nación el acceso de los ciudadanos a unos mismos y uniformes servicios públicos".

manifestação de autoridade, segundo a lógica liberal determinada por uma visão substantiva das relações entre o Estado e os cidadãos.[111] Este cenário, no entanto, possibilitou a implantação política dos ideais das revoluções liberais, em especial, a concepção de igualdade de direitos, que em um primeiro momento, pôde ser garantida através da centralização político-administrativa do Estado e da consequente uniformização de medidas públicas em todo território.[112]

2.2.3 A fragmentação administrativa em parceria com o setor privado

A fragmentação limitada do Estado liberal no âmbito da Administração direta e territorial do Estado não impediu que ao largo de uma concentração destes poderes administrativos se desenvolvesse uma Administração Pública que passou a se utilizar da iniciativa privada como parceiro colaborador na realização de suas atividades,[113] especialmente aquelas relacionadas com a prestação de serviços públicos, construção de obras públicas e também atividades relacionadas com a administração empresarial do Estado, inicialmente através de direitos outorgados pela Coroa às companhias de navegação.

A igualdade perante a lei, erigida como princípio constitucional liberal, demandava uma igualdade perante a Administração Pública que, diante de um modelo centralizado de gestão, ensejava a limitação ou mesmo o desaparecimento das estruturas intermediárias entre o Estado central e os cidadãos. A par deste centralismo administrativo, a separação definitiva entre o Estado e a Igreja, obrigava aquele a assumir as atividades antes desenvolvidas por esta, relacionadas ao âmbito

---

[111] Cf. SILVA. *Em busca...*, p. 38-43.
[112] Cf. PARADA. *Derecho administrativo...*, t. II, p. 41. Sobre a manutenção das tendências político-administrativas centralizadoras do Estado liberal após a Revolução Francesa, cf. também CAUPERS, João. *A administração periférica do Estado*: estudo de ciência da administração. Lisboa: Aequitas, 1994. p. 229-234.
[113] Sobre a tendência de "privatizar" o exercício de funções públicas, cf. OTERO, Paulo. Coordenadas jurídicas da privatização da Administração Pública. In: *Os caminhos da privatização da Administração Pública*: IV colóquio luso-espanhol de direito administrativo. Coimbra: Coimbra Ed., 2001. p. 31-34. O autor cita exemplos ilustrativos desta mencionada tendência, inclusive, em períodos anteriores ao Estado liberal, desde o século XV, através do sistemas de capitanias donatárias, através das quais conferia-se a um particular amplos poderes de soberania de natureza administrativa e jurisdicional sobre determinado território da colônia e através da criação de Companhias Coloniais que se traduziam na existência de sociedades comerciais que captavam capitais privados para efeitos de exploração, valorização e organização das colônias.

social, cultural e científico. Estes dois fatores, aliados às transformações tecnológicas do século XIX, proporcionaram o crescimento e a expansão do aparelho administrativo do Estado liberal.[114] Este crescimento da Administração Pública e a política liberal de um Estado mínimo propiciaram a utilização das concessões públicas,[115] que passaram a representar um fenômeno de substituição do Estado por particulares no desempenho de tarefas de serviço público, sendo essencialmente aplicada na nova administração de infraestrutura (construção de caminhos de ferros, de redes de abastecimento de águas, de iluminação pública, etc.) e na exploração dos serviços prestados com base nessa infraestrutura (prestação de serviços públicos ferroviários, por exemplo).[116] Desta forma, o Estado, muito embora em período anterior[117] já tenha se utilizado desta técnica, sob o conceito de privilégio outorgado pela Coroa na construção de alguma obra ou na cobrança de impostos por particulares, é neste período liberal que se instaura a "época de ouro" das concessões públicas, sob o manto de um ato administrativo de organização dos serviços públicos e das obras públicas.[118]

As concessões passam a traduzir, portanto, em uma forma de fragmentação das atividades da Administração Pública, mediante um ato ou contrato administrativo,[119] desdobrável em três principais modalidades: as concessões do domínio público, as concessões de obras públicas e as concessões de serviços públicos.[120]

Além das concessões públicas, a Administração Pública do Estado também utilizou-se de outra forma de fragmentação em parceria com

---

[114]Cf. BAENA DEL ALCÁZAR. *Curso...*, p. 95, 96.
[115]Cf. AMARAL. *Curso...* v. 1, p. 79, 80.
[116]Cf. GONÇALVES. *A concessão...*, p. 47.
[117]Neste sentido, ao ilustrar com exemplos, cf. GONÇALVES. *A concessão...*, p. 45 *et seq.*
[118]Cf. GONÇALVES. *A concessão...*, p. 47.
[119]Muito se discutiu acerca da natureza jurídica do contrato de concessão, em especial dos contratos de concessão de serviços públicos. Se teriam a natureza jurídica de típicos contratos administrativos ou seriam contratos de natureza privada, em que uma das partes seria a Administração Pública. Neste sentido, cf. GUEDES. *A concessão...*, p. 72-88. Cf. também GONÇALVES. *A concessão...*, p. 178-203. Segundo este autor: "nesta qualidade, o contrato de concessão de serviços públicos é um instrumento de actuação da Administração destinado à constituição de uma relação jurídica administrativa, que podemos designar por relação de concessão (de serviço público), entendida como uma relação jurídica entre dois sujeitos: o concedente e o concessionário". Também, no tocante à natureza jurídica da concessão de serviços públicos e aos seus efeitos, a doutrina, no final do século XIX e ao longo do século XX, sofre consideráveis controvérsias nos países da Europa ocidental e que podem ser resumidas da seguinte forma: a) concessão como contrato administrativo, b) concessão como ato unilateral do poder público, c) concessão como um ato complexo. Neste sentido, cf. GUEDES. *A concessão...*, p. 71.
[120]Cf. OTERO. *Coordenadas...*, p. 34.

o setor privado, nomeadamente no que respeita ao desenvolvimento e às origens das companhias coloniais, ou ainda designadas companhias majestáticas que se traduziam na "existência de sociedades comerciais que, captando capitais privados para efeitos de exploração, valorização e organização das colônias, envolviam em diversos casos a atribuição pelo Estado de consideráveis poderes de império, isto é, o exercício de direitos de soberania"[121] As companhias majestáticas vão integrar uma estrutura administrativa "paralela"[122] da qual o Estado português se serviu para afirmar a sua soberania em determinados territórios ultramarinos.[123] A falência ou impossibilidade de assegurar a ocupação efetiva dos territórios centro-africanos,[124] unicamente a partir das estruturas administrativas locais, vai desencadear um processo de repartição dos territórios em zonas de concessão, atribuídas a diversas companhias coloniais, às quais se atribuem especiais prerrogativas de autoridade. Este fenômeno pôde ser observado sob diversos moldes na Alemanha, na França, na Inglaterra, por exemplo.[125]

Os séculos XVII e XVIII evidenciaram o surgimento das companhias privilegiadas, entidades de iniciativa ora privada, ora pública, e sob a forma jurídico-mercantil, às quais o Estado concedia especiais prerrogativas.[126] Em Portugal, as companhias pombalinas constituem um exemplo histórico de administração sob a forma empresarial, em associação entre o público e o privado, aquele contribuindo com algum patrimônio e com atribuição de poderes que lhe são próprios, e este contribuindo com capital acionário e com iniciativa de gestão direta.[127] A natureza integralmente privada do capital social assegurava às companhias uma verdadeira autonomia jurídica face à administração do rei, no período pré-liberal.

---

[121] Cf. OTERO. Coordenadas..., p. 33.

[122] Neste sentido, cf. FONSECA, Rui Guerra da. *Autonomia estatutária das empresas públicas e descentralização administrativa*. Coimbra: Almedina, 2005. p. 37.

[123] Cf. FONSECA. *Autonomia estatutária...*, p. 37.

[124] Para uma abordagem do tema numa perspectiva de direito internacional, cf. PINTO, Eduardo Vera-Cruz. *Apontamentos de história das relações internacionais*. Lisboa: Associação Acadêmica da Faculdade de Direito de Lisboa, 1998. p. 334 *et seq*.

[125] Ao citar a ocorrência do fenômeno sob diversos moldes na Alemanha, França, Bélgica e na Inglaterra, cf. FONSECA, Rui Guerra da. As companhias majestáticas de colonização do final do século XIX. *O Direito*, Lisboa, ano 133, III, p. 671 *et seq*., jul./set. 2001.

[126] Sobre mais detalhes sobre o desenvolvimento das companhias coloniais e das companhias majestáticas, cf. FONSECA. *Autonomia estatutária...*, p. 20 *et seq*. Cf. também FONSECA. *As companhias majestáticas...*, p. 671 *et seq*.

[127] Neste sentido, cf. FONSECA. *Autonomia estatutária...*, p. 35.

O Estado liberal, portanto, apesar de uma organização administrativa centralizada ao nível de sua Administração direta e territorial, comportou um modelo de gestão administrativa paralelo, fundado em técnicas de parceria com o setor privado, em verdadeira divisão ou fragmentação das suas atividades. Esta administração "paralela" podia ser traduzida: 1. pelas concessões de serviços públicos, de domínio e obras públicas; 2. e pelas companhias coloniais de exploração do domínio ultramarino. A associação com o setor privado manifestou-se sob a ótica de um Estado mínimo e possibilitou a prossecução de tarefas por ele assumidas, segundo a lógica de um Estado fiscalizador, o que mais tarde, já em períodos atuais, servirá de fundamento ao resgate destas técnicas, sob o lema da busca por uma maior eficiência e eficácia das funções e atividades públicas.

2.3 O Estado social e a "fuga" do centro

A concepção de realização de justiça tem origem em períodos pré-modernos e mantém-se presente nos Estados absoluto e liberal. Porém, é a passagem do Estado liberal para o Estado social que propicia uma nova leitura do princípio da justiça social, elevada à posição de tarefa fundamental do Estado. Este novo cenário político provoca o alargamento das atividades administrativas do Estado, em especial das atividades de prestação de serviços. E com a crise do modelo liberal representativo, no final do século XIX, e a acentuação cada vez maior do elemento igualitário e da ideia do social, o Estado, inicialmente, conhece novas formas e estruturas de poder político já no século XX: primeiro o Estado autoritário e depois o Estado totalitário.[128] O poder político, agora muito mais centralizado e esvaziado do ideal democrático liberal, encontra-se aliado a um poder administrativo que passa a sofrer do fenômeno de fragmentação em maior intensidade, com a transferência dos centros de decisão administrativa para outras pessoas coletivas distintas do Estado central ou da sua própria administração, distribuída

---

[128]Cf. MONCADA, Luís S. Cabral de. *Filosofia do direito e do Estado*. Coimbra: Coimbra Ed., 1966. p. 209-239. (Doutrina e crítica, v. 2). Sobre a experiência política da Constituição portuguesa de 1933, instituidora do Estado social de bem-estar, não obstante o seu caráter autoritário, antidemocrático, antiliberal, cf. OTERO, Paulo. *O poder de substituição em direito administrativo*: enquadramento dogmático-constitucional. Lisboa: Lex, 1995. v. 2, p. 517-522. Sobre a oposição dos regimes totalitários aos valores políticos do Estado liberal e sobre a confluência de ambos os regimes no que diz respeito à preocupação com o bem-estar da coletividade, cf. também OTERO, Paulo. *A democracia totalitária*: do Estado totalitário à sociedade totalitária. Portugal/Cascais: Principia, 2001. p. 81-85.

por todas as regiões do território, em contraste com o típico modelo liberal centralizador.[129] Este fenômeno inicia-se no final do século XIX e estende-se ao início do século XX. Após a Segunda Grande Guerra, o processo de fragmentação da Administração Pública intensifica-se, em especial após o fim dos regimes políticos totalitários e a implantação dos regimes democráticos em alguns países do hemisfério ocidental, que contribuíram também para a divisão do poder político, através dos processos de regionalização do Estado, acrescidos de legitimidade e participação política das diversas entidades territoriais locais.[130]

O alargamento das funções da Administração Pública,[131] relacionadas com as necessidades coletivas de segurança, bem-estar econômico e social e de cultura,[132] o incremento das políticas intervencionistas, necessárias à implantação do Estado social, e o aumento da participação das forças sociais nas tarefas administrativas, cujo aparelho da Administração direta não era mais capaz de suportar, são fatores que contribuíram decisivamente para a "destruição"[133] da unidade político-administrativa do Estado.[134] A doutrina britânica faz referência à chamada "desintegração do centro"[135] ou *"fragmented government"*.[136]

O Estado assume o papel de garantidor da concretização do bem-estar, deixando para trás o objetivo de garantia dos direitos de propriedade e liberdade, e a Administração Pública é alçada à posição de executora das políticas do Estado e transforma-se em Administração prestadora. Este cenário implica profundas transformações no que respeita à organização administrativa.[137] A máquina administrativa cresce em tamanho e em complexidade, de forma a poder dar resposta às novas tarefas a que foi chamada a desempenhar, e a administração unificada do Estado liberal dá lugar a uma administração descentralizada

---

[129]Cf. MOREIRA. *Administração autônoma...*, p. 23-39.
[130]Cf. AMARAL. *Do Estado soberano...*, p. 143-148.
[131]Sobre as fases do desenvolvimento da ampliação das funções da Administração Pública. Também sobre a mudança de paradigma no relacionamento entre cidadão e Administração Pública, com a origem da concepção de direitos subjetivos em face da Administração. E sobre o crescimento da atividade discricionária da Administração Pública, cf. SILVA. *Em busca...*, p. 71-90.
[132]Sobre as atividades materiais da Administração Pública, cf. AMARAL. *Curso...*, v. 1, p. 39-41, cf. também SOUSA; MATOS. *Direito...*, t. I, p. 38-43.
[133]Cf. MOREIRA. *Administração autônoma...*, p. 31.
[134]Cf. MOREIRA. *Administração autônoma...*, p. 31-35.
[135]Cf. MOREIRA. *Administração autônoma...*, p. 31.
[136]Cf. MOREIRA. *Administração autônoma...*, p. 31.
[137]Sobre o conceito de Administração em seu sentido orgânico, cf. SOUSA; MATOS. *Direito...*, t. I, p. 43-46.

e desconcentrada do Estado social. O modelo concentrado é, então, substituído por um modelo pluralista e de cooperação, tornando-se evidente a fragmentação da unidade administrativa do poder do Estado[138] e a "fuga da Administração direta e central".[139]

O processo de aumento das tarefas a cargo do Estado, através do desenvolvimento do Estado social, intervencionista e prestador de serviço, tendo por fim a implementação das cláusulas de bem-estar, ensejou uma insuficiência do aparelho direto do Estado na satisfação deste objetivo teleológico. Esta situação determinou a fragmentação da unidade decisória do Estado, com a consequente multiplicação dos centros de poderes políticos e administrativos, deixando o Estado central de deter o monopólio do poder político, normativo e administrativo. Surgiram vários centros de criação do direito, sejam políticos (leis em sentido lato), sejam administrativos (atos administrativos normativos), em decorrência da proliferação de entidades dotadas de autonomia político-administrativa, ou, tão somente, de autonomia administrativa, seja no âmbito territorial, seja no âmbito funcional ou institucional.[140] No período liberal, a Administração Pública apresentava um perfil unitário, baseada em serviços departamentais hierarquizados, sob a responsabilidade parlamentar do governo pela atividade administrativa. Porém, a transição ao Estado social resultou em uma imagem diversa deste modelo clássico, através de uma pluralidade orgânica, aliada à divisão de poderes político-administrativos.[141]

O processo de fragmentação político-administrativa do Estado apresenta-se como uma questão jurídica e ao mesmo tempo de indagação política, pois pressupõe o contraste entre o modelo clássico unitário de decisão e organização política e administrativa, herdado pela revolução liberal do Estado absoluto e o modelo plural da Administração Pública atual e das forças políticas contemporâneas.[142] E este fenômeno encontra-se intimamente relacionado com alguns outros fenômenos políticos e administrativos que se verificaram, e ainda se verificam, neste processo de desintegração dos poderes do Estado central. Como por exemplo: a descentralização — que abrange a descentralização em sentido estrito (institucional, territorial, funcional e de serviços públicos) e a desconcentração —, a administração autônoma (territorial e não

---

[138] Cf. SILVA. *Em busca...*, p. 91, 92.
[139] Cf. MOREIRA. *Administração autônoma...*, p. 31.
[140] Cf. OTERO. *Legalidade...*, p. 147, 148.
[141] Cf. MOREIRA. *Administração autônoma...*, p. 32, 33.
[142] Cf. BAENA DEL ALCÁZAR. *Curso...*, p. 30-35.

territorial), a administração "livre", a Administração direta e indireta do Estado, a administração empresarial do Estado, a privatização em sentido amplo — abrangendo todas as formas de privatização — e, por fim, as parcerias público-privadas, dentre outras tantas formas que, hoje, se multiplicam no atual Estágio de desenvolvimento da Administração Pública do Estado.

Na atualidade, a Administração Pública sofre os influxos de uma "onda" de eficiência e democracia que determina a sua fragmentação, através da concepção de uma máquina administrativa "enxuta" e eficiente que possa a atender e prestar os seus serviços a um universo de cidadãos de forma igual, proporcional e contínua, facultando-lhes, muitas vezes, a autogestão destes serviços e a participação nas decisões administrativas. De forma a atender a este anseio e a esta meta de eficiência e democracia (participação, igualdade e universalidade de serviços), a "máquina" pública fragmenta-se, divide-se, multiplica-se através da criação de novas entidades de direito público ou privado — que passam a atuar em parceria com o poder público — e da delegação de funções e da execução de serviços a entidades de direito público ou privado, seja por contrato, ato, convênios, acordos, ou outras formas bilaterais ou multilaterais de vinculação jurídica da Administração Pública. Hoje, portanto, são tantas as formas jurídicas e mecanismos de fragmentação que não se pode aferir, com exatidão, quais são as atividades e quais são as estruturas que fazem parte da Administração Pública do Estado, o que reflete a dificuldade de controle e responsabilização, bem como de implantação das próprias diretrizes e metas estabelecidas politicamente pelo Estado central, pelo governo, na qualidade de órgão superior da Administração Pública.

2.4 Conclusões

A fragmentação administrativa não é um fenômeno recente na história da Administração Pública, pois a divisão da gestão, da organização e das atividades público-administrativas pôde ser observada em diversos períodos históricos que vão desde o império romano, passando pela idade média até o despontar do Estado moderno, consolidado pela transição ao regime absolutista que possibilitou ao rei, vitorioso de sua luta com o Parlamento e com os senhores feudais, concentrar em si os poderes do Estado. Nesta etapa de transição a um regime absolutista, que irá se consolidar no século XVII e XVIII pode-se afirmar que o fenômeno da fragmentação administrativa do Estado aparecia em um cenário de luta política entre: (i) a crescente complexidade e desenvolvimento do aparato administrativo central do reino, com seus altos funcionários nomeados pelo rei, que passaram a exercer as atribuições delegadas de justiça e a administração em um espaço territorial também definido pelo rei; (ii) a administração local urbana das cidades, concebidas como autoadministração, quase que um direito urbano autônomo, com caráter corporativo e associativo; (iii) a administração dos feudos, esta fundada em relações privatísticas de poder entre vassalos e senhores feudais; (iv) as instituições administrativas eclesiásticas que desempenhavam funções sociais, culturais e científicas; (v) e, finalmente, os corpos intermédios ao nível dos ofícios, dos corpos, dos colégios, dos grêmios e das associações, cada qual com seu estatuto privativo.

O advento de um modelo liberal de Estado, por sua vez, preconizou o paradigma clássico da separação Estado/sociedade que supunha o monopólio estadual do poder político e da Administração Pública que passa a ser concebida como Administração do Estado. O Estado reduz-se a um Estado mínimo, sob o lema da liberdade e a influência da Revolução Francesa, marco histórico de influência jurídico-política na maioria dos países da Europa Ocidental nos séculos XVIII e XIX, é responsável por uma modificação na estrutura e nas atividades da Administração Pública da época, através de um robustecimento do aparelho administrativo do Estado central, em continuidade às características do antigo regime, porém fundada no reconhecimento da "submissão" da Administração Pública à lei e ao parlamento, o que faz desaparecer, de forma definitiva, a identificação do Estado e de sua Administração com a figura do rei/monarca. Estas alterações puderam ser traduzidas sob dois aspectos: (i) sob o aspecto "organizativo" da Administração Pública, através da aplicação a diversas estruturas administrativas da teoria da personalidade jurídica ao Estado central e a outras pessoas diversas do Estado, ou seja, estruturas intermediárias, como as províncias ou Municípios de ordem territorial; (ii) e sob o aspecto "funcional", através da "juridicização" das diversas atividades do Estado, enquanto pessoa de direito público. Assim, passa-se a reconhecer os atos praticados pelo Estado, enquanto Administração Pública, como atos jurídicos, cujos efeitos deveriam ser reconhecidos pela lei.

O princípio da separação dos poderes aplicado no âmbito dos órgãos centrais do Estado trouxe consigo transformações que desembocaram em um sistema político-administrativo contraditório. Se de um lado, os princípios liberais tiveram ampla aplicação quanto aos poderes políticos pós-revolucionários, já no tocante aos poderes administrativos, ou melhor, quanto à estruturação e definição das atividades administrativas do Estado, observou-se uma continuidade com o modelo anterior do antigo regime, através de um modelo centralizador de gestão e controle. Isto ocorreu devido a diversos fatores que podem ser assim enumerados: (i) a aplicação rígida do princípio da separação dos poderes que desencadeou: a) a criação de uma justiça administrativa especial, sob o lema de que "julgar a administração é administrar"; b) e a estruturação de uma gestão unificada e centralizada, fundada no princípio da responsabilidade política do governo perante o parlamento, em razão da subordinação da Administração à lei e do princípio da hierarquia administrativa; (ii) a existência de um parlamento único e central, como único órgão do Poder Legislativo, baseado no princípio liberal da representação política, através do qual deveriam ser emanadas todas as leis, sob as quais deveria a Administração pautar a sua atividade de gestão; (iii) a própria separação entre os poderes judiciais e administrativos que faz desaparecer todos os órgãos dispersos e descentralizados que exercem de forma concomitante estas duas funções do Estado, tal como os ofícios públicos; (iv) e a importância do princípio da igualdade que encontra sua matriz político-ideológica nas revoluções liberais do século XIX e que possibilitará uma unificação da gestão administrativa, com o objetivo de uniformizar a prestação de serviços a todos os cidadãos do território do Estado.

Desta forma, a Administração Pública do Estado liberal não experimentou uma ruptura total com as estruturas e atividades administrativas do antigo regime, apenas possibilitou, através da aplicação do princípio da legalidade, corolário da separação dos poderes, um enquadramento legal e jurídico das suas funções e modelos organizativos. Assim, manteve-se, em grande parte dos países da Europa Ocidental, sob as bases de um modelo napoleônico francês, um regime de administração centralizada, por meio do qual a Administração Pública busca "fugir" ao controle dos tribunais comuns, por representarem órgãos conservadores fundados ainda em ideais do antigo regime, e busca assegurar à burguesia dominante no parlamento único o controle das atividades administrativas de forma a garantir os seus interesses econômicos, especialmente de unificar os mercados nacionais, com regras uniformes, eliminando-se as disparidades dos poderes de gestão local.

No entanto, a fragmentação limitada do Estado liberal no âmbito da Administração direta e territorial do Estado não impediu que ao largo de uma concentração destes poderes administrativos se desenvolvesse uma Administração Pública que passou a se utilizar da iniciativa privada como parceiro colaborador na realização de suas atividades, especialmente aquelas relacionadas com a prestação de serviços públicos, construções de obras públicas e também atividades relacionadas com a administração empresarial do Estado, inicialmente através de direitos outorgados pela Coroa às companhias de navegação.

Por fim, o início do fenômeno contemporâneo da fragmentação dos poderes administrativos do Estado ocorre no final do século XIX e mantém-se ao longo do século XX, passando pelos modelos autoritários ou totalitários dos países ocidentais e intensificando-se com o fim destes regimes, agora sob a vertente do Estado democrático pluralista e social.

Este novo Estado democrático enseja a divisão dos poderes políticos de forma a propiciar a participação política dos seus cidadãos como meio à implantação da democracia. Observa-se o alargamento das funções do Estado, sob os fundamentos da justiça social, e o Estado assume o papel de garantidor da concretização do bem-estar, cujo aparelho direto da sua Administração Pública não era mais capaz de suportar. O Estado passa, assim, ao papel de interventor e prestador de serviços e dá ensejo ao surgimento de diversos centros de decisão político-administrativas, bem como de novas formas de organização pública ou público-privadas.

CAPÍTULO 3

Os Principais Fatores Determinantes da Fragmentação Administrativa no Estado Contemporâneo[143]

Sumário: 3.1 A transição da "Administração Pública social" para uma "Administração Pública social e reguladora" – **3.2** A democratização da Administração Pública – **3.2.1** Autoadministração – **3.2.2** Administração participativa – **3.2.3** Legitimidade do poder administrativo – **3.3** A busca pela eficiência como princípio da Administração Pública – **3.3.1** A reforma da Administração Pública: tecnicismo, flexibilidade e consensualidade – **3.3.2** A "constitucionalização" da eficiência – **3.4** Conclusões

3.1 A transição da "Administração Pública social" para uma "Administração Pública social e reguladora"

O modelo de bem-estar ou a concepção de um Estado provedor e prestador de direitos e condições sociais e econômicas a toda a população de forma igualitária não são exclusivos do Estado social, cujo

---

[143] A referência ao Estado contemporâneo, neste trabalho, abrange o processo histórico de passagem do Estado moderno da segunda metade do século XX até o citado Estado pós-moderno do final do século XX, início do século XXI, cujo ciclo ainda não terminou. Ao citar este processo histórico de mudança ocorrido nos últimos 25 (vinte e cinco) anos do século XX, que teve por fundamento "uma revolução tecnológica com base na informação que transformou a nossa forma de pensar, de produzir, de consumir, de negociar, de gerir, de comunicar, de viver, de morrer, de fazer guerra e de fazer amor". Ao mesmo tempo em que "as instituições sociais basilares importantes, como o patriarcalismo e o Estado-nação, são questionadas sob a pressão conjunta da globalização da riqueza e da informação e da localização da identidade e da legitimidade" [CASTELLS, Manuel. *Fim do milênio*. Tradução de Alexandra Figueiredo e Rita Espanha. Sob a coordenação de José Manuel Paquete de Oliveira e Gustavo Leitão Cardoso. Lisboa: Fundação Calouste Gulbenkian, 2003. p. XXV, XXVI. (A era da informação: economia, sociedade e cultura, v. 3)].

apogeu remonta ao período que se segue à Segunda Guerra Mundial. Muito embora a ideia de justiça social tenha atravessado o período histórico que vai do absolutismo ao liberalismo,[144] sem dúvida que no final do XIX, caracterizado pelo início das lutas sociais proletárias contra uma burguesia cada vez mais capitalizada, encontra campo fértil para florescer e desenvolver-se ao longo do século XX, passando por regimes totalitários e autoritários[145] e ainda sobrevivendo à crise do Estado social atual, que encontra na busca por um modelo "neoliberal"[146] a chave para resolução de suas insuficiências burocráticas.[147]

---

[144] Ao citar os antecedentes históricos do princípio social do Estado, inclusive como corolário da prossecução do fim da justiça a ser realizado pelo monarca e também já em uma fase moderna do constitucionalismo liberal com a edição da Declaração dos Direitos do Homem e do Cidadão, cf. OTERO. *O poder de substituição...*, v. 2, p. 517-519.

[145] Sobre a preocupação com o bem-estar no regime autoritário português da constituição de 1933 e no sentido de que: "uma vez que o 'Estado Social é também um Estado de bem-estar', a Constituição de 1933 surge como sendo o primeiro texto constitucional que entre nós assume como clara tarefa dos poderes públicos a realização do bem-estar e da justiça social" (OTERO. *O poder de substituição...*, v. 2, p. 521, 522). No sentido de que o Estado social representa uma transformação estrutural pela qual passou o antigo Estado liberal, em que pese a manutenção de uma ordem econômica capitalista e a sua convivência com os mais variados sistemas de organização política E ao citar como exemplos de Estados sociais em regimes autoritários, *e.g.* a Alemanha nazista, a Itália fascista, a Espanha franquista, o Portugal salazarista e o Brasil, desde a Revolução de 1930, cf. BONAVIDES, Paulo. *Do Estado liberal ao Estado social.* 7. ed. 2. tir. São Paulo: Malheiros, 2004. p. 184. Sobre a concretização normativa constitucional do modelo de bem-estar no Estado brasileiro, cf. BONAVIDES, Paulo. *Curso de direito constitucional.* 11. ed. São Paulo: Malheiros, 2001. p. 331-336. No sentido de que a democratização social, fruto das políticas do *welfare state*, trouxe a lume Constituições cujos textos positivaram os direitos fundamentais e sociais em sua vertente programática, cf. STRECK, Lenio Luiz. Hermenêutica e concretização dos direitos fundamentais-sociais no Brasil. *In*: ANDRADE, André (Org.). *A constitucionalização do direito.* 1. ed. 2. tir. Rio de Janeiro: Lumen Juris, 2003. p. 07. Ainda, no sentido da "degenerescência" do Estado social em experiências políticas totalitárias, sobretudo na primeira metade do século XX, cf. SARMENTO, Daniel. *Direitos fundamentais e relações privadas.* 2. ed. Rio de Janeiro: Lumen Juris, 2006. p. 20.

[146] No sentido de um paradigma teórico "pós-social" e "neoliberal" que serviu de fundamento para ideias econômicas neoliberais que, por sua vez, tornaram-se hegemônicas na comunidade financeira internacional, especialmente no receituário proposto pela Secretaria do Tesouro dos EUA, Banco Mundial, FMI e principais instituições bancárias do G-7, para a estabilização das economias dos países emergentes, cujas propostas básicas são: a abertura dos mercados internos, estrita disciplina fiscal com corte de gastos sociais, privatizações, desregulamentação do mercado, reforma tributária e flexibilização das relações de trabalho, cf. SARMENTO. *Direitos...*, p. 28. Também, seguindo a linha teórico-econômica, o modelo "neoliberal" tem como ícone o pensamento do austríaco Friedrich August von Hayek, elaborado na primeira metade do século XX, como crítica ao modelo de *welfare state* e a preconização do retorno ao Estado "mínimo", cf. GIDDENS, Anthony. *Para além da esquerda e da direita.* Tradução de Álvaro Hattnher. São Paulo: Unesp, 1994. p. 44-52. Também, ao abordar os problemas do início do século XXI no que diz respeito ao panorama político-constitucional, em virtude da ameaça de um movimento de integração regional ou continental na Europa e da crise do Estado social, cf. MIRANDA. *Manual...*, v. 1, p. 98-102.

[147] Neste sentido, cf. BATISTA JÚNIOR, Onofre Alves. *Princípio constitucional da eficiência administrativa.* Belo Horizonte: Mandamentos, 2004. p. 44, 45.

O bem-estar constitui a "vertente teleológica"[148] do Estado democrático de direito e o elemento estruturante do Estado social,[149] segundo o qual, a sua Administração Pública e os demais órgãos políticos centrais e autônomos assumem o papel de instrumentos concretizadores da justiça social e garantidores do princípio da dignidade da pessoa humana, considerado como um mínimo existencial de sobrevivência.[150] O Estado de bem-estar é, sobretudo, um Estado fundado na justiça social que encontra suas bases ideológicas no desenvolvimento da doutrina social da Igreja.[151] O modelo de bem-estar implica o desenvolvimento da qualidade de vida e da igualdade real entre os cidadãos, ao mesmo tempo em que envolve a efetivação dos direitos sociais, econômicos e culturais, através da estipulação de normas programáticas constitucionais que direcionam e vinculam todos os órgãos políticos e administrativos do Estado.[152]

O bem-estar, a partir da concepção de justiça social e da implantação de um Estado de providência, passa a integrar o Estado democrático de direito, como norma constitucional de princípio fundamental.[153]

---

[148] Ao citar esta expressão, cf. OTERO. *O poder de substituição...*, v. 2, p. 586.

[149] OTERO. *O poder de substituição...*, v. 2, p. 586. No sentido de que a noção de Estado de Direito democrático está associada à ideia de realização dos direitos fundamentais de primeira e segunda gerações, cf. STRECK. *Hermenêutica...*, p. 06, 07.

[150] Sobre o princípio da dignidade da pessoa humana na ordem jurídica portuguesa, cf. NOVAIS, Jorge Reis. *Os princípios constitucionais estruturantes da República Portuguesa*. Coimbra: Coimbra Ed., 2004. p. 51-100.

[151] Cf. OTERO. *O poder de substituição...*, v. 2, p. 587.

[152] OTERO. *O poder de substituição...*, v. 2, p. 591-596, cf. também: artigo 18.º, n.º 1, da Constituição da República Portuguesa. No mesmo diapasão, quanto à "(...) positivação dos direitos sociais e econômicos, fenômeno assente na inquestionável premissa de que, diante da desigualdade de fato existente no meio social, se o Estado não agir para proteger o mais fraco do mais forte, os ideais éticos de liberdade, igualdade e solidariedade em que se lastreia o constitucionalismo seguramente vão se frustrar. (...) O Estado não mais se contenta com a proclamação retórica da igualdade de todos perante a lei, assumindo como tarefa impostergável a promoção efetiva desta igualdade no plano dos fatos. (...)" (SARMENTO. *Direitos...*, p. 19).

[153] Cf. Artigo 9.º, letra r), da Constituição da República Portuguesa, que aponta como uma das tarefas fundamentais do Estado a promoção do bem-estar e da qualidade de vida. No sentido de que a realização da democracia econômica, social e cultural é uma consequência política e lógico-material do princípio democrático, precisamente porque quase todos os Estados europeus integraram o princípio da "socialidade" no núcleo firme do estado constitucional democrático. Também na linha de pensamento de que no Estado português o princípio objetivo da democracia econômica, social e cultural (Cf. Artigo 2º da Constituição da República Portuguesa) tem a mesma dignidade constitucional do princípio do Estado de direito e constitui um dos princípios estruturantes da República Portuguesa, fracionando-se em dois outros princípios: 1. o da dignidade da pessoa humana (cf. Artigo 1.º da Constituição da República Portuguesa); 2. o da igualdade, expresso pela referência à "dignidade social" (Cf. Artigo 13.º da Constituição da República Portuguesa). Cf. CANOTILHO. *Direito constitucional...*, p. 335-337.

A constitucionalização dos direitos fundamentais sociais em Portugal seguiu temperada, já em um momento posterior às origens revolucionárias que serviram de fundamento para a concretização da Constituição de 1976, por princípios econômicos neoliberais, em especial pela inclusão do país no bloco da Comunidade Europeia. Esta flexibilização do modelo social português não permitiu, porém, o abandono dos ideais constitucionais originais de "socialidade" e de um Estado social cuja vertente é intensificada após a construção de um modelo com raízes de origem socialista.[154] O fenômeno da "constitucionalização dos direitos sociais e econômicos" ensejou a expansão das tarefas do Estado e do próprio arcabouço jurídico e axiológico da Constituição. Até meados do século XX, as Constituições ocidentais tratavam apenas da estrutura básica do Estado e dos direitos clássicos dos cidadãos, erigidos como defesa em face do Estado e do poder público. Contudo, a partir das Constituições do México de 1917 e de Weimar de 1919, este modelo altera-se e a maior parte das Constituições ocidentais passa a agregar em seus postulados, além dos direitos individuais, direitos sociais e econômicos que, por sua vez, passam a demandar do Estado prestações positivas, viabilizadas através de políticas públicas onerosas, tais como: direitos à educação, à saúde, à previdência, à moradia, etc.[155] E, assim, além de refletir o âmbito das escolhas de política social-econômica do Estado, o bem-estar passa a encontrar uma raiz ideológica de concretização da melhora da qualidade de vida dos cidadãos e da prestação e manutenção dos níveis básicos de sobrevivência, assumidas pelo Estado como competências públicas.

A concepção do bem-estar como fim e tarefa do Estado, embora hoje mitigada através do fenômeno crescente da transferência de funções administrativas para entidades privadas, inclusive no que respeita aos setores sociais, com a instituição de parcerias público-privadas e as transferências de tarefas sociais para organizações sociais sem fins lucrativos, possui fundamento nos princípios econômicos que motivaram a origem do modelo *welfare state*. É difícil localizar no tempo o surgimento do *welfare state*. Formas embrionárias de sistematização de políticas sociais pelo Estado remontam pelo menos ao início do

---

[154]Cf. Preâmbulo da Constituição da República Portuguesa: "(...) Estado de Direito democrático e de abrir caminho para uma sociedade socialista, no respeito da vontade do povo português, tendo em vista a construção de um país mais livre, mais justo e mais fraterno".
[155]Neste sentido, cf. SARMENTO, Daniel. Ubiqüidade constitucional: os dois lados da moeda. In: SOUZA NETO, Cláudio Pereira de; SARMENTO, Daniel (Coord.). *A constitucionalização do direito*: fundamentos teóricos e aplicações específicas. Rio de Janeiro: Lumen Juris, 2007. p. 119.

capitalismo. A partir das primeiras décadas do século XX, no entanto, o *welfare state* torna-se um elemento importante na organização da economia e da política da maior parte das sociedades ocidentais industrializadas. Por questões pragmáticas, esse período é frequentemente considerado o momento de referência para o estudo do surgimento e desenvolvimento das diferentes formas de *welfare state* hoje conhecidas. Esse desenvolvimento não ocorreu simultaneamente nos diversos países que hoje possuem *welfare states* consolidados. O momento de surgimento e o ritmo de expansão são apenas duas das características que diferenciam o perfil dos diversos sistemas de proteção social montados.[156]

O desenvolvimento do *welfare state* pode ser entendido como uma resposta a dois acontecimentos fundamentais: a formação dos estados nacionais e sua transformação em democracias de massa e a expansão do modo de produção capitalista liberal-burguês. Nas democracias de massa, o *welfare state* seria tanto uma resposta às demandas por igualdade socioeconômica e por institucionalização de direitos sociais (civis e políticos), quanto à demanda por seguridade econômica e social. Criado nessas bases, o *welfare state* implicou, por um lado, uma transformação do próprio Estado, permitindo a emergência de um novo sistema de dominação composto por elites de beneficiários, clientelas sociais e uma burocracia prestadora de serviços. Com a transformação da estrutura do Estado, suas funções e suas bases de legitimação também mudaram: os objetivos de segurança externa, liberdade econômica interna e universalismo legal foram substituídos pela provisão sistemática de seguridade social e transferências monetárias. Por outro lado, o *welfare state* é uma tentativa de lidar com problemas específicos do desenvolvimento do capitalismo, como o conflito entre classes e as crises cíclicas do sistema, constituindo uma tentativa de obter a cooperação das classes trabalhadoras sem, no entanto, desafiar a instituição e a distribuição da propriedade privada.[157]

Importa ressaltar que o fenômeno do *welfare state*, base de compreensão social, política, jurídica e econômica do Estado de bem-estar, não está limitado às democracias capitalistas, pois se trata principalmente de uma das manifestações do fenômeno mais geral da modernização, como

---

[156] Para maior aprofundamento sobre as origens do modelo do *welfare state*, cf. ESPING-ANDERSEN, G. *The Three Worlds of Welfare Capitalism*. Princeton: Pricenton University Press, 1990. p. 20-31.

[157] Sobre as bases e fundamentos do desenvolvimento do *welfare state*, cf. FLORA, P.; ALBER, J. Modernization, Democratization and the Development of Welfare States. *In*: *Europe and America*. Transaction Publishers, 1982. p. 22-25.

exemplificam os casos de desenvolvimento de instituições e políticas de *welfare* tanto em nações fascistas quanto em nações não capitalistas.[158] Na modernização, o *welfare state* seria uma tentativa de criar, dentro de novas formas de organização da sociedade resultantes do aumento da divisão do trabalho social, uma nova forma de solidariedade.[159]

A superação da etapa do Estado mínimo liberal[160] dá ensejo a uma maior preocupação do Estado com a realização da justiça social, o que provoca um incremento das políticas de intervenção pública na ordem econômica e social que corre em paralelo com o alargamento das tarefas de prestação de serviços por parte do Estado-administração.[161] Nesta linha, já na primeira metade do século XIX já se podia observar na Inglaterra a edição das primeiras normas de cunho social, com o objetivo de proteger o trabalhador e minimizar os nefastos impactos da Revolução Industrial sobre a classe operária.[162] E na Alemanha, já na segunda metade do século XIX, ao se pretender impedir os avanços do socialismo e, por outro lado, ao se buscar uma maior paz social

---

[158] O exemplo interessante que se coloca no tocante às políticas do modelo social do *welfare state* é o caso da Alemanha nazista. Na perspectiva de que os movimentos totalitários usam e abusam das liberdades democráticas com o objetivo de suprimi-las, da mesma forma, o regime totalitário de Hitler manteve a ordem constitucional social, consagrada pela Constituição de Weimar, deixando, inclusive, intactos certos serviços e tarefas públicas em benefício da população. Além disso, o próprio discurso da igualdade que favoreceu a concepção da massa em detrimento do homem-indivíduo aparecia disfarçado sob as bases de uma defesa do social de forma a equilibrar as mazelas do capitalismo. Neste sentido, cf. ARENDT, Hannah. *Origens do totalitarismo*. Tradução de Roberto Raposo. 1. ed. 6. reimp. São Paulo: Companhia das Letras, 2006. p. 442-446.

[159] Cf. FLORA; ALBER. *Modernization*..., p. 24. Segundo a autora: "the generality of this phenomenon may be illuminated by some of Durkheim's ideas and concepts. Using his perspective, the welfare state may be understood as an attempt to create a new kind of solidarity *In*: highly differentiated societies and as an attempt to respond to problems *In*: the division of labor, which, for him, is the basic process of structural change *In*: modernizing societies. Division of labor weakens old associations and intermediary powers and thus increases opportunities for individualization. Responding to the need to regulate the mainfold new exchange processes, social life is centralized. These fundamental processes are reflected *In*: the institutions of the welfare state; public bureaucracies take over many of the functions formelly filled by smaller social units, and their services and transfer payments tend to become more and more individualized".

[160] No sentido de que a função precípua desempenhada pela rígida distinção entre Estado e sociedade civil, entre o público e o privado, era de imunizar a esfera das relações econômicas do poder político que, por sua vez, ia democratizando-se devido à implantação paulatina do sufrágio universal. Tinha-se, desta forma, a legitimação do modo de exploração econômica capitalista, cf. SANTOS, Boaventura de Sousa. *Pela mão de Alice*. São Paulo: Cortez, 1995. p. 122.

[161] Cf. RUIZ-RICO RUIZ, Gerardo. El estado social autonómico: eficacia y alcance de las normas programático-sociales de los estatutos de autonomía. *Revista Española de Derecho Constitucional*, Madrid, año 22, n. 65, p. 11-13, mayo/ago. 2002.

[162] Cf. SARMENTO. *Direitos*..., p. 17.

também foi apresentado um esboço de uma legislação de proteção ao trabalhador e de assistência social.[163] Apesar dos progressos que o advento dos direitos liberais proporcionou para a humanidade, em termos de proteção jurídica dos direitos fundamentais em face do Estado, a eclosão dos problemas sociais oriundos da política burguesa econômica do "*laissez faire, laissez passer*" propiciou imensas críticas ao liberalismo, ao questionar o individualismo exacerbado do constitucionalismo liberal que não se apresentava como modelo adequado à proteção jurídico-política da dignidade humana.[164]

Assim, através da consolidação destas críticas político-ideológicas ao liberalismo foi surgindo a convicção de que, até para o efetivo desfrute dos direitos individuais de primeira geração,[165] era necessário se estabelecer garantias mínimas de existência para cada ser humano.

Por outro lado, o processo de democratização política, através da ampliação das bases do sufrágio, que deixa de ser censitário e privilegiado para ganhar uma feição de maior igualdade de direitos políticos ativos, incorpora na cena política setores menos desfavorecidos e, até então, alijados do processo eleitoral, o que os possibilita, em contrapartida, uma maior participação nas decisões políticas, especialmente naquelas decisões legislativas. Esta alteração significativa da atuação das forças políticas no parlamento propiciou, já no início século XX, o advento de um Estado social, fundado em novas leis que, além de manter todo o arcabouço liberal dos direitos fundamentais já conquistados com as revoluções liberais, passou a introduzir na legislação garantias de bem-estar, a começar pela proteção social dos trabalhadores oprimidos pela Revolução Industrial. A legislação, aqui compreendida em sentido lato, ou seja, toda a legislação constitucional e infraconstitucional, passa a destacar-se pela proteção dos direitos

---

[163] Cf. GALVÃO, Paulo Braga. *Os direitos sociais nas constituições*. São Paulo: LTr, 1981. p. 22 *et seq.*

[164] Neste cenário surgem críticas ao liberalismo econômico, em especial, destacando-se: o socialismo utópico e a doutrina social da Igreja. Ambas questionavam o capitalismo liberal sob ângulos diversos. Para o marxismo, a liberdade privada, postulada pelo ideário da burguesia supunha uma realidade imaginária consistente em indivíduos paritários e em iguais condições que possibilitassem a negociação econômica de forma justa e igualitária. Já a doutrina social da Igreja defendia direitos mínimos para o operário-trabalhador e um papel mais ativo do Estado. Seus fundamentos foram, inicialmente, consolidados a partir da Encíclica *Rerum Novarum* do Papa Leão XIII, editada em 1981. Ao analisar estas críticas, cf. HESPANHA, António Manuel. *Panorama da cultura jurídica européia*. Lisboa: Publicações Europa-América, 1997. p. 221.

[165] No sentido de que a ideia de direitos fundamentais divididos em gerações não é totalmente correta, pois os direitos são de todas as gerações e, por isso, é preferível falar-se em três dimensões de direitos do homem e não de gerações de direitos. Cf. CANOTILHO. *Direito constitucional...*, p. 386, 387.

sociais ou de bem-estar, modificando toda a previsão de direitos fundamentais previstos pela Constituição, especialmente a partir da influência da Carta Constitucional mexicana de 1917 e da Constituição de Weimar de 1919, primeiras a incorporar expressamente os direitos fundamentais sociais.

Aliada às políticas socioeconômicas do Estado de bem-estar, as diferenças regionais, culturais e sociais existentes em toda a extensão territorial de um mesmo Estado demandaram, a nível legislativo constitucional, o incremento das políticas sociais, necessárias à implantação do Estado de bem-estar, além da expansão do aparato estrutural da Administração Pública central e a descentralização das decisões políticas e da execução da atividade administrativa. Ou seja, observou-se uma tendência à gradual transferência das competências ora políticas, ora administrativas, inicialmente para entes autônomos territoriais, integrantes da organização espacial (territorial) do Estado, e, já em uma fase seguinte, para entes institucionais, dotados de personalidade jurídica própria pública ou privada. Privilegiou-se, em alguns ordenamentos, apenas a descentralização administrativa (*e.g.* poder local em Portugal) ou a simples desconcentração administrativa, ora preferiu-se a descentralização política e administrativa, ao desembocar em Estados federados ou Estados unitários regionalizados (*e.g.* Estados e Municípios no Brasil e regiões autônomas dos Açores e da Madeira, em Portugal). Esta decisão de descentralizar as funções políticas e administrativas, decisão do legislador constituinte, alçou o princípio da autonomia regional também como elemento do princípio democrático e do princípio político-organizacional do Estado. Desta forma, a descentralização político-administrativa, mais do que uma necessidade, passou a ser norma de vinculação constitucional dos poderes públicos (políticos e administrativos), com especial relevância no que diz respeito à distribuição e repartição de competências entre os entes que compõem o Estado.

A vinculação constitucional dos poderes públicos, seja no âmbito dos poderes administrativos, seja dos poderes políticos (condução das opções políticas a serem implementadas e atividade legislativa), obteve nova perspectiva com a implementação das normas constitucionais programáticas de previsão dos direitos sociais. O aparato orgânico-institucional do novo modelo de Estado de bem-estar passou a demandar uma maior intervenção do Estado em setores antes exclusivos da autonomia privada. O Estado passou a ser compreendido como Estado produtor de bens e prestador de serviços, em especial, de serviços que garantissem um mínimo de bem-estar social, os quais, com o predomínio da política do Estado liberal, não eram possíveis à iniciativa privada prover. O incremento da intervenção do Estado nos setores sociais e econômicos contribuiu para uma consequente expansão da Administração Pública e de seu aparato burocrático, de maneira a garantir a todos um mínimo de bem-estar social.[166]

O novo modelo de Estado[167] e de Administração Pública, fundados na ideia de uma democracia social, abandona a concepção individualista e atomística herdada do Estado liberal de direito e abre uma nova perspectiva realista e plural da sociedade e da sua organização político-administrativa. A "democracia social",[168] de base comunitária e assente sobre a potencialização e valorização dos grupos e comunidades passa pela "desintegração" do monopólio que os órgãos centrais do Estado detinham sobre o poder político e sobre a capacidade legislativa e administrativa e pela partilha por entre pessoas jurídicas territoriais, institucionais ou associativas em cujo contexto as pessoas e as comunidades inserem suas vidas e seus interesses.[169] Desta forma, no quadro de uma organização político-administrativa contemporânea, impõe-se uma vasta e complexa pluralidade de unidades coletivas distintas do Estado central que reclamam para si de forma simultânea a condição de detentores de poder político-administrativo no que tange à tomada de decisões no âmbito dos interesses dos cidadãos que a constituem.[170] O Estado, portanto, sofre uma nova leitura e passa a ser

---

[166] Cf. MONTALVO, António Rebordão. *O processo de mudança e o novo modelo da gestão pública municipal*. Coimbra: Almedina, 2003. p. 37-52.

[167] No sentido de que a crise do Estado liberal, tendo se declarado desde a Primeira Guerra Mundial, atinge o seu apogeu na sequência da Segunda Guerra e que, de tal modo, enquanto tipo de organização política, a sua configuração moderna encontra-se "fortemente abalada em vias de dar o seu lugar a outras, neste momento incertas". E também que apesar dos contornos exatos do novo modelo de Estado serem difíceis de precisar, a crise, é certo, decorre do "progressivo enfraquecimento (...) do elemento liberal" nas democracias contemporâneas e daquilo que apelida de uma "acentuação cada vez maior do elemento igualitário e da ideia social". E, ainda, no sentido de que "o Estado de Direito liberal começa a ceder o seu lugar a um Estado de Direito social, e este vai se vendo obrigado a incorporar em si, em escala cada vez maior, novas estruturas e concepções do poder que o transformam: primeiro em ditadura e Estado autoritário; depois em Estado totalitário" (MONCADA. *Filosofia...*, p. 209 *et seq*.).

[168] E na linha de que a superação da crise passa pela transformação da perspectiva do Estado liberal, individualista, para um Estado fundado na "democracia social", cf. AMARAL. *Do Estado soberano...*, p. 121.

[169] Cf. AMARAL. *Do Estado soberano...*, p. 122.

[170] E, assim, cada uma dessas unidades político-administrativas, ou tão somente administrativas, reivindica uma condição de autonomia ao nível de sua organização, de seu funcionamento e da definição e da execução dos interesses próprios. E exige, por outro lado, o direito de participação e de ação direta junto aos órgãos superiores de poder, sempre que em causa se encontrem matérias que, pela sua complexidade ou generalidade, caem não já no domínio do interesse privado, mas no domínio do interesse comum à generalidade dos membros coletivos e individuais do Estado. Cf. AMARAL. *Do Estado soberano...*, p. 122, 123.

compreendido como instância reguladora das atuações autônomas de cada unidade coletiva, seja ela uma coletividade territorial, institucional ou associativa, ao velar pelos interesses gerais e pelo bem-comum da sociedade como um todo.[171]

A própria positivação e "constitucionalização" dos direitos sociais e econômicos passaram a vincular o Estado, através da sua Administração Pública, a um "agir" positivo e ativo de intervenção nas relações de natureza social e econômica, sob o lema de que "se o Estado não agir para proteger o mais fraco do mais forte, os ideais éticos de liberdade, igualdade e solidariedade em que se lastreiam o constitucionalismo seguramente vão se frustrar".[172] E foi após a grande crise do capitalismo, no período entre as duas grandes guerras mundiais, cujo apogeu consistiu no colapso da Bolsa de Nova Iorque em 1929, que se evidenciou a superação de um modelo liberal político-econômico de Estado, tornando patente a sua intervenção, através da Administração Pública, na economia e nos setores sociais para corrigir e equilibrar as enormes desigualdades sociais que se apresentavam na época.[173]

---

[171] Nesta linha de pensamento, cf. AMARAL. *Do Estado soberano...*, p. 122, 123.

[172] A citação é expressa: *In*: SARMENTO. *Direitos...*, p. 19.

[173] A liberdade sempre foi um tema central para o direito público norte-americano, apostando-se, logo no início do constitucionalismo, em mecanismos institucionais de defesa da liberdade, como o federalismo, que descentralizava o poder de forma vertical, e o sistema de separação de poderes, que o fragmentava de forma horizontal. Havia o temor de que o poder público interferisse sobremaneira nas liberdades individuais e, desta forma, em defesa deste arcabouço jurídico-público, a Suprema Corte, após a aprovação das dez emendas à Constituição norte-americana, que consagraram a carta de direitos (*Bill of Rights*), manteve-se conservadora, consagrando jurisprudência, após o fim da guerra civil, baseada em um modelo de proteção da liberdade, que era respaldado não mais na autonomia dos Estados, mas na defesa do liberalismo econômico, da autonomia contratual e da propriedade. Este modelo assume seus contornos definitivos na virada do século XIX para o século XX e tem como paradigma a decisão do caso *Lochner v. New York* (1905), que invalidou lei — por inconstitucionalidade — que estabelecera limite para jornada de trabalho dos padeiros. Era a chamada *Lochner Era*, caracterizada pela rejeição do intervencionismo estatal na seara das relações econômicas, bem como ao ideário do Estado Social e justiça social. A assunção ao governo de Franklin Delano Roosevelt em 1932 veio quebrar este período e possibilitou o enfrentamento da posição conservadora da Suprema Corte. Através da edição de várias leis de cunho social e de intervenção do Estado na economia, devido à quebra da bolsa de Nova York em 1929, e após a sua reeleição, Roosevelt encaminha projeto de lei ao Congresso, através do qual, para cada Juiz da Suprema Corte que completasse setenta anos, o Presidente poderia indicar um outro para substituí-lo (*Court Packing Plan*). Com esta medida, Roosevelt consegue neutralizar a jurisprudência constitucional e efetivar o seu programa de governo, fundado em uma reação social e de intervenção econômica (*New Deal*), flexibilizando-se, assim, o modelo capitalista-liberal antes vigente. Neste sentido, inclusive com maior aprofundamento das questões históricas, cf. SARMENTO. *Direitos...*, p. 162-170, cf. também TRIBE, Laurence H. *American Constitutional Law*. 2nd ed. Mineola: The Foundation Press, 1988. p. 2.

Pode-se afirmar, portanto, que o aumento das atividades públicas administrativas do Estado e a transformação de uma Administração Pública mínima liberal e governamental em um verdadeiro "Estado Administrativo social"[174] tiveram como marcos histórico-políticos: (i) o processo de advento do Estado de bem-estar (social), impulsionado: a) pelos problemas de crise social decorrentes da transformação da sociedade em uma sociedade industrial e urbana;[175] b) pelas críticas político-ideológicas ao liberalismo econômico; c) e pela crise do próprio modelo capitalista dos meios de produção, que deu origem a uma nova concepção dos fins a serem alcançados pelo Estado, preconizados, inicialmente, pela política do *welfare state* nos Estado Unidos da América que procurou, através de uma maior intervenção pública do Estado, equilibrar os problemas econômicos trazidos por um "capitalismo selvagem"; (ii) e o processo de positivação e "constitucionalização" dos direitos sociais e econômicos que foram alçados ao patamar de direitos fundamentais e, por isso, passaram a vincular a Administração Pública do Estado a um "agir" positivo, programático e prospectivo da sociedade. E, em razão desta transformação fundamental de objetivo e fins político-administrativos do Estado, observou-se uma "fragmentação" das decisões político-administrativas do Estado e da própria organização da Administração Pública de forma a buscar atender a esta vinculação público-constitucional de realização do bem-estar. Passou-se, assim, a observar a proliferação de centros de decisão político-administrativa e de pessoas jurídicas distintas do Estado central, que passaram a executar as ordens administrativas do próprio Estado, com maior ou menor autonomia político-administrativa, a depender do regime político, se democrático, autoritário e totalitário.

Logo, os direitos sociais, assim como os direitos econômicos e culturais, passaram a expressar tarefas fundamentais do Estado. As normas constitucionais que tratam dos direitos sociais, consagradas pela doutrina do direito constitucional, como normas programáticas,

---

[174] No sentido de que após a Primeira Guerra Mundial, o alargamento das responsabilidades públicas poderia ter sido um pretexto para o crescimento dos modos de execução privada de tarefas públicas. Porém, não foi o que ocorreu. Das ruínas da Primeira Guerra, emergiu um poderoso Estado Administrativo que, pelos seus próprios meios, se propôs a cuidar da existência e do bem-estar dos seus cidadãos, cf. GONÇALVES, Pedro. *Entidades privadas com Poderes Públicos*. Coimbra: Almedina, 2005. p. 44.

[175] No sentido de que o Estado transformou-se de uma simples estrutura de dominação para assumir as funções de um vasto "aparato prestacional", em razão da complexidade da civilização tecnológica e da urbanização crescente e também pelo fato de que a progressiva divisão de trabalho converteu o ser humano em um ser dependente de sistemas, prestações e serviços públicos, cf. SANTAMARÍA PASTOR. *Princípios...*, p. 55.

passaram a ser compreendidas como uma das finalidades do Estado, e com o objetivo de atendê-las o Estado passou a utilizar-se, primordialmente, da estrutura orgânica e subjetiva da Administração Pública para a dinamização e efetivação da prestação dos serviços de natureza social. Desta forma, o Estado busca cumprir a determinação constitucional no tocante à realização do bem-estar, assumindo a Administração Pública um papel ativo de instrumentalização.[176]

E, através desse papel instrumentalizador da Administração Pública social é que, principalmente, após a Primeira Guerra Mundial, em razão da "constitucionalização" dos direitos sociais e econômicos e a par da fragmentação da Administração direta do Estado, através da ampliação de Ministérios[177] e órgãos e de uma desconcentração de competências internas no seio do aparato central da Administração direta, é que se observa um fenômeno de "publicização" institucional, através do aparecimento de estabelecimentos públicos personalizados, originários ou decorrentes da transformação de sua natureza privada em pública. Assim, ao lado dos entes intermediários de natureza territorial (e.g. os Municípios, as Províncias), por imposição da ampliação constitucional das tarefas da Administração Pública social, multiplicaram-se outras espécies de pessoas coletivas/jurídicas, que podem ser assim apontadas como:[178] (i) os organismos desagregados do aparelho administrativo do Estado ou criados *ex novo* (institutos públicos, empresas públicas, etc.); (ii) depois as pessoas coletivas públicas resultantes da "publicização" de institutos originariamente privados (escolas, instituições de previdência, estabelecimentos de saúde); (iii) e, em terceiro lugar, as entidades representativas de categorias profissionais (as ordens profissionais, as câmaras de comércio e indústria).

O resultado, portanto, de uma "Administração Pública social", em razão de uma constitucionalização de tarefas sociais impostas aos fins de um Estado de bem-estar é uma "pluralidade orgânica da Administração Pública",[179] quando é possível, hoje, vislumbrar-se, inclusive,

---

[176] Ao apontar o papel ativo e de instrumento do Estado a serviço da concretização do modelo constitucional de Estado de bem-estar, cf. OTERO, Paulo. Autonomia regional, igualdade e administração de bem-estar. *O Direito*, Lisboa, ano 130, I-II, 1998. p. 89, 90. Ao reafirmar, cf. também OTERO. *O poder de substituição*..., v. 2, p. 596.

[177] Ao indicar a dilatação das tarefas públicas neste período, traduzida pelo alargamento do aparelho estadual, nomeadamente do aparelho administrativo, cujo traço mais revelador é o crescimento dos governos, quanto ao número e especialização dos ministérios, cf. MOREIRA. *Administração autônoma*..., p. 29, 30.

[178] A indicação da multiplicação de outras entidades públicas da Administração é feita por: MOREIRA. *Administração autônoma*..., p. 33.

[179] A expressão é de Vital Moreira, ao referir-se à dimensão territorial da Administração Pública (administração estadual, regional, local e supraestadual), à dimensão funcional e quanto à

a dificuldade de delimitação do âmbito orgânico-funcional para fins legais e doutrinários, no seio da regulamentação das competências administrativas, através do direito administrativo. Hoje, é possível afirmar-se a existência de várias Administrações Públicas[180] no seio de um mesmo Estado e, até mesmo, de uma Administração Pública supranacional.[181]

O "pluralismo administrativo" é consequência, portanto, de um pluralismo social vivido pela transição entre o Estado liberal e o Estado de bem-estar do século XX e que ainda permanece como concepção de princípio fundamental do Estado de direito democrático pós-moderno do início do século XXI. O pluralismo social que permitiu o ingresso de forças sociais no processo democrático de decisões políticas, inicialmente através do alargamento do sufrágio e, recentemente,

---

sua relação com a administração central do Estado. E no sentido de que o "pluralismo administrativo" é, de resto, o resultado natural da passagem do Estado burguês oitocentista, tipicamente monoclassista, para o Estado pluralista contemporâneo, que necessariamente reflete na sua organização o incontornável e crescente pluralismo da organização social. Cf. MOREIRA. *Administração autônoma*..., p. 33, 34.

[180] Há autores que se referem à organização administrativa com a expressão "galáxia administrativa", cf. GARCÍA DE ENTERRÍA, Eduardo; FERNÁNDEZ, Tomás-Ramón. *Curso de derecho administrativo*. 11. ed. Madrid: Civitas, 2002. v. 1, p. 34. Ou como uma Administração Pública plural, cf. SANTAMARÍA PASTOR. *Princípios*..., p. 63-65.

[181] A bibliografia sobre a Administração Pública europeia e seus aspectos jurídicos, suas implicações, consequências e problemas, é vasta. A consulta, neste trabalho, resumiu-se aos seguintes autores e artigos: MASSERA, A. L'Amministrazione e i cittadini nel diritto comunitario. *Rivista Trimestrale di Diritto Pubblico*, n. 1, p. 19-48, 1993; FALCÓN, G. Alcune osservazioni sullo sviluppo del diritto amministrativo europeo. *Rivista Trimestrale di Diritto Pubblico*, n. 1, p. 74-84, 1993; GRECO, G. Il diritto comunitario propulsore del diritto amministrativo europeo. *Rivista Trimestrale di Diritto Pubblico*, n. 1, p. 83-89, 1993. No sentido da origem de um direito administrativo europeu, com fundamento na criação de um corpo de normas aplicáveis às ações administrativas da União Europeia, através da absorção e condensação dos princípios jurídico-administrativos da Comunidade aos ordenamentos internos dos países membros. E ao apontar as dificuldades e problemas da criação de um direito administrativo comum e o impacto nas estruturas administrativas internas de cada Estado-membro, cf. JORDANO FRAGA, Jesús. Tendencias de evolución en el derecho administrativo y alguna propuesta iconoclasta. *In*: SOSA WAGNER, Francisco (Coord.). *El derecho administrativo en el umbral del siglo XXI*. Valencia: Tirant lo Blanch, 2000. t. I, p. 177-188. Para um estudo sobre o direito europeu dos contratos públicos, com a análise do processo de uniformização das regras jurídicas aplicáveis aos diversos contratos públicos, inclusive, ao destacar a evolução das normas comunitárias aplicáveis e das decisões jurisprudenciais quanto à matéria, além de referir-se à emergência de um novo regime jurídico dos contratos públicos em Portugal, com a necessidade da transposição das diretivas comunitárias de 2004 sobre contratos públicos e da elaboração do Código dos Contratos Públicos português, cf. ESTORNINHO, Maria João. *Direito europeu dos contratos públicos*: um olhar português. Coimbra: Almedina, 2006. DESTAQUE: O Código dos Contratos Públicos foi aprovado em 20 de setembro de 2007 através de Decreto-lei do Governo de Portugal (artigo 198º, 1., a), da Constituição da República Portuguesa), reunido em Conselho de Ministros. Informação obtida no site do Portal do Governo de Portugal: <http://www.portugal.gov.pt/Portal/PT>.

através da participação individual ou coletiva na tomada de decisões administrativas, demandou e demanda, cada vez mais, uma fragmentação organizacional e funcional da Administração Pública de forma a respeitar o pluralismo e as diferenças regionais, locais e sociais e, com isso, concretizar o princípio da autonomia administrativa, como um dos vetores da democracia moderna participativa e deliberativa.

Este papel de instrumento de realização das políticas sociais do Estado passou a exigir da Administração Pública uma atividade que configurasse uma função de ordenamento social e de prestação de serviços de natureza social. O Estado, hoje, para executar estas funções administrativas, passou a se utilizar, portanto, não só de órgãos e instituições de sua Administração direta, como também da sua Administração indireta (institutos públicos, empresas públicas e associações), como também de instituições de natureza privada que atuam em colaboração com o Estado, o chamado terceiro setor do Estado (por exemplo: artigo 63.º, n.º 5, da Constituição da República Portuguesa).[182] Esta infraestrutura administrativa ocupa-se, portanto, da função administrativa do ordenamento social do Estado, que assume o papel concretizador da realização do bem-estar humano e que compreende, por isso, a efetivação dos direitos sociais, assim eleitos por grande parte das Constituições modernas, como a educação, o trabalho, a seguridade e assistência social e a saúde.[183]

---

[182] O terceiro setor do Estado é utilizado como termo de designação comum para as organizações não lucrativas, voluntárias, intermediárias, não governamentais, que agem em colaboração com o poder público no fornecimento de bens e prestação de serviços de natureza essencialmente social. Estas organizações surgem com maior relevo nos Estados que optam pela política de Estado-providência no qual o aparelho institucional e administrativo não é capaz de atender à totalidade das necessidades de bem-estar social. Desta forma, o Estado acaba por lançar mão de uma terceira via em colaboração com entidades que fazem parte da sociedade civil que passam a cooperar nas tarefas públicas de atendimento dos serviços sociais. Em Portugal, o terceiro setor é dominado pelas chamadas Instituições Particulares de Solidariedade Social (IPSS). No Brasil, a Lei nº 9.790, de 23 de março de 1999, dispõe sobre as entidades que não possuem fins lucrativos que agem em colaboração com o Estado, na modalidade de parceria, denominando-as como organizações da sociedade civil de interesse público. Cf. MOREIRA NETO, Diogo de Figueiredo. *Curso de direito administrativo*. 12. ed. Rio de Janeiro: Forense, 2001. p. 271, 272. Também, entende-se por terceiro setor o conjunto de atividades voluntárias desenvolvidas por organizações privadas não governamentais e sem ânimo de lucro (associações ou fundações), independentemente dos demais setores (Estado e mercado), embora deles possa firmar parcerias e receber investimentos (públicos ou privados). Para uma análise sobre o terceiro setor no panorama mundial, cf. SALAMON, Lester M. *et al.* (Org.). *Government and the Third Sector*: Emerging Relationships in Welfare States. San Francisco: Jossey-Bass, 1992.

[183] Cf. SOUSA; MATOS. *Direito...*, t. I, p. 38-48, cf. MOREIRA NETO. *Curso...*, p. 480-511. Importa destacar que a delimitação dos direitos sociais decorre das opções políticas de cada Estado quanto aos direitos que o legislador constituinte aponta em cada Constituição.

É através da infraestrutura de seus órgãos, na Administração Pública direta, através de outras instituições descentralizadas, com personalidade jurídica próprias, e através de instituições privadas, em colaboração e sob a fiscalização do Estado, que este realiza o seu fim social e procura atender aos ditames constitucionais do bem-estar individual e coletivo. É esta organização setorial do Estado, portanto, a responsável pela execução das políticas sociais.

O Estado democrático é, hoje, um Estado de bem-estar e um Estado fundado no pluralismo dos poderes políticos e administrativos que, uma vez fragmentados, pressupõem também um pluralismo organizacional da Administração Pública[184] e a divisão político-territorial do Estado,[185] tendo por fundamento o elemento material da autonomia político-representativa, segundo os pressupostos da legitimidade, participação e autogoverno local. Desta forma, Estado social ou de bem-estar, Estado de direito e Estado democrático representam uma unidade[186] quando se referem à atuação dos poderes públicos constituídos, com vistas à realização dos princípios democráticos, submetidos à ordem jurídica constitucional que define não só o marco de competências dos diversos órgãos políticos e administrativos centrais ou descentralizados, como

---

O artigo 6º da Constituição da República Federativa do Brasil de 1988 aponta, por exemplo, como direitos sociais: a educação, a saúde, o trabalho, a moradia, o lazer, a segurança, a previdência social, a proteção à maternidade e à infância e a assistência aos desamparados. A Constituição da República Portuguesa, por sua vez, aponta como direitos sociais nos artigos 63.º a 72.º, os direitos: à segurança social, à saúde, à habitação, à proteção da qualidade de vida, à proteção da família, da paternidade e maternidade, da infância e da juventude, e por fim, a proteção aos cidadãos portadores de deficiência e os da terceira idade. Muito embora a Constituição da República Portuguesa introduza no rol do Capítulo II do Título III que trata sobre os direitos e deveres sociais, o direito ao ambiente, importante destacar que este direito não suscita apenas direitos econômicos, sociais e culturais. Conduz, outrossim, a direitos, liberdades e garantias ou direitos de natureza análoga. Cf. MIRANDA, Jorge. *Manual de direito constitucional*. 3. ed. Coimbra: Coimbra Ed., 2000. p. 538-542. (Direitos fundamentais, v. 4). Há que ressaltar, ainda, a controvérsia doutrinária sobre a natureza do direito ao ambiente, pois alguns autores preferem qualificá-lo como direito da personalidade humana. Em razão da controvérsia doutrinária na definição da natureza jurídica do direito ao ambiente, preferi não o incluir no rol de direitos sociais apontados neste trabalho.

[184]Cf. OTERO. *O poder de substituição...*, v. 2, p. 544-549.

[185] Ao citar que: "a erosão da territorialidade e a permeabilidade e relatividade das fronteiras, a pulverização da soberania por uma série de autonomias encadeadas subsidiariamente, a substituição do monismo unitarista por um pluralismo realista e a rejeição da racionalidade estrita, artificial, atomista e niveladora de tudo e de todos a uma sujeição integral ao Estado e aos órgãos de soberania, eis algumas das principais vertentes da proposta regionalista para a reestruturação do Estado" (AMARAL. *Do Estado soberano...*, p. 111).

[186]Neste sentido, cf. CABO MARTÍN, Carlos de. La crisis del estado social. *In*: CÁMARA VILLAR, Gregorio; CANO BUESO, Juan. *Estudios sobre el estado social*. Madrid: Tecnos, 1993. p. 13, 14.

também estabelece o regime de controle político e administrativo das entidades públicas e privadas que atuam em colaboração com o Estado no desiderato da realização das políticas sociais.

No entanto, a crise do Estado social,[187] em razão da excessiva burocracia gerada pelo aumento da máquina administrativa, o anseio por um critério de eficiência na prestação dos serviços,[188] as dificuldades estruturais do Estado em garantir a universalidade e o não retrocesso das políticas sociais,[189] em razão do aumento da pressão social gerada pela globalização, pelos problemas imigratórios na Europa ocidental, pelo aumento da faixa etária da população, ao gerar elevados custos aos sistemas de segurança social, pela expansão da tecnologia ao dar ensejo ao desemprego estrutural, pelas dificuldades de inclusão do jovem ao seu primeiro emprego, pelas questões ambientais, pelo processo de globalização da economia, pela intervenção das biotecnologias e do espaço cibernético e virtual, entre outros tantos problemas relacionados com os países subdesenvolvidos da América Latina; todos estes fatores contribuíram para o incremento da utilização de meios privados e formas organizacionais jurídico-privadas por parte da Administração Pública, bem como para o aumento da produção de atos normativos, sejam políticos, sejam administrativos, na tentativa de solucionar todas as questões sociais emergentes; e, por fim, para o abandono progressivo do ato administrativo, como forma de atuação principal da

---

[187] Sobre a crise do Estado social, há vasta bibliografia sobre o tema. A minha consulta para este trabalho resume-se, especialmente: SILVA. *Em busca...*, p. 122-135; ESTORNINHO. *A fuga...*, p. 36-41; BATISTA JÚNIOR. *Princípio...*, p. 69-80. Muitos autores referem-se à crise do Estado social como uma transição de um Estado social para um "Estado de mal-estar", cf. OTERO. *Legalidade...*, p. 298, 299. (Inclusive em nota de rodapé, ao citar a referência: COTARELO, Ramon. *Del estado del bienestar al estado del malestar*. 2. ed. Madrid: Centro de Estudios Constitucionales, 1990). No sentido de que: "um tal excesso de intervencionismo económico e social do Estado, suscitando o prenúncio de um "abafante Estado-total", sufocou a liberdade da sociedade civil e do indivíduo, sujeitando este a uma tutela "do berço à sepultura", criou uma pesada carga fiscal e alicerçou sucessivas reivindicações sindicais contra a Administração-empregadora, paralisando a sociedade e desenvolvendo em si mesmo, por tudo isto, as idéias de "crise do Estado de bem-estar" ou de "mal-estar do Estado: o Estado de bem-estar transformou-se em "Estado de mal-estar", cf. OTERO. *Legalidade...*, p. 298, 299. Ainda, sobre a crise do Estado social no sentido de que ele não sobrevive em um "Estado falhado" ou com cofres vazios, cf. CANOTILHO, José Joaquim Gomes. A *governance* do terceiro capitalismo e a Constituição social. *In*: CANOTILHO, José Joaquim Gomes; STRECK, Lenio Luiz. *Entre discursos e cultura jurídica*. Coimbra: Coimbra Ed., 2006. p. 145-147.

[188] Um estudo aprofundado sobre o princípio da eficiência no âmbito da Administração Pública, cf. BATISTA JÚNIOR. *Princípio...*

[189] Cf. SILVA, Jorge Pereira da. Protecção constitucional dos direito sociais e reforma do Estado-providência. *In: A reforma do Estado em Portugal*: problemas e perspectivas: Actas do I Encontro Nacional de Ciência Política. Lisboa: Editorial Bizâncio, 2001. p. 537-548. Sobre o princípio do não retrocesso social. Cf. CANOTILHO. *Direito...*, p. 338-340.

Administração Pública[190] e a eleição do contrato administrativo, hoje, definido como contrato público, em virtude do alargamento da sua base subjetiva e material.[191] E, assim, a escolha da Administração Pública em atuar e organizar-se sob as formas de direito privado passou a configurar, hoje, uma tentativa de solução de todos os "males" do Estado social burocrático, através da busca por uma corresponsabilidade entre o Estado e o setor privado.

Na contemporaneidade, vive-se uma "crise da autoridade do Estado"[192] que se manifesta na "ingovernabilidade" da sociedade e na perda de legitimidade decorrente da perda de confiança por parte dos cidadãos relativamente à atuação do Estado e à sua capacidade de resolução de todos os problemas sociais da atualidade. Esta crise impõe ao Estado a crescente partilha de seu "agir" administrativo com outras entidades públicas ou privadas, seja através de uma delegação de competências no âmbito da própria Administração Pública, decorrente de um processo de descentralização territorial, institucional ou funcional, seja através de um incremento na política de parceria com setores da sociedade civil, através de um processo de fragmentação funcional "externa" fora do âmbito daquilo que, até então, se considerou como esfera pública do Estado, alterando-se a própria "face" da Administração Pública, agora fundada em processos de consensualidade,[193] por força do resgate do contrato como forma de atuação do Estado.

---

[190] No sentido de que: "ao nível da actuação administrativa, as alterações determinadas pelo modelo de Estado Social são, sobretudo, sentidas no que se refere: a) a uma crescente utilização de meios privados por parte da Administração; b) a um uso mais freqüente de meios normativos na actividade administrativa; c) a uma relativa desvalorização da noção de acto administrativo, que é conseqüência das alterações anteriormente referidas" (SILVA, Vasco Pereira da. *Para um contencioso administrativo dos particulares*. Coimbra: Almedina, 2005. p. 45).

[191] No sentido da generalização das formas de direito privado na atuação da Administração Pública, em especial o contrato, cf. ESTORNINHO. *A fuga...*, p. 42-46. Ao apontar que nas últimas décadas em Portugal, como em outros países de instituições administrativas semelhantes, tem-se podido presenciar o incremento do recurso pela Administração à via contratual de prossecução das suas atribuições. E também no sentido de que "várias razões ditam o fenómeno, desde o alargamento do intervencionismo económico do Estado à procura de um novo estilo de administração, mais marcado pela participação dos particulares e por uma maior procura de consenso, flexibilização e particularização das decisões" (CORREIA, Sérvulo. *Legalidade e autonomia contratual nos contratos administrativos*. Coimbra: Almedina, 2003. p. 353).

[192] Neste sentido. AMARAL. *Do Estado soberano...*, p. 107.

[193] No contexto da intensificação do emprego de formas negociais pela Administração Pública, Sabino Cassese defende a existência de "novos paradigmas do Estado", os quais "colocam em discussão todas as noções, temas e problemas clássicos do direito público, da natureza do poder público e de sua atuação legal-racional orientada pela superioridade da lei, do lugar reservado à lei e de suas implicações (legalidade e tipicidade) para as relações público-privadas" (CASSESE, Sabino. La arena pública: nuevos paradigmas para el Estado. *In: La crisis del Estado*. Buenos Aires: Abeledo Perrot, 2003. p. 101-160).

A "Administração Pública social" fundada em uma "Constituição dirigente",[194] portanto, "inchou" e mostrou-se ineficiente para atender de forma satisfatória a demanda pela prestação de serviços de natureza econômica e social.[195] As promessas até hoje descumpridas,

---

[194] A tese da Constituição dirigente tem como fundamento a tese de doutoramento do Professor Doutor José Joaquim Gomes Canotilho (ano 1982). No prefácio da segunda edição, publicada em 2001, o professor introduz questões e problemas atuais que afetam o desenvolvimento do Estado, neste período de "pós-modernidade", e a própria teoria da Constituição. E faz uma revisão parcial de alguns conceitos de sua tese inicial, para adaptá-los às novas realidades como o processo de globalização, a crise do Estado-Providência e a emergência do pós-modernismo jurídico. Aponta um momento de "mal-estar da Constituição e do pessimismo pós-moderno", com fundamento em um momento histórico de problematização do princípio da socialidade constitucional, das normas-fim, das normas-tarefa e das normas programáticas. Os textos constitucionais inseridos em uma "modernidade projectante", baseada na crença da força transformadora das normas constitucionais, assistem ao "desmoronamento" do "muro de Berlim" e à falência dos modelos de "Constituição socialista", precisamente aqueles que mais pretensões depositavam na programaticidade emancipatória das "Constituições-programa". Portanto, aponta que "(...) não se admira, assim, que os textos constitucionais dirigentes se viessem a defrontar com uma radical mudança na compreensão dos problemas políticos, econômicos e culturais". E afirma que: "a Constituição dirigente, ou melhor, os textos constitucionais carregados de programaticidade — desde a velha constituição mexicana de 1918, até à Constituição brasileira de 1988, passando pela magna carta portuguesa de 1976 — estão num 'fosso' sob o olhar implacável de muitos escárnios e mal-dizeres". E continua a apontar a utopia da Constituição dirigente e sua crise em especial atravessada e incentivada pela "internacionalização" e pela "europeização", no contexto de Portugal e pela "internacionalização" e pela "mercosulização", na realidade do Brasil, que tornam evidentes as transformações das ordens jurídicas nacionais em ordens jurídicas parciais, nas quais as Constituições são relegadas para um plano mais modesto de "leis fundamentais regionais". E neste sentido afirma: "(...) mesmo que as constituições continuem a ser simbolicamente a magna carta da identidade nacional, a sua força normativa terá parcialmente de ceder perante novos fenótipos político-organizatórios, e adequar-se, no plano político e no plano normativo, aos esquemas regulativos das novas 'associações abertas de estados nacionais abertos'" (Prefácio. CANOTILHO, José Joaquim Gomes. *Constituição dirigente e vinculação do legislador*. 2. ed. Coimbra: Coimbra Ed., 2001. p. V-XXX). O pensamento do Professor Doutor Canotilho foi examinado e discutido em COUTINHO, Jacinto Nelson de Miranda (Org.). *Canotilho e a Constituição dirigente*. Rio de Janeiro: Renovar, 2003.

[195] A ordem econômica constitucional no Brasil distingue os serviços e meios de produção econômica em sentido estrito da prestação dos serviços públicos a que compete, exclusivamente, ao poder público, diretamente ou através do regime de concessão ou autorização (artigo 175 da Constituição da República Federativa do Brasil de 1988). Assim, de acordo com a Constituição brasileira, quando o Estado atua na qualidade de agente econômico direto estrito, ao produzir bens e a prestar serviços considerados como bens e serviços atinentes à iniciativa privada, o Estado atua sob a forma de intervenção e exploração direta da atividade econômica em sentido estrito, permitida pelo artigo 173, §1º, da Constituição da República Federativa do Brasil de 1988, na hipótese de ser necessária aos "imperativos de segurança nacional ou a relevante interesse coletivo, conforme definidos em lei". A ordem econômica brasileira, segundo a sua constituição, admite a existência de dois gêneros distintos incluídos na espécie atividade econômica em sentido amplo: 1. atividade econômica em sentido estrito, a qual o Estado só poderá explorar em hipóteses de necessidade aos "imperativos de segurança nacional ou a relevante interesse coletivo, conforme definidos em lei"; 2. e serviços públicos que competem ao poder público exclusivamente. Neste sentido, cf. GRAU, Eros Roberto. *A ordem econômica na Constituição*

especialmente em grande parte dos países do terceiro mundo, vão acumular-se e gerar uma sensação de insatisfação com o setor público e com a Administração Pública do Estado. A partir dos dois choques do petróleo na década de 70 (setenta), instaura-se uma crise do modelo *welfare state*, que põe em xeque a intervenção deliberada do Estado no âmbito econômico-social, seja na qualidade de prestador direto ou indireto dos serviços (serviços prestados por pessoas jurídicas incluídas no âmbito orgânico da Administração Pública ou pessoas jurídicas de direito privado prestadoras de serviços públicos), seja na qualidade de centro produtor de normas reguladoras de todos os setores produtivos, econômicos e sociais da sociedade. Esta crise é agravada, já na última década do século XX, pelo fenômeno da globalização, em especial, da globalização econômica e pelo avanço da tecnologia, que propiciaram o advento de uma "era da informação",[196] em que a sociedade, compreendida como sociedade mundial, encontra-se em rede e em que os acontecimentos ocorrem virtualmente quase que em tempo real em ambos os hemisférios ocidental ou oriental, esteja uma pessoa no Japão e a outra em Lisboa.

---

de 1988. 12. ed. São Paulo: Malheiros, 2007. p. 92-137. Em Portugal, verifica-se uma distinção entre atividade econômica empresarial privada e serviços públicos, configurando-se, assim, uma diferença entre atividade privada e atividade pública. Segundo o artigo 86.º, n.º 2, da Constituição da República Portuguesa: "o Estado só pode intervir na gestão de empresas privadas a título transitório, nos casos expressamente previstos na lei e, em regra, mediante prévia decisão judicial". Em Portugal, a intervenção empresarial pública (atuação direta do Estado nas atividades econômicas em sentido estrito) se faz predominantemente através da titularidade de participações no capital social de entidades que em termos de formas de organização e de atuação pouco diferem daquelas tituladas por agentes econômicos da iniciativa privada. A este fenômeno dá-se o nome, pela doutrina, de "atuação empresarial do Estado". Neste sentido, cf. OTERO, Paulo. *Privatizações, reprivatizações e transferências de participações sociais no interior do sector público*. Coimbra: Coimbra Ed., 1999. p. 07, 08. Esta atuação do poder público assume, segundo o Professor Doutor Paulo Otero, "(...) agora a natureza de uma regra geral de intervenção pública que tem de encontrar difíceis equilíbrios de compatibilidade entre, por um lado, a prossecução do interesse público e o respeito pelo princípio da legalidade em Estados de bem-estar e, por outro lado, as exigências normais de liberdade e autonomia de actuação de qualquer agente econômico num mercado concorrencial. (...) A intervenção econômica pública directa através de formas de organização e de actuação típicas dos agentes econômicos privados determina, em boa verdade, que, quase nada no âmbito do tradicional Direito Econômico sobre intervenção pública se mantenha. Abrem-se aqui novas questões jurídicas que, por isso mesmo, transformaram em exemplos de arqueologia jurídica as empresas públicas de figurino 'estalinista' e deitaram para o irreversível campo da História do Direito quase todos os manuais de Direito Econômico ou de Direito da Economia" (OTERO. *Privatizações...*, p. 08).

[196] A referência à "era da informação" é citada na obra de CASTELLS, Manuel. *A sociedade em rede*. Tradução de Alexandra Lemos e Rita Espanha. Sob a coordenação de José Manuel Paquete de Oliveira e Gustavo Leitão Cardoso. Lisboa: Fundação Calouste Gulbenkian, 2003. (A era da informação: economia, sociedade e cultura, v. 1) (a obra compreende mais dois volumes: 1. A Era da Informação: (...) *Ibidem*. O Poder da Identidade. v. 2; 2. e A Era da Informação: (...) *Ibidem*. O Fim do Milênio. v. 3.

O cidadão globalizado passou a demandar mais rapidez e eficiência na prestação dos serviços públicos e de todos os serviços prestados pelo Estado, através de sua Administração Pública. Ocorre que a demanda aumentou em razão do incremento da densidade demográfica nos grandes centros urbanos desenvolvidos, em razão do processo imigratório daqueles provenientes dos países do terceiro mundo e do processo imigratório interno, sofrido por vários países, *e.g.* em Portugal, país em que se observa uma concentração demográfica de pessoas que vivem na linha do eixo Lisboa-Porto, em contraste com um processo de "desertificação" do interior do país. Já nos países subdesenvolvidos, o aumento demográfico dos centros urbanos decorre da falta de investimento e infraestrutura no interior, o que pressiona a população ao encontro das grandes cidades na busca por emprego e melhores condições de vida, tal como ocorre no Brasil e no México.

Estes fenômenos inseridos no cenário político-administrativo de fragmentação e pluralismo do Estado moderno o colocam na posição de Estado regulador e fiscalizador,[197] após um processo de liberalização e privatização orgânica e funcional da Administração Pública. O Estado, em especial na última década do século XX e início do século XXI, se desfez de uma série de tarefas que antes desempenhava diretamente ou

---

[197] Nas últimas décadas do século XX, difundiram-se em todo o mundo ocidental discursos sobre a crise do Estado-Providência, que apresentava como substrato econômico um forte intervencionismo estatal, quando não desembocava até mesmo, e em algumas atividades e em alguns Estados, em dirigismo estatal. O impulso operado pela "onda neoliberalizante" que potencializou os efeitos econômicos da globalização, com a universalização do capitalismo fez com que a autorregulação da economia pelas forças de mercado constituísse a viga mestra da reforma de muitos Estados nas décadas de 80 e 90. Desde a década de 1970, o Fundo Monetário Internacional e o Banco Mundial apoiavam esta linha de reforma que, segundo Eric Hobsbawn, "servia à economia americana de fins do século XX tão bem quanto servira à britânica de meados do século XIX, mas não necessariamente ao mundo". Neste sentido, cf. HOBSBAWN, Eric. *Era dos extremos*: o breve século XX: 1914-1991. 2. ed. 7. reimp. São Paulo: Companhia das Letras, 1997. p. 556. Atualmente, parece certo que se encontra afastada a hegemonia da tese do "culto ao mercado", como único agente propulsor do desenvolvimento do Estado e da sociedade civil. Agora, colocam-se novamente em relevo as forças do Estado como sendo aquelas capazes de tomar e executar as decisões imprescindíveis à evolução de um país. Neste sentido, cf. OLIVEIRA, Gustavo Henrique Justino de. Parceria público-privada e direito ao desenvolvimento: uma abordagem necessária. *Revista de Direito da Procuradoria Geral do Rio de Janeiro*, Rio de Janeiro, n. 60, p. 84, 2006. Caio Tácito assinala que: "(...) a propriedade privada retoma, de certa forma, sua autonomia, obscurecida pela exacerbação do intervencionismo estatal na economia, mas fica nítida a subordinação de sua atividade aos pressupostos da função social que dela se exige. Em termos contemporâneos o direito público passa a refletir (...) duas vertentes específicas: a política de privatização e de desburocratização da máquina estatal e o fortalecimento da associação entre iniciativa privada e o serviço público" (TÁCITO, Caio. O retorno do pêndulo: serviço público e empresa privada: o exemplo brasileiro. In: *Temas de direito público*: estudos e pareceres. Rio de Janeiro: Renovar, 1997. v. 1, p. 721-733).

através de sua administração periférica ou autônoma local/regional ou através de sua Administração indireta (empresas e institutos públicos) ou associativa. A Administração Pública, que ainda permanece como uma "Administração Pública social", transforma a sua face e observa-se, neste momento "pós-moderno", um processo de fragmentação inverso ao que ocorreu no Estado social, quando a publicização de institutos e estabelecimentos privados propiciou uma fragmentação da atividade que antes era privada e tornou-se pública. Agora, ocorre uma privatização organizacional e das atividades da Administração Pública.[198] Muitas atividades e pessoas jurídicas públicas, tais como empresas públicas, sofrem uma transferência para o setor privado, quando o Estado busca, então, uma parceria com a sociedade civil para realizar os valores e princípios sociais da autonomia, do pluralismo e da socialidade, inseridos no bojo de exigências de um Estado de direito democrático. Neste sentido, se diz que o Estado de bem-estar assume, hoje, uma nova forma moderna de Estado regulador dos serviços públicos essenciais, em virtude da liberalização e privatização dos serviços econômicos de interesse geral. Desta forma, a transferência de tarefas para os sujeitos privados não implica no abandono da responsabilidade estatal pela prossecução do interesse público, inerente à realização do princípio da socialidade.

Hoje, assiste-se a uma repartição das responsabilidades entre Estado e suas entidades administrativas ou político-administrativas (territoriais, institucionais, empresariais e associativas), iniciativa privada[199] (responsabilidade social empresarial) e sociedade civil (terceiro

---

[198] Consagrada é a construção de Norberto Bobbio, que assimila a dualidade economia/política à dicotomia privado/público. Esclarece este autor que no mundo moderno coexistem dois processos: 1. a "publicização" do privado; 2. e a "privatização" do público. No primeiro, verifica-se uma subordinação dos interesses privados aos interesses da coletividade. Já no segundo, os interesses privados se sobrepõem aos interesses públicos, inclusive, em algumas ocasiões, com favorecimento de alguns grupos privados em detrimento da coletividade. E afirma ser o Estado o "lugar onde se desenvolvem e se compõem, para novamente decompor-se e recompor-se, estes conflitos, através do instrumento jurídico de um acordo continuamente renovado, representação moderna da tradicional figura do contrato social" (BOBBIO, Norberto. *Estado, governo e sociedade*: para uma teoria geral da política. 4. ed. Rio de Janeiro: Paz e Terra, 1987. p. 27). O Professor Doutor Marcelo Rebelo de Sousa conclui que as influências entre direito público e direito privado tendem a acentuar-se e que "o direito público está a privatizar-se ao introduzir esquemas conceptuais do Direito Privado e este a publicizar-se, por força do alargamento dos fins do Estado e da sua intervenção na vida econômica, social e cultural" (SOUSA, Marcelo Rebelo de; GALVÃO, Sofia. *Introdução ao estudo do direito*. Lisboa: Publicações Europa-América, 1998. p. 227).

[199] Hoje, intensifica-se no mundo ocidental o movimento da responsabilidade social empresarial, através do qual as empresas privadas passam a incorporar em seus objetivos e atividades metas não econômicas, ligadas a setores sociais, ambientais, culturais, humanitários, etc.

setor social formado por estabelecimentos públicos ou privados e organizações sociais públicas ou privadas), para a consecução de atividades que têm por fim gerar benefícios à coletividade, e emerge, com destaque, a figura de um Estado regulador,[200] seja no âmbito da economia, seja no setor de bem-estar social. Desta forma, abandona-se a ideia de um Estado produtor e prestador de bens e serviços e concebe-se um novo papel de atuação à sua Administração Pública, a de uma administração reguladora, financiadora e fomentadora das atividades que tenham por fim gerar a transformação social.[201]

As funções de agente regulador econômico e social ocupam a "cena" de atuação do Estado pós-social e pós-moderno e colocam em pauta o seu desenvolvimento em prol do desenvolvimento humano e comunitário. A formulação do "Estado do investimento social",[202]

Desta forma, equilibra-se e reparte-se entre o Estado e a iniciativa privada funções que antes eram apenas afetas ao poder público, e as empresas passam a agregar novos valores às suas atividades empresariais, atuando como agentes em colaboração com o Estado. Sobre o tema, cf. VILLORIA MENDIETA, Manuel. *La modernización de la administración como instrumento al servicio de la democracia*. Madrid: INAP, 1996. p. 265-268.

[200] O Professor Doutor Vital Moreira confere essa nova atribuição estatal de regulador da economia privada a uma série de fatores: (i) redução do papel econômico do Estado; (ii) a privatização de empresas públicas; (iii) a diminuição dos poderes regulatórios; (iv) a liberalização dos setores anteriormente sujeitos a regime exclusivo público ou privado; (v) a limitação ou eliminação de serviços públicos; e (vi) o fomento da concorrência nacional e internacional. Para o autor, o processo de desintervenção econômica do Estado produz um intenso esforço da atividade regulatória estatal. E isso ocorreria por cinco razões básicas: (i) importa regular o mercado para garantir a concorrência; (ii) importa regular o mercado em razão de seus limites e falhas eventuais, para que o mesmo possa então funcionar; (iii) importa regular para afastar ou atenuar as externalidades negativas do funcionamento da economia (por exemplo: custos sociais associados a danos ambientais); (iv) importa regular para promover a proteção dos consumidores, e (v) importa regular para garantir as denominadas obrigações de serviço público, cf. MOREIRA, Vital. Serviço público e concorrência: a regulação do sector eléctrico. *In: Os caminhos da privatização da Administração Pública*. Coimbra: Coimbra Ed., 2001. p. 223-247.

[201] No sentido de que no "Estado Liberal, também chamado Estado de Polícia, a Administração Pública, sob o lema *'laissez-faire'*, limita-se essencialmente a uma função reguladora (*'ordnende Verwaltung'*), no sentido de assumir sobretudo a tarefa de impor a ordem. No Estado social, também conhecido como Estado-Providência, a Administração Pública, sob o lema *'faire elle-même'*, assume tarefas de prestação de bens e serviços à coletividade (*'leistende Verwaltung'*). Finalmente, no Estado Pós-Social, que parece querer assumir-se como 'Estado-Garante', a Administração Pública, sob o lema *'faire-faire'*, torna-se essencialmente uma entidade gestora e assume tarefas de planeamento, fomento e controlo (*'planende Verwaltung'*)" (ESTORNINHO. *A fuga...*, p. 102).

[202] A formulação da teoria do "Estado do Investimento Social" é de autoria de Anthony Giddens, um dos idealizadores da versão contemporânea da denominada "terceira via". Este autor define a "terceira via" como uma estrutura de pensamento e de prática política que visa adaptar a social-democracia a um mundo que se transformou nas duas última décadas. É uma "terceira via" no sentido de que "é uma tentativa de transcender tanto a social-democracia do velho estilo quanto o neoliberalismo" (GIDDENS, Anthony. *A terceira via: reflexões sobre o impasse político atual e o futuro da social-democracia*. Rio de Janeiro: Record, 2000. p. 36 *et seq.*).

que parte da crise do Estado de bem-estar, propõe uma nova forma de organização da economia mista.[203] Por meio dela, busca-se uma sinergia entre o público e o privado, com a utilização do dinamismo dos mercados sem perder de vista o interesse público[204] e a saída em defesa de uma "terceira via", visto como substitutivo ao já fracassado neoliberalismo, e que viria ao encontro das expectativas de ordem social e de inclusão distributiva no sistema prestacional de uma Administração Pública fragmentada entre o público e o privado. É a busca pela realização social e do interesse público em que o Estado assume um novo papel de ser o seu garantidor e o seu defensor, emergindo, assim, na qualidade de "contraponto" aos interesses puramente privados quando atuam como agentes delegatários de funções públicas.

E preconiza-se, assim, uma "reinvenção do Estado Social",[205] que continua vinculado à obrigação de realização e efetivação dos direitos sociais de inclusão democrática,[206] por força de uma Constituição jurídica conformadora e dirigente, e sofre, por outro lado, com as dificuldades de ordem financeira e estrutural no atual estágio de desenvolvimento de uma humanidade globalizada. Portanto, a pressão democrática, política e, posteriormente, jurídica, pressionou a ordem pública a procurar outras formas de realização de seu desiderato social e prospectivo da realidade, em especial, vinculadas às parcerias entre o Estado e o setor privado, em razão, sobretudo, da pressão também de fatores aliados ao processo de globalização da economia mundial, que assim podem ser enumerados: (i) a captação de investimentos nacionais e estrangeiros, necessários a sustentar um desenvolvimento do Estado e de suas infraestruturas, através da opção de investimentos em

---

[203] No sentido de que "(...) a verdade é que hoje as economias capitalistas são mistas quanto ao modelo de coordenação, na medida em que combinam em doses variáveis a coordenação estadual, a coordenação pelo mercado e a auto-regulação, por intermédio dos próprios agentes económicos. Dizer que uma economia é de mercado é dizer apenas que nela predomina o princípio da coordenação pelo mercado. Nenhuma economia, por mais liberal que seja, dispensa hoje níveis de regulação mais ou menos intensa (...)" (MOREIRA, Vital. *Auto-regulação profissional e Administração Pública*. Coimbra: Almedina, 1997. p. 52).

[204] Neste sentido, cf. OLIVEIRA. Parceria..., p. 88.

[205] A expressão é citada pelo Professor Canotilho ao afirmar que "mesmo que este Estado Social não seja mais do que um simples 'pendant' funcional de relações subjectivas interpessoais, ele continua a ter a indeclinável tarefa da inclusão social politicamente ponderada" (CANOTILHO. A *Governance*..., p. 149).

[206] No sentido, de que só há democracia quando se observa um processo ou procedimento justo de participação política e a existência de uma justiça distributiva no plano dos bens sociais. "A juridicidade, a socialidade e a democracia pressupõem, assim, uma base jusfundamental incontornável, que começa nos direitos fundamentais da pessoa e acaba nos direitos sociais" (CANOTILHO. A *Governance*..., p. 146).

políticas públicas de grandes projetos de infraestrutura, com a parceria de empresas privadas nacionais ou estrangeiras, em regime de contratualização da relação jurídica; (ii) a liberalização dos mercados,[207] sob a lógica da concorrência[208] como critério escolhido pela Comunidade Europeia de incentivo à melhoria dos serviços públicos (serviços públicos de interesse geral); (iii) e a redução de despesas públicas que passou a incentivar a prática de um Estado mínimo e "enxuto" de forma a conciliar a atração dos investimentos estrangeiros a curto prazo.

A lógica de um Estado regulador, portanto, constitui pauta a ser aplicada à Administração Pública pós-moderna, como substrato à sua reforma, e encontra-se presente nos discursos políticos de uma nova direita e de uma nova esquerda, com a diferença de que nesta última o objetivo do "governo para o povo" ainda permeia os seus objetivos de conciliar os princípios da eficiência administrativa com os princípios de um Estado social e de uma Administração Pública social e democrática, na qual o Estado assume um papel de agente "moderador", "garantidor" e "regulador" deste processo de liberalização e privatização dos setores públicos administrativos. Em suma, o equilíbrio entre democracia social e eficiência devem ser objetivos a serem traçados nos novos espaços de atuação administrativa do Estado que não perdeu, frise-se mais uma vez, a vinculação constitucional de um Estado de bem-estar. Logo, o Estado, após o processo de privatização e liberalização sofrido nas últimas décadas, deve procurar conciliar novos conceitos-chaves da dogmática juspublicística, tais como:[209] flexibilidade, eficiência, publicidade, responsabilidade, transparência e socialidade.

---

[207] Em maio de 2004, a Comissão Europeia publica o *Livro Branco sobre os Serviços de Interesse Geral* e parte em defesa de uma "liberalização dos serviços interesse geral, controlada pelo papel regulador das entidades públicas (quer comunitárias quer nacionais), de modo a assegurar a qualidade do serviço prestado, a protecção dos utilizadores, a acessibilidade dos preços, a avaliação dos operadores, entre outros aspectos". Neste sentido, cf. ESTORNINHO. *Direito europeu...*, p. 51. No sentido de que já nos anos 90, a intervenção comunitária tendente a evitar os déficits orçamentais excessivos nos Estados-membros, através do "Pacto de Estabilidade e Crescimento", veio reforçar a irreversibilidade da liberalização econômica, cf. OTERO. *Legalidade...*, p. 300, 301. Sobre o "Pacto de Estabilidade e Crescimento", cf. FERREIRA, Eduardo Paz. Direito comunitário II (União Econômica e Monetária) – Relatório. Suplemento de: *Revista da Faculdade de Direito da Universidade de Lisboa*, Lisboa, 2001. p. 65 *et seq*.

[208] No sentido de que uma das principais novidades na nova diretiva do Parlamento Europeu nº 2004/17/CE dos setores clássicos é o procedimento do diálogo concorrencial, o qual visa a introduzir maior flexibilidade em contratos ou montagens financeiras complexas, cf. ESTONINHO. *Direito europeu...*, p. 58.

[209] Estes novos conceitos são apontados pelo Professor Doutor Canotilho, ao referir-se à mudança do paradigma da Administração Pública do Estado, devido à imposição de sua modernização e à dificuldade de conciliação com as normas e princípios previstos na Constituição, cf. CANOTILHO, José Joaquim Gomes. O direito constitucional passa: o direito administrativo passa também. In: *Estudos em homenagem ao Prof. Doutor Rogério Soares*. Coimbra: Coimbra Ed., 2001. p. 705-707.

A mudança da forma de governar traduz a alteração da forma de administrar o Estado. A alteração de paradigma de uma "Administração Pública social" para uma "Administração Pública social e reguladora", além de manter o pluralismo das formas organizativas da Administração na última década, desencadeou um processo de incorporação de novas formas jurídico-privadas no seio da Administração Pública que passaram a desempenhar funções administrativas em parceria com o Estado ou de forma autônoma, sujeitas ao controle público político-jurídico. Observa-se, assim, um caminho sem volta em termos de fragmentação de uma Administração Pública social que passa, agora e cada vez mais, a delegar suas funções a entidades de natureza privada e a transformar entidades públicas em entidades privadas, com o objetivo de conciliar as pressões sociais de uma crescente globalização com as notórias dificuldades estruturais e financeiras de atender ao desiderato de um Estado democrático de inclusão social.

O processo de liberalização econômica dos serviços e tarefas públicas, desempenhadas até então diretamente pelo Estado e pelo seu poder público, conduziu à dissolução do conceito clássico do Estado social-prestador, transformando-o em um Estado regulador.[210] Esta mudança efetiva de paradigma do Estado que passa de um Estado paternalista, para um Estado que irá agir na qualidade de agente fiscalizador e controlador das atividades por ele delegadas à sociedade civil ou à iniciativa privada, constitui fator determinante de uma intensa fragmentação administrativa do Estado sob três óticas que podem ser aqui apontadas: (i) uma fragmentação administrativa orgânico-funcional cada vez maior no seio da própria Administração Pública, com a crescente transferência de tarefas do Estado central e de sua Administração Pública central para pessoas jurídicas ou órgãos, territoriais ou institucionais descentralizados; (ii) uma fragmentação das atividades econômicas e de prestação de serviços da Administração Pública do Estado, com a incorporação no seio orgânico-funcional da Administração de pessoas jurídicas/coletivas de direito privado ou pessoas jurídicas/coletivas de direito público privatizadas, que passaram a desempenhar atividades inseridas no rol de atividades conduzidas pelo interesse público e que antes eram executadas diretamente pela Administração Pública do próprio Estado; (iii) e uma fragmentação do sistema jurídico, que significa um alargamento das vinculações jurídico-administrativas, através de um processo de

---

[210] Neste sentido, cf. OTERO. *Legalidade...*, p. 301.

fragmentação da clássica legalidade central devido: a) à pulverização de decisões administrativas tomadas por diversos órgãos ou pessoas jurídicas/coletivas territoriais e institucionais que passaram a gozar de legitimidade democrática e vinculativa em um Estado cada vez mais pluralista; b) e à adoção cada vez maior de meios jurídico-privados de atuação pela Administração Pública, especialmente os contratos e as suas formas de vinculações jurídicas, transformando a Administração Pública em uma Administração Pública consensual.

Porém, o princípio de uma Administração Pública social, no entanto, não perdeu sua posição de vinculação constitucional no âmbito de uma Administração reguladora, mínima e globalizada. Apenas a "face" desta Administração alterou-se para transformá-la em uma Administração Pública social na qual deixou de ser o principal agente produtor e prestador de serviços sociais e econômicos para assumir um personagem de atuação moderador e regulador, através de uma maior flexibilidade e consensualidade em sua atuação.[211] Hoje, o grande desafio, portanto, da Administração Pública é a conciliação entre a garantia da prestação de seus serviços, delegados ou prestados diretamente, sob o critério de justiça constitucional e, por outro lado, a problemática da regulação/empresarialização, tendo em conta o controle democrático.

3.2 A democratização da Administração Pública

O modelo liberal, fundado em ideais burgueses de meios de produção (revolução industrial aliada à política de um Estado "mínimo") e em uma democracia clássica de representação política,[212] caracterizada

---

[211] No sentido de que a intervenção administrativa não é menor do que era antes da liberalização econômica do Estado, hoje, regulador do interesse público e dos demais princípios públicos nas atividades desenvolvidas pela sociedade civil e pela iniciativa em cooperação com o Estado. Cf. OTERO. *Legalidade...*, p. 302.

[212] Para uma visão aprofundada sobre os fundamentos da representação política clássica do Estado liberal, cf. CARRÉ DE MALBERG, R. *Contribution à la théorie générale de l'etat.* Paris: Recueil Sirey, 1922. t. II, p. 212 *et seq*. No sentido da polêmica entre a configuração do mandato representativo e a crítica à representação dos interesses gerais, ao citar que: "de fato, na polêmica contra a democracia representativa é possível distinguir claramente dois filões predominantes: a crítica à proibição do mandato imperativo e portanto à representação concebida como relação fiduciária, feita em nome de um vínculo mais estreito entre representantes e representado, análogo ao que liga o mandante e o mandatário nas relações de direito privado, e a crítica à representação dos interesses gerais, feita em nome da representação orgânica ou funcional dos interesses particulares desta ou daquela categoria. (...) Ambos são temas que pertencem à tradição do pensamento socialista, ou melhor, à concepção de democracia que veio sendo elaborada pelo pensamento socialista

pelo sufrágio restrito e pela concentração política em um único órgão, o Parlamento, deram ensejo à continuidade das estruturas administrativas do antigo regime, em especial sob dois aspectos: (i) a concentração dos poderes administrativos no Estado central; (ii) e a debilitação dos espaços de autonomia político-administrativas das estruturas intermediárias da Administração Pública, como, por exemplo, o poder local que passa a ser gerido, tão somente, pela Administração periférica do Estado. Aliás, na sua versão radical, a democracia liberal parlamentar tornou-se tendencialmente hostil a qualquer tipo de administração autônoma, possibilitando que "os extremos da monarquia absoluta e da república parlamentar"[213] possuíssem um ponto de contato, qual seja, o "esvaziamento" dos espaços de democracia direta (gestão direta de interesses locais) e de participação dos administrados no seio de um aparelho administrativo direto, hierarquizado e centralizado.[214]

A crise do modelo administrativo liberal, no entanto, especialmente no final do século XIX e começo do século XX, pode ser traduzida em três grandes pontos: (i) na dificuldade de conciliar os ideais políticos liberais de liberdade com uma realidade centralizadora no âmbito da Administração Pública, o que ocasionou uma tensão entre as autoridades administrativas locais e associativas que passaram a reivindicar maior autonomia na gestão dos assuntos de interesse local e social, respectivamente; (ii) no crescimento das tarefas do Estado e, consequentemente, de sua Administração direta, que busca, cada vez mais, dar resposta ao crescimento e à proliferação dos centros urbanos industriais, fruto da transformação de uma economia agrícola em uma economia industrial; (iii) e na crescente parceria com a iniciativa privada no âmbito da prestação de serviços públicos e de obras públicas, especialmente, através da evolução das teorias jurídicas sobre

---

em oposição à democracia representativa considerada como ideologia própria da burguesia mais avançada, como ideologia 'burguesa' da democracia" (BOBBIO, Norberto. *O futuro da democracia*. Rio de Janeiro: Paz e Terra, 1997. p. 41-45).

[213] Ao apontar esta semelhança e mencionar que: "com o triunfo da ordem liberal e a posterior democratização do Estado, deu-se naturalmente a superação do paradigma originário onde germinou a ideia de administração autónoma. E foi justamente com base nessa superação que certa doutrina decretou a caducidade da administração autónoma, dado que no Estado baseado na liberdade e na democracia também o Poder Executivo e a administração do Estado são expressão da colectividade nacional" (MOREIRA. *Administração autônoma...*, p. 74).

[214] Em termos tradicionais, a hierarquia administrativa tem sido configurada como um fenômeno inerente à centralização. Vários autores preferem esta abordagem. Por todos, cf. AMARAL. *Curso...*, v. 1, p. 657, 658. No sentido de que a hierarquia administrativa não é corolário da centralização, podendo existir em sistemas administrativos descentralizados, apenas variando a extensão dos poderes a exercer. Cf. OTERO. *Conceito...*, p. 96-106.

os contratos administrativos,²¹⁵ que se de um lado refletiam o substrato ideológico da separação entre Estado e sociedade no âmbito da intervenção pública económica, por outro, passaram a representar um processo de diversificação funcional da Administração Pública que corria em paralelo com a gestão centralizada da Administração direta do Estado.²¹⁶ Esta crise liberal propiciou o início de um processo de transformação da estrutura orgânico-funcional da Administração Pública que passou a utilizar-se de meios jurídico-políticos diversos, e até então desconhecidos, para a realização de suas tarefas públicas. O aumento de tarefas administrativas e a crescente descentralização de poderes administrativos, que passam a ser delegados a pessoas jurídicas distintas do Estado central, seja no âmbito territorial, seja no âmbito institucional, geraram uma fragmentação de uma Administração Pública liberal "departamental" e "governamental". Primeiro, dá-se a publicização de instituições privadas preexistentes; depois, a criação de empresas e estabelecimentos públicos; e, por último, a entrega de tarefas públicas a entidade de direito privado, com financiamento e controle estatal.²¹⁷

O Estado social, pós modelo liberal, passa a posicionar a preocupação com o bem-estar no centro das suas finalidades, o que acaba por contribuir de maneira decisiva para o alargamento das tarefas estatais, em especial, daquelas relacionadas com a prestação de serviços públicos. Esta alteração de paradigma vem acompanhada de uma "desintegração" do aparelho direto da Administração Pública, com a ampliação orgânica e a pluralização institucional²¹⁸ capazes de

---

²¹⁵Sobre o desenvolvimento das teorias sobre os contratos administrativos, especialmente na Alemanha e na França nos séculos XIX e início do século XX, cf. ESTORNINHO, Maria João. *Requiem pelo contrato administrativo.* Coimbra: Almedina, 2003. p. 41-63.

²¹⁶No sentido do surgimento de uma "administração paralela", ao citar o risco do exercício privado de funções públicas e poderes públicos poder vir a dar origem a um "sistema administrativo regido por regras específicas", cf. GONÇALVES. *Entidades...*, p. 21. Também, ao utilizar o conceito de "administração paralela" no sentido de que o processo de privatização formal das empresas públicas tradicionais desencadeou uma interpenetração entre o setor público e o setor privado da economia e esta alteração na forma de organização jurídica das entidades públicas, determinou a criação de uma verdadeira "administração paralela" sob a forma privada ou Administração Pública sob a forma privada, cf. OTERO, Paulo. *Vinculação e liberdade de conformação jurídica do sector empresarial do estado.* Coimbra: Coimbra Ed., 1998. p. 227, 228.

²¹⁷Neste sentido, cf. MOREIRA. *Administração autónoma...*, p. 30.

²¹⁸No sentido de que a administração oitocentista, "uniforme e homogénea", deu lugar a uma administração multiforme e heterogénea, cf. MOREIRA. *Administração autónoma...*, p. 31. Também, no mesmo sentido. Cf. CAUPERS. *A administração periférica...*, p. 195.

possibilitar a realização de todas as competências administrativas que o princípio da constituição social passou a impor à Administração Pública.[219] Porém, conforme já mencionado, o modelo de bem-estar de gestão administrativa ou o modelo de Estado fundado em uma Administração Pública prestadora não coincide, no curso da história, com modelos políticos democráticos, o que revela certa afirmação desconcertante.

Isto ocorre, por razões de cunho finalístico ou teleológico do Estado que encontra ponto de contato entre os modelos democráticos, em sua grande maioria, desenvolvidos após a Segunda Guerra Mundial nos países da Europa ocidental, em especial após a década de 70 (setenta), e os modelos totalitários, experimentado em seu grau extremo, na Alemanha de Hitler pós 1930.[220] Tanto a democracia, como os modelos totalitários e autoritários buscam a realização do bem comum, do ideal coletivo, ou melhor, a realização dos interesses públicos, tal como ocorre nos Estados democráticos.

Porém, a diferença crucial entre os dois modelos quanto à gestão da máquina administrativa do Estado encontra como marco político-jurídico, em grande parte dos países da Europa ocidental, a "constitucionalização"[221] dos princípios democráticos que irão informar a organização e as atividades da Administração Pública,[222] também

---

[219] No sentido da vinculação da Administração Pública ao princípio da democracia social, econômica e cultural, na qualidade de "princípio organizatório" da prossecução de tarefas pelos poderes públicos. Porém, esta vinculação não proíbe que essas tarefas sejam asseguradas por esquemas organizatórios jurídico-privados ou por entidades autônomas. Mas o limite imposto pela vinculação ao princípio traduz-se pelo acesso das pessoas de forma igualitária aos bens indispensáveis a um mínimo de existência, em respeito aos direitos fundamentais e aos princípios da progressividade (prestação de serviços baseada em tarifas redistributivas) e universalidade, cf. CANOTILHO. *Direito constitucional...*, p. 344.

[220] Ao apontar a atuação do governo "teleologicamente marcado pela prossecução de interesses colectivos, interesses públicos ou, numa linguagem mais política, pela ideia de bem da colectividade", como um dos pontos de confluência da democracia e do totalitarismo, cf. OTERO. *A democracia...*, p. 84, 85.

[221] No sentido de que as Constituições tradicionais eram omissas quanto aos limites da atuação da Administração Pública e no sentido de que o ponto principal da atual mudança de paradigma de uma Administração "imperial" para uma Administração "cidadã", situa-se no processo de constitucionalização da Administração Pública. E que este fenômeno de uma "Constituição administrativa" vem alterar os conceitos, princípios e parâmetros da Administração Pública, cf. MOREIRA NETO, Diogo de Figueiredo. *Mutações do direito administrativo*. 3. ed. Rio de Janeiro: Renovar, 2007. p. 16, 17.

[222] Sobre as transformações do sistema jurídico da Administração Pública e suas novas formas de vinculação no Estado contemporâneo, ao propor uma nova dogmática das fontes do ordenamento jurídico-administrativo e ao defender a tese de que: "todos os sistemas jurídicos encerram em si uma componente da juridicidade que, vivendo ao lado

agora alçadas à categoria de normas constitucionais. Estes princípios político-administrativos encontram-se fundados: (i) em um pluralismo organizacional, fruto de um pluralismo político, reconhecido pela própria constituição democrática, que simplesmente inexiste nos modelos autoritários e totalitários; (ii) no reconhecimento da autonomia como valor e princípio constitucional, traduzida em autoadministração e autogoverno no que diz respeito aos interesses e assuntos locais; (iii) na democratização dos processos decisórios da Administração Pública, através do reconhecimento da participação dos cidadãos nas decisões administrativas que lhe digam respeito também como princípio constitucional; (iv) em uma maior legitimidade funcional e decisória da Administração Pública que, agora, encontra-se alicerçada não só na lei em sentido formal, mas em uma juridicidade constitucional, formada por regras e princípios explícitos e implícitos da Constituição; (v) e na superação do princípio da supremacia do interesse público sobre o interesse privado, que servia, até então, de fundamento e fator de legitimação para todo o conjunto de privilégios de natureza material do regime jurídico-administrativo.[223]

---

da 'legalidade democrática' — entendida esta como a expressão da intencionalidade e da vontade de um decisor formal dotado de uma legitimação jurídica e política —, expressa uma normatividade alicerçada em postulados radicalmente afastados das concepções liberais que configuram a vontade geral da coletividade como o substrato de toda a ordem jurídica"; e ao apontar fontes "não voluntárias" ou "não intencionais", positivadas ou não, que traduzem uma normatividade heterovinculativa da Administração Pública e que podem resumir-se às seguintes categorias: (i) os princípios jurídicos fundamentais; (ii) o Direito Internacional Público geral ou comum; (iii) os princípios gerais do Direito Administrativo; e (iv) o costume. Cf. OTERO. *Legalidade...*, p. 372-410. A citação: p. 386.

[223] A noção de um princípio de supremacia do interesse público que prevaleça sempre e em qualquer situação sobre os interesses individuais revela-se incompatível com a ideia da Constituição como sistema aberto de princípios, articulados não por uma lógica hierárquica estática, mas sim por uma lógica de ponderação proporcional. A ponderação de valores, técnica de interpretação e aplicação das normas e princípios constitucionais, serve de controle da discricionariedade das decisões administrativas e conduz a uma racionalização dos processos de definição do interesse público prevalente. A ponderação é, atualmente, alçada ao patamar de princípio formal do direito e de legitimação dos princípios fundantes do Estado democrático de direito. O tema é amplo e vasto. Apenas a referência serve para destacar a alteração de paradigma dos processos decisórios da Administração Pública que parte, hoje, não de fórmulas e princípios estáticos, mas, a luz do caso concreto, a imposição constitucional faz com que as decisões sejam tomadas com base em esquemas de ponderação de valores, seguindo a ordem da proporcionalidade e da razoabilidade. Sobre o tema da supremacia do interesse público ao dever da proporcionalidade, cf. BINENBOJM, Gustavo. A constitucionalização do direito administrativo no Brasil: um inventário de avanços e retrocessos. *In*: SOUZA NETO, Cláudio Pereira de; SARMENTO, Daniel (Coord.). *A constitucionalização do direito*. Rio de Janeiro: Lumen Juris, 2007. p. 750-753. Para um aprofundamento sobre o tema, cf. ÁVILA, Humberto. Repensando o "princípio da supremacia do interesse público sobre o particular". *In*: SARMENTO, Daniel (Org.). *Interesses públicos* versus *interesses privados*: desconstruindo o princípio de supremacia do

Portanto, observa-se, não só a "constitucionalização"[224] dos princípios e fundamentos da democracia, como também um movimento de "constitucionalização" da Administração Pública, de seus parâmetros de atuação, de seu sistema organizatório e de suas atividades que passam a estar sujeitas a uma nova ordem de valores, em especial, os valores circunscritos aos direitos e garantias fundamentais e aos princípios da proporcionalidade e da razoabilidade. Uma nova forma de vinculação jurídica passa a ditar o sistema organizatório-funcional da Administração Pública e impõe a revisão de alguns postulados em que ele se encontrava assente e que podem ser assim enumerados:[225] (i) a releitura do princípio da supremacia do interesse público sobre o interesse privado, à luz da aplicação do princípio da proporcionalidade, segundo a técnica de ponderação de valores ao caso concreto; (ii) a superação total da ideia de que a Administração Pública apenas aplica a lei, em sentido estrito, e a ela encontra-se subordinada, e o surgimento

---

interesse público. Rio de Janeiro: Lumen Juris, 2007. p. 171-215, cf. também BINENBOJM, Gustavo. Da supremacia do interesse público ao dever de proporcionalidade: um novo paradigma para o direito administrativo. *Revista de Direito Administrativo*, Rio de Janeiro, n. 239, p. 08-31, jan./mar. 2005.

[224] No âmbito da terminologia jurídica, a expressão "constitucionalização do direito" é de uso recente e passou a ser utilizada para explicar o efeito expansivo das norma constitucionais, cujo conteúdo material e axiológico passou a irradiar, com força normativa, por todo o sistema jurídico. Vários autores tratam de forma extensa sobre este fenômeno. No sentido de que: "os valores, os fins públicos e os comportamentos contemplados nos princípios e regras da Constituição passam a condicionar a validade e o sentido de todas as normas do direito infraconstitucional. (...)", sejam normas que regulam relações entre particulares, *e.g.* normas de direito civil, sejam normas que regulamentam atividades públicas, em especial aquelas afetas aos três poderes do Estado. Assim, "No tocante à Administração Pública, além de igualmente (i) limitar-lhe a discricionariedade e (ii) impor a ela deveres de atuação, ainda (iii) fornece fundamento de validade para a prática de atos de aplicação direta e imediata da Constituição, independentemente da interposição do legislador ordinário" (BARROSO, Luís Roberto. Neoconstitucionalismo e constitucionalização do direito. *Revista de Direito da Procuradoria Geral do Estado do Rio de Janeiro*, Rio de Janeiro, p. 148, 149, 2006). Ao analisar a evolução histórica do fenômeno da Constitucionalização do direito nos países da Europa Ocidental, em especial no Reino Unido, sobre as origens do *rule of the law*; nos Estados Unidos, através da normatividade ampla e da judicialização das questões constitucionais e a interpretação de todo o direito posto à luz da Constituição; e na Alemanha, considerado o marco histórico inicial do fenômeno, sob o regime da Lei Fundamental de 1949 e sob as decisões do Tribunal Constitucional Federal, à luz da dimensão objetiva dos direitos fundamentais, na qualidade de valores axiológicos do sistema jurídico. Também, Cf. BARROSO. Neoconstitucionalismo..., p. 150-156. Sobre as transformações do Direito Administrativo, em especial, através do processo de "constitucionalização", cf. OTERO. *O poder de substituição*..., v. 2, p. 528-585 (em especial, sobre o Estado de juridicidade). Cf. ainda SANTAMARÍA PASTOR. *Principios*..., p. 76, 77 (em especial sobre o aspecto vinculativo dos princípios e normas constitucionais) e GRAU. *A ordem*... Também MOREIRA NETO. *Mutações*...

[225] Os postulados aqui enumerados são apontados por Gustavo Binenbojm *In*: BINENBOJM. A constitucionalização..., p. 750-769.

do princípio da "juridicidade administrativa",[226] motivado pelo:[227] a) processo de erosão da lei formal (a crise da lei), caracterizado pela crescente interferência do poder político ao sabor de sucessivos governos e composições legislativas e pela crise do modelo de representação democrática; b) incremento da atividade normativa do Poder Executivo; c) pela proliferação das agências reguladoras, configurando, assim, o surgimento de uma administração independente, com capacidade de editar regulamentos e emitir decisões administrativas; d) e pelo aumento da complexidade das relações econômicas e sociais que passaram a demandar uma intervenção do Estado que não consegue mais atender a esta função de agente regulador e garantidor da ordem, através de um processo legislativo formal, lento e geral; (iii) a superação da ideia de que a discricionariedade administrativa seria um espaço livre de controle social e jurídico, diante de uma nova vinculação a uma "juridicidade administrativa"; (iv) e a fragmentação orgânico-funcional da Administração Pública que deu lugar a uma Administração Pública "policêntrica" e à "pluralização" da Administração Pública, em uma primeira fase, através do Estado social, com a multiplicação de departamentos e Ministérios e criação de pessoas jurídicas/coletivas de direito público e, já em uma segunda fase, no Estado pós-social, através dos fenômenos de privatização das atividades e serviços públicos, por meio de delegação contratual ou unilateral e através da transformação de pessoas jurídicas/coletivas de direito público em pessoas jurídicas/coletivas de direito privado que continuam a desempenhar tarefas públicas, porém, sob um novo regime; e a fragmentação sob à ótica do sistema de agências reguladoras independentes, na linha de uma tentativa de "despolitização" da regulação de setores estratégicos da economia, que recentemente, atravessaram um processo recente de privatização.

O pluralismo organizacional vem acompanhado de um pluralismo decisório e autodeterminante. As diversas pessoas jurídicas/coletivas de ordem territorial, institucional ou empresarial e até mesmo

---

[226] No sentido de que o pluralismo envolve uma concepção plural da ordem jurídica, seja porque o Estado de Direito material se afasta do positivismo, apelando para valores e princípios que transcendem o poder público e o limitam. E também no sentido de que "o princípio da legalidade cede perante o princípio da juridicidade". E ao citar a expressão "Estado de juridicidade", cf. OTERO. *O poder de substituição...*, v. 2, p. 551 et seq. Ao apontar que o mais importante aspecto dessa constitucionalização do direito administrativo é a ligação direta da Administração aos princípios constitucionais, vistos estes como núcleos de condensação de valores, cf. BINENBOJM. A constitucionalização..., p. 756.
[227] Neste sentido, cf. BINENBOJM. A Constitucionalização..., p. 755.

aquelas pessoas jurídicas/coletivas privadas que atuam em parceria e colaboração com a Administração Pública passam a gozar de um espaço decisório próprio, de acordo com os fins e interesses públicos envolvidos, sujeitas apenas às formas de controle pelo Estado, a depender do grau de independência administrativa. A descentralização, em suas diversas vertentes — territorial, institucional e de serviços — aparece, como princípio constitucional e gera uma vinculação para o Estado enquanto gestor da máquina administrativa, em evidente contraste com um modelo centralizador da Administração Pública nos regimes autocráticos e totalitários. Nestes, a história demonstra: a administração autônoma, seja ela territorial ou associativa, e a Administração indireta do Estado aparecem como *longa manus* do Estado central,[228] não havendo espaço para um poder de gestão dos assuntos públicos ao nível local, associativo e dos interesses públicos dos próprios destinatários dos serviços públicos.

A supressão dos domínios da autonomia administrativa, consistente na clássica diferença entre "ser administrado e administrar-se" nos regimes políticos totalitários e autocráticos do século XX, revela a supressão do substrato político e material da fragmentação da Administração Pública. E, assim, alijadas de um processo decisório democrático, as organizações da Administração Pública, ou seja, as pessoas jurídicas de direito público territorial, institucional e associativas, apresentam-se como pessoas jurídicas formais distintas do Estado e por ele diretamente controladas,[229] em clara extensão da própria Administração central e direta do Estado.[230] Entretanto, através do processo

---

[228] No sentido de que a história do regime totalitário da Alemanha do Terceiro Reich demonstra que o aparelho administrativo institucional e territorial foi submetido a uma curiosa multiplicação de órgãos e novas províncias, porém, todos os níveis intermediários da Administração Pública eram controlados pelo Governo central, confundido na pessoa do *führer*. E que esta descentralização seria uma descentralização tendente à diminuição de poder, cf. ARENDT. *Origens...*, p. 442-459.

[229] No sentido de que no período do Estado Novo em Portugal, a tutela administrativa do Governo sobre as autarquias locais era extensa e intensa, e abrangia tanto o controle de legalidade, como o controle do mérito administrativo (isto é, a sua conveniência ou inconveniência à luz do interesse público). Hoje, pelo artigo 242.º, n.º 1, da Constituição da República Portuguesa, a tutela só poderá ter por fundamento a legalidade, ou seja, a verificação do cumprimento da lei por parte dos órgãos autárquicos. Cf. AMARAL. *Curso...*, v. 1, p. 515, 516.

[230] Ao apontar a diferença entre os conceitos jurídico e político de autonomia durante o processo histórico dos regimes totalitários antes da Segunda Guerra Mundial e durante a abertura democrática após a Segunda Guerra Mundial. Assim, aponta que nos períodos de regimes políticos totalitários, a Administração autônoma passa a ser compreendida, tão somente, em seu conceito jurídico, como Administração Pública não realizada pelo Estado diretamente, através de órgãos ou pessoas jurídicas/coletivas territoriais ou institucionais

de democratização do Estado, a fragmentação administrativa vem acompanhada de uma transferência de poderes de decisão político-administrativos ou, tão somente, administrativos, garantidos por um conjunto de normas e princípios previstos pela própria Constituição. Desta forma, a Constituição passa a garantir espaços de fragmentação decisória e administrativa, como um dos pressupostos do próprio processo de abertura democrática. A previsão constitucional deste processo fragmentário da Administração Pública vem acompanhado da previsão de maior competência decisória dos órgãos e das pessoas jurídicas/coletivas e também de uma maior participação da sociedade civil local, seja através de consultas à própria população, seja através de parcerias entre o poder público e a iniciativa privada, na busca por uma melhor prestação de serviços.

A Administração Pública, ao sofrer um tratamento constitucional de seus princípios reitores, de sua organização e de suas atividades, também é atingida diretamente pelos ideais políticos democráticos que influenciam quase todas as Constituições após a Segunda Guerra Mundial. Este cenário de conjuntura político-constitucional propicia um encontro da gestão administrativa do Estado com os princípios: (i) da socialidade, que tem como substrato o princípio da dignidade da pessoa humana e, consequentemente, do bem-estar coletivo e individual;[231] (ii) do pluralismo, que enseja um incremento na proliferação de centros de decisão administrativa distintos do Estado central, aos quais é garantida a sua autoadministração, sem a ingerência do controle de mérito administrativo, mas apenas sujeitos à tutela de juridicidade;[232]

---

por ele criadas e sob o seu inteiro controle. Já a partir da Segunda Guerra, a Administração autônoma passou aos poucos a ganhar o seu substrato político de autoadministração ou administração pelos próprios interessados. Para maiores aprofundamentos, cf. MOREIRA. *Administração autônoma...*, p. 56-66. Na doutrina espanhola, García de Enterría define Administração autônoma como a administração de determinados interesses exercida pelos próprios interessados ou pelas suas organizações representativas. Neste sentido, cf. GARCÍA DE ENTERRÍA, E. Principios y modalidades de la participación ciudadana en la vida administrativa. In: *Libro en homenaje al Profesor J. L. Villar Palasí*. Madrid: Civitas, 1989. p. 444.

[231] Sobre o princípio da socialidade como núcleo firme do Estado constitucional democrático que, embora não tenha sido expresso de maneira literal na Constituição da República Portuguesa, por certo que o princípio textual da democracia econômica, social e cultural como objetivo do Estado português (artigo 2.º da CRP) enuncia uma dimensão teleológica do Estado, além de uma dimensão impositiva de realização de tarefas por parte de órgãos de entidades públicas, cf. CANOTILHO. *Direito constitucional...*, p. 335-354.

[232] No sentido de que o pluralismo organizativo da Administração de um Estado de Direito democrático pressupõe uma regra de autonomia ao nível do relacionamento intra-administrativo entre certos setores da Administração ou entre várias Administrações. E no sentido de que a legitimação democrática de um Estado pluralista pressupõe a existência

(iii) e da democracia, agora estendida ao âmbito da Administração Pública, consubstanciada: a) na participação (objetiva e subjetiva) dos cidadãos no processo de decisões administrativas;[233] b) na legitimação das decisões e escolhas do Administrador que passam a ser pautadas no "bloco de legalidade" ou juridicidade, nos princípios e na lei;[234] c) e em uma crescente "procedimentalização"[235] dos processos decisórios, necessária para que cada vez mais a Administração Pública possa respeitar os princípios da publicidade e da participação.

A democracia pluralista, deliberativa e participativa, aparece como fundamento de um Estado democrático que em tempos modernos supera a democracia clássica de simples representação política e vem suprir o seu déficit: (i) ao possibilitar uma pluralidade de órgãos e pessoas jurídicas públicas ou privadas, inseridas nas quais o cidadãos participam diretamente das decisões político-administrativas, *e.g.* as associações; (ii) ao possibilitar a participação do cidadão de forma singular ou coletiva nos procedimentos e processos de decisão política ou administrativa; (iii) e, por fim, ao possibilitar uma maior responsabilização da sociedade

---

de uma autoadministração. E também que o pluralismo da Administração de um Estado de Direito democrático conduz a um fenômeno de raiz descentralizadora, provocando a multiplicação das estruturas subjetivas da Administração e ensejando a existência de "várias Administrações". Cf. OTERO. *O poder de substituição...*, v. 2, p. 544-551.

[233] No sentido de que a democratização da Administração Pública é marcada pela abertura e fomento à participação dos administrados nos processos decisórios da Administração, tanto em defesa de interesses individuais (participação *uti singulus*), como em nome de interesses gerais da coletividade (participação *uti cives*), cf. BINENBOJM. *Uma teoria...*, p. 77. O princípio da participação no direito português encontra-se previsto no artigo 8.º do Código de Procedimento Administrativo que, por sua vez, consubstancia o artigo 267.º, n.º 5, da Constituição da República Portuguesa, garantindo a participação dos cidadãos nos processos de decisão da Administração Pública. Ao citar o princípio da participação como princípio fundamental da Administração Pública contemporânea, cf. SOUSA; MATOS. *Direito...*, t. I, p. 150-152.

[234] Também, ao apontar o princípio da juridicidade como princípio fundamental da Administração e ao analisar as noções fundamentais, a evolução histórica e os demais princípios a ela vinculados, tais como: da prossecução do interesse público, do respeito pelas posições jurídicas subjetivas dos particulares, da proporcionalidade, da imparcialidade, da boa-fé, da igualdade e da justiça, cf. SOUSA; MATOS. *Direito...*, t. I, p. 153-172, 201-228.

[235] No sentido de que um dos traços marcantes dessa tendência à democratização é o fenômeno da "procedimentalização" da atividade administrativa, com o objetivo de se democratizar a formação da vontade administrativa e não apenas o ato final. Assim, aponta que se busca (...): "(i) respeitar os direitos dos interessados ao contraditório e à ampla defesa; (ii) incrementar o nível de informação da Administração acerca das repercussões fáticas e jurídicas de uma medida que se alvitra implementar, sob a ótica dos administrados, antes de sua implementação; (iii) alcançar um grau mais elevado de consensualidade e legitimação das decisões da Administração Pública" (BINENBOJM. *Uma teoria...*, p. 77). Sobre a consensualidade como tendência do direito administrativo contemporâneo , cf. GIANNINI, Massimo Severo. *L'amministrazione pubblica nello stato comtemporaneo*. *In*: SANTANIELLO, Giuseppe. *Trattato di diritto amministrativo*. Pádua: Cedam, 1988. v. 1, p. 126.

social nos processos de inclusão democrática de efetivação dos direitos sociais e econômicos, consubstanciados pelas novas parcerias do Estado com o setor privado na busca por melhores infraestruturas na prestação e produção de bens e serviços públicos à população.

O cidadão, hoje, participa não só nos momentos de eleição, mas também nas escolhas públicas em outros momentos decisivos do processo democrático, e.g.: (i) através de uma audiência pública que antecede a feitura de um regulamento administrativo ou, até mesmo, de uma lei, na qual poderá oferecer opiniões e sugestões que vincularão o político e o administrador, sob pena de violarem interesse específico daqueles diretamente afetados por aquele regulamento ou por aquela lei; (ii) e através da parceria com o Estado e com a sua Administração na concretização dos valores e direitos econômicos sociais de inclusão.

A democratização da Administração Pública, portanto, especialmente após a Segunda Guerra Mundial e que desembocou no pluralismo do Estado moderno, propiciou campo fértil ao desenvolvimento de uma maior fragmentação administrativa do Estado, seja no seu aspecto territorial e associativo que possibilitou o incremento de um processo de autoadministração, sujeita apenas a um controle de tutela por parte do Estado central, seja no seu aspecto econômico de prestação de serviços e produção de bens, no qual, hoje, o Estado conta ativamente com a parceria da iniciativa privada nos investimentos de infraestrutura e prestação e produção direta destes serviços, mediante um papel de regulação pelo Estado ou por autoridades administrativas independentes.

A crise de uma democracia clássica e a chamada de consciência da sociedade civil a participação e atuação conjunta e concertada com o poder público representam a responsabilização pública da sociedade civil (setor privado) por força dos princípios constitucionais, traduzindo-se em uma das principais transformações da Administração Pública no final do século XX e começo do século XXI e que podem ser divididas em três grandes conceitos: (i) autoadministração, que pressupõe a garantia constitucional da autonomia político-administrativa, ou somente administrativa, que permite que a Administração Pública descentralizada possa ir ao encontro da sociedade civil local para tomar sua decisão desvinculada do Poder central, otimizando-se e privilegiando-se, assim, a busca pelo interesse público local; (ii) administração participativa, com o desenvolvimento de uma democracia plural em contraste com a democracia liberal-clássica; (iii) e na legitimidade das decisões e da gestão administrativa que, hoje, vincula-se a uma nova ordem de valores e princípios constitucionais democráticos, pautando a sua atividade e a sua organização não mais na legalidade estrita, e sim em uma "juridicidade plural" e "heterovinculativa".

3.2.1 Autoadministração

O Estado democrático de direito pressupõe a concretização da autonomia político-administrativa. E o processo de fragmentação administrativa do Estado, portanto, apresenta-se como uma questão jurídica e ao mesmo tempo de indagação política, pois pressupõe o contraste entre o modelo clássico unitário de decisão e organização política e administrativa, herdado pela revolução liberal do Estado absoluto e o modelo plural da Administração Pública atual e das forças políticas contemporâneas.[236] E este fenômeno encontra-se intimamente relacionado com alguns outros fenômenos políticos e administrativos que se verificaram e ainda se verificam neste processo de desintegração dos poderes do Estado central.[237] Como por exemplo, o fenômeno da

---

[236] Neste sentido, cf. BAENA DEL ALCÁZAR. *Curso...*, p. 30-35.

[237] Outros fenômenos podem também aqui ser citados além da Administração autônoma, tais como: a Administração direta e o fenômeno da desconcentração administrativa; a Administração indireta do Estado; a descentralização (o conceito de descentralização *latu sensu* é conceito mais abrangente do que o conceito de Administração autônoma e engloba todas as outras espécies de fragmentação da unidade administrativa do Estado, desde a própria Administração autônoma até a Administração indireta e o fenômeno da desconcentração na Administração direta do Estado, até mesmo a descentralização dos serviços (transferência da gestão dos serviços públicos para empresas privadas através de contratos públicos de concessão ou através da própria privatização da gestão do serviço ou do controle acionário de uma empresa pública), a Administração regulatória ou Administração independente e também, outras formas de delegação de poderes administrativos a pessoas jurídicas/coletivas de direito privado; e, finalmente, a perda do monopólio legislativo do Estado para a esfera internacional e comunitária que reflete o fenômeno da descentralização no plano externo de poderes normativos, muitas vezes caracterizados por decisões políticas não estaduais, mas sim supraestatais (o Estado cede parcela de seus poderes decisórios políticos e administrativos em favor de organismos internacionais e órgãos comunitários na Comunidade Europeia, exigência do princípio da conformidade das normas e decisões internas ao direito internacional e comunitário). Sobre o fenômeno da desconcentração, cf. AMARAL. *Curso...*, v. 1, p. 657-698, cf. OTERO. *O poder de substituição...*, v. 2, p. 713-742, cf. CAUPERS. *A administração periférica...*, p. 256-282, cf. SOUSA; MATOS. *Direito...*, t. I, p. 143-145, cf. PARADA, Ramón. *Derecho administrativo*: organización y empleo público. Madrid: Marcial Pons, Ediciones Jurídicas y Sociales S.A., 2002. t. II, p. 45-79. Sobre o conceito de Administração indireta do Estado em Portugal, cf. AMARAL. *Curso...*, v. 1, p. 331-389. Sobre a controvérsia acerca do enquadramento da administração autônoma como Administração indireta do Estado, cf. MOREIRA. *Administração autônoma...*, p. 59-66. Sobre o conceito de descentralização, cf. AMARAL. *Curso...*, v. 1, p. 693-712, cf. OTERO. *O poder de substituição...*, v. 2, p. 704-710, cf. CAUPERS. *A administração periférica...*, p. 245-256, cf. SOUSA; MATOS. *Direito...*, t. I, p. 139-143, cf. KELSEN, Hans. *Teoria geral do direito e do Estado*. São Paulo: Martins Fontes, 1998. p. 440-451, cf. LAUBADÈRE, André de; VENEZIA, Jean-Claude; GAUDEMET, Yves. *Traité de droit administratif*. Paris: Librairie Générale de Droit et de

administração autônoma[238] ou autoadministração, incorporado no sistema administrativo português, com previsão constitucional, através do direito alemão do século XIX, com origem no estudo da Administração Pública local territorial em contraste com a Administração Pública do Estado central. Significava, no início, administração levada a cabo pelos próprios interessados, sob responsabilidade própria — é a concretização da autonomia de tarefas administrativas, antes desempenhadas pela Administração direta e indireta do Estado. É a prossecução, em nível local, de tarefas administrativas do Estado em seu sentido formal. No sentido material, passa a exigir-se a configuração do autogoverno e da representação política dos órgãos dirigentes. A administração autônoma, já em uma fase mais evoluída, hoje, concebe autonomias administrativas de natureza institucional, como forma de participação das forças sociais nas tarefas administrativas, como por exemplo: as associações e as universidades.

O processo histórico da quebra do conceito de unidade da Administração Pública, identificada como Administração Pública do Estado central, coincide com a origem, já no final do século XIX, do fenômeno da administração autônoma, que se encontra intimamente associado ao fenômeno político da autonomia[239] local. A sua importância não pode ser esquecida, pois representa um fenômeno que contribuiu para intensificar o processo de fragmentação político-administrativa do Estado.

Jurisprudence, 1990. p. 98-107, cf. ROSSI. *Diritto*..., v. 1, p. 158-164. Sobre o fenômenos das entidades privadas com poderes públicos, cf. GONÇALVES. *Entidades*.... Sobre a perda do monopólio político-administrativo do Estado para a esfera internacional e comunitária, cf. OTERO. *Legalidade*..., p. 148-150.

[238] Sobre um estudo mais detalhado sobre administração autônoma: definição, problemas, substrato ideológico e figuras afins, cf. MOREIRA. *Administração autônoma*..., p. 46-159. Sobre a definição e conceituação de Administração autônoma em diferenciação doutrinária da Administração direta e indireta do Estado e ao definir Administração autônoma como sendo "aquela que prossegue interesses públicos próprios das pessoas que a constituem e por isso se dirige a si mesma, definindo com independência a orientação das suas actividades, sem sujeição a hierarquia ou à superintendência do Governo" (AMARAL. *Curso*..., v. 1, p. 393-395). No mesmo sentido, cf. CANOTILHO, José Joaquim Gomes; MOREIRA, Vital. *Constituição da República Portuguesa anotada*. 3. ed. Coimbra: Coimbra Ed., 1993. p. 782.

[239] O conceito de autonomia é um conceito polissêmico do qual advém diferentes acepções jurídicas, políticas, dentre outras. Não pretendo adentrar a todos os pormenores da classificação do conceito em seu sentido jurídico-político. Para um estudo detalhado das várias formas que a autonomia jurídico-política pode assumir no Estado e na Administração Pública, cf. NABAIS, José Casalta. A autonomia local. In: *Estudos em homenagem ao Professor Doutor Afonso Rodrigues Queiro*. Coimbra: Coimbra Ed., 1993. p. 109-221. Também, sobre as várias acepções do conceito de autonomia, cf. SANTAMARÍA PASTOR. *Princípios*..., p. 120-122.

A administração autônoma possui duas dimensões: uma política e outra administrativa. À dimensão política corresponde o seu conteúdo material, que pode ser resumido ao conceito de "autoadministração de interesses coletivos próprios", através de um processo de representação política interna e governo independente e autônomo do poder central quanto às decisões administrativas sujeitas apenas ao controle de tutela por parte da Administração Pública do Estado. Já a dimensão jurídica surge em períodos de esvaziamento do conteúdo material da Administração autônoma, em especial em períodos históricos de grande concentração de poder político pelo Estado central, *v.g.* nos períodos autoritários e totalitários, nos quais a Administração autônoma fica reduzida à esfera da Administração indireta do Estado, equiparada aos institutos públicos e empresas públicas, ao sofrer um maior controle administrativo e intervenção por parte da Administração central.[240] Logo, a diferença precisa entre as duas dimensões pode ser expressa na diferença entre "administrar-se e ser administrado".[241]

A administração autônoma também aparece sob a forma de divisão territorial, encontrando nas autarquias territoriais[242] a fonte da autonomia local, dotada de conteúdo político e participativo; e sob a forma institucional que não afasta a autoadministração, porém, representa as pessoas coletivas de base não territorial, como as universidades e as associações. A administração autônoma territorial integra a própria divisão administrativa do território, como ocorre com a divisão administrativa em Portugal, através das autarquias locais que são "pessoas colectivas territoriais dotadas de órgãos representativos, que visam a prossecução de interesses próprios das populações respectivas".[243]

A autonomia, segundo o seu substrato político-administrativo, vem suprir a insuficiência do aparelho político-administrativo central do Estado em garantir as tarefas básicas a ele impostas com o advento

---

[240] Sobre um estudo mais detalhado sobre administração autônoma: definição, problemas, substrato ideológico e figuras afins, cf., MOREIRA. *Administração autônoma...*, p. 46-159.

[241] MOREIRA. *Administração autônoma...*, p. 63.

[242] O conceito de autarquia aqui utilizado representa o conceito de entidade administrativa territorial dotada de personalidade jurídica distinta do Estado e caracterizada pelo conteúdo político material, ao contrário do conceito desenvolvido no Brasil que privilegia um modelo de autarquia institucional, também entidade administrativa com personalidade jurídica distinta do Estado, porém, integrante da Administração indireta do Estado. Por todos, cf. MELLO, Celso Antônio Bandeira de. *Curso de direito administrativo.* 22. ed. São Paulo: Malheiros, 2007. p. 153-176.

[243] Cf. Artigo 235.º, n.º 2, da Constituição da República Portuguesa.

do Estado social e o seu desenvolvimento com a nova concepção de Estado de bem-estar.[244] Esta sobrecarga de funções e a inadequação do modelo clássico centralizador fazem com que os cidadãos recorram a centros de poder alternativos situados para além do aparelho central. Esta crise é expressa na própria crise dos modos de organização e de comandos políticos, seja em virtude dos progressos tecnológicos, seja em decorrência do aumento da capacidade crítica dos cidadãos, ou seja, pela proliferação dos domínios de atuação do Estado e a evidente crise de ineficiência.[245]

A crise é expressa na alteração de paradigma ideológico,[246] com a passagem da democracia liberal à democracia social e participativa de base comunitária. E assim observa-se a desintegração do monopólio que os órgãos centrais do Estado detinham sobre o poder político e administrativo e a sua partilha por entre as comunidades em cujo contexto as pessoas inserem suas vidas. No quadro da perspectiva contemporânea, impõe-se uma vasta e complexa pluralidade de unidades coletivas que se reclamam simultaneamente a condição de autonomia ao nível da sua organização, do seu funcionamento e da definição e da execução dos seus interesses próprios. Neste cenário de pluralismo complexo e em virtude da partilha de poder, o Estado surge cada vez mais como instância reguladora das atuações das entidades autônomas coletivas que o constituem garantidor do bem-estar comum da sociedade como um todo.[247]

O pluralismo da Administração Pública de um Estado de direito democrático conduz, portanto, ao fenômeno da descentralização, provocando a multiplicação das estruturas subjetivas da Administração através das opções do legislador constitucional. Na prática, a criação de outras estruturas subjetivas não é suficiente para se verificar uma verdadeira descentralização. É necessário que a Constituição garanta o princípio da autonomia das entidades descentralizadas em relação ao Estado central, inseridas no fenômeno democrático da autoadministração. Esta autonomia consiste em certa margem de poder

---

[244]Também chamado de Estado providência ou, no limite extremo, Estado assistencial. Importa destacar que, nas últimas décadas, o Estado social tem entrado em crise, por causa de excessivos custos financeiros e burocráticos, não tendo conseguido atingir à sua finalidade de impedir os fenômenos de exclusão social. Por isso, hoje, já se fala em Estado pós-social, que congrega não só os problemas da burocracia da Administração Pública, como novas questões, tais como a questão da informática, da ecologia e do meio ambiente.
[245]Neste sentido, cf. AMARAL. *Do Estado soberano...*, p. 115-125.
[246]Sobre os fundamentos e pressupostos histórico-ideológicos da administração autônoma, cf. MOREIRA. *Administração autônoma...*, p. 73-78.
[247]Cf. AMARAL. *Do Estado soberano...*, p. 115-125.

decisório cujo poder central não possui qualquer ingerência, seja através de legislação revogadora ou decisão administrativa de caráter revocatório.[248] A própria constitucionalização das formas organizatórias de descentralização política e administrativa passa a servir de garantia ao princípio do respeito pelo conteúdo mínimo[249] da esfera de decisão fragmentada, insuscetível de esvaziamento pelo Estado central.[250]

A descentralização administrativa é, no Estado português, um princípio constitucional fundamental inserido no contexto da opção política pela forma de Estado unitário, a par da também descentralização política manifestada pelas autonomias regionais dos Açores e da Madeira. Assim, o Estado, em Portugal, respeita a autonomia administrativa das autarquias locais e a descentralização democrática da Administração Pública (artigo 6.º, n.º 1, da Constituição da República Portuguesa).

Já a opção pela forma de Estado federal no Brasil é enunciada pelo artigo 1º da Constituição da República Federativa do Brasil, ao dispor que o Estado brasileiro é formado pela união indissolúvel dos Estados e Municípios e do Distrito Federal, qualificando-a como princípio constitucional fundamental que vem complementado no artigo 18 que trata da organização político-administrativa do Estado brasileiro, que, por sua vez, consagra o princípio da autonomia dos entes da federação dotados de descentralização política e administrativa. Além dos Estados, os Municípios brasileiros, a partir da Constituição de 1988 passaram a constituir entes integrantes da organização político-administrativa do Estado e gozam também de poderes políticos e administrativos.

No Estado espanhol, o princípio da autonomia é concebido como um conceito-chave de todo o sistema de organização territorial do Estado e consiste em um *"status* constitucional protegido e garantido".[251] A estrutura plural e autonômica do Estado espanhol é um modelo que se contrapõe às tendências centralizadoras do Estado central. Por isso, o próprio texto constitucional regula expressamente, a organização das entidades territoriais autônomas, suas competências e suas formas de financiamento, porém, o faz de forma genérica. E, assim, ao legislador impõe-se um duplo limite: (i) um limite positivo de outorgar

---

[248] Neste sentido, cf. OTERO. *O poder de substituição...*, v. 2, p. 544-549.
[249] O Professor Doutor Canotilho, ao tratar sobre o princípio da autonomia das autarquias locais, faz referência à expressão "núcleo essencial do poder autárquico", como reduto de poder local, indisponível à interferência do Estado central. Cf. CANOTILHO. *Direito constitucional...*, p. 361.
[250] Cf. OTERO. *O poder de substituição...*, v. 2, p. 547.
[251] Neste sentido, cf. SANTAMARÍA PASTOR. *Principios...*, p. 124.

às entidades locais suas competências de forma precisa, a fim de dar densidade material ao princípio constitucional da autonomia; (ii) e um limite negativo, o de garantir um espaço de atuação exclusivo de decisões administrativas que não sofra controle de mérito pelo Estado central.[252]

A autonomia, portanto, ou autoadministração, surge no âmbito do processo de democratização do Estado e aparece como pressuposto de uma Administração Pública plural e democrática, que leva ao incremento da fragmentação orgânico-decisória administrativa do Estado, ao nível das entidades distintas do Estado central, seja de ordem territorial ou institucional. E estas entidades, ao gozarem da garantia autonômica constitucional, passam a atuar como mecanismos de independência administrativa[253] na busca por uma maior eficiência dos processos de gestão dos assuntos de interesse local.

3.2.2 Administração participativa

O princípio da participação[254] dos cidadãos na gestão administrativa do Estado representa um importante avanço democrático nas relações entre a Administração Pública e os particulares. Antes da abertura democrática, a Administração Pública não comportava a interferência da sociedade civil, organizada coletivamente ou de forma individual, em assuntos e processos decisórios, mesmo que estes afetassem diretamente um determinado cidadão ou uma determinada comunidade. A esfera pública não abria, assim, espaço para uma relação de comunicação

---

[252] Neste sentido, cf. SANTAMARÍA PASTOR. *Principios...*, p. 124, 125.

[253] No sentido de que a autonomia representa a "(...) consagração de um policentrismo político e legislativo do Estado para a garantia da autonomia, através da elevação das fontes política e normativa da entidade autónoma, no que concerne às suas competências próprias, para o mesmo nível das dos órgãos centrais de poder do Estado. Assim é abolido o princípio da subordinação hierárquica dos órgãos de poder regional aos órgãos de poder central do Estado, típica dos sistemas burocráticos e centralizados" (AMARAL, Carlos Eduardo Pacheco. *Autonomia*: uma aproximação na perspectiva da filosofia social e política. Ponta Delgada: Universidade dos Açores, 1995. p. 153).

[254] No direito português, o princípio da participação subdivide-se em dois subprincípios: 1. o princípio da colaboração da Administração Pública com os particulares (artigo 7.º do Código de Procedimento Administrativo); 2. e o princípio da participação dos particulares na formação das decisões que lhe digam respeito. O primeiro apresenta quatro dimensões: a) o dever administrativo de apoio e estímulo das iniciativas dos particulares e de recepção das suas sugestões e informações; b) o dever de esclarecimento que abrange o dever de notificação e o dever de fundamentação; c) o princípio do arquivo aberto; d) o direito dos particulares à informação. Esta classificação é proposta por SOUSA; MATOS. *Direito...*, t. I, p. 147-151. Neste item analisa-se o segundo subprincípio, como mecanismo de democracia participativa.

com a sociedade, pois se entendia que o espaço da autoridade não podia ser questionado e que o interesse público deveria ser por ela, exclusivamente, determinado.

O processo de democratização possibilitou uma alteração deste cenário e propiciou, aos poucos, que as relações entre os particulares e a Administração Pública pudessem ser efetivadas através de um diálogo e de uma participação nos processos decisórios, especialmente, aqueles que irão dispor acerca de interesses específicos e locais. A participação, portanto, fundamenta-se na própria democratização do exercício da atividade administrativa que se encontra marcada pela sua abertura e pelo seu incentivo, tanto em defesa de interesses individuais, como de interesses coletivos. Isto porque a democracia pressupõe não só um projeto de autogoverno coletivo, como preconiza que os cidadãos não sejam, tão somente, destinatários dos processos legislativos e administrativos decisórios, mas também autores das normas gerais de conduta e das estruturas jurídico-políticas do Estado administrativo.[255] Logo, a divisão das estruturas da Administração Pública transforma-se em pressuposto da participação, pois é a através da descentralização orgânico-funcional que a participação da sociedade na gestão administrativa pode ser operada e observada.

O modelo hegemônico de democracia liberal e representativa apenas supõe uma democracia de "baixa intensidade",[256] caracterizada por uma distância cada vez maior entre representantes e representados. De forma paralela a este "tipo" de democracia, gradativamente novas formas de inclusão social de interesses marginalizados passaram a ganhar força, através de modelos de democracia participativa, em que pese o desenvolvimento de formas complexas de Administração Pública do Estado, fundadas na consolidação de uma burocracia especializada. Por outro lado, no entanto, restou claro que esta burocracia centralizada dos processos de gestão da Administração Pública não tinha e não tem condição de agregar ou lidar com o conjunto das informações necessárias para a execução de políticas complexas nas áreas social, ambiental e/ou cultural. Logo, neste foco, passou a residir o motivo de inserção nos sistemas político-administrativos do debate democrático dos "arranjos participativos".[257]

---

[255] Neste sentido, cf. BINENBOJM. A constitucionalização..., p. 763.

[256] A citação é feita por Boaventura de Sousa Santos no prefácio do livro: SANTOS, Boaventura de Sousa (Org.). *Democratizar a democracia*: os caminhos da democracia participativa. 3. ed. Rio de Janeiro: Civilização Brasileira, 2005. p. 32.

[257] Neste sentido, cf. SANTOS (Org.). *Democratizar*..., p. 39-50. Jürgen Habermas foi o autor que abriu espaço para que o procedimentalismo passasse a ser pensado como prática social.

Dessa forma, a sociedade civil insere-se no âmbito da gestão administrativa e agrega valores e informações necessárias ao atendimento dos interesses públicos envolvidos. Pois, "ouvir" os interessados e privilegiar suas aspirações políticas e administrativas traduz a própria otimização do objetivo principal da Administração Pública, qual seja, gerir a coisa pública em favor dos cidadãos e da comunidade envolvida em um determinado processo decisório. Nos últimos tempos, portanto, nunca se observou na história o atual desenvolvimento do fenômeno de participação democrática dos cidadãos nos processos político-administrativos, ao menos segundo o que se pretende através de leis e regulamentos administrativos que preveem a participação[258] de forma ativa. Assim, por exemplo, se a Administração Pública decide modificar o plano urbanístico para transformar terrenos privados em terrenos públicos através de processos de desapropriação, com a destinação de construir uma estrada pública, estará afetando os interesses particulares dos proprietários destes terrenos. Estes, por sua vez, poderão defender seus interesses, através do direito de participação nos referidos processos de desapropriação, em que poderão influenciar a própria decisão administrativa de desapropriar como a decisão de fixação dos respectivos valores de indenização justa. Outro exemplo é a previsão legal de consultas públicas como fase dos procedimentos de elaboração de atos normativos a serem editados por órgãos da Administração direta, indireta e, até mesmo, da Administração independente.[259]

Assim, ao postular um princípio de deliberação amplo, Habermas recoloca no interior da discussão democrática um procedimentalismo social e participativo e contrapõe a ideia de que o procedimentalismo é um método de autorização de governos e defende a ideia de que é um método político para se chegar a decisões políticas e administrativas, cf. HABERMAS, Jürgen. *Direito e democracia*: entre a facticidade e validade. Tradução de Flávio Beno Siebeneichler. 2. ed. Rio de Janeiro: Tempo Brasileiro, 2003. p. 184, 185. E ao citar que: "uma vez que a administração, ao implementar programas de leis abertos, não pode abster-se de lançar mão de argumentos normativos, ela tem que desenvolver-se através de formas de comunicação e procedimentos que satisfaçam às condições de legitimação do Estado de direito. No entanto, é necessário perguntar se tal "democratização" da administração — que ultrapassa o simples dever de informar e que complementou o controle parlamentar e judicial da administração a partir de dentro — implica apenas a participação decisória dos envolvidos (...). No entanto, práticas de participação na administração não devem ser tratadas apenas como sucedâneos da proteção jurídica, e sim como processos destinados à legitimação de decisões, eficazes *ex ante*, os quais, julgados de acordo com o seu conteúdo normativo, substituem atos da legislação ou da jurisdição" (HABERMAS. *Direito...*, p. 185).

[258] Neste sentido e ao apontar a diferença entre participação política e participação administrativa, sendo esta a intervenção dos cidadãos na própria gestão administrativa de assuntos concretos, assuntos administrativos que os afetem direta ou indiretamente, cf. MARTÍNEZ-CARRASCO PIGNATELLI, Concepción. *Postmodernidad y derecho público*. Madrid: Centro de Estudios Políticos y Constitucionales, 2002. p. 80, 81.

[259] As agências reguladoras do Brasil não sofrem o enquadramento jurídico-político da denominada Administração Independente como em Portugal e nos demais países da

Importa destacar que não há na dogmática jurídica um consenso acerca de um modelo classificatório dos institutos ou das formas de participação administrativa. O professor Eduardo García de Enterría, ao utilizar o critério da posição jurídica do administrado em face da Administração, aponta três tipos ou formas de atuação cidadã sobre as funções administrativas:[260] a) atuação orgânica, ordenada sobre o modelo corporativo, no qual o cidadão incorpora-se aos órgãos da Administração (*e.g.* as corporações públicas; administrações não corporativas, mas institucionais ou burocráticas); b) uma atuação funcional, na qual o cidadão exerce funções administrativas sem perder seu caráter privado e sem se incorporar a um órgão administrativo (*e.g.* consultas públicas, denúncias de diversos tipos, ações populares, petições ou propostas); c) e uma atuação cooperativa, na qual o administrado, sem cumprir funções materialmente públicas, persegue por sua atividade privada o interesse geral (*e.g.* colaboração voluntária em programas ou atividades que a Administração patrocina ou promove).

Outra classificação do princípio da participação dos particulares na gestão da Administração Pública encontra-se consagrada no artigo 267.º, n.º 1, da Constituição da República Portuguesa e, segundo o Professor Marcelo Rebelo de Sousa, apresenta-se como "mecanismo de democracia participativa típicos do Estado social, constituindo a sua consagração uma evolução apreciável do regime administrativo português, ainda marcado pela herança da administração executiva, e no

---

Europa Ocidental, pois no Brasil, as agências reguladoras são classificadas como autarquias institucionais especiais (por todos, cf. BINENBOJM. *Uma teoria...*, p. 251-261; Cf. MELLO. *Curso...*, p. 162-174), — por certo que o princípio da participação é apontado como forma de suprir o déficit democrático nos procedimentos normativos das agências, em razão da ausência de legitimação representativa democrática. No sentido de que deve ser enfatizado o papel das agências como mediadoras do debate público e tradutoras à sociedade das questões tecnicamente complexas submetidas à sua gestão, através da condução de mecanismos de participação voltados ao estabelecimento de um diálogo com a sociedade civil, tais como: as consultas públicas, as audiências públicas e os conselhos consultivos. Cf. BINENBOJM. *Uma teoria...*, p. 297, 298. A título de exemplo, pode ser citado o artigo 42 da Lei brasileira geral das telecomunicações nº 9.472 de 16.06.1997, que introduziu a consulta pública das minutas dos atos normativos a serem editados pela Agência Nacional de Telecomunicações do Brasil (ANATEL) —, gerando a necessidade de realização de um procedimento administrativo normativo disciplinado pelo regimento interno da respectiva agência (aprovado pela Resolução nº 270 de 19.07.2001). Assim, introduziu-se no Brasil o chamado *rulemaking process* do direito anglo-saxão, abrindo consultas públicas para discutir os regulamentos em preparação. Neste sentido, cf. GROTTI, Dinorá Adelaide Musetti. A participação popular e a consensualidade na Administração Pública. *In*: MOREIRA NETO, Diogo de Figueiredo (Coord.). *Uma avaliação das tendências contemporâneas do direito administrativo*. Rio de Janeiro: Renovar, 2003. p. 654.
[260]Cf. GARCÍA DE ENTERRÍA, Eduardo; FERNÁNDEZ, Tomás-Ramón. *Curso de derecho administrativo*. 5. ed. Madrid: Civitas, 1998. v. 2, p. 84-93.

qual impera uma administração muitas vezes sobranceira e fechada".²⁶¹ Assim, pode-se apontar, em um primeiro momento, que a participação, relacionada especificamente à participação em procedimentos administrativos, recebe previsão constitucional a propósito de diversos direitos econômicos, sociais e culturais, a exemplo dos artigos 56.º, n.º 2, letra b), 56.º, n.º 2, letra d) e 73.º, n.º 3, todos da Constituição da República Portuguesa; além de uma previsão legal específica do direito de petição, com fundamento no artigo 115º do Código de Procedimento Administrativo, de forma a garantir uma eventual modificação ou revogação de um regulamento, sob a influência participativa em seu procedimento.²⁶² E ainda, a participação em procedimentos administrativos, seja de elaboração de um ato administrativo normativo ou não, seja em procedimentos pré-contratuais. Esta participação ocorre através de audiências públicas ou dos próprios interessados, muitas vezes previstas no Código de Procedimento Administrativo ou em leis específicas, como formalidade essencial, imediatamente prévia ao ato decisório ou regulamentar, sob pena de invalidade ou ilegalidade.²⁶³

Já na visão do Professor Vital Moreira, "no conceito de participação administrativa devem ser distinguidas duas situações radicalmente distintas: uma é participação individual de cada administrado nos actos administrativos que lhe digam respeito (artigo. 267.º, n.º 5., da Constituição da República Portuguesa e artigo 100.º e seguintes do Código de Procedimento Administrativo); outra é a participação colectiva na definição da orientação da actividade administrativa e na própria execução desta. Esta participação colectiva opera-se normalmente por via de organizações sociais (organizações profissionais, organizações de defesa de interesses, etc.), ou por via de representantes adrede eleitos ou de outro modo designados. É esta a participação contemplada no art. 267.º, n.º 1., da Constituição da República Portuguesa".²⁶⁴ Esta participação coletiva, por sua vez, pode assumir, segundo o professor, diferentes formas, consoante a sua intensidade, dividindo-se em:²⁶⁵ a) consulta; b) concertação social em que a Administração, através de parceiros sociais, celebra acordos e protocolos; c) a coadministração, em que a gestão administrativa é dividida entre órgãos públicos e os representantes dos interesses envolvidos; d) e a transferência de

---

²⁶¹Cf. SOUSA; MATOS. *Direito...*, t. I, p. 150.
²⁶²Cf. SOUSA; MATOS. *Direito...*, t. I, p. 150-151.
²⁶³Cf. SOUSA; MATOS. *Direito...*, t. I, p. 150-151.
²⁶⁴Cf. MOREIRA. *Administração autônoma...*, p. 162.
²⁶⁵Neste sentido, cf. MOREIRA. *Administração autônoma...*, p. 162.

atribuições, mediante a incumbência de tarefas administrativas a entidades representativas dos próprios interessados (autogoverno, autogestão, autoadministração).

No Brasil, observa-se uma primeira classificação entre atuação direta, como sendo aquela realizada sem a presença de intermediários eleitos (*e.g.* o direito de ser ouvido e a consulta à opinião pública sobre a participação de interesse geral), e a atuação indireta, como sendo aquela realizada através de intermediários, eleitos ou indicados (*e.g.* participação em órgãos de consulta, em órgãos de decisão e por meio de Poder Judiciário).[266] Uma segunda classificação é proposta, sob o critério da natureza dos interesses envolvidos no procedimento administrativo, ou seja, em defesa de interesses individuais (participação *uti singulus*) e em defesa de interesses gerais da coletividade (participação *uti cives*).[267]

Atualmente, desenvolve-se a participação, através da previsão legal e regulamentar de diferentes textos normativos e impõe-se a sua observância, como mecanismo de democratização ao nível das entidades intermediárias da Administração Pública, pois só poderá haver participação se o princípio da descentralização ou da autonomia administrativa for colocado em prática. Ou seja, a Administração Pública, ao fragmentar-se em sua dimensão orgânica, funcional e territorial, possibilitará e provocará cada vez mais uma abertura às possibilidades de participação da sociedade nos procedimentos decisórios.

O modelo clássico de Administração Pública centralizada e burocrática não comporta a participação do cidadão ao nível intermédio e fragmentário dos órgãos e entidades administrativas institucionais e territoriais, especialmente, porque a descentralização no modelo clássico de gestão não envolvia, até então, o seu aspecto material de descentralização democrática compreendido no conceito, antes analisado, de autoadministração. Ora, ante a ausência do substrato jurídico-político democrático da autonomia administrativa, como poderia pretender-se uma "administração participativa", sem a contrapartida da possibilidade de gestão administrativa própria de assuntos locais ou setoriais?

O aspecto principal a ser destacado na participação crescente da sociedade nos procedimentos normativos e decisórios da Administração, como fator determinante da fragmentação administrativa do Estado,

---

[266] Esta classificação é proposta por DI PIETRO, Maria Sylvia Zanella. Participação popular na Administração Pública. *Revista Trimestral de Direito Público*, São Paulo, n. 1, p. 128-139, 1993.

[267] Esta outra classificação é mencionada por BINENBOJM. *Uma teoria...*, p. 77.

reside, portanto, na progressiva pluralização dos interesses envolvidos nos procedimentos de gestão administrativa. À medida, portanto, que o modelo administrativo do Estado fragmenta-se no âmbito de suas decisões e no seu âmbito orgânico territorial e institucional, devido à imposição de um princípio constitucional de autonomização das decisões e da sua própria estrutura, surge, a par deste processo de "pulverização" do centro administrativo, uma nova forma de representação deste modelo plural, consubstanciado na participação do cidadão local na gestão de assuntos administrativos que lhe digam respeito. Portanto, a democratização da Administração Pública revela dois processos que correm em paralelo e que se complementam: (i) a fragmentação administrativa, determinada pelo princípio de um Estado plural e descentralizado; (ii) e a fragmentação administrativa, determinada pela diversificação dos interesses envolvidos nos diversos procedimentos administrativos, influenciada pela crescente participação administrativa.

Além deste aspecto, cabe apontar que a descentralização surge como meio de participação intra-administrativa da vontade de diversas entidades públicas no processo decisório de implementação pela Administração Pública do modelo constitucional de democracia e bem-estar.[268] A relevância dos princípios constitucionais democráticos impõe à Administração Pública a colaboração com o governo e com o legislador,[269] e a Administração compreende-se através de várias entidades e órgãos fragmentados no seio de uma máquina administrativa cada vez mais complexa. Desta forma, as associações, universidades, empresas públicas, autarquias locais e demais entidades públicas e em parceria com a iniciativa privada passam a ter uma responsabilidade constitucional de atuação e participação nos procedimentos decisórios político-administrativos, de forma a fazer valer os interesses dos cidadãos que compõem respectivamente os seus órgãos. Em outras palavras, a participação das entidades que compõem a Administração Pública fragmentada do Estado representa, em última análise, uma forma de participação indireta da sociedade na gestão da administração, através dos níveis intermediários organizacionais e institucionais.

Pode-se concluir, portanto, que a participação da sociedade na gestão administrativa[270] tem por objetivo a busca pela realização

---

[268] Neste sentido, cf. OTERO. *Poder de substituição...*, v. 2, p. 676.
[269] Neste sentido, cf. OTERO. *Poder de substituição...*, v. 2, p. 614, 615.
[270] Importa destacar que a descentralização da prestação de serviços, através da qual a Administração Pública delega a um particular a gestão dos serviços públicos, por ele antes

de seus interesses individuais ou coletivos e efetiva-se, através de: (i) uma participação geral que se revela através da participação intra-administrativa de entidades associativas ou institucionais, nas quais o cidadão encontra-se inserido nos procedimentos normativos e decisórios da Administração Pública (*e.g.* artigo 56.º, n.º 2., da Constituição da República Portuguesa); (ii) e de uma participação específica, através da previsão normativa de participação do cidadão em procedimentos de formação da vontade administrativa, em que o cidadão atua diretamente através de consultas públicas ou uma participação especial em procedimentos individuais.

3.2.3 Legitimidade do poder administrativo

Além dos aspectos analisados até o momento, a legitimidade[271] do poder administrativo surge também como fator determinante da fragmentação administrativa, na medida em que a busca pelo equilíbrio das dimensões funcionais e orgânicas do princípio democrático exigem da Administração Pública uma atuação e uma organização de forma a possibilitar a realização dos mecanismos de representatividade dos agentes administrativos e da fundamentação[272] das suas decisões,

---

prestados diretamente também pode ser compreendida como forma de participação da sociedade na gestão administrativa, através de sua iniciativa privada. No sentido de que a "privatização no âmbito da execução de tarefas públicas" é uma modalidade distinta da privatização de tarefas ou privatização material de tarefas e que na "privatização no âmbito da execução de tarefas públicas" não ocorre qualquer alteração da natureza jurídica da tarefa, que continua a ser uma tarefa pública, e da titularidade da tarefa que continua a ser do Estado. Assim, há apenas a delegação da execução e da gestão das tarefas públicas, tal qual ocorre no contrato de concessão de serviços públicos, cf. GONÇALVES. *Entidades...*, p. 321. E também no sentido de que a privatização no âmbito da execução das tarefas públicas pode desdobrar-se em diferentes formas, como, por exemplo, as formas de cooperação das parcerias público-privadas, os contratos de financiamento e os próprios contratos de concessões de serviços públicos e obras públicas, cf. GONÇALVES. *Entidades...*, p. 324-419.

[271] O conceito de legitimidade possui dois significados, um genérico e outro específico. No seu significado genérico, legitimidade tem o sentido de justiça ou de racionalidade (fala-se em legitimidade de uma decisão, de uma atitude, etc.). É na ciência política que surge o termo específico, como sendo um "atributo" do Estado de buscar consenso em uma parcela da população capaz de assegurar a obediência sem a necessidade de recorrer ao uso da força. Neste sentido, cf. BOBBIO, Norberto; MATTEUCCI, Nicola; PASQUINO, Gianfranco. *Dicionário de política*. 4. ed. Brasília: Universidade de Brasília. 1992. v. 2, p. 675. O sentido aqui tratado corresponde, tanto o sentido geral racional, como o sentido político, consistente na representatividade dos órgãos inseridos no sistema da Administração Pública.

[272] O Professor Doutor Paulo Otero aponta que a legitimidade democrática dos processos decisórios da Administração Pública permitem a edificação de quatro regras nucleares: 1. a fundamentação democrática dos critérios de decisão administrativa; 2. a representatividade político-democrática do decisor administrativo; 3. a responsabilidade política do decisor e da

garantindo, respectivamente, a participação democrática da sociedade e o controle democrático de suas atividades,[273] através de uma nova ordem de vinculação jurídica de suas funções de poder.

Em primeiro lugar, pode-se afirmar que o princípio pluralista inerente ao modelo de Administração Pública inserida em um Estado de direito democrático redimensionou a legitimidade das decisões administrativas, partindo-se de uma lógica liberal e positivista de legitimidade até a leitura de uma legitimidade retirada de normas e princípios fundamentais de direito que transcendem o jurídico posto e ingressam no campo da moral e da ética.[274] Na sua dimensão racional,[275] portanto, de

---

decisão administrativa, através de controle por órgão político eleito por sufrágio universal e direto; 4. e a preferência pela maior legitimidade política do decisor administrativo e da respectiva decisão. Neste sentido, cf. OTERO. *Legalidade...*, p. 293, 294.

[273] Santamaría Pastor aponta que as bases profundas do direito administrativo são de corte inequivocamente autoritário e até que fosse atraído para a "zona de irradiação" do direito constitucional, manteve-se alheio aos valores democráticos e humanistas que permeiam o direito público contemporâneo. Neste sentido, cf. SANTAMARÍA PASTOR. *Principios...*, p. 76, 77.

[274] A noção de legitimidade dos princípios é de grande importância para a compreensão do sistema jurídico de Ronald Dworkin, que importa em uma revisão da rígida separação entre direito e moral, consubstanciada pelo positivismo jurídico. O fundamento deste autor para o direito é encontrado no seio do modelo de comunidade que denomina "comunidade de princípios", na qual os seus membros, ao atuarem como agentes morais, aceitam que são governados por princípios comuns e não por regras forjadas em um compromisso político, cf. DWORKIN, Ronald. *Taking Rights Seriously*. Cambridge: Harvard University Press, 1998. p. 206-222. Para Jürgen Habermas, a formação democrática da vontade não tira sua força legitimadora da aceitação de uma ordem principiológica comum por todos os membros da sociedade, mas sim de pressupostos fundados na argumentação no seio dos procedimentos deliberativos da formação da vontade pública. Desta forma, a sua proposta teórica é deslocar a fonte de legitimidade do direito de um idealizado substrato axiológico, compartilhado pelos membros da comunidade política para um procedimento racional de produção normativa. Neste sentido, cf. HABERMAS. *Direito...*, p. 193-247. E assim, menciona: "(...) a legitimidade pode ser obtida através da legalidade, na medida em que os processos para a produção de normas jurídicas são racionais no sentido de uma razão prático-moral procedimental. A legitimidade da legalidade resulta do entrelaçamento entre processos jurídicos e uma argumentação moral que obedece à sua própria racionalidade procedimental" (HABERMAS. *Direito...*, p. 203). E, ainda: "(...) no entanto, a moralidade, que não se contrapõe simplesmente ao direito, uma vez que se estabelece no próprio direito, é de natureza puramente procedimental; ela se despojou de todos os conteúdos normativos determinados, sublimando-se num processo de fundamentação e de aplicação de possíveis conteúdos normativos. De sorte que o direito e a moral procedimentalizada podem controlar-se *mutuamente*" (HABERMAS. *Direito...*, p. 218).

[275] Sobre o tema da "despolitização" da legitimidade na linha de críti a ao pensamento do sociólogo, Niklas Luhmann, que elabora um sentido de legitimidade, esvaziada de seu conteúdo de inspiração jusnaturalista e conferindo-lhe uma concepção de validade do direito, obrigatoriedade de certas normas ou decisões ou o valor dos princípios, cf. BONAVIDES, Paulo. *A Constituição aberta*. São Paulo: Malheiros, 2004. p. 33-51. Nesta linha, entretanto, questiona o professor Paulo Bonavides: "mas até aí se lograria, consoante o entendimento do pensador social, unicamente esta indagação: como é possível divulgar a crença no acerto ou na obrigatoriedade de uma decisão se apenas poucos decidem?" (BONAVIDES. *A Constituição...*, p. 47).

legitimidade das decisões e atos normativos administrativos, alinham-se aos direitos fundamentais e aos princípios constitucionais e do direito que se apresentam, em conjunto com a democracia, como elementos estruturantes do Estado de direito democrático. À "centralidade moral" da dignidade do homem, corresponde a "centralidade jurídica" dos direitos fundamentais, plano do sistema normativo e decisório da Administração Pública.[276] Este processo, então, conduz a uma fragmentação administrativa, fundada na gestão participativa de interesses individuais e/ou coletivos. E, desta forma, pode-se afirmar que a reciprocidade entre direitos fundamentais e democracia, impõe à Administração Pública a estruturação, organização e funcionalização de sua gestão voltada à finalidade de proteger e promover a dignidade da pessoa humana, por meio de "arranjos" democráticos de participação direta ou representativa e de controle.

O movimento de constitucionalização do direito administrativo veio pautar a atividade e a organização administrativas em um Estado de juridicidade,[277] em que a lei não mais sobrevive como única fonte vinculativa para a Administração Pública. A gestão administrativa, hoje, encontra-se vinculada a diversas fontes normativas e/ou consensuais que determinam a sua atividade e as suas estruturas.[278] Uma delas são os princípios e garantias de direitos fundamentais, firmados na "centralidade da pessoa humana viva"[279] e "razão de ser da sociedade,

---

[276] Neste sentido, cf. BINENBOJM. *Uma teoria...*, p. 50.

[277] No sentido de que a Administração não se circunscreve mais à lei formal, mas a um "bloco de legalidade sistêmica", que é apontado por Adolf Merkl como "princípio da juridicidade administrativa". Cf. MERKL, Adolf. *Teoria general del derecho administrativo*. Madrid: Revista de Derecho Privado, 1935. p. 132 *et seq*.

[278] Ao propor um modelo configurativo genérico das fontes vinculativas do direito administrativo, com a divisão entre fontes voluntárias ou não intencionais, fontes voluntárias e intencionais que, por sua vez, dividem-se em fontes heterovinculativas e autovinculativas, dentro de processos internos do Estado e fontes decorrentes de processos externos ao Estado. As fontes não voluntárias são apontadas como: (i) os princípios jurídicos fundamentais; (ii) o Direito Internacional Público geral ou comum; (iii) os princípios gerais de Direito Administrativo; (iv) o costume. Já as fontes voluntárias no processo interno do Estado são apontadas como: a) fontes heterovinculativas: (i) formação constitucional da juridicidade; (ii) formação legislativa da juridicidade; (iii) formação política da juridicidade; (iv) formação jurisprudencial da juridicidade; (v) formação doutrinal da juridicidade; b) fontes autovinculativas internas: (i) autovinculação unilateral (*e.g.* o regulamento administrativo); (ii) autovinculação bilateral (*e.g.* acordos de concertação social, contratos administrativos e contratos de direito privado envolvendo a Administração Pública). Por fim, as fontes decorrentes de processos externos são apontadas como: (i) o direito comunitário; (ii) o direito internacional convencional; (iii) o direito proveniente de organizações internacionais. Cf. OTERO. *Legalidade...*, p. 388-400.

[279] Cf. OTERO. *Legalidade...*, p. 387.

do Direito e de todas as instituições públicas".[280] A esta ordem axiológica, garantida não só pelos princípios fundamentais previstos pela Constituição, mas também pelos princípios gerais do direito administrativo explícitos ou implícitos, traduz-se a prevalência de um princípio de justiça[281] e revela-se um *sensu* comum de "consciência jurídica geral".[282]

A crise da lei e do legislador clássico, seja no âmbito estrutural (crise do sistema de representação política), seja em seu âmbito funcional (crise da lei como única forma de previsão das condutas exigíveis dos particulares e da Administração Pública, diante do aumento da complexidade das relações público-privadas no Estado moderno e do fenômeno do pluralismo político) conduziram a uma nova forma de vinculação jurídica da Administração, alicerçada em valores plurais e democráticos, em especial pautados nos princípios fundamentais previstos na lei e na Constituição e nos princípios gerais do direito administrativo. A esta nova forma de juridicidade vinculativa da Administração do Estado, passa-se a extrapolar os limites positivos da lei formal e atribui-se à atividade administrativa a possibilidade de agir e tomar as suas decisões, de forma legítima, perante o sistema jurídico, com fulcro em uma "ponderação da legalidade com outros princípios fundamentais e gerais,"[283] fundamentando-se diretamente na Constituição (inclusive em atividade *contra legem*, mas com fundamento em uma otimizada aplicação da Constituição[284]). A legitimidade, portanto, advém não só do dever de fundamentação das decisões administrativas, mas da possibilidade destas decisões pautarem-se em uma ordem jurídica principiológica para além do bloco legal positivo. Esta ordem permite a disposição de uma "capacidade deontológica"[285] de justificação, ao preconizar a ideia de que os princípios consagram valores, tais como liberdade, democracia e dignidade.

---

[280] Cf. OTERO. *Legalidade...*, p. 387.

[281] Sobre o princípio da justiça contido no artigo 266.º, n.º 2, da Constituição da República Portuguesa, cf. AMARAL, Diogo Freitas do. O princípio da justiça no artigo 266º da Constituição. *In*: STUDIA Iuridica 61: estudos em homenagem ao Professor Doutor Rogério Soares. Coimbra: Coimbra Ed., 2001. p. 685-704.

[282] Neste sentido, cf. OTERO. *Legalidade...*, p. 250-252, 411-417. Também, no sentido de uma supralegalidade de valores cuja legitimidade e obrigatoriedade não podem ser esgotadas, tão somente, na positivação constitucional. Inclusive ao citar que o direito supralegal é uma "ordem objetiva", cf. BACHOF, Otto. *Normas constitucionais inconstitucionais?*. Tradução de José Manuel M. Cardoso da Costa. Coimbra: Almedina, 1994. p. 40-48.

[283] Neste sentido, cf. BINENBOJM. *Uma teoria...*, p. 143.

[284] Sobre atividade administrativa *contra legem*, cf. OTERO. *Legalidade...*, p. 966-981.

[285] A referência é citada por CANOTILHO. *Direito constitucional...*, p. 1163.

Tem-se, assim, um fator determinante do processo fragmentário da Administração sob a ótica de seu sistema jurídico, refletida na possibilidade de diferentes decisões administrativas à luz de cada caso concreto, conforme a interpretação e aplicação dos princípios constitucionais e de direito, afastando-se, assim, da lógica genérica e unitária de aplicação legal, fundada no "tudo ou nada".[286] A ponderação dos interesses e princípios conduz a processos e decisões plurais, fragmentam a órbita da Administração Pública sob o seu aspecto jurídico e propiciam uma mudança de paradigma de uma nova legitimidade administrativa.[287]

Este novo parâmetro do jurídico que se aproxima da moral e da ética, na busca por um critério de eficiência procedimental,[288] objetivando decisões justas e legítimas, conduz a uma diversificação da atividade administrativa que se apresenta, hoje, dentro de uma realidade fracionada e plural. A legitimidade, portanto, fundada em uma nova ordem de vinculação jurídica da Administração Pública, baseada em um "bloco de juridicidade" e não mais na lei positiva, amplia as bases organizacionais e funcionais das estruturas públicas do Estado e, em última análise, evidencia a ideia de fragmentação, democratização, autonomia, autogoverno e autodeterminação.

Esta primeira análise do fator da legitimidade, neste processo de "pluralização" da Administração Pública, revela a importância desta nova ótica de se compreender a gestão administrativa, como atividade e organização voltadas a atender aos princípios fundamentais de direito, às garantias e direitos fundamentais, em especial a liberdade, a igualdade e a dignidade da pessoa humana, e, por fim, ao princípio ético,

---

[286] No sentido de que "em vez de uma lógica de 'tudo ou nada' na revelação dos valores e na interpretação dos princípios em tensão ou em antagonismo nas normas constitucionais, exige-se antes uma ponderação e concordâncias práticas, segundo o 'peso' de cada realidade e as circunstâncias concretas" (OTERO. Legalidade..., p. 251).

[287] Ao apontar a problemática consistente na busca pela Administração Pública de uma conciliação entre a legitimidade política da decisão, a qual confere uma fragmentação das estruturas administrativas em razão da democracia representativa de seus órgãos, com as exigências de qualificação técnica e eficiência, "sabendo-se que estas apontam para a centralidade decisória das estruturas tecno-burocráticas". Parece que aqui o autor aponta a tensão entre a fragmentação administrativa do Estado, em razão de sua democratização e a exigência de eficiência da gestão administrativa como força de centralidade das decisões e fator debilitante do elemento político-democrático da Administração Pública. Cf. OTERO. Legalidade..., p. 296, 297.

[288] No sentido de que a validade de um sistema jurídico-político funda-se na sua eficiência, "na medida em que satisfaça ao que dele se requer" e que dele deve-se extrair, o que dele se exige: "que seja eficiente em todo o ciclo de poder: destinação, atribuição, distribuição, exercício, contenção e detenção" (MOREIRA NETO, Diogo de Figueiredo. Legitimidade e discricionariedade. 4. ed. Rio de Janeiro: Forense, 2001. p. 08, 09).

moral, e agora jurídico-constitucional (artigo 266.º, n.º 2, da Constituição da República Portuguesa) da justiça.

Outro aspecto importante a ser destacado no âmbito da legitimidade é a referência ao princípio democrático como princípio de organização.[289] O princípio democrático não elimina as estruturas de poder, ou seja, não elimina ou exclui as estruturas administrativas e o poder administrativo a elas conferido, mas implica em uma reformulação interna de seus órgãos, baseada na concepção de que a democracia não enseja somente a possibilidade de representação política na tomada de decisões públicas, mas na participação ativa da sociedade nos processos decisórios e normativos não só como destinatários destes processos, mas também, como agentes ativos destes processos. Desta forma, o princípio democrático permite organizar o domínio administrativo, segundo um programa de autodeterminação e autogoverno, fundados na representação e na participação.

Sob este enfoque, a legitimidade interna das estruturas e dos órgãos da Administração Pública efetiva-se através de um modelo representativo e repete o mecanismo político de decisões políticas, importando-o ao seio das decisões administrativas do Estado. Este modelo, no entanto, permite a institucionalização[290] da participação democrática no curso dos procedimentos decisórios de gestão e garantem, por outro lado, que a atividade pública passe de uma Administração autoritária e unilateral, para uma Administração participativa, consensual, representativa e democrática.

A Constituição portuguesa de 1976 garante a "dialética"[291] entre a representação e participação como mecanismos de legitimação democrática interna dos órgãos e instituições administrativas. Ao instituir mecanismos de representação, não só nas entidades descentralizadas territoriais, como nas entidades associativas e institucionais, seja através de uma representatividade direta, por meio de eleições, seja uma representatividade indireta, através de uma participação procedimental através de associações ou órgãos consultivos e deliberativos. Desta forma, estatui o artigo 267.º da Constituição portuguesa: "A Administração Pública será estruturada de modo a evitar a burocratização, a

---

[289] Neste sentido, cf. CANOTILHO. *Direito constitucional...*, p. 290.

[290] No sentido da existência no Estado contemporâneo de uma democracia *"strutturata"*, ou seja, organizada e institucional, como garantia de um equilíbrio do sistema de participação e representação democrática nos processos de decisão político-administrativa, cf. AZZARITI, Gaetano. *Forme e soggetti della democrazia pluralista*. Torino: Giappichelli, 2000. p. 10.

[291] Neste sentido, cf. CANOTILHO. *Direito constitucional...*, p. 289.

aproximar os serviços das populações e a assegurar a participação dos interessados na sua gestão efectiva, designadamente por intermédio de associações públicas, organizações de moradores e outras formas de representação democrática". E, assim, repete no n.º 4 deste mesmo artigo que: "As associações públicas só podem ser constituídas para a satisfação de necessidades específicas, não podem exercer funções próprias das associações sindicais e têm organização interna baseada no respeito dos direitos dos seus membros e na formação democrática de seus membros". E, ao dispor acerca do poder local, a Constituição portuguesa aponta no seu artigo 235.º: "1. A organização democrática do Estado compreende a existência de autarquias locais; 2. As autarquias locais são pessoas colectivas territoriais dotadas de órgãos representativos, que visam a prossecução de interesses próprios das populações respectivas".

A Constituição Espanhola de 1978, por sua vez — considerada uma das grandes referências contemporâneas em matéria de reconhecimento, proteção e incentivo à participação popular —, faz referência expressa ao direito de participação nas decisões estatais em ao menos três momentos. Seu art. 9.2 estabelece, como um dos princípios constitucionais basilares, corresponder aos poderes públicos facilitar a participação de todos os cidadãos na vida política, econômica, cultural e social. Qualificando-o como um direito fundamental, estatui o art. 23.1 que os cidadãos têm o direito de participar nos assuntos públicos, diretamente ou por meio de representantes. Por seu turno, o art. 105 (a) reza que a lei regulará a audiência dos cidadãos, diretamente ou através das organizações e associações reconhecidas por lei, no procedimento de elaboração das disposições administrativas que os afetem.

Já a Constituição brasileira de 1988 estabelece no parágrafo único do art. 1º que: "todo o poder emana do povo, que o exerce por meio de representantes eleitos ou diretamente, nos termos desta Constituição". Exemplificando, cumpre registrar que, sinalizando o caminho da colaboração entre Administração e população, a Lei Maior admite no inciso X do art. 29, "a cooperação das associações representativas no planejamento municipal", concretizando-se, por exemplo, na idealização do *plano diretor* (art. 182 e seguintes). Por seu turno, o inciso VII do parágrafo único do art. 194 possibilita uma gestão democrática e descentralizada da seguridade social, "com a participação da comunidade, em especial de trabalhadores, empresários e aposentados". Gestões similares estão previstas no inciso III do art. 198 (saúde), inciso II do art. 204, (assistência social) e inciso VI do art. 206 (ensino público). E, por fim, dispõe que a conservação do patrimônio cultural brasileiro deve ser promovida com a cooperação da comunidade (§1º do art. 216), e a tutela do meio ambiente (bem de uso comum do povo) há de ser levada a efeito com a participação da comunidade (*caput* do art. 225), sendo dever do Estado a promoção da educação ambiental e da conscientização pública para o fim aludido (inciso VI do art. 225).

O atual Estado, em que pesem as previsões constitucionais que garantem a legitimidade dos processos de gestão administrativa, através de modelos representativos internos de suas estruturas, encontra-se confrontado com uma sociedade ao mesmo tempo dividida e relutante em delegar a resolução dos seus interesses e conflitos em aparelhos rígidos, legitimados pelos mecanismos partidários. Por sua vez, as organizações espontâneas resultantes do pluralismo social permitem cada vez mais uma relação direta do cidadão com a Administração e o Estado, substituindo-se as instituições que tradicionalmente celebram esta relação. O Estado encontra-se permanentemente no dever de repensar o seu papel e os seus objetivos em relação à sociedade, assim como no dever de justificar a sua presença e a sua ação. Nesta perspectiva, pode-se falar de uma função arbitral do Estado, ainda que contestada, no sentido de que, salvaguardando os direitos do cidadão e da sociedade, deve conter os conflitos, predispondo os serviços necessários à satisfação das necessidades coletivas manifestadas segundo as articulações sociais e territoriais.

É possível afirmar-se que, mesmo através de instituições e órgãos administrativos representativos e democráticos, o poder administrativo, em razão da influência do poder político e dos interesses dos partidos políticos, ainda não encontrou a sua legitimidade plena, pois as vicissitudes do sistema político permitem a "colonização"[292] de determinados grupos partidários dominantes, em detrimento dos interesses da maioria.

No entanto, em síntese, pode-se dizer que a legitimidade aparece como fator determinante da fragmentação administrativa do Estado, no âmbito, especialmente, de dois aspectos a serem destacados: (i)

---

[292] Ao apontar os riscos de uma "Administração politizada", especialmente sob o aspecto da influência dos partidos políticos nas estruturas e nos processos político-democráticos, no seio dos órgãos que compõem a Administração Pública, ao importar no fenômeno de "politização ou colonização" administrativa pelos partidos políticos, cf. OTERO. *Conceito...*, p. 277 *et seq.*, cf. também OTERO. *O poder de substituição...*, v. 2, p. 540, 541. No mesmo sentido e ao citar que este fenômeno gera "a intervenção dos partidos políticos, fazendo de quase toda a máquina administrativa uma palco da luta hegemónica do 'Estado do partido governamental', além de gerar um domínio informal das estruturas administrativas", cf. também OTERO. *Legalidade...*, p. 294, 295.

uma nova forma de vinculação das atividades e da organização da Administração Pública que passam a ter como fonte um "bloco de juridicidade" plasmado em uma ordem axiológica que tende a aproximar o direito da moral e da ética, na busca por um critério de justiça dos processos decisórios; e, desta forma, propiciam uma fragmentação e uma descentralização de decisões e atos normativos, assim como das estruturas organizacionais da gestão administrativa do Estado para que ela possa conformá-las, segundo os novos parâmetros principiológicos; (ii) e um princípio democrático organizacional que permite inserir um dos principais elementos da democracia, a representatividade, no seio interno da Administração Pública, ao prever normas constitucionais impostas às organizações, associações e instituições democráticas; desta forma, a participação representativa na gestão administrativa também contribui para uma diversificação e fragmentação das decisões e atos normativos. Logo, esta mudança de paradigma vem ao encontro de uma nova perspectiva da Administração plural e fragmentada sob a ótica da diversidade moral, ética e justa, adequando-se a gestão pública a cada situação concreta. Esta nova ordem de valores contraria, por certo, a ordem anterior liberal, centralista e unitária, em que a submissão à legalidade positivista não comportava decisões singulares, mas processos de raciocínio gerais (fundados na generalidade e abstração da norma) que, muitas vezes, revelavam-se injustos, unificadores e ensejavam decisões e atos ilegítimos por parte da Administração Pública.

3.3 A busca pela eficiência como princípio da Administração Pública

Além dos princípios democráticos que representaram uma primeira mudança de paradigma da Administração Pública, logo após a democratização dos países da Europa ocidental (e, em uma fase seguinte, dos países da América latina, tal como o Brasil), a Administração Pública, em uma segunda etapa, também por força da alteração de objetivos e princípios constitucionais, passa a erigir a eficiência como meta a ser alcançada pelo Estado no que tange à prestação de serviços públicos à população, seja através de sua própria Administração direta, seja através de sua administração descentralizada e autônoma, seja através de pessoas de direito privado que prestam serviços públicos e atuam em nome do Estado. E, para além do sentido da eficiência na prestação dos serviços, a sua concepção no Estado contemporâneo pode ser compreendida também no objetivo do Estado e de sua Administração Pública de buscar as soluções possíveis e legítimas que permitam, fundadas em uma ordem jurídica, atingir os resultados necessários à melhor satisfação do interesse público.[293]

O conceito-chave introduzido pela globalização no Estado em transformação é a "eficiência",[294] compreendida como eficiência externa e interna, que fundamentou a construção de novas bases para Administração Pública, transformando-a em uma "administração-empresa", na qual os cidadãos são alçados à categoria de clientes e usuários dos meios de produção (serviços públicos) produzidos pelo Estado, e as organizações administrativas são erigidas à categoria de órgãos fragmentados na busca por uma maior efetividade de gestão e desburocratização da máquina pública, antes "inchada", "ineficiente" e "unitária".

A eficiência, portanto, conduz a um novo modelo de ação e organização da Administração, em que os anseios de uma demanda por serviços públicos eficientes e pela eficiência dos processos decisórios e normativos, na busca pelo respeito, em especial, aos direitos e garantias fundamentais, ensejam a transposição dos paradigmas do Estado liberal e social no que tange: (i) ao modelo clássico de separação entre o público e o privado, em que a só as entidades e organizações públicas, integrantes do aparelho do Estado prestavam a grande maioria dos serviços públicos[295] e a irrelevância, hoje, da natureza pública ou privada — ou até mesmo, supranacional — da organização ou entidade que passa a prestar um determinado serviço público em nome da Administração

---

[293] Neste sentido, cf. DALLARI, Adilson Abreu. Privatização, eficiência e responsabilidade. *In*: MOREIRA NETO, Diogo de Figueiredo (Coord.). *Uma avaliação das tendências contemporâneas do direito administrativo*. Rio de Janeiro: Renovar, 2003. p. 220. No sentido de que a subordinação da Administração Pública aos princípios da justiça, da igualdade e da imparcialidade (artigo 266.º da Constituição da República Portuguesa) pressupõe uma regra implícita de eficiência no sistema jurídico constitucional português, cf. OTERO. *O poder de substituição...*, v. 2, p. 641.

[294] Neste sentido, cf. MOREIRA NETO, Diogo de Figueiredo. A globalização e o direito administrativo. *In*: MOREIRA NETO, Diogo de Figueiredo (Coord.). *Uma avaliação das tendências contemporâneas do direito administrativo*. Rio de Janeiro: Renovar, 2003. p. 549. E também ao citar que: "não mais apenas a simples eficiência econômica, entendida como o aumento da produção, com redução de insumos e aumento de lucros, mas, além disso, a eficiência sócio-econômica, que consiste em produzir bens e serviços de melhor qualidade, mais rapidamente e em maior quantidade, para atender as sociedades cada vez mais demandantes; não mais apenas a eficiência que depende somente da ação do Estado, mas acrescida a ela, da eficiência proporcionada pelo concurso de uma sociedade solidarizada pela democracia (...)" (MOREIRS NETO. *A globalização...*, p. 549).

[295] Aqui, não faço menção às concessões públicas, em especial, porque durante o apogeu do Estado social, este mecanismo de delegação da execução dos serviços públicos a uma entidade de direito privado foi pouco utilizado pelos Estados da Europa Ocidental. Somente a partir das décadas de 1960/1970 é que se pode observar um resgate desta forma de gestão administrativa. Neste sentido, cf. GONÇALVES. *A concessão...*, p. 19.

Pública; (ii) ao surgimento de uma nova ordem democrática que vem permitir uma reabilitação dos princípios e direitos fundamentais, impondo-se, por meio do sistema jurídico — especialmente do sistema constitucional —, a exigência feita à Administração Pública de "uma precisa e adequada vocação das funções cometidas a cada entidade prestadora, de modo a que se satisfaça, da melhor maneira possível, e com os menores custos, as demandas tradicionais e emergentes das sociedades de todas as latitudes, não importando tanto se quem fará, afinal, tais prestações: se será uma entidade pública, privada, local, regional, nacional, multi ou metanacional".[296]

Nesta perspectiva de uma Administração Pública "funcionalista"[297] avulta a importância e a necessidade de uma fragmentação administrativa do Estado, tanto no âmbito organizativo, como no âmbito de suas atividades de gestão e prestação de serviços públicos. E, assim, as novas formas de organização e as novas formas de divisão de tarefas públicas do Estado — seja através da partilha com entidades, autarquias territoriais, empresas, associações ou institutos públicos; seja através de parcerias com a iniciativa privada, mediante contratos, acordos ou consórcios — representam um jogo de poder, em que forças centrípetas e centrífugas atuam em graus diversos, na busca da medida adequada de concentração ou desconcentração para alcançarem o grau de eficiência exigido pelo sistema constitucional, fundado em um Estado de bem-estar.[298]

Desta forma, o Estado fragmenta-se através da divisão de sua Administração Pública na busca por uma maior efetividade e eficácia[299] de seu campo de atuação, ao possibilitar uma maior aproximação do cidadão e uma simplificação de procedimentos. A eficiência ou o princípio da "boa administração"[300] é colocado no patamar de norma

---

[296] Cf. MOREIRA NETO. *A globalização...*, p. 549, 550.
[297] No sentido de uma perspectiva "funcionalista" do Direito Administrativo, cf. MOREIRA NETO. *A globalização...*, p. 550.
[298] Cf. MOREIRA NETO. *A globalização...*, p. 550.
[299] No sentido da distinção entre eficiência, eficácia e efetividade, cf. BATISTA JÚNIOR. *Princípio...*, p. 110, 111.
[300] No sentido de que a doutrina italiana é uma das precursoras no trato da questão do princípio da eficiência ou do *Principio di Buon Andamento*, principalmente a partir da Constituição de 1947, cf. FALZONE, Guido. *Il dovere di buona amministrazione*: parte I. Milano: Giuffrè, 1953. p. 119. E no sentido de que mesmo antes da Constituição de 1947, podia-se extrair da ordem jurídica italiana o Principio de *Buona Amministrazione* como instrumento para o desenvolvimento adequado da atividade administrativa, cf. RESTA, Raffaele. L'onere di buona amministrazione. In: *Scritti giuridici in onore di Santi Romano*. Padova: Cedam, 1940. v. 2, p. 103-128.

constitucional e princípio setorial diretamente aplicado à Administração Pública, como fruto de uma política de reformas pelas quais tem passado o aparelho administrativo do Estado e suas atividades.

3.3.1 A reforma da Administração Pública: tecnicismo, flexibilidade e consensualidade

Os últimos anos do século XX e os primeiros anos do século XXI deixaram clara a contradição existente entre o ritmo acelerado das transformações tecnológicas e de informação, propiciadas pela evolução da globalização, e o lento desenvolvimento das organizações e tarefas públicas. O papel do Estado evoluiu e as exigências dos cidadãos não cessam de mudar, mas a Administração Pública, tanto em Portugal como no Brasil, não conseguiu alterar o seu modelo centenário, fundado em uma organização hierárquica de poder, baseada em decisões centralizadas. Muito embora as recentes tentativas de reforma da Administração Pública constituam uma melhoria na prestação dos serviços públicos de forma a garantir uma maior eficiência e rapidez nos processos de decisão e gestão, o setor público do Estado ainda não experimentou com sucesso uma verdadeira transformação que pudesse atender aos anseios da população.[301]

A globalização, que propiciou a internacionalização dos objetivos e das políticas do setor público que outrora pertenciam em exclusivo ao Estado, pôs em causa o seu papel, e a Administração Pública passou a ser confrontada com uma multiplicidade complexa de exigências deste novo mundo cujas economias foram internacionalizadas. Este quadro tem provocado uma busca crescente por reformas estruturais e institucionais, encaradas como meios de recuperação da legitimidade inserta na própria autoridade decisória da Administração Pública. As reformas visam à adequação das tarefas e das formas de organização e atuação do setor público às novas exigências dos mercados de serviços públicos globalizados. Logo, hoje, o principal desafio do Estado e de suas instituições é conciliar as conquistas históricas da democracia, designadamente a própria conquista do Estado de direito, concebido atualmente como Estado de "juridicidade", (fundado em princípios como igualdade, separação de poderes, proporcionalidade, razoabilidade, segurança jurídica, responsabilidade dos titulares de

---

[301] Neste sentido, cf. CARAPETO, Carlos; FONSECA, Fátima. *Administração Pública*: modernização, qualidade e inovação. Lisboa: Sílabo, 2005. p. 13-16.

cargos políticos, dignidade da pessoa humana e controle judicial das decisões administrativas), com as novas concepções de modernização da Administração Pública concebidas a partir do chamado "modelo de mercado", voltadas, sobretudo, para os cidadãos enquanto clientes e para a economia[302] de mercado.

O crescimento da Administração Pública[303] do Estado social, destinado a garantir de forma direta o bem-estar, criou uma máquina burocrática de prestação de serviços "inchada" e ineficiente[304] que conduziu a um processo de busca por soluções no âmbito da iniciativa privada, seja através da tendência para o recurso às formas jurídico-privadas de organização e atuação da Administração Pública,[305] seja através da importação para o setor público, em especial, o setor de prestação de serviços, de técnicas e conceitos de gestão e avaliação de resultados operados pelas empresas do setor privado.[306] O Estado contemporâneo, denominado "pós-social",[307] direciona-se para um fenômeno de "desintervenção",[308] através do qual passa a prescindir da maioria das tarefas, antes típicas, e a dedicar-se a um número cada vez mais reduzido destas tarefas, que se reconduzem a atividades de gestão, de controle e de incentivo, numa clássica passagem de um Estado social para um Estado "regulador". As necessidades operacionais da sociedade moderna pluralista vieram, portanto, transformar o papel do Estado, que deixou de ser um agente intervencionista e adquiriu uma feição dinamizadora e catalisadora, ao assumir o predomínio de funções de financiamento, de promoção e regulação, sobre as tradicionais funções de produção e distribuição de bens e prestação de serviços à comunidade.[309]

Com a crise do Estado social, aliada à constatação de fenômenos de ineficiência e disfuncionalidade da Administração Pública, esta passa

---

[302]Cf. CARAPETO; FONSECA. *Administração Pública...*, p. 20.
[303]Sobre as consequências jurídicas do crescimento da Administração Pública no Estado social, cf. SILVA. *Em busca...*, p. 71-99.
[304]Cf. CARAPETO; FONSECA. *Administração Pública...*, p. 20.
[305]Cf. ESTORNINHO. *A fuga...*, p. 47, 48.
[306]Cf. CARAPETO; FONSECA. *Administração Pública...*, p. 20.
[307]Em Portugal, o termo Estado "pós-social" é utilizado por: SILVA. *Em busca...*, p. 122-135, para explicar um novo modelo de Estado que surge em virtude da crise do Estado social, em razão da ineficiência econômica da intervenção de um Estado que cresceu gigantescamente; aumento da carga tributária; do risco da menor imparcialidade do Estado e do alheamento ideológico dos cidadãos, em razão da falência dos conhecidos modelos políticos até então vigentes.
[308]Cf. ESTORNINHO. *A fuga...*, p. 48-50.
[309]Cf. CARAPETO; FONSECA. *Administração Pública...*, p. 20.

a ser continuamente posta em causa e o seu papel na vida econômica e social passa a ser discutido e repensado, o que força as organizações públicas a adquirir novos contornos e a assumir novos papéis. As transformações na estrutura do Estado no sentido de substituir cada vez mais as formas clássicas de intervenção pela regulação e a orientação, a diversificação das formas tradicionais de ação pública e, em geral, as mudanças nas formas de governação impuseram alterações estruturais nos modos de atuar da Administração, obrigando à desconstrução de muitos dos instrumentos e esquemas organizativos que sustentavam a administração estadual tradicional e conduzindo à discussão atual em torno das funções do Estado e dos meios para realizá-las.[310]

Confrontados com a evidência de uma Administração Pública grande e ineficaz, nas duas últimas décadas do século passado, todos os governos da Europa e em seguida de outros países, tal como o Brasil, independentemente da sua matriz ideológica (liberal, democrata, conservadora, socialista), lançaram programas de modernização da sua administração. O crescimento das atividades administrativas — públicas, públicas em parceria com o setor privado e até simplesmente privadas — acarretou uma sobrecarga extraordinária dos recursos financeiros e humanos, de tal modo que estes deixaram de poder ser administrados através das ferramentas tradicionais da hierarquia administrativa. As reformas foram e ainda são motivadas pelos seguintes fatores:[311] (i) o peso dos gastos sociais do modelo do Estado social e consequente aumento das despesas com os agentes dos serviços públicos; (ii) a complexidade do funcionamento da máquina administrativa; (iii) a alteração das expectativas e aumento das exigências dos cidadãos; (iv) e as novas tendências de transformação da estrutura do Estado, menos centralizada e com uma forma de governação mais flexível e transparente.

No conjunto destes fatores, agravados pelas crises econômicas da década de 70 (crises do petróleo, por exemplo), foi que a Administração Pública, nas últimas duas décadas do século XX, evoluiu consideravelmente em matéria de prestação de serviços quase que em todos os países da Europa Ocidental, Estados Unidos, assim como em alguns

---

[310] Neste sentido, cf. CANOTILHO, José Joaquim Gomes. Paradigmas de Estado e paradigmas de Administração Pública. In: MODERNA GESTÃO PÚBLICA. Ata Geral do 2º encontro INA (Instituto Nacional de Administração – Portugal). Lisboa, 2000. p. 21-34.

[311] Cf. MOZZICAFREDDO, J. Modernização da Administração Pública e Poder Político. In: MOZZICAFREDDO, J.; GOMES, J. S. (Org.). Administração e política: perspectivas de reforma da Administração Pública na Europa e nos Estados Unidos. Oeiras/Portugal: Celta, 2001. p. 57.

países da América Central e do Sul, tal como o Brasil. As reformas administrativas implementadas por estes países partem fundamentalmente de três abordagens[312] por parte dos governos: (i) a libertação do Estado da prestação de serviços públicos, antes prestados diretamente pelo aparelho direto da máquina administrativa, e a transferência para o setor privado, seja através da privatização da gestão dos serviços, seja através da transformação das organizações públicas em organismos privados, com a alienação da participação acionária do Estado, que passam, agora, a estar sujeitos ao controle público; (ii) a implantação de medidas de política de racionalização que conduziram ao aumento da produtividade da Administração Pública burocrática, (iii) e, por último, numa abordagem alicerçada na inovação, que procurou desenvolver novos métodos de gestão dos assuntos públicos.

Nos vários países, as reformas nas Administrações Públicas apresentaram, simultaneamente, uma convergência de princípios (convergência que está presente na própria linguagem utilizada na reforma — quase todos descentralizaram os serviços e as organizações, empregaram os modelos da teoria da gestão, acolheram as técnicas administrativas da iniciativa privada, empregaram princípios como o da produtividade, da eficiência, da eficácia, do controle das despesas públicas, da transparência, do aumento do controle político democrático e do aumento da participação dos cidadãos[313]) e uma variedade de soluções, diferenças que se devem, sobretudo, ao fato de a reforma ter lugar em estruturas institucionais existentes.[314]

Em Portugal, a reforma administrativa sofre o efeito cumulativo de dois fatores determinantes: a abertura para o regime democrático em 1974 e a adesão à Comunidade Econômica Europeia em 1986.[315] Durante as três últimas décadas do século XX, a Administração Pública portuguesa sofreu profundas mudanças, que começaram pela via legislativa, através da consagração de grandes princípios fundamentais em matéria administrativa organizativa e procedimental na Constituição portuguesa e no Código de Procedimento Administrativo. A Constituição concebe uma administração próxima ao cidadão e aponta no artigo 267.º que a Administração Pública será estruturada de modo

---

[312] Cf. AUGER, J. *Réforme de l'administration publique suède*. Coup D'Oeil. "online". Juin. 1998. Disponível em: <http://207.162.4.3/Observatoire/Coupdoeil/reforme-suede.htm>.

[313] Sobre o pentagrama discriminante da gestão pública: organização, funcionamento, qualidade, controle e produtividade, cf. RUIVO, Vítor Manuel. A reinvenção da função pública e o instituto nacional de administração. *In: A reinvenção da função pública*. Lisboa: Instituto Nacional de Administração – INA, 2002. p. 19, 20.

[314] Cf. CARAPETO; FONSECA. *Administração Pública...*, p. 24.

[315] Cf. CARAPETO; FONSECA. *Administração Pública...*, p. 29.

a evitar a burocratização, a aproximar os serviços das populações e a assegurar a participação dos interessados na sua gestão efetiva. Por sua vez, o Código de Procedimento Administrativo exige da Administração Pública um comportamento organizacional adequado e voltado para a modernização administrativa, ao enumerar um conjunto de princípios gerais da Administração Pública, dentre os quais, podem ser destacados: (i) o princípio da colaboração com os particulares; (ii) o princípio da participação; (iii) e o princípio da desburocratização e da eficiência. O relatório "Renovar a Administração",[316] da Comissão para a Qualidade e Racionalização da Administração Pública, empenhou-se em introduzir na Administração Pública os valores da competitividade e da liberdade de escolha que vão ao encontro da busca pela qualidade e pela melhoria da eficiência no setor público.[317] Além da constitucionalização dos princípios da Administração Pública, segundo a incorporação das novas concepções da reforma administrativa, também observa-se a multiplicação na legislação ordinária das referências à modernização, qualidade e inovação da Administração Pública portuguesa[318] e o lançamento de programas por parte do governo, como, por exemplo, o recente "Programa de Simplificação Administrativa e Legislativa (Simplex) 2006",[319] lançado no mês de março de 2006 pelo atual governo em Portugal.

No Brasil, a reforma da Administração Pública, iniciada em 1995, também propiciou alterações significativas na legislação, necessárias às principais mudanças institucionais. A reforma constitucional,[320] chamada de "reforma administrativa", foi aprovada praticamente na

---

[316] *Apud* ESTORNINHO. *A fuga...*, p. 12 (Introdução), nota de rodapé nº 3: "renovar a Administração – Relatório da Comissão para a Qualidade e Racionalização da Administração Pública", Publ. do Gabinete da Secretária de Estado da Modernização Administrativa, Presidência do Conselho de Ministros, Lisboa, 1994.

[317] Cf. ESTORNINHO. *A fuga...*, p. 12.

[318] Cf. CARAPETO; FONSECA. *Administração Pública...*, p. 31: 1. o Decreto-Lei nº 166-A/99, de 13 de maio, que cria o Sistema de Qualidade em Serviços Públicos (SQSP), trata-se de um diploma que não foi regulamentado; 2. o Decreto-Lei nº 135/99, de 22 de abril, que define os princípios gerais de ação a que devem obedecer os serviços e organismos da Administração Pública na sua atuação em face dos cidadãos, bem como reúne de uma forma sistematizada as normas vigentes no contexto da modernização administrativa.

[319] Consulta ao site do Portal do Governo em Portugal: <http://www.portaldocidadao.pt/PORTAL/pt/noticias/03_2006>. O programa apresenta um vasto conjunto de medidas que visam à desburocratização e à modernização dos serviços da Administração Pública, a fim de atingir a meta da melhoria na prestação dos serviços de forma a atender às necessidades atuais dos cidadãos.

[320] Cf. PEREIRA, Luiz Carlos Bresser. A reforma gerencial da Administração Pública Brasileira de 1995. *In*: *Moderna gestão pública*. Acta Geral do 2º encontro INA. Lisboa: Instituto Nacional de Administração, 2001. p. 55-71.

forma proposta pelo governo (Emenda Constitucional nº 19 de 04 de junho de 1999). A gestão pela qualidade total foi adotada e passou a ser consistentemente aplicada à Administração Pública das três esferas: federal, estadual e municipal. Houve apoio pela reforma junto à alta Administração Pública, que revelou uma clara mudança de uma cultura burocrática para uma cultura gerencial. A reforma objetivou três planos: o institucional, o cultural e o da gestão. Naturalmente, em especial neste último plano, a reforma está apenas começando, pois a sua implantação no Brasil, país fortemente descentralizado politicamente e de dimensões continentais, demorará mais alguns anos, porém as bases de uma reforma administrativa sólida já foram lançadas.[321]

No direito comunitário, as novas tendências de reforma da Administração Pública, em especial no setor de prestação dos serviços de interesse econômico geral, caminham juntamente com as reformas introduzidas no seio interno de cada Estado-membro e refletem a vinculação das decisões comunitárias de modernização da gestão pública, como mecanismo efetivo de implantação dos novos conceitos ao setor público. Um exemplo claro, em Portugal, é a imposição da transposição na legislação interna das Diretivas Comunitárias nºs 2004/17/CE e 2004/18/CE, revogando os diplomas legais atualmente vigentes sobre os contratos públicos.[322] Estas duas diretivas propõem a unificação e a simplificação dos regimes jurídicos aplicáveis aos contratos públicos, ao consagrarem regras e procedimentos que buscam a melhoria na prestação dos serviços públicos, mediante contratos públicos, em especial aquelas que dizem respeito aos procedimentos pré-contratuais, v.g. o procedimento do diálogo concorrencial. A abertura para a exploração e execução privada dos serviços públicos, antes monopolizados pelo Estado, pressupõe uma nova proposta do direito comunitário administrativo quanto à busca pela eficiência enquanto solução para um Estado social ineficiente e burocratizado. A concorrência passa, então, a ocupar a pauta da regulamentação dos serviços públicos administrativos, baseados na racionalidade das escolhas, imparcialidade e simplificação dos procedimentos, de forma a atender as exigências de um mercado globalizado e dinâmico.

---

[321] Cf. PEREIRA. *A reforma gerencial...*, p. 55-71.
[322] O Código dos Contratos Públicos foi aprovado em 20 de setembro de 2007, por meio do decreto-lei do Governo de Portugal, reunido em Conselho de Ministros que aprovou a transposição das Diretivas 2004/17/CE e 2004/18/CE. Informação obtida no site do Portal do Governo de Portugal: <http://www.portugal.gov.pt/Portal/PT>. Diplomas antes vigentes em Portugal sobre contratos públicos: Decreto-Lei nº 59/99, de 02 de março; Decreto-Lei nº 197/99, de 08 de junho; e o Decreto-Lei nº 223/2001, de 09 de agosto.

3.3.2 A "constitucionalização" da eficiência

A constitucionalização e a consequente transformação jurídica do princípio da eficiência no âmbito da Administração Pública surgem como instrumentos da reforma administrativa, baseada nas novas concepções de modernização, melhoria da prestação dos serviços e "enxugamento" da máquina administrativa (mudança dos métodos de gestão das tarefas públicas e alteração das estruturas organizacionais do setor público). A reforma, portanto, passa a utilizar-se da concretização jurídica do princípio da eficiência e de outros princípios conexos com a mudança de perspectiva, a fim de iniciar o processo de modernização da gestão pública. Portanto, é neste cenário de novos ventos e novas exigências que as reformas administrativas conduzem a um processo de "legalização" e "constitucionalização" dos conceitos necessários à implantação dos programas de alteração dos paradigmas do Estado.

A passagem do princípio da eficiência ao mundo jurídico surge, portanto, em um momento de mudança de perspectiva da Administração Pública. Surge em um determinado momento de crise do Estado social intervencionista que já não mais consegue dar conta de todas as tarefas assumidas e apresenta-se como Estado burocrático, com uma Administração Pública "inchada" e ineficiente para os parâmetros da iniciativa privada. Surge em um momento de transformações da sociedade, agora globalizada, que não mais admite um serviço público lento e burocrático. A reforma da Administração Pública aparece como assunto de destaque. A desburocratização que ainda se encontra em pauta, através de projetos políticos de implantação, tende a ser um desafio para cada governante que assume o cargo de chefe de governo, na qualidade, portanto, de chefe do órgão superior da Administração.

Surge em um momento de Estado pós-social ou de crise do Estado social, cujas políticas de "desintervenção" passam a pautar a estrutura organizacional da Administração Pública que opta em adotar ou resgatar a ideia do Estado mínimo. Esta opção produz a transferência de atividades e serviços antes desenvolvidos e prestados diretamente pelo Estado para outras entidades, em sua grande maioria de direito privado (entidades privadas), seja através da própria descentralização dos serviços (resgate da técnica concessória e privatizações), seja através da participação acionária do Estado em empresas de natureza privada, seja também através da privatização de institutos públicos (transformação de institutos públicos em institutos privados pelo Estado).[323]

---

[323] Sobre as transformações do Estado social para o Estado pós-social, com a utilização pela Administração Pública de modelos de privatização das tarefas e serviços públicos, cf. GONÇALVES. Entidades..., p. 13-46.

Surge dentro de uma concepção de que o público é ineficiente e o setor privado passa a exprimir a ideia de eficiência, de excelência e qualidade dos serviços e produtividade de bens. É o culto ao privado que provoca a incorporação de entidades de natureza privada no seio organizativo da Administração Pública[324] e faz com que conceitos de gestão provenientes e aplicados à iniciativa privada sejam transportados para a atividade pública, através do fenômeno da equiparação da Administração Pública a uma empresa, segundo a teoria do *new public management*,[325] transformando o usuário/cidadão em cliente.

A eficiência como princípio norteador da Administração Pública, na verdade, é fruto desta nova releitura de sua estrutura e do próprio modelo de Estado, que passa de Estado social, prestador direto dos serviços e intervencionista, para o resgate de um modelo "neoliberal", que retrata políticas de "desintervenção", de parcerias com o setor privado, com descentralização dos serviços, antes prestados diretamente pelo Estado, e, em última análise, pelo próprio fenômeno de retração do Estado que passa a assumir um papel de Estado regulador e gerencial (Estado de controle): "menos Estado — melhor Estado".[326]

A compreensão da eficiência[327] como conceito econômico de gestão ou condutor das políticas intrínsecas à ciência da Administração e

---

[324] Cf. ESTORNINHO. *A fuga...*, p. 48-78.
[325] Sobre a Administração Pública Managerial e no sentido de que "(...) o conceito do '*new public management*' aparecido em meados da década oitenta não significa o aparecimento de ideias novas, mas apenas que se procura substituir a gestão pública tradicional por processos e técnicas de gestão empresarial: (...)
O que se pretende com a "administração empresarial" é substituir a gestão pública tradicional pela gestão de empresas privadas já que se assume que tudo o que é público é ineficiente. (...)" (ROCHA, J. A. Oliveira. Administração Pública managerial. In: *Gestão Pública e modernização administrativa*. Lisboa: Instituto Nacional de Administração – INA. p. 51-69).
[326] Cf. GONÇALVES. *Entidades...*, p. 45.
[327] O princípio da eficiência não possui raízes jurídicas. O conceito de eficiência e o estudo do que significa eficiência provém do estudo das ciências econômicas. Neste campo é estudado em associação a outro conceito de igual importância, o conceito de eficácia. A eficiência está associada a ideia de produção de um resultado, ou seja, encontra-se ligada à análise do processo, ou melhor, do procedimento, para obtenção do resultado. Já a eficácia está associada apenas ao resultado final, à qualidade do próprio bem ou serviço prestado. Os dois conceitos estão abrangidos pelo conceito lato de eficiência, tal qual estudado pelas ciências econômicas e transportados ao mundo jurídico. Mas podem não se encontrar associados. Desta forma, uma ação pode ser eficiente sem ser eficaz. Eficiência e eficácia, no entanto, constituem paradigmas de uma boa gestão, de uma boa administração de um determinado negócio empreendedor, de uma certa empresa no âmbito da iniciativa privada e do setor de prestação de serviços, o setor terciário de produção de bens e serviços. A busca pela otimização da produção de bens e prestação de serviços sempre constituiu o desiderato da iniciativa privada, fundada em conceitos técnicos de engenharia de produção e gestão de bens e pessoas. Sobre a diferença entre eficiência e eficácia, cf. BATISTA JÚNIOR. *Princípio...*, p. 110, 111, cf. também MONCADA, Luís S. Cabral de. Direito público e eficácia. *In: Estudos de direito público*. Coimbra: Coimbra Ed., 2001. p. 169-172.

à iniciativa privada é importante, mas não constitui o objeto deste estudo. O que se procura demonstrar é o alcance do princípio da eficiência como princípio alçado à categoria de princípio jurídico. Ou seja, a própria "jurisdicionalização" do princípio, inclusive como princípio de previsão constitucional, o que revela a sua importância no Estado de direito democrático português e brasileiro. O direito recebe, então, conceitos econômicos e transforma-os, sujeitando-os às suas próprias estruturas, tornando-os jurídicos, na acepção de comandos estatais obrigatórios gerais, abstratos e exigíveis. Assim ocorre com o princípio da eficiência, que o direito transformou em cânone administrativo ao incorporá-lo ao ordenamento jurídico através da dogmática da ciência da administração.[328] Porém, tanto o sistema jurídico português, como o sistema jurídico brasileiro, submeteram o princípio da eficiência à vertente teleológica do Estado social, ao integrá-lo aos valores da justiça social e do bem-estar de todos os cidadãos.[329]

No Estado de direito democrático, a concretização dos imperativos constitucionais de bem-estar, além de exigir estruturas decisórias dotadas de legitimidade política democrática, envolve a realização e a concretização da eficiência como princípio jurídico-público.[330] Dessa forma, aquele que executa e gere as tarefas públicas, seja uma entidade de direito privado, seja de direito público, deve fazê-lo através de decisões e ações que procurem sempre as melhores soluções tendentes à realização do modelo de bem-estar,[331] tal como vincula as normas e princípios constitucionais. A eficiência, uma vez incorporada ao sistema jurídico constitucional, transforma-se, assim, em dever para a Administração Pública, em especial no que toca à realização do bem-estar e do desiderato da justiça social, através das tarefas ligadas diretamente à prestação dos serviços essenciais. Logo, não basta prestar os serviços públicos de natureza básica ao cidadão. Não basta produzir os bens necessários à sobrevivência básica e digna de cada indivíduo. Não basta garantir o seu papel de Estado interventor e regulador da economia e circulação de riqueza. Não basta, portanto, atingir o simples objetivo de atuar ativamente na persecução do incremento da qualidade de

---

[328] Neste sentido, cf. SEPE, Onorato. *L'efficienza nell'azione amministrativa*. Milano: Giuffrè, 1975. p. 42. Inclusive, ao interpretar o artigo 97.1 da Constituição da República Italiana de 1947, donde conclui que a Constituição tomou como cânone jurídico (*buon andamento*) um cânone da ciência da administração.
[329] Cf. BATISTA JÚNIOR. *Princípio*..., p. 118.
[330] Cf. SEPE. *L'Efficienza*..., p. 03 et seq.
[331] Cf. OTERO. *O poder de substituição*..., v. 2, p. 638.

vida de cada cidadão. As Constituições brasileira e portuguesa, como grande parte das constituições ocidentais, exigem mais do Estado na realização de suas tarefas de prestador de serviços públicos e produtor de bens e, em última análise, de garantidor do bem-estar. Exige que suas tarefas sejam desempenhadas de forma eficiente.

Desta forma, pode-se afirmar que a eficiência é um princípio político-jurídico que provoca para a Administração Pública um dever positivo de atuação otimizada, considerando-se os resultados da atividade exercida,[332] bem como a adequação da relação entre os meios e os fins que se pretende alcançar.[333] Sem dúvida que para a promoção do bem comum, no que toca à atuação da Administração Pública, tanto os meios como os resultados assumem crucial importância. O princípio da eficiência, assim, é um princípio "bipotencial",[334] uma vez que volta a sua ação jurídica tanto para a ação instrumental realizada, como para o resultado nela obtido. Portanto, o princípio exige tanto o aproveitamento máximo das potencialidades existentes, isto é, dos recursos escassos que a coletividade possui, como o resultado quantitativamente e qualitativamente otimizado, no que concerne ao atendimento das necessidades coletivas.

É dentro desta perspectiva que o princípio jurídico da eficiência passou a desdobrar-se em outros subprincípios: (i) o da universalidade dos resultados que procura afastar a preferência ou discriminação na prestação dos serviços públicos e que encontra-se intimamente associado ao princípio da igualdade real; (ii) o da produtividade, fundado na economia de recursos e na necessidade de uma Administração Pública racional de recursos escassos; (iii) o da economicidade, baseado na otimização de recursos financeiros e modicidade nas taxas cobradas pelos serviços públicos; (iv) o da qualidade, cujo fundamento é a otimização dos resultados sob o ponto de vista do cliente, do usuário do serviço, em clara associação com o princípio da dignidade da pessoa humana; (v) o da celeridade e da presteza que visa a evitar o mau atendimento e a demora nos processos e procedimentos administrativos; (vi) o da continuidade ou não interrupção na prestação do serviço público, porque o bem-estar deve ser buscado de forma

---

[332] Neste sentido e ao comentar o artigo 97 da Constituição da República Italiana de 1947: "(...) é infatti inconcepibile che, pur con l'esitenza di una norma costituzionale che mira a realizzare 'il buon andamento dell'admministrazione', si possa svolgere un'attività constrastante con i principi, (...)" (FALZONE. *Il dovere...*, p. 127).
[333] Neste sentido, cf. MONCADA. *Direito público...*, p. 163-165.
[334] Cf. BATISTA JÚNIOR. *Princípio...*, p. 120.

permanente e contínua; (vii) e o da desburocratização que conduz: a) ao abandono de procedimentos administrativos demasiadamente longos e lentos, que não possibilitam a obtenção de decisões céleres; b) ao afastamento de estruturas desnecessariamente complexas na organização da infraestrutura da Administração Pública; c) à descentralização e à desconcentração políticas e administrativas; d) e ao alargamento da discricionariedade administrativa e, por isso, o aumento do controle administrativo e da regulação.

Em Portugal, como se observa no artigo 267.º, n.º 1, da Constituição da República Portuguesa de 1976, ao lado das preocupações democráticas de participação e da necessidade de aproximar os serviços das populações, determina que a Administração Pública deve ser estruturada de forma a evitar a burocratização, acentuando a necessidade de qualidade da ação administrativa. No n.º 2 do mesmo artigo constitucional, a ordem jurídica portuguesa preocupa-se, em seguida, com a conexão entre os mecanismos jurídico-políticos de alcance da eficiência administrativa, designadamente as formas de descentralização e desconcentração das atividades e competências administrativas, e o princípio da unidade de ação da Administração Pública que fundamenta, especialmente, as formas de controle administrativo (tutela e superintendência) e os poderes de direção.[335]

Da mesma forma, o princípio da boa administração[336] ou princípio da eficiência encontra amparo no artigo 81.º, letra c, da Constituição portuguesa, ao estatuir a qualidade de incumbências prioritárias do Estado: "Assegurar a plena utilização das forças produtivas, designadamente zelando pela eficiência do sector público". Este artigo, embora encontre aplicação, especialmente, ao setor público empresarial e econômico do

---

[335] Cf. OTERO. Conceito..., p. 362-364.
[336] No direito português, o dever de boa administração, ou o princípio da boa administração a que se encontra vinculada a Administração Pública é fruto de disposições contidas na Constituição da República Portuguesa e no Código de Procedimento Administrativo, assim dispostas: 1. Estado de bem-estar e princípio da eficiência (artigo 9.º, letra d), da Constituição portuguesa); 2. limitação da descentralização e da desconcentração pela necessidade de eficácia da ação administrativa (artigo 267.º, n.º 2, da Constituição portuguesa); 3. a ideia da prossecução do interesse público: o poder regulamentar do governo para uma boa execução das leis (artigo 199.º, letra c, da Constituição portuguesa); 4. subordinação da Administração Pública aos princípios da justiça, igualdade e imparcialidade (artigo 266.º, n.º 2, da Constituição portuguesa) — existência de uma regra implícita de eficiência; 5. racionalização do procedimento administrativo (art. 267.º, n.º 5, da Constituição portuguesa), a consagração da boa administração e da eficiência no Código de Procedimento Administrativo (artigo 10.º); 6. e o poder de auto-organização administrativa e princípio da elasticidade organizativa para um melhor atendimento do interesse público (artigo 198.º n.º 2, da Constituição portuguesa). Neste sentido, cf. OTERO. O poder de substituição..., v. 2, p. 639-643.

Estado, por certo que também reflete diretamente, hoje, no âmbito da prestação de serviços pela Administração Pública que cada vez mais passa a utilizar-se do setor empresarial, em parceria com entidades privadas ou através da privatização da gestão ou da própria atividade.

Outro argumento é o próprio alargamento da aplicação do princípio da eficiência para toda a atividade da Administração Pública em Portugal pelo artigo 10.º do Código de Procedimento Administrativo, que prevê, dentre outros princípios gerais de aplicação ampla a toda e qualquer atuação da Administração Pública, ainda que meramente técnica ou de gestão privada, o que denomina de princípio da desburocratização e da eficiência.[337]

Em terceiro lugar, a subordinação da Administração Pública aos princípios da justiça, da igualdade e da imparcialidade, segundo o artigo 226.º, n.º 2, da Constituição da República Portuguesa pressupõe uma regra implícita de eficiência administrativa[338] no ordenamento jurídico português. Por um lado, a prossecução do interesse público, segundo critérios de justiça,[339] envolve um dever de satisfação de necessidades coletivas vitais através da "repartição ponderada dos meios disponíveis a utilizar no sentido de maximizar as vantagens".[340] Por outro lado, a sujeição da Administração aos princípios da igualdade e imparcialidade determina um conjunto de regras que contribuem para uma maior eficácia, economicidade e racionalidade decisória.[341]

---

[337] Cf. SOUSA, Marcelo Rebelo de. *Lições de direito administrativo*. 2. ed. Lisboa: Pedro Ferreira, 1995. v. 1, p. 137. A própria exposição de motivos do decreto que veiculou o Código de Procedimento Administrativo fez menção expressa ao atual artigo 267.º, n.º 5, da Constituição portuguesa (na ocasião artigo 268.º, n.º 3), frisando que o incremento constante das tarefas que à Administração Pública cabe realizar, nos mais diversos setores da vida coletiva, em especial diante da necessidade de reforçar a eficiência de sua ação e a garantia da participação popular, foi exatamente um dos fatores que trouxeram a sentida necessidade de uma disciplina geral do procedimento administrativo. A referida exposição apresenta, da mesma forma, refletindo, assim, as necessidades que a levaram a surgir no mundo jurídico, cinco objetivos fundamentais: "(...) a) disciplinar a organização e o funcionamento da Administração Pública, procurando racionalizar a atividade dos serviços, b) regular a formação da vontade da Administração, por forma que sejam tomadas decisões justas, legais, úteis e oportunas, c) assegurar a informação dos interessados e a sua participação na formação das decisões que lhes digam directamente respeito, d) salvaguardar em geral a transparência da acção administrativa e o respeito pelos direitos e interesses legítimos dos cidadãos, e) evitar a burocratização e aproximar os serviços públicos das populações". Neste sentido, cf. FONSECA, Guilherme da; CLARO, João Martins; FONTES, José. *Código de processo nos tribunais administrativos e legislação complementar*. 2. ed. Coimbra: Coimbra Ed., 2005. p. 289, 290.

[338] Cf. OTERO. *O poder de substituição*..., v. 2, p. 641.

[339] Sobre o princípio da justiça no artigo 226.º da Constituição portuguesa, cf. AMARAL. O princípio da justiça..., p. 685-722.

[340] Cf. OTERO. *O poder de substituição*..., v. 2, p. 641.

[341] OTERO. *O poder de substituição*..., v. 2, p. 641.

No Brasil, seguindo o cenário e o processo de reforma da Administração Pública, iniciado em 1995, a Emenda nº 19 à Constituição brasileira incluiu, expressamente, o princípio da eficiência no texto constitucional, na qualidade de princípio setorial da Administração Pública, expresso no artigo 37º, *caput*. É, portanto, na onda de reformas administrativas no Brasil, no final da década de 1990, que o princípio da eficiência passa a ser realidade constitucional de norma efetiva, a qual subordina todos os agentes administrativos, sejam públicos ou privados.[342]

A legislação infraconstitucional, posterior à Emenda nº 19 à Constituição brasileira, efetivou o princípio da eficiência, *v.g.* a Lei nº 9.784, de 29 de janeiro de 1999 (Lei do Processo Administrativo Federal), que no artigo 2º faz menção expressa aos princípios da legalidade, finalidade, motivação, razoabilidade, proporcionalidade, moralidade, ampla defesa, contraditório, segurança jurídica, interesse público e eficiência. Desta forma, assim como os princípios da imparcialidade, da igualdade e da justiça social conduzem à racionalização da atividade administrativa como comando constitucional em Portugal, no Brasil, os demais princípios consagrados no art. 37º [343] da Constituição brasileira, também em conexão com o princípio da eficiência,[344] contribuem para a melhoria da atividade da Administração Pública, na linha das reformas implementadas pelo governo a partir da Emenda Constitucional nº 19.

A questão que se coloca agora em causa é: como tratar a eficiência como princípio jurídico de direito público? Ou seja, devemos aplicar o conceito tal como estudado pelas ciências econômicas e aplicado à iniciativa privada ou devemos associá-lo aos demais princípios reitores e setoriais da Administração Pública?

A eficiência como princípio norteador da atividade administrativa deve ser aplicada em consonância com os demais princípios da Administração Pública e demais princípios da ordem jurídico-pública constitucional, em especial, com os princípios da supremacia do

---

[342] A exposição de motivos da Mensagem Presidencial nº 886/95, convertida em proposta de Emenda Constitucional nº 173/95, que foi aprovada como Emenda Constitucional nº 19, firmava a pretensão de se estabelecer um arcabouço constitucional que favorecesse a busca da eficiência do aparato público. Neste sentido, cf. MORAES, Alexandre de. *Direito constitucional*. 7. ed. São Paulo: Atlas, 2000. p. 298, 299.

[343] Cf. Artigo 37.º, *caput*, da Constituição da República Federativa do Brasil: "A administração pública direta e indireta de qualquer dos Poderes da União, dos Estados, do Distrito Federal e dos Municípios obedecerá aos princípios de legalidade, impessoalidade, moralidade, publicidade e eficiência (...)".

[344] Sobre a conexão dos demais princípios da Administração Pública com o princípio da eficiência, cf. BATISTA JÚNIOR. *Princípio...*, p. 343-402.

interesse público e da justiça social. A atividade administrativa possui suas peculiaridades e a eficiência deve adequar-se a elas, em especial, ao interesse público, à imparcialidade, à legalidade e à boa-fé, entre outros que pautam a atividade pública, além de ter como desideratos a implementação do bem-estar.[345]

Muito embora a lógica da eficiência tenha origem na iniciativa privada, segundo uma perspectiva utilitarista buscada nas ciências econômicas e na atividade empresarial, por certo que nem sempre revela-se adequada ao enquadramento da atividade administrativa, dominada por outras exigências, permeada por critérios axiológicos e dependente de uma série de controles políticos alheios à própria eficiência técnica. Desta forma, o critério da atividade administrativa não pode ser o critério absoluto da eficiência econômica. A eficiência, conforme já foi dito, deve funcionar no âmbito da atividade da Administração Pública em consonância com os demais princípios constitucionais (igualdade, proporcionalidade, justiça e imparcialidade). Logo, a eficiência administrativa não é uma eficiência econômica, mas foi alçada à categoria de eficiência jurídica.

Também deve ser levado em consideração que em um Estado pluralista moderno, a opinião pública é fator que interfere diretamente na tomada de decisões administrativas, além da própria conexão da Administração Pública com o poder político, designadamente, com os grupos de pressão sociais e os partidos políticos.

Logo, a Administração Pública deve procurar concretizar o interesse público de maneira eficiente. Ou seja, escolher o melhor meio, o meio mais eficiente de atingir o interesse público. O que verdadeiramente se deve buscar é a melhor satisfação do interesse público, a prossecução do bem comum, com justiça social. Como exemplo, pode-se citar que mesmo diante de uma tecnologia avançada, utilizada no seio da Administração Pública ou mesmo do fato de a qualidade dos produtos ou serviços ser reconhecida internacionalmente, o que verdadeiramente interessa é se, efetivamente, as necessidades sociais foram atingidas e de forma justa e equânime em respeito a todos os princípios jurídico-políticos constitucionais e ao sistema de concretização da dignidade da pessoa humana e da justiça social.

A eficiência, então, pode ser sintetizada como mandamento constitucional de maximização da prossecução do bem-estar comum e a Administração Pública deve atuar consoante as regras da boa administração,

---

[345]Cf. MONCADA. *Direito público...*, p. 165, 166.

porém, sem prejuízo à lei e ao direito e até de uma adequada concepção política global do interesse público.[346]

3.4 Conclusões

O princípio da Administração Pública social desencadeou um processo intenso de fragmentação administrativa do Estado, com a proliferação de entidades dotadas de personalidade jurídica própria, distinta do Estado central, seja no âmbito territorial ou institucional. A Administração Pública limitada ao aparelho direto do Estado central experimentou uma diversificação, de forma a atender às necessidades das novas tarefas assumidas pelo Estado de intervenção e regulação da economia capitalista, bem como de prestação de serviços e tarefas sociais de forma a equilibrar as insuficiências de um modelo liberal e capitalista de mercado.

Aliada às políticas socioeconômicas do Estado de bem-estar, as diferenças regionais, culturais e sociais existentes em toda a extensão territorial de um mesmo Estado, demandaram, a nível legislativo constitucional, o incremento das políticas sociais, necessárias à implantação do Estado de bem-estar, além da expansão do aparato estrutural da Administração Pública central e a descentralização das decisões políticas e da execução da atividade administrativa. Ou seja, observou-se uma tendência à gradual transferência das competências ora políticas, ora administrativas, inicialmente para entes autônomos territoriais, integrantes da organização espacial (territorial) do Estado, e, já em uma fase seguinte, para entes institucionais, dotados de personalidade jurídica própria pública ou privada. Privilegiou-se, em alguns ordenamentos, apenas a descentralização administrativa (*e.g.* poder local em Portugal) ou a simples desconcentração administrativa, ora preferiu-se a descentralização política e administrativa, ao desembocar em Estados federados ou Estados unitários regionalizados (*e.g.* Estados e Municípios no Brasil e regiões autônomas dos Açores e da Madeira em Portugal). Esta decisão de descentralizar as funções políticas e administrativas, decisão do legislador constituinte, alçou o princípio da autonomia regional também como elemento do princípio

---

[346] No sentido de que: "(...) aquilo que pode parecer ineficiente, no sentido de desaconselhável à escala microeconômica, pode não o ser à escala social global. Assim sucederá frequentemente no âmbito de serviços essenciais prestados à comunidade, tais como a electricidade, a distribuição de água, os transportes públicos colectivos, certos serviços culturais, etc." (MONCADA. *Direito público...*, p. 166).

democrático e do princípio político-organizacional do Estado. Desta forma, a descentralização político-administrativa, mais do que uma necessidade, passou a ser norma de vinculação constitucional dos poderes públicos (políticos e administrativos), com especial relevância no que diz respeito à distribuição e repartição de competências entre os entes que compõem o Estado.

A vinculação constitucional dos poderes públicos, seja no âmbito dos poderes administrativos, seja dos poderes políticos, (condução das opções políticas a serem implementadas e atividade legislativa) obteve nova perspectiva com a implementação das normas constitucionais programáticas de previsão dos direitos sociais. O aparato orgânico-institucional do novo modelo de Estado de bem-estar passou a demandar uma maior intervenção do Estado em setores antes exclusivos da autonomia privada. O Estado passou a ser compreendido como Estado produtor de bens e prestador de serviços, em especial, de serviços que garantissem um mínimo de bem-estar social, os quais, com o predomínio da política do Estado liberal, não eram possíveis à iniciativa privada prover. O incremento da intervenção do Estado nos setores sociais e econômicos contribuiu para uma consequente expansão da Administração Pública e de seu aparato burocrático de maneira a garantir a todos um mínimo de bem-estar social.

O novo modelo de Estado e de Administração Pública, fundados na ideia de uma democracia social, abandona a concepção individualista e atomística herdada do Estado liberal de direito e abre uma nova perspectiva realista e plural da sociedade e da sua organização político-administrativa. A "democracia social", de base comunitária e assente sobre a potencialização e valorização dos grupos e comunidades, passa pela "desintegração" do monopólio que os órgãos centrais do Estado detinham sobre o poder político e sobre a capacidade legislativa e administrativa e pela partilha por entre pessoas jurídicas territoriais, institucionais ou associativas em cujo contexto as pessoas e as comunidades inserem suas vidas e seus interesses. Desta forma, no quadro de uma organização político-administrativa contemporânea impõe-se uma vasta e complexa pluralidade de unidades coletivas distintas do Estado central que reclamam para si de forma simultânea a condição de detentores de poder político-administrativo no que tange à tomada de decisões no âmbito dos interesses dos cidadãos que a constituem. O Estado, portanto, sofre uma nova leitura e passa a ser compreendido como instância reguladora das atuações autônomas de cada unidade coletiva, seja ela uma coletividade territorial, institucional ou associativa, ao velar pelos interesses gerais e pelo bem-comum da sociedade como um todo.

Porém, a "Administração Pública social", fundada em valores e normas constitucionais programáticas e prospectivas no âmbito dos direitos sociais, "inchou" e passou a se mostrar ineficiente para atender de forma satisfatória a demanda pela prestação de serviços de natureza econômica e social. E assim, a Administração Pública passa a sofrer uma nova forma de fragmentação administrativa, ao inverso daquilo que ocorreu quando da origem do modelo do Estado social, quando houve uma incorporação de entidades privadas no âmbito público, por força de sua transformação em entidades públicas. Neste momento "pós-moderno" e contemporâneo, a "onda" privatizadora sofrida ao longo das últimas décadas, propiciou uma divisão ou uma dispersão da execução dos poderes e atividades público-administrativas que passaram a ser desempenhadas por pessoas de direito privado, seja por meio de delegação contratual ou por ato administrativo, seja através da transformação de entidades de direito público em entidades de direito privado. Neste processo, pode-se afirmar que o Estado passa a assumir uma nova forma moderna de Estado, um Estado regulador e garantidor da prestação e execução de tarefas públicas por outras entidades, quer públicas ou privadas, preconizando-se uma "reinvenção do Estado social".

O processo de liberalização econômica dos serviços e tarefas públicas, desempenhadas até então diretamente pelo Estado e pelo seu poder público, conduziu à dissolução do conceito clássico do Estado social-prestador, transformando-o em um Estado-regulador. Esta mudança efetiva de paradigma do Estado que passa de um Estado paternalista, para um Estado que irá agir na qualidade de agente fiscalizador e controlador das atividades por ele delegadas à sociedade civil ou à iniciativa privada, constitui fator determinante de uma intensa fragmentação administrativa do Estado sob três óticas que podem ser aqui apontadas: (i) uma fragmentação administrativa orgânico-funcional cada vez maior no seio da própria Administração Pública, com a crescente transferência de tarefas do Estado central e de sua Administração Pública central para pessoas jurídicas ou órgãos territoriais ou institucionais descentralizados; (ii) uma fragmentação das atividades econômicas e de prestação de serviços da Administração Pública do Estado, com a incorporação no seio orgânico-funcional da Administração de pessoas jurídicas/coletivas de direito privado ou pessoas de jurídicas/coletivas de direito público privatizadas, que passaram a desempenhar atividades inseridas no rol de atividades conduzidas pelo interesse público e que antes eram executadas diretamente pela

Administração Pública do próprio Estado; (iii) e, uma fragmentação do sistema jurídico, que significa um alargamento das vinculações jurídico-administrativas, através de um processo de fragmentação da clássica legalidade central devido: a) à pulverização de decisões administrativas tomadas por diversos órgãos ou pessoas jurídicas/coletivas territoriais e institucionais que passaram a gozar de legitimidade democrática e vinculativa em um Estado cada vez mais pluralista; b) e à adoção cada vez maior de meios jurídico-privados de atuação pela Administração Pública, especialmente os contratos e as suas formas de vinculações jurídicas, transformando a Administração Pública em uma Administração Pública consensual.

Além do processo de transição de uma Administração Pública social para uma Administração Pública de um Estado regulador, a democratização e a busca da eficiência no âmbito das atividades da Administração Pública também constituem fatores determinantes deste processo/fenômeno de fragmentação administrativa do Estado.

A democratização trouxe para o âmbito público do Estado, de suas estruturas e atividades de gestão administrativa, conceitos como autoadministração e administração participativa e o movimento de constitucionalização do direito administrativo possibilitou a definição de uma nova forma de legitimidade das decisões e procedimentos administrativos que passaram a fundamentar-se não só na lei positiva, mas em princípios e normas constitucionais que contêm um substrato político-democrático que passa a determinar as escolhas do gestor público, alterando-se a lógica do próprio poder. A autoadministração modificou as bases do próprio conceito de gestão pública, que passou a estar vinculada à ideia de que as decisões no âmbito da gestão administrativa deveriam ser tomadas por aqueles diretamente afetados por ela, sob o princípio de que "gerir é autoadministrar". E a participação do cidadão nos procedimentos e decisões da Administração Pública, seja direta ou indiretamente, passou a conferir à sociedade e à vontade popular um papel de protagonistas na gestão pública, em clara oposição a um modelo clássico autoritário. E, desta forma, a fim de garantir a participação, a Administração Pública, fragmenta-se, não só no âmbito de suas decisões, mas no âmbito de suas atividades e estruturas a fim possibilitar uma maior aproximação entre o gestor e a população. As decisões passam a ser mais específicas e setoriais a fim de atender a um critério de maior justiça e as atividades e as estruturas orgânicas passam por um processo de descentralização de forma a estarem mais perto do cidadão e de seus interesses.

A eficiência, por sua vez, impulsionada pela reforma da Administração Pública, ou melhor, pelos discursos e tentativas políticas de reforma, ao ser alçada ao patamar de princípio jurídico e após, à categoria de princípio constitucional da gestão público-administrativa, contribuiu e ainda tem contribuído para um compartilhamento crescente da execução de tarefas públicas com a iniciativa privada e a sociedade civil e com outras entidades de direito público, propiciando uma perspectiva de multiplicidade e pluralidade de agentes públicos e decisões públicas no âmbito da Administração. A divisão de responsabilidades entre diversas entidades, sejam elas públicas ou privadas, possibilitou ao Estado desfazer-se de tarefas por ele inicialmente desempenhadas de forma insuficiente e ineficiente. A noção de corresponsabilidade em prol de uma gestão eficaz e eficiente, de forma a atender não só aos requisitos econômicos do conceito de eficiência, mas aos princípios de um ainda Estado de bem-estar, impôs uma nova forma de gestão pública, fundada no pluralismo e na descentralização. Dividir tarefas passou a ser prioritário para o Estado contemporâneo e sua Administração, pois sem esta fragmentação, a eficiência jamais poderia atender aos princípios da universalidade, solidariedade, continuidade dos serviços públicos, igualdade e dignidade da pessoa humana.

CAPÍTULO 4

As Principais Limitações Jurídico-Políticas da Fragmentação Administrativa

Sumário: 4.1 O princípio da unidade político-administrativa – **4.2** As normas constitucionais e as vinculações jurídico-públicas – **4.3** As normas gerais do Estado central – **4.4** As formas de controle do Estado central – **4.5** A delimitação de competências político-administrativas – **4.6** A opção política pelo "tamanho" da Administração Pública do Estado – **4.6.1** A escolha das tarefas administrativas – **4.6.2** O grau de intervenção da Administração Pública – **4.6.3** A forma de Estado – **4.7** O princípio da igualdade: objetivo da Administração Pública do Estado de bem-estar – **4.8** Conclusões

4.1 O princípio da unidade político-administrativa

O princípio da unidade do poder do Estado,[347] fundado na concepção de uma soberania unitária no plano interno, constitui princípio estruturante e fundamental do Estado português, sob a organização político-territorial de um Estado unitário (artigo 6.º, n.º 1, da Constituição da República Portuguesa) e do Estado brasileiro, sob a ótica de um Estado federado, formado pela "união indissolúvel" dos Estados, Municípios e do Distrito Federal (artigo 1º da Constituição da República Federativa do Brasil). A unidade do poder, concepção clássica herdada do antigo regime e mantida pelo Estado liberal, possui implicações diretas no âmbito da descentralização político-administrativa do Estado, seja em Portugal, como no Brasil, porque ambas as constituições instituem

---

[347] Sobre o princípio da unidade no âmbito da Administração Pública e o movimento contraditório do pluralismo organizativo, cf. OTERO. *O poder de substituição...*, v. 2, p. 742-753.

mecanismos de equilíbrio entre as forças centrípetas e descentralizadoras, de forma a garantir a unidade dos órgãos de soberania centrais em todo o território nacional[348] e ao mesmo tempo garantir o princípio da autonomia político-administrativa.

O princípio da unidade da ação política e administrativa tem como objetivo evitar a perda da coesão do Estado e a sua pulverização e para além disso visa a dar uniformidade às ações do Estado em todo o território, como garantia ao princípio constitucional da igualdade, e permite dar sentido à responsabilidade política do governo em Portugal, enquanto órgão superior da Administração Pública (artigo 182.º da Constituição da República Portuguesa), perante a Assembleia da República (artigo 194.º, n.º 1, da Constituição da República Portuguesa). O fundamento da unidade tenta corrigir as desvantagens da descentralização em seu sentido lato,[349] tais como as desigualdades em matéria de implantação de políticas de bem-estar, as dificuldades de controle administrativo e político dos órgãos e pessoas coletivas fragmentadas, as dificuldades quanto à responsabilidade política[350] e à prestação de contas por parte das administrações infraestaduais, as dificuldades de delimitação e sistematização das formas orgânicas que passam a compor a Administração Pública e, por fim, a problemática da demasiada autonomia vir a possibilitar problemas relacionados com movimentos políticos separatistas e de independência, em Estados com grandes diferenças culturais e sociais entre as suas diferentes regiões, tal como ocorre em Espanha.

O princípio da unidade não é um "contraprincípio",[351] porém é introduzido como norma constitucional de princípio estruturante no Estado português e brasileiro, com o objetivo de se buscar um equilíbrio através da ponderação com os princípios da descentralização político-administrativa do regime autonômico insular (ilhas dos Açores e da Madeira), bem como do regime das autarquias locais, em matéria de

---

[348] Neste sentido, cf. CANOTILHO. *Direito constitucional...*, p. 359.
[349] Neste sentido, cf. SOUSA; MATOS. *Direito...*, t. I, p. 145, 146.
[350] Sobre a responsabilidade política da Administração Autônoma em Portugal e as dificuldades de controle político, cf. MOREIRA. *Administração autônoma...*, p. 235-242. Em Portugal, com relação à esfera administrativa, o Estado central possui a tutela administrativa como forma de controle da legalidade, não possuindo ingerência sobre o mérito (oportunidade e conveniência) das decisões administrativas. Quanto à esfera política, a responsabilidade e o controle desenvolvem-se perante os próprios interessados, que escolhem os dirigentes em sistema de autogoverno e representação política, não havendo, assim, o controlo político parlamentar do Estado central no que respeita às decisões políticas das entidades locais.
[351] Ao citar a expressão e o seu sentido, cf. SOUSA; MATOS. *Direito...*, t. I, p. 146.

descentralização administrativa, em Portugal, como no Brasil, no que diz respeito à necessária descentralização político-administrativa, caracterizadora do Estado federal. Desta forma, há que se buscar o equilíbrio, sob o fundamento da proporcionalidade, uma vez que a descentralização corresponde a uma das componentes do Estado de direito democrático, não se admitindo um excesso de unidade, sob pena de novamente transformar o Estado central em um "gigante", ao suprimir toda a autonomia político-administrativa das entidades infraestaduais.[352]

A própria Constituição institui limites à fragmentação político-administrativa, na tentativa de garantir de um lado a descentralização dos poderes políticos e administrativos e, de outro, a unidade necessária à execução das políticas de coesão, de eficácia e igualdade em todo o território. O princípio da unidade constitui a mais importante limitação à fragmentação administrativa do Estado, pois a fragmentação ou descentralização político-administrativa coexistem com o próprio fenômeno centralizador, seja por uma questão de legitimidade política das decisões (maior aceitação da sociedade de uma decisão política tomada por um órgão central e nacional), seja por uma questão de dificuldade de infraestrutura das administrações locais territoriais, no âmbito da Administração Pública fragmentada. A tendência centralizadora surge como o primeiro limite à fragmentação, com fundamento no princípio da unidade político-administrativa e como força de direção e de coesão política e organizacional do Estado. Isto é, a descentralização extrema encontra limites na unidade como força centralizadora de forma a impedir a pulverização do Estado e a sua própria extinção. Embora sejam, a princípio, conceitos antagônicos, coexistem no seio do Estado contemporâneo, em virtude da grande variedade de funções desempenhadas pelo poder público no âmbito das atividades administrativas, em especial no âmbito das atividades prestacionais, e da discussão acerca da legitimidade democrática das decisões políticas no contexto regional e local.[353]

Nos sistemas de governo de matriz parlamentar, o modelo orgânico-funcional da Administração Pública aparece concentrado no governo como órgão do Poder Executivo e como órgão superior da

---

[352] Neste sentido, cf. SOUSA; MATOS. Direito..., t. I, p. 145, 146.
[353] Cf. ROVERSI-MONACO, Fabio. Descentralização e centralização. In: BOBBIO, Norberto; PASQUINO, Gianfranco (Org.). Dicionário de política. 6. ed. Brasília: Ed. UnB, 1983. v. 1, p. 329-330.

Administração Pública (*e.g.* art. 182.º da Constituição da República Portuguesa). E, enquanto órgão superior, permite a unificação intra-administrativa sobre todas as estruturas e atividades, em razão da configuração do mecanismo de responsabilidade política junto ao parlamento pelas atividades e decisões administrativas. Este mecanismo de responsabilização do governo, na qualidade de órgão superior da Administração Pública, confere aos poderes de direção, superintendência e tutelar do governo (art. 199.º, letra d), da Constituição da República Portuguesa) legitimação político-democrática e permite o controle da unidade da gestão político-administrativa das decisões do Estado sobre toda a estrutura da Administração Pública.[354]

Já nos sistemas de governo presidencialistas, muito embora não se encontre presente o mecanismo da responsabilidade política do governo perante o órgão do legislativo, a unidade da Administração Pública é garantida pela chefia central e direção unitária do órgão de topo do Poder Executivo, que surge como reforço dos poderes de intervenção intra-administrativa.[355] Nos regimes presidenciais democráticos, como no caso do Brasil, a Constituição garante espaços para autonomias institucionais, autárquicas e regionais, em que os poderes de intervenção resumem-se, apenas, ao controle de legalidade, com o objetivo de expressar um mínimo de controle da própria unidade da Administração Pública, sob pena da perda de um equilíbrio mínimo entre descentralização e concentração administrativas. E a sua legitimação democrática, é suprida por meio dos mecanismos de eleição direta do Presidente da República, por meio das formas de participação do cidadão nos procedimentos e processos normativos da Administração Pública e por meio de alguns mecanismos de controle dos

---

[354]Neste sentido, cf. OTERO. *Legalidade...*, p. 315, 316. Inclusive ao apontar que: "o Direito Administrativo surgiu e desenvolveu-se dentro de uma lógica de unidade da Administração que faz do Governo ou do titular supremo do Poder Executivo o responsável por toda a Administração Pública (...)". E também que: "(...) é nesta ligação estreita entre unidade da Administração Pública assegurada pelo órgão de topo do executivo e a sua responsabilidade política perante o parlamento que o Direito Administrativo se foi configurando ao longo dos últimos duzentos anos, transformando-se a unidade administrativa em instrumento do princípio democrático e em factor de legitimação da Administração Pública".

[355]A título de exemplo, aponta-se o artigo 84 da Constituição da República Federativa do Brasil, que dispõe sobre a competência privativa do Presidente da República para: "II – exercer, com o auxílio dos Ministros de Estado, a direção superior da Administração federal; VI – dispor sobre a organização e o funcionamento da administração federal, na forma da lei". Importa destacar que o Brasil é uma república federativa e que, em cada uma das unidades da federação (Estados e Municípios), vigora o regime de governo presidencialista, em simetria com o governo federal e que possui regulamentação nas respectivas constituições de cada Estado e nas respectivas leis orgânicas de cada Município.

Poderes do Estado, ou seja, do Legislativo[356] e do Judiciário,[357] sobre as decisões administrativas do Poder Executivo.

Importa destacar que o processo de transformação de uma Administração Pública organizada em termos liberais clássicos para uma Administração Pública organizada em termos pluralistas[358] — enquanto resultado de uma fragmentação orgânico-funcional, determinada pela democratização da Administração Pública do Estado e pela busca da eficiência de suas atividades, processos e decisões — não desnaturou ou esvaziou a densidade jurídica e a importância do princípio da unidade

---

[356] No sistema constitucional brasileiro, cabe ao Congresso Nacional (órgão superior bicameral do Poder Legislativo da União Federal), a fiscalização contábil, financeira, orçamentária, operacional e patrimonial da União e das entidades da Administração direta e indireta, quanto à legalidade, legitimidade, economicidade, aplicação das subvenções e renúncia de receitas (artigo 70 da Constituição da República Federativa do Brasil). Além disso, cabe ao legislativo, no Brasil, a aprovação do orçamento elaborado pelo Executivo, mediante lei específica, na forma dos artigos 163 a 169 da Constituição da República Federativa do Brasil. Ao citar que o governo e sua Administração Pública não estão, de modo algum, livres de intervenções do Poder Legislativo e ao mencionar como exemplo, que nos Estados Unidos também o orçamento do governo e de sua Administração é submetido à aprovação legislativa pelo parlamento, cf. ZIPPELIUS, Reinhold. *Teoria geral do Estado*. Tradução de Karin Praefke-Aires Coutinho. 3. ed. Lisboa: Fundação Calouste Gulbenkian, 1997. p. 416.

[357] O controle pelo Poder Judiciário das políticas públicas, entendidas como a coordenação dos meios à disposição do Estado, ou seja, de suas estruturas administrativas públicas ou privadas e de suas atividades (atuação normativa, reguladora e de fomento), voltados para a realização dos objetivos socialmente relevantes e politicamente determinados, é, hoje, tema bastante discutido. A análise deste tema é complexa e compreende, para fins dogmáticos, o controle da eficiência, as formas de controle (individual, coletivo e abstrato), o controle da fixação de metas (a finalidade) e o atingimento destas metas, bem como os objetos possíveis de serem controlados. Sobre este tema, cf. BARCELLOS, Ana Paula de. Constitucionalização das políticas públicas em matéria de direitos fundamentais: o controle político-social e o controle jurídico no espaço democrático. *Revista de Direito do Estado*, Rio de Janeiro, n. 3, p. 17-54, jul./set. 2006.

[358] Segundo o Dicionário de Política In: BOBBIO; MATTEUCI; PASQUINO. *Dicionário...*, p. 928-933: "na linguagem política chama-se 'pluralismo', a concepção que propõe como modelo a sociedade composta de vários grupos ou centros de poder, mesmo que em conflitos entre si, aos quais é atribuída a função de limitar, controlar e contrastar, até o ponto de o eliminar, o centro de poder dominante, historicamente identificado com o Estado. Como tal, o pluralismo é uma das correntes do pensamento político que sempre se opuseram e continuam a opor-se à tendência de concentração e unificação do poder, própria da formação do Estado moderno". E no sentido de que pluralismo e unidade são realidades distintas, pois o primeiro tem como objetivo a "operatividade da Administração em sentido orgânico-subjetivo", gerando a sensação de existência de "várias administrações"; e a segunda tem como escopo principal o próprio "conteúdo da atividade desenvolvida pela Administração, enquanto função material do estado". E ao apontar que: "(...) a unidade encontra a sua justificação no pluralismo e o pluralismo tem a sua garantia na unidade" (OTERO. *O poder de substituição...*, v. 2, p. 749). No sentido da distinção básica de cinco destacáveis concepções pluralistas: a conservadora, a liberal, a socialista, a social-cristã e a liberal-democrática, cf. BOBBIO; MATTEUCI; PASQUINO. *Dicionário...*, p. 929-933. Cf. também ZIMMERMANN, Augusto. *Teoria geral do federalismo democrático*. Rio de Janeiro: Lumen Juris, 2005. p. 172, 173.

administrativa do Estado. Pois mesmo diante de um modelo pluralista que permite a diversificação das estruturas institucionais, associativas e territoriais e da multiplicação de tarefas impostas pela concepção de Estado de bem-estar, o Estado ainda goza de uma centralidade unitária de direção político-administrativa, fundada na previsão e legitimação democrática de seus poderes de intervenção administrativa.[359]

A reciprocidade entre unidade e fragmentação administrativa, fundada nos valores e tendências do pluralismo no seio da Administração Pública, conduz, portanto, a três conclusões: (i) o princípio da unidade, fundado na política da soberania do Estado, atua como limite político-administrativo da fragmentação administrativa,[360] ou seja, da diversificação decisória e orgânica da Administração Pública, na medida em que impõe uma linha centralista na condução da gestão administrativa, que prevalece por força do mecanismo de responsabilidade política do governo, como órgão superior da Administração Pública nos sistemas parlamentaristas e/ou parlamentar-presidencialistas[361] e por força da chefia hierárquica do governo nos sistemas presidencialistas;[362] (ii) o equilíbrio entre unidade e fragmentação revela-se necessário e, por força de imposição do sistema jurídico constitucional, aparece segundo uma lógica de proporcionalidade que garante o "pluralismo (a fragmentação) inserido no âmbito da unidade político-administrativa do Estado"; desta

---

[359] Neste sentido, cf. OTERO. *Legalidade*..., p. 317, cf. também OTERO. *O poder de substituição*..., v. 2, p. 745. Porém, não se pode afirmar, portanto, diante da manutenção dos princípios da unidade político-administrativa do Estado, que se verifica uma Administração Pública totalmente pluralista, mas que a Administração Pública, hoje, possui tendências pluralistas, na medida em que mesmo sofrendo as imposições desta unidade, fragmenta-se, diversificando os centros de poder em evidente equilíbrio com o poder administrativo central. Neste sentido, inclusive ao apontar que: "o Estado pluralista é simplesmente um Estado onde não existe uma fonte única de autoridade que seja competente em tudo e absolutamente abrangente, isto é, a soberania, onde não existe um sistema unificado de direito, nem um órgão central de administração, nem uma vontade política geral. Pelo contrário, existe ali a multiplicidade na essência e nas manifestações; é um Estado divisível e dividido em partes" (BOBBIO; MATTEUCI; PASQUINO. *Dicionário*..., p. 928).

[360] No sentido de que, do ponto de vista da formação vertical de poder, os grupos pluralistas operam a delimitação da ação estatal, pois quando se unem, formando as respectivas pluralidades, eles oferecem maior resistência aos governantes, formando-se uma autêntica barreira contra o Estado central, cf. LOEWENSTEIN, Karl. *Teoría de la constitución*. Tradução de Alfredo Gallego. São Paulo: Abril Cultural, 1973. p. 423.

[361] Sobre os elementos caracterizadores do regime misto parlamentar-presidencial em Portugal, cf. CANOTILHO. *Direito constitucional*..., p. 598-613.

[362] Nos regimes presidencialistas, corre-se o risco, por força da ausência da responsabilidade política, de se incorrer em uma gestão administrativa autoritária ou semelhante a regimes autoritários ou totalitários. Daí a importância da previsão constitucional de mecanismos de participação popular efetivos e de imposição organizacional democrática das estruturas da Administração Pública, por força de uma legitimação representativa.

forma, a concessão de mais ou menos poderes político-administrativos, ou tão somente administrativos, seja por norma da própria da Constituição, ou seja por lei, deverá obedecer a uma proporção, através da qual a entidade administrativa superior não poderá esvaziar a autonomia da entidade intermediária e inferior na estrutura administrativa e, nem esta última, poderá gozar de poderes que lhe permita uma autonomia sem controle, sob pena de na primeira hipótese, haver um resgate de um modelo centralista e unitário já ultrapassado pela nova dinâmica constitucional do Estado democrático de direito; e, na segunda, de ensejar uma "pulverização" político-administrativa do próprio Estado, o que poderá desembocar em uma situação separatista, se for uma entidade territorial, ou até mesmo, a supremacia de um poder autônomo interno sobre os próprios poderes do Estado;[363] (iii) e, por fim, a legitimação e a previsão política, democrática e constitucional dos mecanismos de intervenção administrativa do governo (direção, tutela e superintendência) podem ser vistas como pressupostos do equilíbrio entre fragmentação e unidade, pois as disposições jurídicas que garantem de forma legítima o controle por parte do governo são mecanismos de garantia deste sistema de equilíbrio de duas forças antagônicas.

A Constituição e o sistema jurídico-político, portanto, na busca por este necessário equilíbrio e, ao pretender dar estabilidade entre as relações político-administrativas das estruturas e entidades público ou privadas, integrantes da Administração Pública, como forma de garantir um mínimo de unidade na condução da gestão administrativa em um Estado plural e descentralizado, preveem normas, princípios e mecanismos político-administrativos de "freios" à demasiada autonomia orgânico-decisória. Estes princípios, normas e mecanismos podem ser assim sintetizados:

1. o próprio princípio da unidade político-administrativa, analisado neste tópico;
2. a previsão constitucional do princípio da igualdade;[364] ou seja, as decisões administrativas e políticas, em especial aquelas relacionadas com a implementação das políticas de

---

[363] Neste sentido e ao acrescentar que: "(...) o princípio da soberania interna e da unidade do poder do Estado impedem que existam autoridades cujos poderes sejam independentes de intervenção do Estado e se fundem, por exemplo, num (...) direito de supremacia autónoma originária em conflito com o poder estadual" (OTERO. *O poder de substituição...*, v. 2, p. 743). No mesmo sentido e ao aprofundar a questão, cf. ZIPPELIUS. *Teoria...*, p. 77-82.

[364] Neste sentido e ao apontar que o princípio da igualdade é um fator determinante da unificação da direção das políticas de bem-estar do Estado, cf. OTERO. *O poder de substituição...*, v. 2, p. 746, cf. também OTERO. *Autonomia...*, p. 89-104.

bem-estar,[365] não podem ultrapassar um determinado limite de regulamentação e de prestação de serviços que violem um mínimo de igualdade entre os indivíduos residentes dentro do território de um mesmo Estado;
3. a existência de normas gerais, cuja competência legislativa pertence, em regra, aos órgãos de soberania do Estado central, cujas entidades infraestaduais devem respeito, ao exercer os poderes inerentes às suas autonomias normativas e administrativas. As normas gerais funcionam como diretivas ao exercício das atividades administrativas e políticas fragmentadas, ao respeito do princípio da juridicidade do Estado democrático de direito e à própria noção de sistema jurídico a ele inerente e decorrente;[366]
4. as normas constitucionais que sob a ideia de subordinação hierárquico-jurídica de toda a atividade legislativa, política e administrativa configuram uma força centrípeta, aliada ao próprio controle de constitucionalidade judicial concentrado tanto no Brasil, como em Portugal;[367] as normas constitucionais expressam a ordem pública e o princípio da ordem unitária do Estado e garantem as vinculações jurídico-públicas à Administração, em especial, aquelas relacionadas aos direitos e garantias fundamentais;
5. no âmbito interno da Administração, as formas de exercício dos poderes de controle, intervenção e orientação por parte do Estado central sobre as demais pessoas coletivas de direito público e de direito privado, integrantes da Administração Pública;[368] os poderes de controle exprimem a unidade da Administração Pública como princípio de garantia da direção na execução das políticas de bem-estar do Estado central. E também no âmbito externo, os controles dos atos da Administração Pública pelo Poder Judiciário e o controle financeiro, seja perante o órgão do legislativo, seja perante o Tribunal de Contas;

---

[365] Sobre a tendência centralizadora do Estado social, cf. BAÑO LEÓN, José María. *Las autonomías territoriales y el principio de uniformidad de las condiciones de vida*. Madrid: Instituto Nacional de Administración Pública, 1988. p. 58-68.
[366] Cf. OTERO. *O poder de substituição...*, v. 2, p. 700, 701.
[367] Cf. OTERO. *O poder de substituição...*, v. 2, p. 700, 701.
[368] Cf. OTERO. *O poder de substituição...*, v. 2, p. 692, 693.

6. o sistema de partidos de base territorial centralizado;[369] em Portugal são proibidos os partidos de índole ou âmbito regional, segundo o artigo 51.º, n.º 4, da Constituição da República Portuguesa; o monopólio dos partidos na apresentação das listas de candidatos faz com que as plataformas de governo eleitorais sejam discutidas no âmbito das necessidades nacionais e não locais; no Brasil, em razão de uma maior descentralização política, este limite já não aparece como determinante de um modelo centralizador, tendo em vista a descentralização do modelo partidário organizacional, com a existência de diretórios estaduais e municipais com poderes autônomos de escolha de candidatos e apresentação perante a Justiça Eleitoral nos períodos de eleições estaduais e municipais;
7. o poder do Estado de delimitação das competências das demais pessoas coletivas de direito público de base territorial descentralizadas, segundo a qual o Estado detém uma "onipotência"[370] no plano jurídico, resumida como uma soberania de competências;[371] disto decorre que o Estado pode alargar ou reduzir o respectivo espaço funcional e material das demais competências subordinadas; o Estado possui a prerrogativa de definir a sua própria competência; e o Estado goza de uma presunção de competência, sempre que no silêncio da norma não esteja definida a área de competência da entidade descentralizada, situação em que o Estado atua de forma residual e subsidiária;[372]
8. o princípio da subsidiariedade adquire especial relevância, segundo o seu fim teleológico que permite, a princípio, que "o poder seja exercido ora por uma dada autoridade, a mais próxima do destinatário da decisão, ora por outra autoridade que embora mais longínqua, é aquela que está apta pela natureza e amplitude da tarefa, a realizá-la mais eficaz e economicamente";[373]

---

[369]Cf. OTERO. *O poder de substituição...*, v. 2, p. 699, 700.
[370]Ao citar a expressão e o seu sentido, cf. ZIPPELIUS. *Teoria...*, p. 77.
[371]Cf. ZIPPELIUS. *Teoria...*, p. 77-80.
[372]Neste sentido, cf. OTERO. *O poder de substituição...*, v. 2, p. 743, 744.
[373]Cf. MARTINS, Margarida Salema D'Oliveira. *O princípio da subsidiariedade em perspectiva jurídico-política*. Coimbra: Coimbra Ed., 2003. p. 445. A Carta Europeia de Autonomia Local (Decreto do Presidente da República nº 58/90, de 23 de outubro, aprovada pela ratificação da Assembleia da República pela Resolução nº 28/90, de 13 de julho) institui o princípio da subsidiariedade, no seu artigo 4.º, n.º 3: "Regra geral, o exercício das responsabilidades públicas deve incumbir, de preferência, às autoridades mais próximas dos cidadãos.

9. a responsabilidade política em Portugal do governo, na qualidade de órgão superior da Administração Pública (artigo 182.º da Constituição da República Portuguesa), perante a Assembleia da República (artigo 194.º, n.º 1, da Constituição da República Portuguesa) que é refletida nos poderes de direção e intervenção intra-administrativa do Estado nas demais entidades descentralizadas;[374]

10. e, por fim, a prevalência do interesse nacional,[375] em especial quanto às matérias relacionadas à implantação e condução das políticas de bem-estar e das políticas econômicas, que funcionam através da instituição de normas gerais pelo Estado ou através da planificação[376] destas matérias com efeito vinculativo para as demais entidades político-administrativas fracionadas no âmbito do território do Estado ou no âmbito institucional.[377]

Cabe, aqui ainda, apontar a problemática que surge acerca do surgimento das agências reguladoras[378] e, na Europa ocidental[379], enquadradas

---

A atribuição de uma responsabilidade a uma outra autoridade deve ter em conta a amplitude e a natureza da tarefa e as exigências de eficácia e economia". Sobre o princípio da subsidiariedade como critério supletivo de distribuição de poderes entre o Estado e outros entes territoriais, cf. MORAIS, Carlos Blanco de. O princípio da subsidiariedade na ordem constitucional portuguesa. In: BARROS, Sérgio Resende de et al. (Coord.). *Direito constitucional*: estudos em homenagem a Manoel Gonçalves Ferreira Filho. São Paulo: Dialética, 1999. p. 41-63.

[374] Sobre as relações entre a responsabilidade política e o exercício dos poderes de controle, intervenção e direção administrativas do Estado sobre os demais centros fragmentados de decisão político-administrativos, cf. OTERO. *O poder de substituição...*, v. 2, p. 787-821.

[375] Cf. OTERO. *Autonomia...*, p. 93, 94.

[376] Os planos de desenvolvimento social e econômico assumem especial relevância em Portugal, em virtude dos princípios políticos que regem a escolha da forma de Estado unitária. Cf. artigo 90.º da Constituição da República Portuguesa.

[377] Cf. MUÑOZ MACHADO, Santiago. Las competencias en materia económica del estado y de las comunidades autónomas. In: GARCÍA DE ENTERRÍA, Eduardo (Org.). *La distribución de las competencias económicas entre el poder central y las autonomías territoriales en el derecho comparado y en la constitución española*. Madrid: Instituto de Estudios Económicos, 1980. p. 311-329.

[378] Sobre o modelo regulatório brasileiro, que adota a instituição de agências reguladoras setoriais, com a incumbência de controlar, fiscalizar e ainda normatizar a prestação de serviços públicos concedidos na esteira do processo de privatização ocorrido no final dos anos 90, cujo marco inicial coincide com a promulgação da Lei nº 8.031/1990, instituidor do Programa Nacional de Desestatização e, ao apontar que o modelo brasileiro recepcionou a teoria da regulação jurídica, que embasou o surgimento das autoridades administrativas independentes, em especial na França e na Itália e que, no Brasil, as agências reguladoras foram introduzidas no sistema administrativo com a natureza jurídica de autarquias especiais, cuja "aspiração maior, além da autonomia administrativa e financeira própria dos entes autárquicos, é a independência técnica setorial em face dos órgãos centrais da Administração Pública" (CASTRO, Carlos Roberto Siqueira. Função normativa regulatória

como Administração independente, e suas relações com o princípio da unidade político-administrativa do Estado, na qualidade de princípio estruturante do Estado de direito democrático. A questão que se coloca premente resume-se à seguinte indagação: quais são os limites político-administrativos desta forma específica de fragmentação administrativa do Estado que transpõe o modelo unitário de formação legislativa e de decisões jurisdicionais, fundado na soberania do Estado, para apresentar-se como uma alternativa de regulação externa e solução de conflitos alternativa às estruturas de poder internas, mediante a descentralização dos poderes normativos, decisórios e de controle? Em suma: como equilibrar esta nova forma de fragmentação do poder político-administrativo do Estado com o princípio impositivo da unidade estatal, sob pena de que a excessiva independência das agências extrapole sobremaneira a soberania interna?

O modelo político-administrativo dominante no Continente Europeu, desde o século XIX, apresentou-se sempre na concentração no governo, enquanto órgão superior da Administração Pública,[380] conforme já antes apontado. E esta concentração permitiu que o princípio da unidade político-administrativa fosse compreendido na qualidade de instrumento do princípio democrático em favor da legitimação do poder administrativo. Pode-se dizer que este modelo revela-se, como um modelo fundado em uma Administração Pública

---

e o novo princípio da legalidade. *In*: ARAGÃO, Alexandre Santos de (Coord.). *O poder normativo das agências reguladoras*. Rio de Janeiro: Forense, 2006. p. 62-73). Também sobre o modelo das agências reguladoras no direito brasileiro, cf. ARAGÃO, Alexandre Santos de. *Agências reguladoras e a evolução do direito administrativo econômico*. Rio de Janeiro: Forense, 2001. p. 403 et seq., cf. também MELLO. *Curso...*, p. 162-174, e também BINENBOJM. *Uma teoria...*, p. 251-269.

[379] No sentido de que o modelo das autoridades independentes na Europa continental teve por base as experiências anglo-saxônicas, em primeiro lugar da Inglaterra, cujo modelo dos "quangos" (*quasi autonomous non governmental organizations*) representava um modelo político-jurídico de uma administração com vários centros de poder diversos, e em segundo lugar, dos Estados Unidos, cujo modelo das agências reguladoras independentes emerge em uma estrutura semelhante ao modelo hierarquizado e centralizado da Europa continental, orientado pela separação dos poderes, em que se encontra bem definida a estrutura do Poder Executivo, cf. RALLO LOMBARTE, Artemi. *La constitucionalidad de las administraciones independientes*. Madrid: Tecnos, 2002. p. 29-54.

[380] No sentido de que a unidade da organização administrativa era assegurada através de dois tipos de vínculos orgânicos: 1. a hierarquia, caracterizada por se traduzir em relações de subordinação direta (Administração direta); 2. e a tutela (*lato sensu*) consubstanciada no controle exercido pelo Estado sobre organismos relativamente autônomos (Administração indireta), cf. MOREIRA, Vital; MAÇÃS, Fernanda. *Autoridades reguladoras independentes*: estudo e Projecto de Lei-quadro. Coimbra: Coimbra Ed., 2003. p. 43. Sobre a tutela administrativa no direito administrativo português, cf. AMARAL. *Curso...*, v. 1, p. 699-712.

"piramidal",³⁸¹ "figurando o governo no topo da pirâmide, de onde os agentes eleitos exerceriam controle político sobre as diferentes estruturas administrativas".³⁸² No entanto, este modelo encontra-se em crise,³⁸³ com a criação e efetivação do modelo das autoridades independentes³⁸⁴ na Europa continental e no Brasil, das chamadas agências reguladoras independentes, em que o acentuado grau de autonomia em relação ao Poder Executivo, através de uma delegação de poderes normativos (regulatórios), decisórios e de controles de determinados setores da economia,³⁸⁵ que foram privatizados, vem incrementar uma fragmentação administrativa³⁸⁶ e colocar em xeque o princípio da unidade político-administrativa do Estado.³⁸⁷ Este modelo revela-se, até então, peculiar e restrito à estrutura orgânico-funcional da Administração Pública do Reino Unido, país que se caracterizou por adotar um sistema "policêntrico"³⁸⁸ de poder

---

³⁸¹ No sentido de que: "en definitiva, la descentralización profunda en el aparato de los poderes públicos producida por la eclosión de las Administraciones independientes implicará el abandono del Estado pirámide hacia el Estado archipiélago" (RALLO LOMBARTE. *La constitucionalidad...*, p. 56).

³⁸² Cf. BINENBOJM. *Uma teoria...*, p. 240.

³⁸³ Neste sentido, cf. OTERO. *Legalidade...*, p. 317.

³⁸⁴ No sentido de que a independência e a neutralidade política de sua gestão são traços característicos das autoridades administrativas independentes em relação às demais estruturas da Administração Pública. E ao apontar dois âmbitos da independência: 1. orgânico-estrutural; 2. funcional (quanto às atividades), cf. MOREIRA; MAÇÃS. *Autoridades...*, p. 25-30.

³⁸⁵ Sobre os poderes das autoridades administrativas independentes, cf. MOREIRA; MAÇÃS. *Autoridades...*, p. 33 et seq.

³⁸⁶ No sentido de que a introdução das autoridades administrativas independentes na organização da Administração Pública da Europa continental, produz uma "fragmentação dos sistemas administrativos" e uma alteração na concepção da Administração Pública, descaracterizando a unidade do direito de organização administrativa, baseada, especialmente, na responsabilidade política do governo por toda a atividade administrativa, cf. IRELLI, Vincenzo Cerulli. *Corso di diritto amministrativo*. 2ª ed. Torino: Giappichelli, 1997. p. 229, 230. Também no mesmo sentido, cf. OTERO. *Legalidade...*, p. 320, 321.

³⁸⁷ No sentido de que a difusão das autoridades administrativas independentes não alterou a "forma *de* governo", e sim, a "forma *do* governo", na qualidade de órgão superior hierárquico administrativo, em virtude da progressiva desvalorização constitucional do governo e, em particular, da debilitação de seu poder de direção administrativa, cf. RALLO LOMBARTE. *La constitucionalidad...*, p. 248.

³⁸⁸ No sentido de que tanto o modelo europeu das autoridades administrativas independentes, como o modelo americano das agências independentes caracterizam um modelo de administração "policêntrica", cf. RALLO LOMBARTE. *La Constitucionalidad...*, p. 39. Cf. também COTTIER, B. Les "Independent agencies" américaines: un modèle pour l'administration polycentrique de demaine?. *Revista Internacional de Ciencias Administrativas*, Madrid, n. 2, 1985. p. 143-165. Cf. ainda CARINGELLA, Francesco. *Corso di diritto amministrativo*. Milano: Giuffrè, 2001. v. 1, p. 619 et seq. E cf. OTERO. *Legalidade...*, p. 317.

administrativo.³⁸⁹ Este sistema, depois aderido pelos Estados Unidos da América,³⁹⁰ em uma versão menos autonômica destas autoridades e como forma de conter as contradições existentes entre os Poderes Executivo e Legislativo, foi posteriormente também efetivado na Europa Ocidental sob os influxos dos projetos de formas de governo comunitárias e de liberalização dos serviços econômicos de interesse geral.³⁹¹ As autoridades independentes, portanto, rompem uma direção administrativa unitária e governamental e apresentam-se como alternativa normativa e decisória paralela aos Poderes do Estado e vem flexibilizar a própria unidade do Estado, ao conduzir a uma divisão e diversificação de seus poderes, em uma nova configuração "policêntrica".³⁹²

A "quebra" ou flexibilização da unidade político-administrativa do Estado, através da delegação de poderes normativos, decisórios e de controle às autoridades administrativas independentes, caracteriza o surgimento no Estado contemporâneo de uma autonomia paralela ao Estado, fora dos controles político-administrativos clássicos, especialmente no que tange à ausência ou debilitação da responsabilidade política destas autoridades perante o Parlamento fazendo emergir "um sector da Administração sem cabeça e politicamente irresponsável".³⁹³

---

³⁸⁹Sobre o desenvolvimento do modelo britânico dos *"quangos"*, seus pressupostos e fundamentos político-administrativos, cf. RALLO LOMBARTE. *La constitucionalidad...*, p. 29-39.

³⁹⁰Sobre o modelo americano das agências independentes, sua origem, pressupostos e características, cf. RALLO LOMBARTE. *La constitucionalidad...*, p. 39-54. Para um desenvolvimento mais aprofundado sobre as origens históricas do modelo americano das agências independentes, cf. SUSTEIN, Cass. O constitucionalismo após o *The New Deal*. In: *Regulação econômica e democracia*: o debate norte-americano. São Paulo: Ed. 34, 2003. p. 131 *et seq.*

³⁹¹No sentido de que a razão da denominação destas entidades administrativas como autoridades administrativas independentes reside no fato de que determinados setores sociais, econômicos e culturais setoriais exigem uma imparcialidade e objetividade dos poderes públicos decisórios de intervenção e regulação, cf. OTERO. *Legalidade...*, p. 318.

³⁹²Neste sentido, cf. CARINGELLA. *Corso di diritto...*, v. 1, p. 619 *et seq.*

³⁹³Cf. OTERO. *Legalidade...*, p. 320. E no sentido do fenômeno de uma "Administração Pública parlamentarmente clandestina", em razão de dois aspectos: 1. a debilitação da responsabilidade política da Administração Pública independente perante o parlamento que permite a prática de atos de gestão administrativa, sem o controle de legitimidade política; 2. a previsão do artigo 267.º, n.º 3, da Constituição da República Portuguesa (reformado pela quarta revisão constitucional em 1997) que, diante da competência legislativa concorrencial entre Assembleia da República e Governo, este último, portanto, passa a ter uma margem de criação de novas autoridades independentes, sem qualquer controle do parlamento e isentas da responsabilidade política, cf. OTERO. *Legalidade...*, p. 322, 323. No sentido de que a ausência ou debilitação da responsabilidade política das atividades administrativas das autoridades administrativas independentes, traduz em um "corte" da relação de legitimidade democrática no âmbito da Administração Pública, como expressão do Poder do

Este novo modelo de Administração independente dos Poderes do Estado vem ao encontro dos projetos nacionais de reforma estatal e traduzem a busca por uma eficiência "apolítica"[394] e técnica, em que a regulação de setores privatizados do Estado ou de setores de importância no âmbito do interesse público e a solução de seus conflitos passa a caracterizar uma regulamentação sem influência das ingerências políticas de cada governo e uma solução de conflitos em matérias complexas sobre as quais o Estado teria insuficientes conhecimentos técnicos. Desta forma, afastam-se os riscos de uma má política ou de uma má condução administrativa das políticas públicas e a solução de conflitos por autoridades jurisdicionais que desconhecem as questões complexas de cada setor social e da economia. Desta forma, a Administração Pública contemporânea insere-se em um contexto mais amplo ao tentar cumprir metas alicerçadas em critérios econômicos e não políticos, como o "tecnicismo" e a "eficiência".[395] Pode-se afirmar que as autoridades administrativas independentes surgem em domínios onde se pretende que certas funções de regulação e de ordenação da vida social, econômica ou cultural se desenvolvam de acordo com as próprias regras do setor, à margem de quaisquer pressões políticas ou de interesses sociais específicos, como interesses profissionais ou individuais.[396]

Porém, embora presentes os benefícios da criação e efetivação de um modelo fragmentário de regulação e controle de determinados setores sociais, econômicos e culturais do Estado, de forma a suprir deficiências de uma regulação genérica política e de uma falta de tecnicismo da Administração Pública para editar normas (regulação) e decidir conflitos em matérias setoriais e complexas, por certo que a

---

Estado, cf. MOREIRA; MAÇÃS. Autoridades..., p. 46. E no sentido de que a impossibilidade da responsabilização política representa uma restrição do poder diretivo do Estado sobre as autoridades independentes, cf. RALLO LOMBARTE. La constitucionalidad..., p. 259-261.

[394] No sentido de que a previsão legal da duração dos mandatos dos dirigentes da Administração Pública independente para além dos mandatos eletivos dos membros do governo que os nomeou e a previsão legal de inamovibilidade discricionária por parte do governo que os nomeou expressam a tentativa de afastar as ingerências políticas dos procedimentos normativos e decisórios das autoridades administrativas independentes, cf. RALLO LOMBARTE. La constitucionalidad..., p. 273-278.

[395] No sentido de que o modelo das autoridades administrativas independentes na Europa, fundado em uma independência política dos poderes do Estado, representa um mecanismo essencial e eficiente para a imposição da diversidade jurídica da Comunidade Europeia e de suas políticas, em razão de seu afastamento dos interesses políticos internos de cada Estado-membro, cf. JUSTEN FILHO, Marçal. O direito das agências reguladoras independentes. São Paulo: Dialética, 2002. p. 271, 272.

[396] Cf. MOREIRA; MAÇÃS. Autoridades..., p. 50.

configuração das autoridades administrativas independentes e os seus poderes, fundados em uma autonomia delegada pelo Estado, não pode traduzir-se em uma perda da coesão político-administrativa do Estado. Desta forma, em que pese as autoridades administrativas independentes estarem fora do alcance da responsabilidade política, sobre elas ainda sobrevivem alguns princípios, normas e mecanismos político-administrativos, com previsão constitucional ou legal, que habilitam a sua conformação jurídico-democrática e legitimadora no atual sistema jurídico e garantem, ainda que de maneira mais flexível e "branda" em relação às demais estruturas e atividades da Administração Pública, a efetivação do princípio da unidade político-administrativa do Estado.

Estes princípios, normas e mecanismos podem ser assim apontados:

1. os princípios e normas constitucionais, traduzidos especialmente pelos princípios fundamentais (dignidade da pessoa humana e igualdade) e pelos demais direitos e garantias fundamentais, na medida em que vinculam todas as entidades e atividades integrantes do sistema administrativo do Estado. Isto equivale a dizer que estes princípios e regras constitucionais atuam na qualidade de vinculações jurídico-públicas para as autoridades Administrativas independentes, estando elas submetidas a um arcabouço de juridicidade acima de qualquer decisão ou organização interna de suas estruturas. Logo, a sua atividade, seja ela normativa, decisória ou de controle, deverá ser pautada, segundo a lógica do respeito aos princípios e garantias fundamentais previstos na Constituição, que, por sua vez, atuam como mecanismo unificador da direção administrativa que deverá voltar-se à realização e efetivação desta ordem axiológica e normativa, sob pena de inconstitucionalidade de seus atos e decisões;

2. as normas gerais do Estado central, como expressão do princípio da legalidade também aparecem como limites à atuação autônoma das autoridades administrativas independentes, na medida em que seus atos e decisões devem estar pautados segundo as ordens legais proferidas por atos legislativos de caráter geral que acabam por vincular e condicionar as suas atividades e a sua organização interna;

3. o controle dos atos das autoridades administrativas independentes pelo Poder Judiciário do Estado, especialmente no que tange ao exame de constitucionalidade e legalidade (conformidade dos atos às normas e princípios constitucionais e à lei geral

editada pelo Estado central), e também fundado em um maior "ativismo" judicial, através do exame da discricionariedade de seus atos, à luz do princípio da proporcionalidade. O princípio da proporcionalidade permite incursões acerca do mérito administrativo, no que tange à sua adequação interpretativa dos meios aos fins pretendidos, à necessidade da medida e à proporção em sentido estrito, possibilitando uma análise da razoabilidade dos atos emanados por parte das autoridades administrativas independentes;

4. a exigência de procedimentalização das atividades normativas e decisórias das autoridades administrativas independentes que expressa não só uma unificação baseada em um controle jurídico das fases do procedimento, como também uma unificação, fundada em um controle social de ordem democrática, ao possibilitar a participação da sociedade nas fases do procedimento de maneira direta ou indireta, bem como ao possibilitar uma maior publicização do processo que impõe, por sua vez, o dever maior de fundamentação e argumentação;

5. a própria delimitação das competências e atribuições por força de lei geral editada pelo Estado central representa um mecanismo de unificação político-administrativa, pois não se admite que a autoridade administrativa independente fundamente seus poderes e competências sem lei que assim as determine e defina;

6. a previsão nas leis que criam as agências independentes, em regra, de duas faculdades diretivas[397] reservadas as governo: a) o monopólio da nomeação governamental dos cargos diretivos das agências; b) e a presença de cargos governamentais como membros dos órgãos diretivos.[398] Estas duas faculdades conduzem a uma possibilidade de unidade na condução da direção administrativa do governo que efetiva a nomeação, mas podem sofrer uma restrição por força da previsão legal da prolongação dos mandatos para além do mandato eletivo dos membros deste governo nomeante;

---

[397] Neste sentido, cf. RALLO LOMBARTE. *La constitucionalidad...*, p. 250, *et seq.*
[398] No sentido de que a neutralidade política, a imparcialidade e a objetividade decisória sofrem um caminho inverso, em razão da "impregnação política de diversas estruturas administrativas", expressando a já mencionada politização ou "colonização" dos partidos políticos, cf. OTERO. *Legalidade...*, p. 319.

Capítulo 4 — As Principais Limitações Jurídico-Políticas da Fragmentação Administrativa

7. e, por fim, pode ser citada a previsão legal do controle financeiro das agências em três hipóteses:[399] a) em alguns países as autoridades administrativas independentes não têm autonomia financeira, nem patrimônio próprio e, por isso, são financiadas pelo orçamento do Estado e têm de respeitar as regras da contabilidade pública e seus princípios; b) noutros casos, as autoridades administrativas independentes gozam de autonomia financeira e patrimonial e possuem receitas próprias; nesta situação, o controle financeiro cabe ao Tribunal de Contas de cada Estado, que é feito *a posteriori*; c) e a possibilidade de previsão legal de terem de prestar contas às comissões parlamentares competentes.

Estes mecanismos, princípios e normas que servem como instrumentos de garantia da unidade político-administrativa do Estado no que diz respeito à forma de descentralização dos poderes administrativos do Estado, consistentes na criação do modelo das autoridades administrativas independentes, em algumas hipóteses, confundem-se com os mecanismos jurídico-políticos de limitação da fragmentação administrativa das demais entidades públicas e privadas que compõem a Administração direta, indireta, autônoma e periférica da Administração Pública e, e em outras, apresentam-se como limitações específicas.

Para fins de uma melhor sistematização das ideias, conclui-se que destes mecanismos, normas e princípios que conduzem à unificação político-administrativa do Estado no que se referem às autoridades independentes, além do afastamento da responsabilidade política, quanto às formas de controle no âmbito interno da Administração Pública (poderes de intervenção, direção e poderes hierárquicos), as autoridades administrativas independentes gozam de um controle mais flexível por parte do Estado central do que as demais entidades integrantes da estrutura administrativa do Estado. Entretanto, o poder do governo de nomeação de seus dirigentes, seja ela submetida ou não à aprovação do Poder Legislativo em algumas hipóteses, pode ser considerado uma restrição da independência[400] e atuar como mecanismo de controle por parte do governo, como órgão superior da Administração Pública. Porém, as previsões legais de prorrogação do mandato para além do mandato eletivo dos membros do governo que os nomeou e de inamovibilidade discricionária por parte do

---

[399] Neste sentido, cf. MOREIRA; MAÇÃS. *Autoridades...*, p. 38.
[400] Cf. RALLO LOMBARTE. *La constitucionalidad...*, p. 257 et seq.

governo surgem, novamente, como mecanismos jurídicos de reforço da independência política e da neutralidade destas entidades administrativas independentes.

O controle das autoridades administrativas independentes, portanto, é realizado de forma efetiva no âmbito externo, através do controle de seus atos, organização e atividades pelo Poder Judiciário — seja ele um controle de legalidade, constitucionalidade e, até mesmo, de proporcionalidade do mérito administrativo — e através do controle financeiro, seja perante o Tribunal de Contas, seja perante o Poder Legislativo. E ainda, no âmbito externo, a procedimentalização de seus atos e atividades surge na qualidade de controle social, ao possibilitar a participação da sociedade no curso dos seus procedimentos decisórios e normativos. Desta forma, garante-se um mínimo de unidade no âmbito de uma estrutura administrativa independente do Estado.

4.2 As normas constitucionais e as vinculações jurídico-públicas

A Constituição é definida por alguns autores como "a ordem jurídica fundamental do Estado",[401] compreendida segundo uma "pretensão de estabilidade e dinamicidade",[402] essenciais à manutenção da coesão e da unidade estatal, em sua dimensão interna, e à necessidade de manter-se uma abertura para as mudanças políticas ao longo do tempo, respectivamente. Desta forma, é conferido à Constituição o papel de instrumento de conformação jurídica do poder político através da estruturação, organização e definição de competências públicas que possibilitam a efetivação dos direitos e garantias fundamentais, também inseridos como normas e princípios constitucionais.

Por outro lado, a intensificação da relação entre a teoria da administração e a teoria da constituição e, consequentemente, seus reflexos no âmbito jurídico entre direito administrativo e direito constitucional,[403]

---

[401] Cf. CANOTILHO. *Direito constitucional...*, p. 1435. Por outros é ainda definida como "estatuto jurídico do político". Neste sentido, cf. NEVES, A. Castanheira. A redução política do pensamento metodológico-jurídico. In: *Estudos em homenagem ao Professor Afonso Rodrigues Queiró*. Coimbra: Coimbra Ed., 1995. v. 2, p. 406.

[402] Cf. CANOTILHO. *Direito constitucional...*, p. 1435.

[403] No sentido de que o direito administrativo possui uma origem em comum com o direito constitucional, qual seja, a necessidade de limitação do Estado pelo Direito, como consequência das revoluções liberais burguesas, cf. MIRANDA, Jorge. A Administração Pública nas Constituições Portuguesas. *Revista de Direito Administrativo*, Rio de Janeiro, v. 183, p. 32, 1991.

após o processo de democratização do poder administrativo do Estado que lhe garantiu uma nova forma de legitimação, passou a exigir da Administração Pública uma nova forma de agir e uma nova forma de organização, cujos objetivos passaram a ser definidos pela própria Constituição, sob o fundamento de que o Estado e sua gestão administrativa, agora, passam a ocupar a posição de defensores e guardiões[404] dos direitos e garantias fundamentais. Nesta perspectiva, a Administração Pública assume uma nova finalidade vinculativa às imposições constitucionais, em especial aquelas relacionadas à prestação de serviços e à realização de atividades decisórias e normativas que respeitem e, acima de tudo, passem a garantir a efetividade dos direitos e princípios fundamentais, assim concebidos pela formulação jurídico-política do Estado de direito democrático e social.[405]

O estreitamento das relações entre função administrativa e Constituição,[406] nomeadamente no que diz respeito à intercessão de suas

---

[404] No sentido de que a Administração Pública foi transformada em "guardiã" dos direitos fundamentais, enquanto resultado da conjugação dos princípios da aplicabilidade direta e da vinculação das autoridades administrativas aos preceitos constitucionais referentes a direitos, liberdades e garantias e que o seu papel é de "guardiã intermédia" dos direitos fundamentais, pois qualquer decisão administrativa respeitante aos direitos fundamentais estará sempre sujeita a um controle de constitucionalidade e/ou de legalidade pelo Poder Judiciário, cf. OTERO. *O poder de substituição...*, v. 2, p. 537.

[405] Esta vinculação encontra especial fundamento no princípio da igualdade, alçado a importante vetor do Estado social e democrático, na medida em que à Administração Pública é imposta a obrigação e a exigência constitucional de prestação de serviços iguais ou no mínimo equiparados em todo território de um mesmo Estado, sob pena de caracterização de discriminações sem razoabilidade e inconstitucionalidade da atividade administrativa. Este tema será tratado de forma separada neste trabalho, devido à sua importância como fator de limitação da fragmentação administrativa do Estado.

[406] As formas de interação entre direito constitucional e direito administrativo obtêm tratamento diferente na doutrina do direito administrativo. E podem ser assim sintetizadas, segundo um critério de evolução científica: 1. a teoria que almejou estabelecer entre o direito administrativo e o direito constitucional a mesma relação de acessoriedade que o direito processual teria com o direito substantivo ou material, cf. BIELSA, Rafael. *Derecho administrativo*. 4. ed. Buenos Aires: Ateneo, 1951. p. 28; 2. a clássica teoria de Santi Romano na Itália, que enxergou o direito constitucional não como um ramo do direito público, mas o próprio tronco do qual derivam as outras ciências que o compõem e que o direito administrativo seria uma disciplina autônoma, cf. BIELSA. *Derecho...*, p. 29; 3. a teoria de que não há distinção entre direito administrativo e direito constitucional e que as distinções doutrinárias teriam apenas um caráter formal e não teriam valor científico, cf. DUVERGER, Maurice. *Éléments de droit public*. Paris: PUF, 1995. p. 22; 4. a teoria de que o direito administrativo não é autônomo ao direito constitucional e que a Constituição serve de fundamento ao direito administrativo. Esta teoria desenvolve-se recentemente na França, em contraste da defesa doutrinária da supremacia da legalidade, cf. VEDEL, Georges; DELVOLVÉ, Pierre. *Droit administratif*. 12ᵉ éd. Paris: PUF, 1992. t. II, p. 25; 5. a moderna teoria alemã que reconhece a dependência do direito administrativo à Constituição, cf. SILVA. *Em busca...*, p. 236, 237; 6. e a teoria da vinculação dos direitos fundamentais, desenvolvida por Jügen Habermas, segundo a qual aqueles servem como parâmetros da atuação do Estado-administrador, no campo onde a lei formal não a alcança, cf. HABERMAS. *Direito...*, p. 307, *et seq*.

dimensões jurídicas — direito constitucional e direito administrativo —, supera a teoria da autonomia absoluta do direito administrativo[407] e segue a tendência do movimento de constitucionalização do direito[408] que alcança a atividade jurídico-normativa da Administração Pública.

A Constituição, portanto, ao sofrer os influxos da redemocratização política da Europa Ocidental após a Segunda Guerra Mundial e da "erosão" da lei formal[409] (crise do sistema representativo e descrença na atividade política) e ao defrontar-se com o novo marco filosófico[410] do pós-positivismo,[411] possibilita uma aproximação entre direito e filosofia e promove uma redefinição das bases de vinculação jurídico-política das atividades e da organização da Administração Pública do Estado. Esta nova forma de vinculação faz com que a lei deixe de ser o "(...)

---

[407] A referência à autonomia absoluta do direito administrativo é utilizada aqui para designar a independência do direito administrativo em face do direito constitucional e da força normativa vinculativa da Constituição, em especial, incentivada pela configuração e concepção do princípio da legalidade no Estado liberal, cf. MEDAUAR, Odete. *O direito administrativo em evolução*. São Paulo: Revista dos Tribunais, 1992. p. 158.

[408] Sobre o movimento de constitucionalização do direito, origem, evolução e marcos histórico, filosófico e teórico; inclusive ao afirmar que: "a locução constitucionalização do direito é de uso relativamente recente na terminologia jurídica e, além disso, comporta múltiplos sentidos" (BARROSO. Neoconstitucionalismo..., p. 137-160). Porém, frise-se, o sentido aqui utilizado está associado à ideia de expansão das normas constitucionais, cujo conteúdo material e axiológico — a partir da Segunda Guerra Mundial, especialmente na Itália e na Alemanha, em razão do processo de redemocratização que determinou a aproximação entre democracia e Constituição — passou a irradiar-se, com força normativa, por todo o sistema jurídico. E assim, ao definir o fenômeno no sentido de que "(...) a constitucionalização repercute sobre a atuação dos três Poderes, inclusive e notadamente nas suas relações com os particulares" (BARROSO. Neoconstitucionalismo..., p. 148-149).

[409] No sentido de que a erosão do princípio da legalidade a partir da segunda metade do século XX decorre da erosão da lei formal pela "perda de seu necessário conteúdo de justiça, pela sua politização e pela sua proliferação" (FERREIRA FILHO, Manoel Gonçalves. O princípio da legalidade. *Revista de Direito da Procuradoria Geral do Estado de São Paulo*, São Paulo, v. 10, p. 16, jun. 1977).

[410] Ao citar o pós-positivismo como marco filosófico do processo de evolução do fenômeno da constitucionalização do direito, cf. BARROSO. Neoconstitucionalismo..., p. 140.

[411] O debate acerca do pós-positivismo caracteriza-se pela confluência e divergência entre duas grandes correntes de pensamento jurídico: o jusnaturalismo e o positivismo; opostos, porém complementares em alguns aspectos. O momento atual procura superar os dois pensamentos como ideias estanques e tenta montar um conjunto abrangente e difuso de ideias, de forma a dar ênfase não só à confluência dos dois sistemas de raciocínio, mas também ao incorporar novos conceitos. Para aprofundamento sobre o tema, cf. RAWLS, John. *Uma teoria da justiça*. Tradução de Carlos Pinto Correia. Lisboa: Editorial Presença, 2001, cf. DWORKIN. *Taking...*; ALEXY, Robert. *Teoria de los derechos fundamentales*. Madrid: Centro de Estudios Constitucionales, 1993. E ainda a lição de Oscar Vilhena Viera, em sua obra *A Constituição e sua reserva de justiça*. São Paulo: Malheiros, 1999. p. 204 *et seq*.

monopólio habilitante da actividade administrativa, registando-se que a aplicação da Constituição à Administração Pública e pela Administração Pública não exige necessariamente a mediação legislativa".[412] Neste processo, observa-se uma superação da Constituição em face da lei no que diz respeito às atividades e à organização da Administração Pública e uma "(...) via de rotura do mito da omnipotência da lei face à Administração Pública e da conseqüente menoridade ou inferioridade da Constituição perante a lei (...)".[413] A mudança da centralidade jurídica do direito administrativo encontra fundamento no conjunto de ideias advindas das ciências jusfilosóficas que constituem o marco teórico das grandes transformações que subverteram a compreensão convencional liberal relativamente à aplicação do direito constitucional e que podem ser assim sintetizadas:[414] (i) a construção ideológico-científica que passou a atribuir normatividade aos princípios e normas constitucionais;[415] (ii) a reabilitação da razão prática e da

---

[412] No sentido de que a substituição da lei pela Constituição como fundamento imediato do agir administrativo manifesta a ideia de uma "osmose" entre a Constituição e a lei, abrindo caminho para uma "legalidade sem lei". E ao afirmar que este fenômeno conduz a duas principais áreas de incidência: "a) a Constituição como norma directa e imediatamente habilitadora de competência administrativa; b) a Constituição como critério imediato de decisão administrativa". E ao citar exemplos em artigos da Constituição portuguesa destas duas áreas de incidência, cf. OTERO. *Legalidade*..., p. 734-743. A citação encontra-se na página 735.

[413] Cf. OTERO. *Legalidade*..., p. 735.

[414] Cf. BARROSO. Neoconstitucionalismo..., p. 141, 149.

[415] Sobre o tratamento normativo das normas e princípios constitucionais, cf. CANOTILHO. *Direito constitucional*..., p. 1159-1187. No sentido de que o constitucionalismo pós-Segunda Guerra Mundial possibilitou um retorno à valorização dos valores como elementos fundantes do ordenamento jurídico; inclusive ao citar que o Tribunal Constitucional Alemão "(...) tem-se referido reiteradamente a uma ordem de valores imanente à Lei Fundamental, a qual tem mesmo por vezes denominado de "ordem hierárquica de valores", cf. LARENZ, Karl. *Metodologia da ciência do direito*. Tradução de José Lamego. 3. ed. Lisboa: Fundação Calouste Gulbenkian, 1997. p. 482. O autor também faz uma distinção entre valores imanentes fundados nesta "ordem hierárquica de valores" e os princípios que efetivamente a Lei Fundamental reconhece como valores humanos, sobretudo a dignidade da pessoa humana e o valor da personalidade humana e afirma que, para tutelá-los, foram concebidos os direitos fundamentais, de forma a elevar determinados valores ético-jurídicos e político-constitucionais — tais como: o princípio da igualdade, o princípios do Estado de Direito e do Estado Social — ao escalão de regras constitucionais, cf. LARENZ. *Metodologia*..., p. 483. Cabe aqui ressaltar que a concepção da Constituição como ordem de valores, todavia, mereceu as críticas de Jügen Habermas ao apontar que ao atribuir à Lei Fundamental esta qualidade, há o risco de o Tribunal Constitucional transformar-se em uma instância autoritária, cf. HABERMAS. *Direito*..., p. 321. A reinserção dos valores no âmbito jurídico não importou em um retorno ao jusnaturalismo, mas, sim, veio a erigir um novo fundamento de validade: os princípios. No sentido de que os princípios incorporam somente valores eleitos através de processos históricos ou racionais e que, assim, apresentam-se como "direito pressuposto", cf. GRAU. *A ordem econômica*..., p. 118.

argumentação jurídica;[416] (iii) a formação de uma nova hermenêutica constitucional;[417] (iv) o desenvolvimento de uma teoria dos direitos fundamentais edificada sobre o fundamento das concepções do respeito à dignidade humana e à solidariedade;[418] (v) e a expansão da jurisdição constitucional.[419]

Entre estes fatores, destaca-se a teoria dos diretos fundamentais,[420] que possibilitou a construção de ideias que passaram a defender a tese de que toda a Administração Pública, suas entidades, suas atividades e sua organização — configurada sob a forma jurídico-pública ou jurídico-privada —, passasse a estar vinculada a esta nova ordem jurídico-pública de princípios e normas constitucionais em que a Constituição, base jurídica de conformação de uma teoria dos direitos fundamentais, passaria a ser o instrumento jurídico do Estado de direito democrático habilitante e unificador da gestão e do poder administrativo.[421] Os

---

[416] Jügen Habermas apresenta a democracia como núcleo de um sistema de direitos fundamentais e pretende substituir os fundamentos de valores transcendentais dos direitos do homem — próprios da tradição liberal — por um fundamento procedimental, baseado no princípio do discurso e de sua racionalidade, cf. HABERMAS. Direito..., p. 158 et seq.

[417] Sobre o desenvolvimento de uma nova interpretação constitucional, fundada sobre a reformulação do papel das normas e princípios e do papel do Poder Judiciário, cf. BARROSO. Neoconstitucionalismo..., p. 145, 146. Cf. também LARENZ. Metodologia..., p. 479-484.

[418] No sentido de que nos últimos trinta anos do século XX assistiu-se a um retorno aos valores como fórmula de superação do positivismo, a partir do que se convencionou chamar no direito alemão de "virada kantiana" (kantische Wende), traduzida pela volta da filosofia de Kant, preconizando-se uma aproximação entre ética e direito, com fundamento nos direitos humanos, cf. TORRES, Ricardo Lobo. Tratado de direito constitucional, financeiro e tributário: valores e princípios constitucionais tributários. Rio de Janeiro: Renovar, 2005. p. 41. Ao citar a expressão "Estado de direitos fundamentais", na qualidade de um "Estado baseado na dignidade da pessoa humana". E também ao mencionar uma concepção de "Estado de Distância" que pressupõe uma regra de distância e autonomia dos poderes públicos em relação aos cidadãos, a fim de dar sentido à oposição entre pluralismo e totalitarismo, cf. CANOTILHO, José Joaquim Gomes; MOREIRA, Vital. Fundamentos da Constituição. Coimbra: Coimbra Ed., 1991. p. 83, cf. também OTERO. O poder de substituição..., v. 2, p. 528.

[419] No sentido de que antes de 1945 vigorava na maior parte da Europa um modelo de supremacia do Poder Legislativo e que a partir da Segunda Guerra a nova concepção de supremacia da Constituição, inspirada na experiência americana, segundo a qual a proteção dos direitos fundamentais caberia ao Poder Judiciário, propiciou a criação de modelos de controle de constitucionalidade, associados à criação de Tribunais constitucionais, entre os quais destaca-se o modelo Alemão, cf. BARROSO. Neoconstitucionalismo..., p. 142, 143.

[420] Ao citar o pensamento de John Rawls no sentido de que segundo este autor, os direitos e liberdades fundamentais têm caráter inalienável e uma posição especial em relação aos demais valores políticos, cf. BINENBOJM. Uma teoria..., p. 51.

[421] Ao citar a questão da vinculação do poder público aos direitos fundamentais como tema favorito da dogmática jurídico-administrativa alemã (dogmatischen lieblingsthemas), nomeadamente no que tange à validade dos direitos fundamentais na atuação jurídico-privada da Administração Pública, cf. ESTORNINHO. A fuga..., p. 223 et seq. Segundo a autora: "a doutrina dominante entende que uma vinculação muito exigente aos direitos

direitos fundamentais, portanto, hoje foram alçados à categoria de direitos constitucionais vinculativos de toda uma ordem jurídica que regula os poderes do Estado, especialmente o poder administrativo (*v.g.* artigo 18.º, número 1.º, da Constituição da República Portuguesa, ao tratar da força jurídica vinculativa dos direitos fundamentais). Os princípios básicos de justiça e dos direitos e liberdades fundamentais são constitucionalizados, através dos movimentos liberais, e depois pelo Estado social ao expandi-los ao âmbito dos direitos a prestações positivas por parte do Estado que passa a estar vinculado a normas de natureza programática e prospectiva, e hoje, ao encontrar bases em um sistema de valores que "convola a legalidade em juridicidade administrativa"[422] em que a lei passa a ser um dos instrumentos de vinculação da gestão administrativa do Estado, mas não o único, ao permitir que a Administração Pública exerça seus poderes e funções sem a exigência de uma mediação legislativa. A ideia de juridicidade administrativa, portanto, passa a abarcar a ideia de legalidade administrativa e permite a superação da autonomia do direito administrativo, como um direito autônomo à incidência das vinculações jurídico-públicas das normas

---

fundamentais contraria os "princípios estruturais da economia livre" e que seria um contrassenso permitir que o poder público participasse na economia concorrencial e, simultaneamente, retirar-lhe a possibilidade de se reger pelas regras desse comércio. Assim, a doutrina maioritária afirma que só existe vinculação aos direitos fundamentais na Administração sob as formas jurídico-privadas, no caso de elas serem utilizadas para o "cumprimento imediato" de tarefas públicas". cf. ESTORNINHO. *A fuga...*, p. 224. Na opinião da autora, "a razão pela qual a Administração Pública não pode furtar-se à vinculação aos direitos fundamentais é o facto de ela ser sempre 'Administração Pública' e nunca se transformar em pessoa privada, seja em que circunstância for, mesmo quando utiliza as formas jurídico-privadas". E prossegue: "(...) assim, na minha opinião, quantas mais sociedades anónimas e quantas mais fundações surgirem a substituir-se ao Estado na prestação de bens e serviços essenciais aos particulares, tanto mais necessário se torna ser absolutamente intransigente na afirmação da sua vinculação aos direitos fundamentais e, nomeadamente, ao princípio da igualdade", cf. ESTORNINHO. *A fuga...*, p. 239. Ainda na doutrina portuguesa, ao ressaltar a vinculação da Administração Pública, em especial da sua atividade de prestação de serviços públicos, através de pessoas jurídicas de direito privado, ao princípio fundamental da igualdade, cf. ANDRADE, José Carlos Vieira de. *Os direitos fundamentais na Constituição Portuguesa de 1976*. 3. ed. (reimpressão da edição de 2004). Coimbra: Almedina, 2006. p. 279, 280 (nota de rodapé nº 83). Sobre este tema, ainda, cf. OTERO. *O poder de substituição...*, v. 2, p. 531 *et seq.* E, ainda, no sentido de que a subordinação da Administração Pública é reafirmada como princípio geral no artigo 266.º, n.º 2, da Constituição portuguesa, cf. MIRANDA, Jorge. *Manual de direito constitucional*. 3. ed. Coimbra: Coimbra Ed., 2000. p. 316, 317. (Direitos fundamentais, v. 4). E ao citar a problemática acerca da "competência de rejeição" (*verwerfungsKompetenz*) das leis e restantes atos jurídico-públicos violadores de direitos, liberdades e garantias, cf. OTERO. *O poder de substituição...*, v. 2, p. 534-538. E cf. também MIRANDA. *Manual...*, v. 4, p. 318-320.

[422] A frase é citada por BINENBOJM. *Uma teoria...*, p. 70.

e princípios constitucionais[423] e possibilita que todo âmbito orgânico-funcional esteja submetido a esta ordem jurídica concretizadora de uma nova ordem de valores éticos, morais e jurídicos.

Além dos princípios e direitos fundamentais, os próprios princípios setoriais da Administração Pública, na qualidade de princípios conformadores de toda a atividade e de toda a organização administrativa, ao serem constitucionalizados, ou seja, ao adquirirem previsão constitucional expressa ou implícita, passaram a contribuir para reforçar as vinculações entre Administração Pública e Constituição. Os princípios setoriais previstos, por exemplo, nos artigos 266.º e 267.º, n.ºs 1 e 2, da Constituição da República Portuguesa,[424] e no artigo 37 da Constituição da República Federativa do Brasil especificam, conduzem e vinculam toda gestão administrativa do Estado, seja ela desenvolvida por pessoas de direito privado ou de direito público; e garantem, por sua vez, uma unificação das diretrizes e formas das atividades e da organização da Administração Pública, na medida em que impõem um agir e uma estrutura "equiparadas"[425] entre todas as entidades que a compõem. A linha de conduta e a linha teórico-prática das decisões administrativas e a conformação de sua organização e de seus procedimentos devem respeitar não só os princípios e direitos fundamentais, como também os princípios setoriais que regem a Administração Pública, sejam eles princípios relacionados à estrutura de cada entidade administrativa, sejam eles atinentes à condução dos procedimentos dos atos e contratos públicos, ou sejam eles conducentes à fundamentação de uma decisão administrativa.[426] A violação destes princípios, portanto, pode ensejar a invalidação do ato, do contrato, do procedimento e, até mesmo, de uma decisão administrativa.

---

[423] No sentido de que na Alemanha, a jurisprudência e a doutrina (administrativa e constitucional) passaram a reconhecer a existência implícita, no bojo da Constituição de 1949, de princípios reitores do direito administrativo, tais como: da proporcionalidade, da ponderação e da proteção da confiança, cf. MAURER, Hartmut. *Elementos de direito administrativo alemão*. Tradução de Luís Afonso Heck. Porto Alegre: Sergio Antonio Fabris, 2000. p. 65-84. No sentido de que a garantia da liberdade serve como critério para se definir até que ponto estará o Estado sujeito às limitações decorrentes dos direitos fundamentais, quando atua na qualidade de sujeito privado, cf. ZIPPELIUS. *Teoria geral...*, p. 174, 175.

[424] No sentido de que o ramo do direito administrativo possui, praticamente, todos os seus princípios reitores consagrados na Constituição portuguesa, sejam eles fundamentais, orgânico-funcionais e/ou substanciais, constituindo alguns em limites materiais explícitos de revisão constitucional, cf. SOUSA; MATOS. *Direito...*, t. I, p. 129.

[425] O princípio da uniformidade das condições de vida ("*einheitlichkeit der lebensverhältnisse*") encontra-se no artigo 72, II, da lei Fundamental de Bonn. Sobre a análise deste princípio no direito alemão, cf. BAÑO LEÓN. *Las autonomías...*, p. 69-140.

[426] Cf. OTERO. *Legalidade...*, p. 735.

Desta forma, a centralidade dos princípios e das normas constitucionais, propiciada por uma nova leitura da vinculação jurídica das atividades e da organização da Administração Pública, em razão das construções democráticas[427] do sistema de direitos fundamentais e do sistema setorial dos princípios da Administração Pública, tal como delineados na Constituição, exercem uma influência unificadora da ordem jurídica orgânico-funcional da Administração Pública, pois "à centralidade desses pilares constitutivos e legitimadores da ordem constitucional deve corresponder uma igual centralidade na organização e funcionamento da Administração Pública".[428] Desta forma, todas as entidades públicas ou privadas integrantes da Administração Pública em seu sentido orgânico, bem como todas as atividades (atos, contratos, regulamentos, etc.) e procedimentos administrativos, sejam eles efetivados sob a forma jurídico-pública ou jurídico-privada, estarão necessariamente vinculados a uma ordem unitária de valores, princípios e normas constitucionais, vinculativas e determinantes que servem de garantia ao cidadão de que uma vez presente o interesse público e uma atividade pública (desenvolvida quer por uma entidade pública, ou por uma entidade privada) ele terá respeitado os princípios da igualdade, proporcionalidade e dignidade da pessoa humana, como princípios fundamentais, além de todos os outros princípios orgânico-funcionais e materiais, previstos pela Constituição, na qualidade de princípios da ordem jurídica público-administrativa do Estado.

Em outras palavras, pode-se dizer que as atividades e a organização da Administração Pública encontram vinculação jurídico-pública direta na Constituição que por sua vez, hoje, legitima toda a gestão administrativa do Estado. Desta forma, os princípios e normas constitucionais, em especial, os princípios e direitos fundamentais e princípios

---

[427] Ao afirmar que: "todavia, como se exporá a seguir, o objeto do direito administrativo não se esgota na temática dos direitos fundamentais. De fato, caberá ao outro pilar constitutivo do Estado democrático de direito — a democracia — complementar tal objeto mediante fixação de metas coletivas que, dentro dos limites constitucionais, poderão restringir determinados direitos individuais em prol do conjunto difuso de toda a sociedade. Assim v.g., o art. 173 da Constituição de 1988 autoriza a lei (isto é, o legislador democrático) a restringir a liberdade de iniciativa, por meio de intervenção direta do Estado na economia, em proveito da segurança nacional ou de relevante interesse coletivo" [BINENBOJM. *Uma teoria...*, p. 73. (nota de rodapé nº 151)].

[428] Além dos direitos fundamentais de defesa e de prestações positivas do Estado, ressalta também a sua dimensão quanto aos direitos fundamentais à organização e ao procedimento, como princípios vinculativos de um sistema unitário de estrutura e atividades públicas administrativas. Neste sentido, cf. MENDES, Gilmar Ferreira; COELHO, Inocêncio Mártires; BRANCO, Paulo Gustavo Gonet. *Hermenêutica constitucional e direitos fundamentais*. Brasília: Brasília Jurídica, 2000. p. 205-207.

setoriais da Administração Pública determinam uma unificação e uma centralização da conformação orgânico-funcional administrativa do Estado de direito democrático. E a Constituição atua como "elo de unidade" e coesão administrativas, caracterizando-se como um dos mais importantes instrumentos de limitação à fragmentação administrativa do Estado.

As normas e princípios constitucionais determinam e condicionam toda a atividade e toda a organização da Administração Pública que, por sua vez, vincula-se, de forma direta e sem intermediação da lei, aos direitos fundamentais e aos direitos positivos e negativos decorrentes dos princípios de previsão setorial da Administração. A contenção do pluralismo administrativo, seja organizacional, funcional ou jurídico, realiza-se através das normas constitucionais e de suas vinculações jurídico-públicas e decorre da própria centralidade normativo-axiológica da Constituição. Este papel unificador da condução da gestão administrativa do Estado, sob os influxos do movimento de constitucionalização do direito administrativo, faz das normas e princípios constitucionais um fator de equilíbrio essencial à manutenção das políticas de bem-estar do Estado que exigem um critério de igualdade em todo o território interno do Estado, questão que será analisada posteriormente, dada a sua importância como um dos mecanismos de limitação da fragmentação administrativa do Estado.

Assim, a multiplicação de espaços normativos de vinculação jurídica da Administração Pública que acompanhou a sua fragmentação orgânica, com a proliferação de entidades públicas e privadas de natureza institucional, associativa ou territorial que passaram a integrar o conceito de Administração Pública, e que, por sua vez, passaram a gozar de poderes administrativos decisórios e, algumas, de poderes normativos, veio a encontrar no movimento de constitucionalização do direito administrativo um mecanismo de contenção e controle, diante da compreensão de que as normas e princípios constitucionais constituem vinculações jurídico-públicas diretas às suas atividades, organizações, decisões e atos normativos e consensuais, sob pena de invalidade dos procedimentos e atos administrativos por elas praticados.

A fragmentação administrativa, portanto, encontra limite em razão da concentração normativa dos princípios e normas constitucionais e proporciona uma condução da gestão administrativa, segundo um instrumento político-jurídico conformador das atividades públicas do Estado, a própria Constituição. Sendo assim, se por um lado a transformação da legalidade administrativa em juridicidade administrativa decorreu da fragmentação de fontes jurídicas de vinculação da

Administração Pública que hoje se encontra adstrita a uma diversidade de fontes não só internas (leis, regulamentos, contratos, atos, etc.), como externas[429] (normas internacionais e comunitárias), por outro lado, esta transformação possibilita uma adequação, ou melhor, uma vinculação concentradora capaz de conformar toda a prática e toda a estrutura da Administração Pública aos ditames previstos pelos princípios e normas constitucionais, que passaram a ocupar um lugar de destaque na ordem jurídico-pública como principais vinculações jurídicas da Administração Pública.

4.3 As normas gerais do Estado central

O direito público do Estado unitário clássico esteve dominado pela trilogia composta pelos princípios da legalidade clássica, separação dos poderes e primado da lei parlamentar,[430] esta apresentada como único mecanismo normativo dotado de legitimidade representativa liberal, capaz de definir e condicionar toda a atividade e toda a organização da Administração Pública do Estado. Este modelo acabou por consagrar um "verticalismo jurídico",[431] baseado na concepção de que o Estado central dispõe do monopólio da produção legislativa e de que todos os demais atos, sejam eles administrativos ou legislativos, deveriam ser emanados de conformidade com a lei parlamentar central, expressão soberana da vontade geral.[432] No entanto, o desenvolvimento do

---

[429] No sentido da necessidade de reconhecer a revalorização dos princípios como valores transcendentes ao constitucionalismo, encontrando uma expressão maior no âmbito do direito comunitário europeu, cf. QUADROS, Fausto. *A nova dimensão do direito administrativo*: o direito administrativo português na perspectiva comunitária. Coimbra: Almedina, 1999. p. 19, 20.

[430] Neste sentido, cf. MORAIS, Carlos Blanco de. *A autonomia legislativa regional*. Lisboa: Associação Acadêmica da Faculdade de Direito de Lisboa, 1993. p. 256.

[431] A expressão é citada *In*: MORAIS. *A autonomia...*, p. 256.

[432] Ao tratar sobre o poder administrativo regulamentar em face do princípio da "preferência" ou "preeminência" da lei, em especial, ao mencionar que: "o princípio da preeminência da lei significa a inadmissibilidade, no direito constitucional português vigente, de 'regulamentos delegados' ou 'autônomos' em qualquer das suas manifestações típicas: (i) os regulamentos derrogatórios — regulamentos que, sem revogarem a lei, a substituam em certos casos determinados —, implicam o estabelecimento de uma disciplina excepcional com força de lei através de fontes secundárias, contrariando abertamente os princípios da preeminência da lei e do congelamento do grau hierárquico (...); (ii) os regulamentos modificativos — regulamentos que alteram a disciplina legislativa — implicam a revogação de preceitos legislativos, com a consequente violação dos princípios constitucionais de preeminência da lei e de congelamento do grau hierárquico; (iii) os regulamentos suspensivos — regulamentos que se limitam a tornar ineficaz uma norma legal preexistente, mas desprovidos de qualquer efeito inovador, implicam também a neutralização de uma fonte primária (a lei) através

conceito de Estado federal[433] projetou uma nova forma de compreensão deste modelo clássico, consagrando a prática de uma descentralização política, caracterizada por uma "descentralização por completo", e não meramente administrativa ou financeira, tal como ocorria nos Estados de matriz unitária.[434] Este modelo de descentralização gerou

de uma fonte secundária (o regulamento) com a conseqüente violação dos princípios da hierarquia normativa e da preeminência da lei; (iiii) os regulamentos revogatórios — actos regulamentares que eliminam as leis do ordenamento jurídico — significam a completa inversão dos princípios da hierarquia normativa e da primazia da lei" (CANOTILHO. *Direito constitucional*..., p. 835, 836). E ainda ao trazer a questão acerca de se saber se o princípio da preferência da lei significa necessariamente preferência da lei do parlamento (lei da Assembleia da República) ou se abrange também preferência de decreto-lei (e, nos casos de direito regional, preferência de decreto legislativo regional), cf. CANOTILHO. *Direito constitucional*..., p. 836). E ainda sobre o princípio da preferência da lei em face do poder administrativo regulamentar, suas consequências e limitações, cf. MIRANDA, Jorge. *Funções, órgãos e actos do Estado*: apontamentos de lições do Professor Doutor Jorge Miranda. Lisboa: Faculdade de Direito da Universidade de Lisboa, 1990. p. 248.

[433] No sentido de que a Alemanha é a "terra clássica das confederações", pois conheceu, ao longo de sua história geopolítica, todos os gêneros de confederações, desde as mais primitivas até o império federativo, passando, por óbvio, por escalas intermediárias, ao citar: as ligas de cidades, sendo a mais célebre a Liga Hanseática da Idade Média, as federações entre pequenos principados, a verdadeira confederação do Estados de 1815 a 1866 e, enfim, de 1866 a 1870, o Estado federal propriamente dito, cf. BARACHO, José Alfredo de Oliveira. *Teoria geral do federalismo*. Rio de Janeiro: Forense, 1986. p. 165. Sobre as origens do federalismo norte-americano e no sentido de que o debate entre "federalistas" e "antifederalistas" diante da conveniência da ratificação da Constituição de 1787 nos Estados Unidos, desempenhou um importante papel na tradição política norte-americana, servindo, ademais, de grande inspiração para aqueles que vislumbram alguma ameaça antidemocrática na excessiva centralização do poder central, cf. ZIMMERMANN. *Teoria geral*..., p. 241-287. E, ainda, no sentido de que o federalismo é o grande legado da Constituição de 1787 que passa a influenciar a formação de diversos outros Estados nacionais na modernidade, através de um sistema duplo, no qual as autoridades políticas, a União e os Estados governam o mesmo território e o mesmo povo, cada qual autônomo em sua esfera e nenhum autônomo na esfera do outro, pois objetiva, em última análise, a proteção e efetivação dupla e recíproca dos direitos fundamentais, cf. também ZIMMERMANN. *Teoria geral*..., p. 249.

[434] O Estado federal pressupõe regiões não só que desempenham funções administrativas, em sede de uma descentralização administrativa, como também pressupõe regiões que representam pessoas jurídicas integrantes da estrutura político-constitucional da Federação. Para o Professor brasileiro Celso Ribeiro Bastos: "(...) a descentralização política ocorre toda vez que há transpasse da competência para legislar, do poder central para centros regionais ou locais. Quando essa deslocação fica a critério do próprio legislativo central que delega competências unilateralmente, surge o que a doutrina francesa denomina 'Estado Unitário Descentralizado'. Toda vez, entretanto, que os legislativos estaduais, e no caso brasileiro os municípios, recebem prerrogativas legiferantes de forma direta e originária da própria Constituição Federal, o que ganha corpo é a Federação. Esta é, pois, a forma mais acabada e perfeita da descentralização política porque as autonomias descentralizadas têm o seu asseguramento na própria lei maior" (BASTOS, Celso Ribeiro. As futuras bases da descentralização. *Revista Brasileira de Estudos Políticos*, Belo Horizonte, n. 60/61, p. 168, jan./ jul. 1985). Também no sentido de que a descentralização é perfeitamente compatível com o Estado unitário relativamente descentralizado, conquanto seja apenas administrativa esta

uma multiplicidade de centros de Poder Legislativo, que passaram a regulamentar e a vincular os sistemas jurídicos e as suas próprias Administrações Públicas inseridas em cada unidade de divisão interna de um mesmo Estado, porém, sem perder de vista a coesão necessária imposta pelas normas gerais e constitucionais emanadas pelo Estado central.[435] Esta pluralidade de sistemas normativos surge como primeira forma de flexibilizar o modelo unitário clássico de Estado e configura um fator de influência ao processo de regionalização e autonomia em países de tradição política unitária, ao favorecer o incremento e a importância da atividade normativa de entidades administrativas ou político-administrativas infraestaduais e regionais.

Outro fator que provocou o início de um processo sem retorno de incremento da atividade normativa da Administração Pública foi o próprio desenvolvimento e implantação do modelo do Estado social do pós-guerra na Europa Ocidental que gerou um efetivo alargamento das funções e da organização da Administração Pública alçada ao papel de concretizadora das políticas de bem-estar. A conformação do Estado social ao princípio jurídico, ou seja, ao sistema jurídico, passa a ter como meta a conciliação entre os interesses patrimoniais de todos os membros da comunidade que estão em colisão com outros interesses vitais fundamentais.[436] À Administração Pública, portanto, passa-lhe a ser reconhecida uma atividade normativa de conformação acessória da

---

descentralização, haja vista que a sua forma política é exclusiva dos sistemas federativos e ao citar que: "(...) há descentralização administrativa quando se admitem órgãos locais de decisão sujeitos a autoridades que a própria comuna, departamento, circunscrição ou província (pouco importa que nome tenha a divisão territorial do Estado Unitário) venham a instituir, com propósito de solver ou ordenar matéria de seu respectivo interesse" (BONAVIDES, Paulo. *Ciência política*. Rio de Janeiro: Fundação Getulio Vargas, 1967. p. 109).

[435] No sentido de que: "o princípio do Estado federal parte da idéia de que a execução de direito administrativo é assunto da Federação e dos Estados federados. Para além disso, segundo a distribuição de competências, o ponto central da Administração Pública reside nos Estados federados. Esta idéia também está consagrada nas Constituições nos Estados federados. Nesta conformidade, os Estados federados são competentes para criar normas de conteúdo jurídico-administrativo (...). Por outro lado, os Estados federados possuem poderes de planificação, de emissão de directivas e de organização, bem como margens de apreciação, margens de planificação e margens de discricionariedade. (...). O seu poder de regulação alarga-se ainda ao domínio interno ('*hausgut*') jurídico-administrativo dos Estados federados, como por exemplo ao direito de polícia e de ordenação, ao direito de educação e de cultura, ao direito de infra-estruturas e ao direito da administração autónoma funcional. (...). Para a simplificação da execução da lei e para uniformização das normas para tal competentes, os Estados federados coordenaram parcialmente a legislação através da orientação de leis-modelo (...). As administrações dos Estados federados estão assim vinculadas aos limites do Estado federal" (WOLFF; BACHOF; STOBER. *Direito...*, p. 213, 214).

[436] Neste sentido, cf. WOLFF; BACHOF; STOBER. *Direito...*, p. 205.

lei e uma atividade "livre da lei",[437] pois a legislação e a Administração já não se apresentam como poderes do Estado, garantidores exclusivos da liberdade e da igualdade, mas devem atuar de forma solidária entre si, a fim de garantir condições estáveis de vida e oportunidades iguais para todos os cidadãos que o particular deixou de poder ultrapassar por si próprio, de forma a garantir a satisfação mínima e digna das necessidades humanas existenciais. Ao deixar, portanto, de ser uma Administração Pública garante da ordem pública para ser uma Administração prestadora de serviços, assume o papel de instrumento estatal de equilíbrio econômico-social ao atuar na prestação direta ou indireta (fomento e delegação de serviços), passando a gozar, portanto, de uma necessária margem de conformação em suas decisões e atos normativos, fundados em um critério de oportunidade e conveniência (discricionariedade), capaz de atender à justiça social requisitada pelo próprio sistema constitucional.

A par do poder discricionário da Administração Pública, a proteção dos direitos difusos e coletivos, imposta como competência de um Estado de bem-estar ou Estado-providência, em sua vertente mais radical, propicia uma nova leitura do princípio da legalidade administrativa, diante de novas técnicas legislativas expressas através de normas de textura aberta, que passam a conter conceitos jurídicos indeterminados, cláusulas gerais e indeterminações significativas, enquanto respostas às insatisfações coletivas.[438] Além disso, a ruptura da legalidade estrita e positiva e a implantação de um modelo metajurídico principiológico, fundado em princípios e valores, e o surgimento de um conceito de vinculação administrativa a um sistema de juridicidade passaram a impor à Administração Pública um papel mais ativo na "concretização aplicativa dessa legalidade materialmente debilitada".[439] E a legalidade administrativa deixa de ser unicamente aquilo que o

---

[437] Ao citar esta expressão, cf. WOLFF; BACHOF; STOBER. *Direito*..., p. 207.

[438] No sentido de que: "um primeiro efeito da imperfeição do Direito decorrente da sua progressiva 'textura aberta' (Hart) ou das suas 'indeterminações significativas' (Castanheira Neves), enquanto resposta à satisfação das necessidades colectivas impostas por um 'Estado-providência' (ou 'Estado de bem-estar') e por um 'Estado-segurança' (ou 'Estado-preventivo'), será, obviamente, a transfiguração material da legalidade: um modelo de disciplina legislativa exaustiva, clara e precisa da realidade é substituído por um modelo 'aberto', ponderativo de interesses, bens e valores concorrenciais e, neste sentido, imprevisível na sua concretização aplicativa" (OTERO. *Legalidade*..., p. 162).

[439] Neste sentido e ao apontar o crescente protagonismo da Administração Pública e do Poder Judiciário na concretização da juridicidade que, hoje, compreende o sistema jurídico do Estado pós-moderno, inclusive ao apontar o risco do "hiperativismo judicial", cf. OTERO. *Legalidade*..., p. 162.

legislador-parlamentar diz, através da emanação de atos legislativos formais e passa a ser aquilo que a Administração Pública entende ser como vinculativo da sua atividade e organização, através de técnicas de aplicação e interpretação, tais como a ponderação de interesses. A recente doutrina juspublicística aponta a existência de uma "reserva de administração", como limite ao princípio da reserva de lei, entendida como "um núcleo funcional da administração 'resistente' à lei, ou seja, um domínio reservado à administração contra as ingerências do parlamento"[440] e que pode ser assim sintetizada:[441] (i) reserva de administração autônoma, através da qual os espaços de interesses da autonomia local não podem sofrer a ingerência do Parlamento central e converte-se em "reserva de regulamento local", assim como os espaços normativos das universidades, convertidos em "reserva de autonomia estatutária"; (ii) reserva de execução das leis, através da qual a Administração Pública possui o poder de medir a "densidade de regulação" das leis, através de técnicas de interpretação e aplicação das leis; (iii) reserva do poder de organização, através de uma reserva de poder de organização, definida pela Constituição da República Portuguesa em seu artigo 198.º, n.º 2, como "reserva de decreto-lei"; (iv) reserva de regulamento autônomo, através da qual reconhece-se a possibilidade às entidades da Administração Pública de emanarem regulamentos autônomos, fundados apenas na Constituição; (v) e as reservas constitucionais de administração, consideradas reservas especiais, na qualidade de competências do governo exclusivas, definidas pela Constituição, insuscetíveis de expropriação pelo parlamento. Além destas reservas, pode ser acrescentada uma reserva de autonomia administrativa do Estado e de suas entidades no que diz respeito à contratação pública ou privada e aos instrumentos de parceria com a iniciativa privada e entre o Estado e as demais entidades administrativas ou político-administrativas infraestaduais (acordos, convênios, protocolos, etc.), ou seja, naquilo que diz respeito à definição das cláusulas destes instrumentos normativos de autovinculação bilateral da Administração Pública, em que os efeitos jurídicos surgem como uma "legalidade complementar"[442] das normas integrantes do sistema

---

[440] Neste sentido, cf. CANOTILHO. *Direito constitucional...*, p. 739.
[441] Neste sentido, cf. CANOTILHO. *Direito constitucional...*, p. 740 *et seq.*
[442] No sentido de uma fonte jurídica autovinculativa bilateral da Administração Pública no ordenamento jurídico português, consistente em três formas, assim definidas: (i) vinculação contratual clássica, através da qual é conferido à Administração Pública, pelo ordenamento jurídico, um espaço de autonomia contratual decisória, traduzida pela possibilidade de

jurídico vinculativo do poder público. Significa dizer que em suas atividades de cooperação e coordenação, através da celebração de contratos, acordos, convênios ou protocolos públicos e parcerias com o setor privado, a Administração Pública e suas entidades podem estipular alguns efeitos jurídicos vinculativos em complementação ao sistema de normas regulamentadoras destas relações jurídicas, gozando de espaços autônomos de conformação jurídica de suas atividades, em uma clara reserva de administração.[443]

Desta forma, a descentralização normativa, envolvendo uma partilha material de espaços de decisão normativa entre o Estado central e as diversas entidades administrativas ou político-administrativas inseridas no seu âmbito interno passam a determinar complexas formas de concorrência não só no âmbito da competência para a edição de determinado ato normativo, como também para a sua aplicação e execução, gerando, muitas vezes, complexos conflitos de ordem normativa espacial, de vinculação hierárquica e temporal.[444] A dificuldade reside na indeterminação dos atos normativos aplicáveis, bem como de seu espaço territorial de aplicação e até mesmo temporal. Muitas vezes, portanto, recorre-se não só à Constituição para dirimir estes conflitos, como também, às leis, normas e atos gerais emitidos pelo Estado central e pela sua Administração Pública central, a fim de encontrar qual o fundamento de vinculação de uma determinada situação jurídica que envolva o administrado e a Administração Pública, como também para solucionar determinada questão relativa à relação jurídica administrativa público ou privada estabelecida entre duas entidades integrantes da Administração Pública ou entre esta e um ente privado. Desta

---

celebração de contratos administrativos e de contratos de direito privado, revelando-se como um poder jurídico criador do direito; (ii) vinculação intra-administrativa, através da qual é conferida à Administração Pública a possibilidade de celebrar acordos, protocolos, convênios, contratos-programa com outras entidades públicas administrativas, ensejando, assim, a possibilidade de modificação de competências e formas de fiscalização e controles administrativos, através destes mecanismos de colaboração interna da Administração Pública; (iii) e vinculação internacional, através da qual é possível que a Administração assuma compromissos bilaterais no âmbito internacional, cf. OTERO. *Legalidade...*, p. 521-532.

[443] No sentido de que as cláusulas suplementares dos contratos públicos destinam-se fundamentalmente a submeter certas situações a uma disciplina não prevista em lei mas necessária, em face do caso concreto, para pormenorizar determinações contidas em certos preceitos normativos ou para integrar lacunas subsistentes entres estes. E ainda no sentido da existência de uma "margem de livre decisão", na estipulação de contratos administrativos típicos, através do preenchimento de espaços deixados livres pela natureza supletiva de algumas das normas que compõem o regime legal do contrato, cf. CORREIA. *Legalidade...*, p. 706.

[444] Neste sentido, cf. OTERO. *Legalidade...*, p. 163.

forma, não só a Constituição, como as normas gerais do Estado central gozam de uma centralidade limitadora e vinculativa de toda função e organização administrativas, configurando fatores de limitação de uma evidente fragmentação jurídica da Administração Pública, diante da importância conferida ao princípio da preferência da lei geral e da superioridade da Constituição. Logo, tanto no que diz respeito às atividades e à organização de suas entidades administrativas, inclusive do setor empresarial do Estado, por certo que as normas constitucionais e gerais do Estado central gozam de uma prevalência hierárquica e limitadora, pois servirão de critério jurídico unificador na solução de eventuais conflitos que possam surgir diante de um atual complexo sistema normativo que, hoje, subordina o aparelho administrativo público e suas funções, em razão da existência de diversas leis infraestaduais nos Estados Federados, por exemplo; além dos milhares de regulamentos e atos administrativos de natureza normativa, emanados pelas diversas entidades e órgãos administrativos diretos, indiretos, territoriais, institucionais, associativos, independentes e empresariais, sem mencionar, as entidades privadas que detêm poderes público-normativos, na medida em que prestam e executam uma tarefa pública.

Entretanto, a verdade é que esta pluralidade atual da "legalidade" administrativa, ou melhor, da "juridicidade" administrativa, proveniente de um fenômeno de pluralidade de ordenamentos jurídicos infraestaduais e infra-administrativos, nunca poderá envolver uma violação à ordem soberana do Estado, fundada em uma unidade jurídica interna. A ideia da unidade da Administração Pública, assente na Constituição e na existência de leis gerais e planos nacionais do governo, na qualidade de órgão superior da Administração Pública, impõe um limite a um modelo de "legalidade anárquica"[445] que "se compreende dentro da unidade da Administração Pública e no contexto de um sistema jurídico ainda predominantemente alicerçado no Estado".[446] Este limite a um universo de produção normativa diversificada revela-se em grau mais acentuado em matérias que envolvem a efetivação de imposições constitucionais em matéria de bem-estar,[447] em matérias de planificação socioeconômica[448] e em matéria de interesse nacional,

---

[445] Cf. OTERO. *Legalidade...* p. 164.
[446] Cf. OTERO. *Legalidade...* p. 164.
[447] Neste sentido, cf. OTERO. *O poder de substituição...*, v. 2, p. 600.
[448] No sentido de que a lei do orçamento contém a admissão dos meios previstos no plano orçamental e, assim, a autorização de utilização destes meios na prossecução dos fins estabelecidos no plano orçamental. E que os fins descrevem objetivos e formam

como por exemplo: a segurança do território nacional (*e.g.* artigo 273.º, n.ºs 1 e 2, da Constituição da República Portuguesa).

A unidade fundada na soberania jurídica do Estado decorre do primado do direito, enquanto sistema de normas e atos normativos inseridos no âmbito da ordenação e racionalização internas, ditadas pelas normas hierarquicamente superiores. Em primeiro lugar, as normas constitucionais (regras e princípios) e, em segundo lugar, as normas gerais, sejam leis em sentido formal, sejam os regulamentos administrativos orientadores das atividades e da organização da Administração Pública infraestatal territorial, institucional, empresarial e associativa. Dessa forma, toda a atividade e organização pública ou privada da Administração Pública encontram-se submetidas a uma ordem jurídica, cujo primado do direito, embora dinamizado e pluralizado no processo de desenvolvimento de um Estado social e no advento de um Estado moderno e pós-moderno, em que a juridicidade veio substituir o princípio da preferência da lei pelo princípio da preferência a um sistema jurídico de normas, princípios e valores, por certo que a orientação do Estado central em matérias de interesse nacional, políticas de bem-estar e planificação econômico-social, ainda evidenciam uma reserva de lei[449] e um primado do parlamento na condução das decisões políticonormativas que vinculam a Administração Pública e suas entidades, sejam aquelas que agem de forma subsidiária ou em colaboração.

Certos valores decorrentes do interesse nacional e respeitantes ao bem-estar condicionam e vinculam toda uma ordem jurídicoadministrativa infraestadual, e os interesses específicos ou autônomos devem compatibilizar-se com os ditames das normas gerais do Estado central que corporificam estes interesses.[450] A doutrina tem entendido que o respeito pelo interesse nacional determina não só a fixação constitucional de matérias de competência exclusiva do Estado central e de sua Administração Pública, como de uma competência predominante, quando da fixação de competência concorrente com outras entidades infraestaduais. As normas gerais em matéria de interesse nacional

---

simultaneamente os limites de atuação da Administração, porque as normas-fim vinculam a Administração como lei. E ainda no sentido de que a reserva de lei do parlamento para fins de orçamento não é apenas instrumento de impedimento, mas prossegue um papel de conformação e de unificação, ao assumir o Estado o papel de equilíbrio geral da economia, de modo a aplicar o orçamento no sentido de uma orientação político-econômica, como meio de orientação indispensável no Estado de prestação, cf. WOLFF; BACHOF; STOBER. *Direito...*, p. 202.

[449] Neste sentido, cf. WOLFF; BACHOF; STOBER. *Direito...*, p. 202.
[450] Neste sentido, cf. OTERO. *Autonomia...*, p. 94.

limitam a "reserva de administração", na medida em que ampliam a reserva de lei, ao conferir um primado legislativo e normativo do Estado central no tocante a estas questões.[451] O risco, no entanto, revela-se no próprio conceito de interesse nacional, por configurar um conceito jurídico indeterminado e que só encontra densidade jurídica na medida em que é definido pelo próprio Estado central. Isto significa dizer que será matéria de interesse nacional aquilo que o Estado central define como matéria de interesse nacional. Desta forma, corre-se o risco de se debilitar os espaços de decisão normativa das entidades infraestaduais em clara supressão política do Estado de uma reserva de lei de matérias por ele arbitrariamente definidas. De todo modo, a própria unidade da Administração Pública só poderá ser garantida através da condução legislativa única de normas gerais do Estado central, enquanto medida de conformação, controle e eficácia da igualdade de ação e de prestações administrativas. E o primado das normas gerais vinculativas em matéria de interesse nacional direcionam e unificam a ação e a estrutura administrativa, garantindo, assim, o equilíbrio entre autonomia e igualdade e entre fragmentação jurídica e centralização normativa.

Desta forma, a reserva de lei e a preferência da lei não podem conduzir à "interdição da administração pela via da lei".[452] Efetivamente, se a Administração for subjugada pelas leis que por característica são genéricas e abstratas e restar adstrita à sua mera execução, por certo que a aplicação justa e equitativa dos seus dispositivos será dificultada ou mesmo impedida. E, deste modo, a Administração retornaria às suas origens liberais e perderia o seu papel de concretizadora das políticas de bem-estar do Estado, atreladas à efetivação dos direitos fundamentais individuais e sociais. A Administração Pública aparece como instrumento mais justo de efetivação dos direitos contidos nas regras gerais do Estado. Ela está mais próxima do cidadão e dos assuntos de interesse local, além de possibilitar uma participação da população de forma direta em seus procedimentos decisórios.

No que tange à planificação econômica e social, a centralidade imposta pelas determinações de caráter geral pelo governo encontram-se previstas no Estado português na forma: (i) de imposição de uma das tarefas fundamentais do Estado, segundo o artigo 9.º, letra d), da Constituição da República Portuguesa, como a promoção do bem-estar

---

[451] Cf. OTERO. *Autonomia...*, p. 92-94.
[452] Neste sentido, cf. WOLFF; BACHOF; STOBER. *Direito...*, p. 227.

e da qualidade de vida do povo e a igualdade real entre os portugueses, bem como a efetivação dos direitos econômicos, sociais, culturais e ambientais; (ii) de "incumbências prioritárias do Estado", segundo o artigo 81.º, da Constituição da República Portuguesa, em especial a letra d) que assim dispõe: "promover a coesão económica e social de todo o território nacional, orientando o desenvolvimento no sentido de um crescimento equilibrado de todos os sectores e regiões e eliminando progressivamente as diferenças económicas e sociais entre a cidade e o campo"; (iii) e de previsão de planos nacionais de desenvolvimento econômico e social com a finalidade de promover o crescimento de forma harmônica e integrada de todos os setores e regiões (artigo 90.º da Constituição da República Portuguesa) e da imposição de uma vinculação a todas as entidades infraestaduais, na medida em faz referência à "execução" dos planos nacionais de forma descentralizada, donde se infere um primado desta regra geral, ou melhor, do plano de direção nacional na condução das políticas público-administrativas, em especial, das políticas de implantação de bem-estar e das políticas socioeconômicas (artigo 91.º, n.º 3, da Constituição da República Portuguesa). No tocante aos planos de governo, cabe aduzir que estes instrumentos, embora de atenuada força jurídica,[453] surgem como instrumentos de programação e transformação da ordem econômica e social, a fim de ajustá-las e unificá-las aos ditames constitucionais de efetivação das tarefas da Administração Pública do Estado, na qualidade de concretizadora dos valores subjacentes ao Estado social de direito.[454]

Estes dispositivos constitucionais consagram uma preferência do Estado central para a edição de atos normativos vinculativos e gerais em matéria de bem-estar e em matéria de planificação econômico-social, perante as quais a Administração Pública e suas entidades deverão estar condicionadas em suas atividades e em sua organização, reduzindo-se assim o seu espaço de autonomia ou sua "reserva de administração" em benefício dos princípios da unidade e da igualdade em matéria de conformação econômica e social, em razão de uma aspiração por um desenvolvimento sustentável, equilibrado e integrado. Um exemplo em que o primado da lei central do Estado se faz presente é o das leis

---

[453] No sentido de que o Estado de bem-estar exige, desde logo, uma unidade na definição das prioridades e na implementação geral das políticas mais importantes e, assim, impõe uma centralidade no Estado quanto à tomada de decisões importantes, além de sua coordenação e fiscalização da execução. E que os planos surgem como instrumentos de programação e transformação da ordem econômica e social, adequando-as às tarefas fundamentais do Estado, cf. OTERO. *O poder de substituição...*, v. 2, p. 696, 697.

[454] Neste sentido, cf. OTERO. *O poder de substituição...*, v. 2, p. 697.

orçamentárias, que segundo o artigo 105.º, n.ºs 2 e 3, da Constituição da República Portuguesa é unitário e é elaborado em harmonia com as grandes opções em matéria de planejamento econômico e social.[455] Desta forma, o Estado passa a aplicar o orçamento no sentido de uma orientação político-econômica e vincula toda a atividade administrativa, por força de uma lei geral de subvenções, na medida em que o princípio da legalidade tributária e financeira, de matriz liberal, conduz a uma concentração do poder legal tributário e de repartição de receitas entre as entidades político-administrativas ou, tão somente administrativas, do Estado.[456]

4.4 As formas de controle do Estado central

No Estado de direito, a Administração Pública encontra-se sujeita a formas de controle[457] em seu âmbito interno, ou seja, no seu âmbito orgânico e das entidades privadas que atuam em parceria e colaboração, e em seu âmbito externo, cujo controle passa ao ser exercido pelos poderes Legislativo e Judiciário, em respeito a um modelo de "freios e contrapesos", necessário ao equilíbrio e à própria unificação das políticas de efetivação da direção e das decisões do Estado central, reflexo de sua soberania interna. A previsão constitucional e legal das formas de controle interno e externo da Administração reflete um modelo unitário e centralizado de condução das atividades e da organização administrativas que visa a corrigir, sanar ou impedir a prática de atos ou poderes delegados que, inicialmente, contrariem a lei e as normas constitucionais, e também que estejam em desacordo com o interesse

---

[455] No sentido de que este primado da lei do Estado central constitui-se em reserva total de lei, cf. WOLFF; BACHOF; STOBER. *Direito...*, p. 202.

[456] Neste sentido, cf. OTERO. *O poder de substituição...*, v. 2, p. 698.

[457] No sentido de que "no Estado de Direito, a Administração Pública assujeita-se a múltiplos controles, no afã de impedir-se que desgarre de seus objetivos, que desatenda as balizas legais e ofenda interesses públicos ou dos particulares. Assim, são concebidos diversos mecanismos para mantê-la dentro das trilhas a que está assujeitada. Tanto são impostos controles que ela própria deve exercitar, em sua intimidade, para obstar ou corrigir comportamentos indevidos praticados nos diversos escalões administrativos de seu corpo orgânico central, como controles que este mesmo corpo orgânico exercita em relação às pessoas jurídicas auxiliares do Estado (autarquias, empresas públicas, sociedades mistas e fundações governamentais). Tais controles envolvem quer aspectos de conveniência e oportunidade quer aspectos de legitimidade.
Além disto são previstos controles de legitimidade que devem ser efetuados por outros braços do Estado: Legislativo, por si próprio ou com auxílio do Tribunal de Contas, e Judiciário, este atuando sob provocação dos interessados ou do Ministério Público", cf. MELLO. *Curso...*, p. 899.

público, importando, assim, em alguns casos, em um controle de mérito das atividades de entidades infraestaduais ou órgãos internos da Administração direta do Estado.

Pode-se assim afirmar que as diferentes formas de controle, seja o controle administrativo, legislativo ou jurisdicional, quando assim acionados para manifestar-se sobre um determinado conflito administrativo, pressupõem uma escolha por parte do Estado por um modelo centralizado, na medida em que nos países de matriz unitária: (i) o controle exercido pela própria Administração sobre as estruturas infraestaduais (institutos públicos, empresas públicas e privadas em parceria, associações, autarquias locais, universidades, etc.) apresenta-se como instrumento de garantia da própria legalidade democrática[458] e do interesse público, e os poderes de hierarquia, superintendência e tutela evidenciam mecanismos constitucionais e legais a serem exercidos pela Administração Pública central de forma a sanar, corrigir e impedir desvios de interesse público e atividades praticadas contra a lei e contra a Constituição; (ii) a responsabilidade política, nos modelos parlamentares ou semiparlamentares,[459] e a fiscalização do parlamento surgem como mecanismos de unificação das escolhas e decisões administrativas quanto à prática de seus atos e contratos e no âmbito das demais relações jurídicas, diante de um Poder Legislativo central; (iii) e, da mesma forma, a existência de um Poder Judiciário centralizado nos países de matriz política unitária também impõe uma unificação da jurisprudência em matéria de relações administrativas do Estado, condicionando o controle jurisdicional a uma limitação de atuação jurídica. Nos países de matriz federal, cabe destacar que: (i) o controle interno exercido pela própria Administração, embora se encontre repartido entre os diversos níveis políticos da federação, (Estados) ainda possui a direção e a orientação da Administração Pública do Estado central, especialmente em matérias que digam respeito à ordem econômico-financeira e social e ao interesse nacional, cuja inobservância poderá acarretar inclusive uma intervenção de ordem

---

[458] Neste sentido, cf. OTERO. *O poder de substituição...*, v. 2, p. 578.
[459] Nos regimes de governo presidencialistas, embora não se efetive a responsabilidade política do governo perante o parlamento, alguns mecanismos de controle pelo Poder Legislativo das atividades do Presidente e de seu corpo de Ministros podem ser previstos na Constituição, como, por exemplo, no caso brasileiro, a previsão pelo artigo 86 da Constituição da República Federativa do Brasil de julgamento do Presidente da República pelo Senado Federal pela prática dos chamados crimes de responsabilidade, previstos no artigo 85, em especial, aquele previsto no inciso V: "a probidade na administração".

política na entidade territorial infraestadual;[460] (ii) e o controle jurídico conferido ao Poder Judiciário, embora os Estados federados comportem uma descentralização deste poder político, tal como ocorre no modelo brasileiro,[461] por certo que a previsão constitucional de tribunais de recursos federais, cuja competência restringe-se às causas em que configure violação de lei federal, e de tribunais constitucionais, para exame da constitucionalidade de leis e atos administrativos federais e infraestaduais, conduz, por certo, a uma unificação da jurisprudência, caracterizando-se, assim, da mesma forma, um modelo unitário.

A unificação das formas de controle no âmbito das relações intra-administrativas, ou seja, no âmbito próprio do controle interno exercido pela própria Administração Pública, seja através do poder hierárquico — verificável entre órgãos com atribuições comuns[462] ou entre autoridade superior em face de seus subalternos, sempre no âmbito de uma mesma entidade administrativa —, seja através dos poderes de tutela e superintendência,[463] que pressupõem formas de controle administrativo

---

[460] No direito brasileiro reveste particular importância, como providência repressiva, a intervenção da entidade federal supervisora na gestão da entidade tutelada. Assim, à semelhança do que sucede quanto à intervenção federal nos Estados, a Constituição da União (artigo 34) também prevê a intervenção dos Estados nos Municípios (artigo 35).

[461] No Brasil, o Poder Judiciário divide-se em cinco Tribunais: a Justiça Federal, a Justiça Eleitoral, a Justiça do Trabalho, a Justiça Militar e a Justiça dos Estados. Estes últimos tribunais estaduais detêm a competência residual de todas as matérias que não se incluem na competência dos quatro primeiros tribunais — que são federais — e representam uma forma de descentralização das funções jurisdicionais (vide artigo 125 da Constituição da República Federativa do Brasil).

[462] No sentido de que a hierarquia administrativa se deve configurar como resultado conjunto dos três seguintes elementos: (i) a hierarquia é um modelo de organização vertical da Administração Pública; (ii) a hierarquia consubstancia uma relação jurídico-funcional entre uma pluralidade de órgãos da mesma entidade pública; (iii) a hierarquia envolve um especial processo de decisão administrativa decorrente de um órgão ter competência para dispor da vontade decisória de todos os respectivos órgãos subalternos, cf. OTERO. *Conceito...*, p. 76.

[463] O professor Diogo Freitas do Amaral define a tutela administrativa como o "conjunto dos poderes de intervenção de uma pessoa colectiva pública na gestão de outra pessoa colectiva, a fim de assegurar a legalidade ou o mérito da sua atuação" (AMARAL. *Curso...*, v. 1, p. 698-700). E distingue as principais espécies de tutela administrativa quanto ao fim e quanto ao conteúdo. Quanto ao fim, a tutela administrativa desdobra-se em tutela de legalidade e tutela de mérito. Importa destacar que após a revisão constitucional em Portugal de 1982, a tutela do Governo sobre as autarquias locais deixou de poder ser uma tutela de mérito e legalidade, para passar a ser uma tutela apenas de legalidade (artigo 242.º, n.º 1, da Constituição da República Portuguesa). Quanto ao conteúdo, aponta o autor cinco modalidades de tutela administrativa: a) tutela integrativa; b) tutela inspectiva; c) tutela sancionatória; d) tutela revogatória; e) e tutela substitutiva, cf. AMARAL. *Curso...*, v. 1, p. 701-706. O professor Marcello Caetano aponta que "a supervisão tutelar pode ser exercida por diversos modos, sempre de acordo com os poderes expressamente conferidos por lei ao órgão supervisor (...): a) mediante o fornecimento pela entidade tutelada de

exercidos entre pessoas jurídicas distintas inseridas no âmbito orgânico da Administração Pública, traduz, portanto, uma importante limitação à fragmentação administrativa em seu aspecto jurídico, quer no âmbito funcional e/ou estrutural.

As espécies de controle impõem uma garantia da legalidade e da aplicação das normas definidas pela Constituição, à luz de um critério de ponderação de interesses, que, por sua vez, são definidos por uma entidade superior que exerce o poder de controle. Assim, se verifica, por exemplo, quanto à atuação e quanto às atividades das autarquias locais em Portugal, sujeitas, apenas, ao controle de legalidade de seus atos, através de um regime de tutela administrativa exercida pela

---

documentos informativos da sua actividade, periodicamente ou quando lhe seja exigido pelo órgão supervisor, de modo a habilitar este a formular o seu juízo no mesmo necessário; b) mediante a inspeção ou auditoria, determinada pelo órgão supervisor aos serviços ou à gestão da entidade tutelada; c) mediante a exigência legal de autorização para que os órgãos da entidade tutelada possam tomar decisões sobre determinadas matérias ou de aprovação para que as decisões tomadas passem a ser executórias; d) mediante a fixação pelo órgão supervisor de limites de despesa ou critérios de procedimentos; e) mediante a designação de representantes permanentes do órgão supervisor que fiscalizem a acção dos órgãos da entidade tutelada a fim de informarem o órgão supervisor de qualquer irregularidade notada, por vezes com a faculdade de suspender as deliberações que reputem ilegais, inconvenientes ou inoportunas e de as submeter à apreciação do órgão supervisor; f) mediante a intervenção do órgão supervisor na gestão da entidade tutelada, por motivo de interesse público". E acrescenta: "quando o órgão supervisor nomeia, ou por qualquer forma designa todos os titulares do órgão de uma entidade autónoma é preciso que fique bem claro na lei que o órgão é independente no exercício das suas funções, salvo naquilo em que estiver submetido à tutela. De outro modo existirá subordinação hierárquica e não supervisão tutelar. (...) Em resumo, a supervisão tutelar pode ser exercida sob a forma de inspeção e informação, colaboração na prática de actos e contratos, orientação de gestão e intervenção" (CAETANO, Marcello. *Princípios fundamentais do direito administrativo*. Reimpressão da edição brasileira de 1977 e 2. reimpressão portuguesa. Coimbra: Almedina, 2003. p. 398, 399). Segundo o professor Diogo Freitas do Amaral, a superintendência é "o poder conferido ao Estado, ou a outra pessoa colectiva de fins múltiplos, de definir os objectivos e guiar a actuação das pessoas colectivas públicas de fins singulares colocadas por lei na sua dependência" (AMARAL. *Curso*..., v. 1, p. 717). E acrescenta que a superintendência é um poder mais amplo, mais intenso, mais forte do que a tutela administrativa, porque esta tem apenas por fim controlar a atuação das entidades a ela sujeitas, ao passo que a superintendência se destina a orientar a ação das entidades a ela submetidas. E ainda que: "num caso, são as próprias entidades autónomas que definem os objectivos de sua actuação e vão conduzindo por si próprias, embora sujeitas ao controle de uma entidade exterior; no outro caso, é a entidade exterior que define os objectivos e guia, nas suas linhas gerais, a actuação das entidades subordinadas, dispondo estas apenas de autonomia para encontrar as melhores formas de cumprir as orientações que lhes são traçadas" (AMARAL. *Curso*..., v. 1, p. 717). A distinção entre tutela administrativa e superintendência tem fundamento jurídico no artigo 199º, letra d), da Constituição da República Portuguesa, ao dispor que: "Compete ao Governo, no exercício de funções administrativas: (...) d) Dirigir os serviços e a actividade da administração directa do Estado, civil e militar, superintender na administração indirecta e exercer a tutela sobre esta e sobre a administração autónoma".

Administração central do Estado. O controle, desta forma, garante a aplicação das leis gerais do Estado e das normas constitucionais que não poderão ser desrespeitadas pelas entidades administrativas infraestaduais. Os interesses a serem ponderados revelam-se diante da pluralidade de normas e princípios, em que o controle jurídico deverá ser exercido à luz de uma vinculação das entidades infra-administrativas a um critério de juridicidade que englobará não só a lei formal, mas também os princípios e valores constitucionais.[464] Esta nova leitura das formas de controle jurídico, em especial, do controle de legalidade, apresenta um novo paradigma em razão da mudança de compreensão do próprio princípio da legalidade administrativa. E passa a conferir à entidade administrativa controladora, uma maior preponderância na definição das situações em que a entidade controlada agiu contra o sistema jurídico preestabelecido pela lei e pela Constituição. Tal proeminência é reflexo do incremento do papel da Administração Pública, como concretizadora das políticas de bem-estar do Estado e da importância dos princípios, em uma nova leitura do modelo de interpretação das normas constitucionais, através da qual, eles ganharam força jurídico-vinculativa efetiva, embora contenham, muitas vezes, comandos abertos, que devem ser aferidos à luz do caso concreto.

Ainda no que se refere ao controle de legalidade, os Tribunais de Contas, no âmbito de um controle externo, pode caracterizar uma concentração jurídica do orçamento financeiro e das contas da Administração Pública.[465] Em alguns países, os Tribunais de Contas são considerados órgãos do Poder Executivo e em outros, órgãos do Poder Legislativo, na qualidade de assessores do Parlamento, aos quais compete em última instância a decisão acerca da administração financeira, como corolário das suas atribuições privativas quanto à votação dos

---

[464] Na Europa é crescente a opção por sistemas de controle da Administração Pública, fundados em princípios, podendo citar-se como exemplo: o erro manifesto de apreciação e o *bilan coût-avântages*, no Conselho de Estado francês; o excesso de poder e a discricionariedade técnica, na Itália; o princípio geral da razoabilidade, na Grã-Bretanha; e o da proporcionalidade, na Alemanha, com suas projeções e desdobramentos na Espanha e Portugal, todos em maior ou menor grau, variações dos princípios da proporcionalidade e da razoabilidade. Neste sentido, cf. MORAES, Germana de Oliveira. *Controle jurisdicional da Administração Pública*. São Paulo: Dialética, 2004. p. 41.

[465] No sentido de que na atuação dos Tribunais de Contas se podem encontrar meios de garantia da legalidade na Administração Pública e no sentido de que eles surgem como órgãos colaboradores dos poderes do Estado na fiscalização da gestão do dinheiro e das finanças públicas, cf. CAETANO. *Princípios...*, p. 400, 401.

tributos e à autorização anual da cobrança das receitas e da efetivação das despesas fixadas no orçamento.[466] Seguindo-se, assim, a mesma tendência de centralização das leis orçamentárias, já antes citadas, os Tribunais de Contas, portanto, atuam como órgão fiscalizador do cumprimento destas leis no âmbito das entidades público-administrativas fragmentadas, revelando-se também como fator limitador de uma fragmentação econômico-financeira do Estado.

A previsão constitucional do governo em Portugal, como órgão superior da Administração Pública e como órgão condutor da política geral do país,[467] responsável perante o Parlamento, justifica e legitima os poderes de intervenção intra-administrativos sobre quase todas as estruturas dotadas de poderes decisórios no âmbito administrativo,[468] inclusive os poderes de controle sobre o setor empresarial[469] e sobre as entidades que atuam em parceria e colaboração com o poder público, mediante instrumento de contrato, acordo ou convênio, em sede de descentralização de serviços públicos. Este controle que é conferido constitucionalmente ao governo assegura-lhe uma unidade de ação sobre todo o setor público da Administração (institutos, associações, autarquias locais, universidades, etc.), como também sobre o setor empresarial do Estado e sobre as pessoas coletivas/jurídicas que se encontram vinculadas a uma relação jurídica bilateral com o poder público, através da qual executam e prestam serviços públicos ou

---

[466] No sentido da possibilidade de o Tribunal de Contas ser órgão autônomo de colaboração com todos os poderes do Estado, cf. CAETANO. *Princípios...*, p. 401.
[467] Cf. artigo 182.º da Constituição da República Portuguesa.
[468] Cf. artigo 199.º, letra d), da Constituição da República Portuguesa.
[469] No sentido de que "atribuindo a ordem jurídica ao Governo poderes de intervenção sobre as diferentes estruturas integrantes do sector empresarial do Estado, assegura-lhe, em conseqüência, uma unidade de acção sobre todo o respectivo universo empresarial, possibilitando, assim, a sua instrumentalização à prossecução de interesses públicos confiados primariamente ao próprio Estado e aos objectivos da política económica definidos pelo Governo.
A titularidade pelo Governo de tais poderes de controlo sobre o sector empresarial do Estado — à semelhança, aliás, do que sucede com todas as restantes entidades públicas menores integrantes da Administração indirecta e da Administração autónoma do Estado —, concretizando o princípio da unidade administrativa, traduz uma manifestação directa da prevalência dos interesses públicos a cargo do Estado relativamente aos interesses confiados a todas as restantes entidades públicas (ou privadas)". E, ainda, no sentido de que: "o princípio da unidade da Administração, enquanto principal fundamento habilitador dos mecanismos de controlo administrativo do Governo sobre as entidades integrantes do sector empresarial do Estado não afasta, antes pressupõe, uma estreita articulação com o princípio democrático e o princípio da legalidade, podendo mesmo aferir-se uma relação de instrumentalidade" (OTERO, Paulo. *Vinculação...*, p. 306-309). Sobre a prevalência dos interesses públicos a cargo do Estado e sua articulação com o princípio da unidade da Administração, cf. OTERO. *O poder de substituição...*, v. 2, p. 760, 761, 808, 824, 838.

atividades de interesse público.⁴⁷⁰ O poder de controle exercido pelo Estado central, corporificado, em Portugal, através do governo, traduz a manifestação direta da prevalência dos interesses públicos a cargo do Poder soberano e possibilita a própria concretização do princípio da unidade administrativa.

A prevalência dos interesses do Estado central, corporificados em sua própria ordem jurídica, justifica que todos os demais subsistemas infraestaduais se movam no âmbito do sistema normativo estadual de nível superior, o que, por sua vez, fundamenta a previsão dos instrumentos de controle administrativo a ser exercido pelo governo sobre as atividades de todos os setores e segmentos fragmentados de sua Administração Pública, sejam eles territoriais, associativos, institucionais, empresarial e em parceria com a iniciativa privada.

No Brasil, Estado federado, verifica-se uma repartição dos poderes de controle que são delegados a cada entidade da federação (Estados e Municípios) em sua esfera de gestão. Portanto, observa-se como se existissem várias Administrações Públicas, uma no âmbito federal — na qual a direção compete ao Presidente da República⁴⁷¹ — e as demais no âmbito de cada Estado e/ou Município da federação, em que cada órgão de cada Poder Executivo descentralizado atua como órgão superior da Administração estadual e/ou municipal. Desta forma, os poderes de direção, controle e intervenção, são assim exercidos no âmbito de cada entidade da federação, porém, a fiscalização do Estado central manifesta-se na própria ordem jurídica do Estado central, leis federais gerais e a Constituição que, caso não forem observadas, ensejam o procedimento de intervenção da União federal nos Estados e dos Estados nos Municípios, com o objetivo de restaurar a integridade nacional.⁴⁷²

---

⁴⁷⁰ No sentido da diferenciação entre as formas e mecanismos de controle do setor empresarial do Estado, sobre as empresas públicas e sobre as empresas privadas com capital acionário do Estado. Ao apontar que: "a) no que respeita à intervenção empresarial do Estado feita sob formas organizativas de direito público, gerando a criação de entidades públicas — isto é, as designadas empresas cuja personalidade jurídica é de direito público, ou seja, enquanto órgão de uma típica entidade tutelar sobre os entes públicos menores; b) já no que se refere à intervenção empresarial do Estado efectuada sob formas organizativas de direito privado, determinando a criação de sociedades de capitais públicos ou de capitais mistos, o Governo exercerá normalmente poderes como órgão da entidade accionista, isto é, do Estado como típico sócio participante do capital social de uma empresa privada, sem prejuízo, note-se, da eventual admissibilidade de exercício, a título excepcional, de poderes exorbitantes visando a defesa do interesse público" (OTERO. *Vinculação...*, p. 313).

⁴⁷¹ Cf. artigo 84, inciso II, da Constituição da República Federativa do Brasil.
⁴⁷² Cf. artigos 34 a 36 da Constituição da República Federativa do Brasil.

Importa ainda referir o fenômeno recente do surgimento das entidades reguladoras no âmbito do aparelho organizatório do Estado como o mais relevante testemunho de uma dupla evolução da relação do Estado com a economia desde há umas duas décadas. Ela consiste, por um lado, na crescente redução da intervenção direta do Estado na atividade econômica (como Estado empresário), em troca do reforço do seu papel regulador (Estado regulador). Por outro lado, ela passa por uma considerável descentralização dos poderes de regulação e controle das atividades públicas delegadas à iniciativa privada, confiando-os a entidades públicas independentes, como o modelo de Portugal, e a entidades que fazem parte da Administração indireta do Estado, como no Brasil, sob a denominação de autarquias especiais.[473] Logo, uma das manifestações mais visíveis da alteração do papel do Estado nas últimas duas décadas do século XX e que revolucionaram a própria organização da Administração Pública no setor de produção de bens e prestação de serviços foi a criação e a implantação do modelo das agências reguladoras,[474] ao representarem a repartição dos poderes de controle e regulação, antes desempenhados diretamente pelo Estado, através dos órgãos de sua própria Administração direta e que agora passam a ser desempenhados por pessoas coletivas/jurídicas de direito público, distintas do Estado.

A origem deste modelo de repartição dos poderes de controle, em especial, sobre atividades públicas que afetam diretamente a economia e à sociedade como um todo, de modo particular o setor de prestação de serviços públicos, em questão, localiza-se nos Estados Unidos da América, onde constituem uma realidade já com mais de um século, na figura das *Independent Agencies* e nas denominadas *Independent Regulatory Commissions*. Sob a ideologia de que a economia deveria desenvolver-se sem a ingerência do governo e sob o fundamento da separação e tensão entre o Poder Executivo (o Presidente) e o Poder Legislativo (o Congresso), as agências, então, foram concebidas sem

---

[473] Muito embora a doutrina brasileira classifique as agências reguladoras, dotadas de poderes de controle e regulação sobre o setor de serviços públicos, como autarquias especiais, integrantes do conceito orgânico de direito administrativo de Administração indireta do Estado, é certo que cada lei que instituiu cada agência em específico pode conferir certo grau de independência do Poder Executivo em grau superior às clássicas autarquias institucionais no direito administrativo brasileiro. Logo, a independência administrativa, a autonomia financeira e a ausência de subordinação hierárquica podem ser verificadas em cada lei instituidora em grau maior do que as tradicionais autarquias institucionais brasileiras, cf. MELLO. *Curso...*, p. 139-141.
[474] Cf. MOREIRA; MAÇÃS. *Autoridades...*, p. 09. As agências reguladoras também são denominadas por vezes como "entidades de supervisão", cf. RODRÍGUEZ, Betancor. *Las administraciones independientes*. Madrid: Tecnos, 1994. p. 25 *et seq*.

a interferência da Administração Pública direta e consequentemente, sem a influência de decisões políticas a ela inerentes.[475] Apesar das inúmeras vantagens da criação das agências independentes, em relação ao controle e à regulação exercidas pela Administração direta do Estado, pois passaram a proporcionar uma maior especialização, flexibilidade, agilidade e maior possibilidade da participação dos interessados na tomada de decisões, algumas críticas a este modelo foram levantadas, como a teoria da "captura" do organismo regulador pelos regulados e a teoria dos grupos de interesse,[476] além de representar um modelo que coloca em xeque o próprio princípio da unidade administrativa.

A exportação do modelo das agências independentes para a Europa ocorreu tardiamente, já na década de 1980, começando pela Grã-Bretanha.[477] E mais tarde, já no final da década de 1990, passou a ser implementado no Brasil. A difusão deste modelo reside na crise que afeta a organização administrativa tradicional, por não ter sido capaz de se adequar às transformações do Estado plural contemporâneo, caracterizado pela crescente politização das estruturas administrativas. Desta forma, ao nível da opinião pública gerou-se uma forte corrente no sentido da desconfiança perante a imparcialidade da Administração, por esta se ter deixado dominar por grupos de pressão e influências político-partidárias. A experiência demonstra que os governos, pressionados por interesses político-partidários, especialmente eleitorais, encontram-se, muitas vezes, inibidos de tomar decisões administrativas que se mostram necessárias e convenientes a curto e médio prazo. Alguns setores, portanto, especialmente aqueles que afetam diretamente a opinião pública, como o setor da prestação de serviços públicos, são mais permeáveis a que as autoridades responsáveis pelo controle e fiscalização se deixem influenciar por critérios de oportunidade política, ensejando o abrandamento dos mecanismos de controle que deveriam ser executados de forma contundente. A tendência para a atenuação do controle ou o afastamento em relação aos objetivos que deveriam ser perseguidos pelas empresas delegatárias de serviços públicos contribui para o aumento de problemas sistêmicos e conjunturais, difíceis, muitas vezes, de serem solucionados.[478]

---

[475] Para maiores desenvolvimentos, cf. PÁSSARO, Michele. *Le amministrazione indipendenti*. Torino: Giappichelle Editore, 1996. p. 61 *et seq*.

[476] Sobre as vantagens e desvantagens do modelo de repartição dos poderes de controle e regulação com as agências independentes, cf. MARQUES, Rui Cunha. *Regulação de serviços públicos*. Lisboa: Sílabo, 2005. p. 33-40.

[477] Cf. MOREIRA; MAÇÃS. *Autoridades...*, p. 20.

[478] Neste sentido, cf. RIVERO ORTEGA, Ricardo. *El estado vigilante*. Madrid: Tecnos, 2000. p. 143 *et seq*.

Em termos sintéticos, a ideia de repartição dos poderes de controle e regulação, através de um modelo de delegação a entidades distintas do Estado, sejam elas concebidas como autoridades independentes, tal como no modelo europeu e norte-americano, também em Portugal, sejam através de entidades públicas integrantes da Administração indireta do Estado, exprime o ideal da busca por uma maior eficiência das formas de controle e vigilância públicas, em especial sobre setores públicos da economia que afetam diretamente a coletividade, como as atividades de gestão e prestação de serviços públicos. Segundo esta fórmula, o papel que o Estado é chamado a desempenhar não é tanto o de comandar diretamente os atores sociais, mas, antes, o de estabelecer entre eles as regras do jogo e o de controlar e vigiar o cumprimento das mesmas, tal como ocorre na relação tríplice entre os concessionários de serviços públicos, as agências de controle e regulação a que estão subordinados e o Estado e a sua Administração Pública direta.

Logo, verifica-se que o novo cenário de reforma da Administração Pública, em que um dos vetores funda-se na busca por uma maior eficiência técnica e jurídica na gestão e prestação dos serviços públicos em regime de delegação, representa a íntima relação entre liberalização para o setor privado de atividades antes prestadas diretamente pela Administração Pública direta do Estado e a criação das agências reguladoras, autoridades independentes que executam os poderes de controle e regulação delegados a elas e que antes também eram executados pelo próprio Estado diretamente. A transferência dos poderes de controle segue a linha de reforma da Administração, vindo a implicar em uma maior eficiência do próprio controle, especialmente das atividades públicas delegadas à iniciativa privada, na tentativa de afastar os riscos das influências político-partidárias das decisões e atos administrativos de controle, fiscalização e regulação e possibilitar um equilíbrio justo entre os valores e interesses envolvidos na contratação pública, mediante a parceria com o setor privado na gestão e prestação dos serviços públicos. Tendo em vista que os serviços públicos estão intimamente relacionados com alguns direitos e garantias individuais e os interesses do setor privado podem, muitas vezes, entrar em choque, por certo que a necessária conciliação exige juízos valorativos que se abstenham de qualquer influência política de forma a garantir formas de controle e fiscalização com maior objetividade, neutralidade e imparcialidade.

A repartição de poderes de controle e fiscalização com as agências reguladoras representa uma divisão de competências que tem por objetivo aumentar a eficiência dos mecanismos de controle, que também são classificados como atividade administrativa, seja independente no modelo português, seja indireta, no modelo brasileiro, através das autarquias especiais. As agências gozam de amplos poderes de investigação, regulação e inspeção, além de poderes consultivos e, até mesmo, sancionatórios. Porém, estes poderes vêm definidos e determinados previamente em cada lei que cria cada entidade, sendo possível a alternância destes poderes e até mesmo a criação de outros, como, por exemplo, poderes jurisdicionais de dirimir conflitos entre os intervenientes do setor público respectivo. O poder regulatório, por sua vez, ganha evidência como mecanismo de controle e representa uma forma contemporânea de ação do Estado. Trata-se, em linhas gerais, do modo como a coordenação entre empresas, cidadãos consumidores e os diferentes órgãos do governo se dá quanto à edição de normas e cujo objetivo primordial é o de estimular, vedar ou determinar comportamentos envolvendo determinados mercados que, por seus traços próprios, requerem a interferência estatal.

No entanto, embora esta repartição de poderes possa, em um primeiro momento, representar uma ruptura na unidade administrativa, através de uma flexibilização do controle direto pelo Estado de atividades administrativas delegadas e descentralizadas ao setor privado, importa frisar que a descentralização do controle regulatório, fiscalizatório e sancionatório, só se faz possível através de previsão em lei que assim define as atribuições das entidades administrativas independentes ou regulatórias. Esta previsão legal implica em uma centralidade jurídica e importa em controle de legalidade jurisdicional quando estes poderes extrapolam a lei ou a Constituição, além da importância do controle parlamentar, por meio da responsabilização política, em sistemas de governo parlamentaristas. Este tema será adiante desenvolvido, pois representa hoje um dos problemas trazidos por esta forma de fragmentação administrativa.

4.5 A delimitação de competências político-administrativas

O sistema jurídico político-administrativo deve estar organizado de forma a garantir a paz e a segurança jurídica em uma determinada comunidade, configurando-se, deste modo, uma "comunidade juridicamente organizada".[479] Para tanto, as normas proibitivas, as

---
[479] Neste sentido, cf. ZIPPELIUS. *Teoria...*, p. 64.

normas de conduta e as normas de competência[480] do poder público devem estar pautadas em um sistema organizado de regulação, dentro do qual possa verificar-se uma harmonia de regras e princípios. As normas de competência, por sua vez, revestem-se de particular importância quando se trata de distinguir o Estado de outras comunidades juridicamente ordenadas (*e.g.* um Município de uma sociedade por ações).[481] O Estado é aquela comunidade que, como instância suprema, dispõe do instrumento de direção normativa, gozando, assim de uma "supremacia das competências".[482] A centralidade e a unidade da soberania do Estado central, em especial de sua atividade política legislativa, condicionam e conformam toda atividade e estrutura administrativas, em especial o poder regulamentar e os limites de organização das entidades infra-administrativas. A lei geral e a Constituição definem a direção das políticas públicas e delimitam os espaços de atuação das entidades que integram a Administração Pública. A hierarquia normativa das fontes do direito em uma "construção escalonada"[483] de competências normativas, incluídas as competências normativas legais e administrativas, no âmbito de uma atividade pública legislativa formal, reflete uma regulação dependente e condicionada em que: "o Poder Legislativo deriva o seu poder de regulação do poder constituinte e o poder regulamentar deriva o seu do Poder Legislativo".[484]

O princípio da unidade político-administrativa e a soberania interna do Estado não admitem que existam, no território do Estado, quaisquer competências político-normativas e administrativas soberanas que sejam autônomas por si próprias face aos poderes político-administrativos do Estado central. Isto significa afirmar que qualquer entidade político-administrativa infraestadual exerce competências e poderes que são atribuídos e conferidos por uma ordem jurídica central que unifica as políticas públicas do Estado e as direciona conforme o

---

[480] As normas de competência "(...) fixam poderes de regulação ('competências') e procedimentos de regulação, isto é, determinam quem tem a faculdade de estabelecer deveres de conduta — gerais ou individuais — e qual o procedimento a observar para tal fim. Atribuem, p. ex., a um parlamento a competência para aprovar normas jurídicas de obrigatoriedade geral por via de um procedimento pormenorizadamente regulamentado; ou conferem ao agente da polícia a competência de regular o trânsito rodoviário, isto é, criar através das suas ordens deveres de conduta individuais para os participantes no trânsito (p. ex. o dever de parar)" (ZIPPELIUS. *Teoria...*, p. 63, 64).

[481] Neste sentido, cf. ZIPPELIUS. *Teoria...*, p. 64.

[482] Ao citar a expressão "onipotência do Estado" no plano jurídico como soberania de competência do Estado, cf. ZIPPELIUS. *Teoria...*, p. 64, 77.

[483] Cf. ZIPPELIUS. *Teoria...*, p. 64.

[484] Cf. ZIPPELIUS. *Teoria...*, p. 64.

interesse nacional. Desta forma, "(...) caso existissem, no território do Estado, competências soberanas autónomas de que nenhum órgão estatal pudesse dispor, o poder do Estado via-se privado, *ex definitione*, da supremacia das competências e, consequentemente, da soberania. Soberania e unidade do poder do Estado encontram-se, portanto, interligadas".[485]

A repartição de competências pressupõe, no Estado democrático de direito, uma distribuição inserida em um sistema jurídico homogêneo, em que os poderes político-legislativos e administrativos possam "coabitar" em um espaço territorial estatal e público, em face de uma ordem coordenada preestabelecida pela lei material e pela Constituição, em respeito a uma reserva legal e constitucional dentro das quais a Administração Pública e os demais poderes públicos devem mover-se.[486]

A ordem jurídica e a repartição de competências entre Estado central e as demais entidades infraestaduais representam um esquema de coordenação funcional e, em especial, de coordenação funcional de poderes normativos e administrativos, que possui como objetivo evitar a contradição entre normas e poderes e garantir um controle jurídico, através de um mecanismo de reserva legal prévia, de que cada entidade política ou administrativa fragmentada possa exercer os seus poderes dentro de uma margem jurídica predefinida pelo Estado central, sob pena de invalidade de seus atos em face da lei que estabelece a divisão de competências e/ou em face de Constituição. Importa destacar que as competências devem complementar-se reciprocamente e articular-se num esquema de ordenação isento de contradições.[487] Porém, ao Estado

---

[485] Neste sentido e no sentido de que "designa-se, portanto, por unidade jurídica do poder do Estado, o facto, já conhecido, de existir uma ordem homogênea de direito e de competências. – Evidentemente, esta homogeneidade não pode significar que uma instância central tenha de adaptar, ela própria, todas as regulações vinculativas de conduta. Um rigorismo centralista deste gênero seria desde logo inexequível na prática em virtude das múltiplas e imprevisíveis relações de vida que devem ser reguladas" (ZIPPELIUS. *Teoria...*, p. 80, 81).

[486] Da legalidade, em seu sentido negativo, podem ser extraídas imposições e proibições gerais, às quais estão vinculados o Governo e a Administração, na medida em que não estejam subordinados à exigência de fomento da legalidade positiva, isto é, à exigência de um fundamento de autorização legal especial. Deste comando de aplicação e de proibição de desvio resulta que todos os atos públicos são atos praticados por órgãos e só são válidos se respeitarem as normas de competência. No âmbito das proibições gerais, ressalta a "proibição de exceder as competências", ou seja, de exceder as funções e as competências orgânico-funcionais de outras entidades ou órgãos. Neste sentido, cf. HANS; BACHOF; STOBER. *Direito...*, p. 436, 438, 439.

[487] No sentido de que "o dualismo de centros de decisão — dos órgãos centrais e dos órgãos dos Estados-membros — distingue o Estado federal do Estado unitário e da confederação de Estados. Se os órgãos da federação tivessem a soberania das competências, poderiam também reduzir ilimitadamente ou até abolir completamente as competências dos

central, seja em um Estado unitário, seja em um Estado federal, em razão de sua soberania interna, através de seus poderes e órgãos, lhe é conferida uma "soberania[488] jurídico-constitucional de competências"[489] que se sobrepõe às competências das demais entidades infraestaduais, configurando, assim, uma evidente limitação à fragmentação jurídica e funcional da Administração Pública, enquanto poder e enquanto atividade do Estado descentralizada.

O princípio da competência está assentado na máxima de que "a competência não se presume, sendo ainda imodificável pela Administração e pelos particulares".[490] No entanto, a ordem jurídica legal e constitucional define um sistema de cooperação e coordenação de competências entre os órgãos da Administração Pública e entre os órgãos dos poderes políticos do Estado e das demais pessoas jurídicas de direito público territoriais que integram o esquema político-geográfico

---

Estados-membros, e, então, o Estado federal nada mais seria do que um Estado unitário descentralizado, e não, porém, estrutura estatal com carácter específico. – Se, pelo contrário, os Estados-membros dispusessem da soberania das competências, podiam subtrair-se, por sua livre decisão, às competências da federação, deixando, porém, de corresponder, de novo, à especificidade política do Estado federal. – O fenómeno político que se designa por "Estado federal" encontra a sua particularidade precisamente no facto de os Estados-membros nem estarem entregues pura e simplesmente à decisão dos órgãos centrais, nem poderem chamar a si ilimitada e arbitrariamente dimensões específicas do Estado" (ZIPPELIUS. Teoria..., p. 83).

[488] A soberania foi inicialmente definida pela doutrina de Jean Bodin, que a considerou "como a característica essencial do poder do Estado: 'République est un droit gouvernement de plusieurs ménage, et de ce qui leur est commun, avec puissance souveraine' (Bodin 1576, Livro I 1). Ele formulou este poder soberano em termos jurídicos. O 'ponto principal' (da majestade soberana e do poder) absoluto deveria encontrar-se na faculdade de legislar sobre os súbditos sem o consentimento destes últimos (Bodin, I 8). Ela integra, pois, o poder de dispor sobre o instrumento de direcção normativa que coordena a conduta dos homens numa estrutura de condutas (juridicamente organizada)" (ZIPPELIUS. Teoria..., p. 75).

[489] Ao citar Georg Jellinek, no sentido de que o Estado "converte-se no grande Leviathan que vai devorando todos os poderes públicos. Mesmo onde os deixa sobreviver no seu aspecto externo, assenhoreia-se, no entanto, deles de tal forma que se instala como senhor originário dos poderes subordinados, mesmo quando lhes conceda face a ele um poder relativamente independente. Revela-se isto no facto de se arrogar a si mesmo o direito de dispor, em virtude da sua lei, de todo o poder soberano dentro do seu território" (ZIPPELIUS. Teoria..., p. 73, cf. também p. 77).

[490] Neste sentido, cf. OTERO. Legalidade..., p. 863. E ao apontar uma atual debilitação da configuração do princípio da legalidade da competência, ao indicar três principais manifestações: a) a elasticidade das normas definidoras de atribuições, traduzindo um modelo de repartição vertical de interesses materiais, em razão do princípio da subsidiariedade como técnica de divisão de interesses, o que permite uma centralidade estatal nas decisões político-administrativas; b) a concorrência de competências administrativas entre diferentes órgãos, alicerçando a tese da excepcionalidade de existir um único órgão exclusivamente competente; c) e as presunções de competências, cf. OTERO. Legalidade..., p. 863 et seq.

do Estado. Neste âmbito, o princípio da subsidiariedade[491] surge como "técnica de repartição de interesses ou de domínios materiais de decisão relativos ao poder público"[492] e permite o abandono de um modelo rígido de repartição de competências públicas[493] para dar ensejo a um modelo mais flexível em que se observa uma convivência "entre tendências contraditórias de natureza centrífuga e centrípeta, senão mesmo assistindo a 'movimentos migratórios' de categorias de necessidades colectivas entre a esfera privada e a esfera pública para efeitos de determinação das regras de titularidade sobre os responsáveis pela respectiva satisfação".[494] A importância do princípio da subsidiariedade[495] no campo administrativo revela-se, em especial, como mecanismo de equilíbrio entre as formas de organização deste poder, baseadas, hoje, no Estado português e brasileiro, nos princípios da descentralização e da desconcentração, sem mencionar a importância das administrações autônomas e independentes. Tais princípios encontram-se alicerçados no pluralismo, como uma das dimensões do Estado pós-moderno e pressupõem e justificam a repartição de tarefas entre os diversos níveis administrativos e entre as diversas entidades administrativas integrantes do poder público, sejam elas de natureza privada ou pública. E esta repartição de tarefas, de forma a atender a uma ordem jurídica homogênea e não contraditória e de forma a garantir a universalidade e a igualdade da prestação dos serviços públicos, além dos demais princípios setoriais e estruturantes da Administração Pública do Estado, encontra-se pautada por um mecanismo de subsidiariedade, alçado, no sistema português, à qualidade de

---

[491] Sobre o princípio da subsidiariedade, cf. MARTINS. *O princípio...*
[492] Cf. OTERO. *Legalidade...*, p. 863.
[493] Cf. MUÑOZ MACHADO. *Las competências...*, p. 313.
[494] Cf. OTERO. *Legalidade...*, p. 864.
[495] No sentido de uma tripla área de incidência funcional do conceito de subsidiariedade: (i) a sua afirmação como princípio regulador das relações entre Estado e sociedade, a qual comporta um duplo posicionamento: a) se a atividade pública deve assumir um papel de excepcionalidade, atuando tão somente nos casos de inércia ou desinteresse da sociedade civil; b) ou se a atividade pública deve atuar diretamente como agente produtor de bens e prestador de serviços, observando-se, assim, uma ampliação do intervencionismo público; (ii) a incidência como princípio ao nível da repartição das esferas de intervenção decisória da Comunidade Europeia em face dos Estados-membros; (iii) e, em Portugal, em especial, em razão da revisão constitucional de 1997, com a consagração do artigo 6.º, n.º 1, da Constituição da República Portuguesa, do princípio da subsidiariedade como mecanismo de equilíbrio entre os movimentos jurídico-políticos de centralização e descentralização, "no contexto de um modelo de organização administrativa baseado no postulado da unidade no pluralismo" (OTERO. *Legalidade...*, p. 864, 865).

princípio constitucional.⁴⁹⁶ Dessa forma, este princípio passa a legitimar determinadas intervenções e substituições pelo Estado central sobre as entidades infra-administrativas de modo a garantir a efetivação de um sistema jurídico organizado, segundo os objetivos do bem-estar e da segurança jurídica.⁴⁹⁷

O princípio da subsidiariedade,⁴⁹⁸ portanto, ao legitimar e justificar o controle, a limitação e a intervenção do Estado central sobre as demais entidades infra-administrativas, em especial, uma intervenção decisória que, na maior parte das vezes, encontra-se distante da realidade de fato local, apresenta uma tendência centralizadora em favor do Estado central, ou da entidade administrativa superior em face daquela que primariamente encontrava-se competente para atuar.⁴⁹⁹ O "sentido ambivalente",⁵⁰⁰ portanto, da subsidiariedade permite: (i) a identificação de uma força centralizadora através da justificação e legitimação da intervenção do Estado central;⁵⁰¹ (ii) e, por outro lado, uma flexibilidade

---

⁴⁹⁶ A Constituição portuguesa, após a revisão de 1997, passou a prever, de forma expressa no artigo 6.º, n.º 1, o princípio da subsidiariedade, em uma aplicação no âmbito interno do Estado, envolvendo a organização político-administrativa portuguesa. Neste sentido, cf. MARTINS. *O princípio...*, p. 443.

⁴⁹⁷ Neste sentido, cf. OTERO. *Legalidade...*, p. 866.

⁴⁹⁸ O princípio da subsidiariedade "remonta às origens do pensamento cristão" e tem como ponto de partida a garantia da dignidade própria da pessoa. Constitui, ainda, elemento de definição do posicionamento e de caracterização do relacionamento do indivíduo e dos grupos sociais (dos corpos intermédios entre o cidadão individual e o Estado, ao possibilitar a identificação das competências de cada um deles, segundo a sua natureza. Neste sentido, cf. AMARAL. *Autonomia...*, p. 142, cf. também BURGOS, Javier de. El principio de subsidiariedad y las regiones europeas: las comunidades europeas. *In*: BARNES VASQUEZ, Javier (Coord.). *La comunidad europea, la instancia regional y la organización administrativa de los estados miembros*. Madrid: Civitas, 1993. E no sentido de que "o princípio genérico da subsidiariedade, muito embora também possamos encontrar algumas similitudes com o pensamento calvinista, é peça basilar da doutrina social da Igreja Católica, sendo apontado desde a encíclica *Rerum Novarum* e renovado pelas posteriores. Em 1931, o Papa Pio XI, também pregou-o com especial interesse na encíclica *Quadragesimo anno*, cabendo aqui ressaltar o fato de o Vaticano reafirmar expressamente a incompatibilidade do catolicismo com o socialismo, orientando a doutrina religiosa em defesa do federalismo e das formas gerais de descentralização e subsidiariedade da ação estatal" (ZIMMERMANN. *Teoria geral...*, p. 201, 202). E, no sentido de que o princípio da subsidiariedade era, originalmente, "estranho" ao direito administrativo, cf. BARACHO, José Alfredo de Oliveira. *O princípio da subsidiariedade*: conceito e evolução. Rio de Janeiro: Forense, 1996. p. 27.

⁴⁹⁹ Ao traçar um quadro da aplicação do princípio da subsidiariedade, fundamentadora de um movimento centralizador, cf. OTERO. *O poder de substituição...*, v. 2, p. 625, 649, 692, 693, 825, 826.

⁵⁰⁰ Cf. OTERO. *Legalidade...*, p. 866.

⁵⁰¹ No sentido da verificação de um "*potere di ingerenza*" que legitima um nível de governo a intervir na competência e, consequentemente, na própria autonomia de outro ente territorial, ou outro governo territorial e que abrange tanto a previsão de intervenção direta ou excepcional, diante da inércia do governo territorial. E assim o descreve: "Si

Capítulo 4
As Principais Limitações Jurídico-Políticas da Fragmentação Administrativa | 197

conferida ao próprio sistema de repartição de competências, através do qual uma determinada matéria poderá, em algumas hipóteses, ser objeto de decisão administrativa por uma entidade diferente daquela que, inicialmente, era competente para decidir, ou melhor, que era titular de uma competência primária.[502]

No âmbito político-normativo, a supletividade[503] e a prevalência do direito do Estado central[504] representam também um importante limitador da fragmentação jurídica da Administração Pública, no que tange ao exercício de seu poder regulamentar, uma vez que este poder é conformado pelo Poder Legislativo do Estado. Na medida em que as competências delegadas às entidades infra-administrativas são exercidas, estas devem atuar em conformidade ao direito do Estado central que gozará, fundado no princípio da subsidiariedade, de um poder supletivo e integrativo diante, ora de uma inércia por parte das entidades infraestaduais,[505] ora de um atuar em contradição com as

---

protrebbe anche ipotizzare una distinzione ulteriore tra a) poteri di ingerenza In: senso amplo, constituiti tanto dalle previsioni che assegnano una determinata competenza In: capo allo stato, quanto da quelle che consentono allo Stato un esercizio eccezionale di una competenza dell'autonomia territoriale: il dato che potrebbe accomunare le differenti fattispecie è costituito dagli effeti che la previsione di questi poteri comporta, o ovvero una limitazione dell'autonomia dell'ente territoriale. Ed è proprio In: questa accezione che ho fatto uso dell'espressione nello scritto Poteri di ingerenza e autonomia degli enti locali: si puo rimuovere un Sindaco senza leale collaborazione?, In: Le istituz. del fed., 2005, 283 ss.; b) poteri di ingerenza In: senso stretto (sottocategoria della precedente), costituiti invece dalle fattispecie di cui si diceva nel testo, che legittimano un esercizio eccezionale da parte statale di competenze dell'autonomia territoriale. In: questa prospecttiva rientrerebbero nella prima categoria, ad esempio, anche i poteri statali che ho chiamato di sostituzione correttiva, e dunque di adozione di un atto che si "sostituisca" (incidendo dulla validità o sull'efficacia) ad uno dell'autonomia territoriale; cosi come i poteri di rimozione degli organi dell'autonomia territoriale" (MAINARDIS, Cesare. *Poteri sostitutivi statali autonomia amministrativa regionale*. Milano: Giuffrè, 2007. p. 15 e nota nº 33).

[502] No sentido da existência de " (...) um fenómeno de elasticidade das normas definidoras das atribuições das pessoas colectivas públicas, verificando-se que sobre uma determinada matéria, além da entidade normalmente competente, a ordem jurídica reconhece sempre a outra pessoa colectiva de fins mais amplos um poder excepcional de intervenção decisória, comprovando que a repartição de atribuições não obedece mais a um esquema rígido, antes se assiste a uma flexibilização da respectiva legalidade" (OTERO. *Legalidade...*, p. 867).

[503] Ao apontar três hipóteses em que o Direito do Estado apresenta-se como supletivo em relação a matérias integrantes da competência normativa habitual dos entes infra-estaduais: "(i) preenchimento de espaços de total vazio normativo decorrente da omissão ou inércia dos entes infra-estaduais na normação das suas matérias; (ii) integração de lacunas pontuais provenientes de entes infra-estaduais; (iii) definição de critérios de interpretação e de princípios gerais de aplicação das normas originárias dos entes infra-estaduais" (OTERO. *Legalidade...*, p. 869).

[504] Cf. OTERO. *Legalidade...*, p. 872-875.

[505] No sentido de que "anche una disposizione che indichi nell'inerzia di (e imputabile ad) un livello di governo In: presupposto per un intervento sostitutivo può incidere sia sulla

normas do Estado central. Logo, além de o Estado gozar do poder de definir a sua própria competência e de suas entidades infraestaduais, também goza de um poder supletivo, residual e subsidiário, quase que uma presunção de competência.[506] Desta forma, a subsidiariedade do Estado central assume o caráter limitador de uma fragmentação da ordem jurídica administrativa e do próprio poder administrativo, fundado em seu fim teleológico que permite, a princípio, que "o poder seja exercido ora por uma dada autoridade, a mais próxima do destinatário da decisão, ora por outra autoridade que embora mais longínqua, é aquela que está apta pela natureza e amplitude da tarefa, a realizá-la mais eficaz e economicamente".[507]

O sistema brasileiro de divisão de competências administrativas, privilegia, em matéria de implementação de políticas sociais, a competência da União Federal, ao prever a competência administrativa da União para elaborar e executar planos nacionais e regionais de ordenação do território e desenvolvimento social e econômico (artigo 21, inciso IX, da Constituição da República Federativa do Brasil) e a competência privativa da União Federal em matéria de seguridade social (saúde, segurança social e assistência social), segundo o artigo 22, inciso XXIII, da Constituição da República Federativa do Brasil.[508]

---

titolarità che sull'esercizio di una determinata competenza: l'inerzia dell'ente sostituito, infatti, può costituire la circostanza attributiva della competenza; oppure la circostanza che legittima l'esercizio, da parte dell'ente sostituto, di una competenza che rimane propria dell'ente sostituito" (MAINARDIS. *Poteri...*, p. 11). E no sentido de que "(...) o princípio da subsidiariedade constitui ainda um princípio positivo de definição da interacção entre os vários níveis organizacionais que, no seu conjunto, constituem o Estado. Do latim *subsidium*, este princípio aponta para o dever de *subsidiarum officium*, isto é, o dever de prestação de ajuda da comunidade superior às comunidades inferiores. Tal como a comunidade política superior abarca e resulta das comunidades inferiores, também a sua finalidade natural engloba as das comunidades inferiores. Sem as absorver, destruir ou substituir, à comunidade superior cumprirá então, na linguagem pontifícia, a 'orientação', o 'estímulo', a 'coordenação', o 'suprimento' e a 'integração' das actuações das comunidades inferiores, garantindo, simultaneamente, a defesa da autonomia própria dos indivíduos e das comunidades inferiores e a execução dos respectivos fins próprios, que são também os seus" (AMARAL. *Autonomia...*, p. 147).

[506] Neste sentido, cf. OTERO. *O poder de substituição...*, v. 2, p. 743, 744.

[507] A Carta Europeia de Autonomia Local (Decreto do Presidente da República em Portugal nº 58/90, de 23 de outubro, aprovada pela ratificação da Assembleia da República pela Resolução nº 28/90 de 13 de julho) institui o princípio da subsidiariedade, no seu artigo 4.º, n.º 3: "Regra geral, o exercício das responsabilidades públicas deve incumbir, de preferência, às autoridades mais próximas dos cidadãos. A atribuição de uma responsabilidade a uma outra autoridade deve ter em conta a amplitude e a natureza da tarefa e as exigências de eficácia e economia" (MARTINS. *O princípio...*, p. 445). Sobre o princípio da subsidiariedade como critério supletivo de distribuição de poderes entre o Estado e outros entes territoriais, cf. MORAIS. *O princípio...*, p. 41-63.

[508] Cf. MORAES. *Direito...*, p. 273-289.

Porém, não afasta a competência legislativa dos Municípios em matéria de interesse local (artigo 30, inciso I, da Constituição brasileira) e a competência administrativa quanto às matérias de interesse concorrente (artigo 23) e específicas (demais incisos do artigo 30); como também a competência legislativa e administrativa residual dos Estados (artigo 25, §1º). A competência administrativa e política dos Estados e Municípios em matéria de implementação de política de bem-estar, no entanto, desenvolve-se sob a fiscalização ou participação da União Federal. Como exemplo, pode ser citado o artigo 30, inciso IX, da Constituição da República Federativa do Brasil, que dispõe que em matéria de patrimônio histórico-cultural, o Município possui a competência de promover a proteção do patrimônio histórico-cultural local, observada a legislação e a ação fiscalizadora federal e estadual.

Ainda, no Brasil, a tendência centralizadora, em matéria de fragmentação dos poderes políticos de natureza legislativa, pode ser sentida no tocante à competência legislativa concorrente dos entes da federação, segundo o artigo 24, §§1º, 2º, 3º e 4º, da Constituição que instituem um sistema de Poder Legislativo baseado na supremacia das normas gerais da União Federal e um sistema de supletividade ou subsidiariedade quanto à edição das normas gerais de competência dos Estados. A Constituição dispõe que no âmbito da competência legislativa, a União limitar-se-á a estabelecer normas gerais, sem excluir a competência dos Estados para também estabelecer normas gerais. Sendo assim, a superveniência da legislação sobre normas gerais da União Federal, vinculativas e conformadoras quanto às políticas de implementação de bem-estar, determinam a suspensão da eficácia da legislação estadual anterior, no que lhe for contrário,[509] caracterizando um sistema de força centrípeta do Estado central brasileiro em matéria legislativa.[510]

Além dos limites constitucionais ao princípio da descentralização no âmbito da organização político-administrativa do Estado português, observa-se uma tendência centralizadora em razão do primado do

---

[509] Cf. ARRETCHE, Marta T. S. Políticas sociais no Brasil: descentralização em um Estado federativo. *Revista Brasileira de Ciências Sociais*, São Paulo, v. 14, n. 40, p. 132, 133, jun. 1999.

[510] Diversos publicistas, atualmente, criticam os sistemas federativos, especialmente em face da aplicação moderna do princípio da subsidiariedade e da previsão de um número excessivo de matérias da competência legislativa do Estado central. Ainda na década de 1980, no sentido de que os alemães se queixam da perda crescente de competências legislativas por parte dos Estados-membros da federação alemã, cf. BONAVIDES, Paulo. *Política e Constituição*: os caminhos da democracia. Rio de Janeiro: Forense, 1985. p. 108. E no que concerne ao modelo norte-americano e no sentido de que, com o passar da história, houve uma concentração de poderes pelo Estado central, cf. SCHWARTZ, Bernard. *O federalismo norte-americano atual*. Rio de Janeiro: Forense Universitária, 1983. p. 45 *et seq.*

Poder Legislativo e administrativo do Estado central em matéria de políticas de bem-estar,[511] em detrimento do espaço de autonomia política e administrativa das regiões autônomas (Açores e Madeira) e de autonomia administrativa das autarquias locais.

A única forma de descentralização política em Portugal são as regiões autônomas que possuem o poder de legislar no âmbito regional, em matérias de interesse local e em matérias enunciadas no respectivo estatuto político-administrativo e que não estejam reservadas aos órgãos de soberania, segundo dispõe o artigo 227.º n.º 1, letra a, da Constituição da República Portuguesa.

A preponderância da competência legislativa em matéria de políticas de bem-estar, conferida à Assembleia da República e ao governo,[512] segundo a regra da paridade hieráquico-normativa das leis e dos decretos-leis, respectivamente (artigo 112.º, n.º 2, da Constituição da República Portuguesa), salvo a competência reservada às regiões autônomas, traduz uma das forças centralizadoras que vai ao encontro da própria forma de Estado unitária, além de ter em conta o princípio da igualdade.[513] Esta competência genérica da Assembleia da República e do governo central vincula a atividade legislativa das regiões autônomas, seja através da necessária equiparação dos planos socioeconômicos regionais ao programa socioeconômico do governo central, com fundamento no princípio da unidade do desenvolvimento a nível nacional da política econômica e sua coordenação com as políticas social e cultural; seja através da possibilidade de uma lei da Assembleia da República ou decreto-lei do governo revogar um regulamento editado pela Assembleia Regional que passa a ser incompatível com as disposições da nova lei ou decreto-lei, gerando uma situação de "ilegalidade superveniente"[514].

A competência genérica da Assembleia da República e do governo central, na definição das políticas econômicas e sociais também representa o primado do Poder Legislativo sobre o poder administrativo em matéria de implementação de bem-estar social. Isto ocorre porque a base continental da descentralização é administrativa, em razão da forma unitária de Estado, reservando para a Administração Pública local,

---

[511] Cf. OTERO. *Autonomia*..., p. 94-101.
[512] Cf. OTERO. *O poder de substituição*..., v. 2, p. 596-600.
[513] Cf. OTERO. *O poder de substituição*..., v. 2, p. 599.
[514] Sobre a situação de "ilegalidade superveniente" da regulamentação regional em relação a uma lei ou a um decreto-lei expedidos posteriormente e contrários àquela, cf. OTERO. *Autonomia*..., p. 96.

portanto, o papel de executora das políticas de bem-estar já direcionadas e definidas pelo Estado central e de complementação normativa das leis e dos decretos-leis do governo, através dos regulamentos administrativos.[515] O primado do Poder Legislativo, em virtude da ausência de transferência do poder político-legislativo ao poder local em Portugal, representa também mais uma força centralizadora dos poderes do Estado.

Importa destacar que o princípio da descentralização deve encontrar um equilíbrio com a força da legislação central em matéria de bem-estar. Isto significa que a legislação central não poderá suprimir o núcleo essencial do interesse local em matéria de legislação regional ou regulamentação administrativa das autarquias locais. Tanto as regiões autônomas, como o poder local, gozam da garantia institucional da autonomia que deverá vincular o legislador central.[516]

Há outras três questões com relação à competência legislativa das regiões autônomas que também representam uma tendência centralizadora em matéria de bem-estar em Portugal. A primeira diz respeito ao predomínio de matérias de competência concorrente entre o Estado central e as regiões autônomas, que permite ao governo central avocar para si, sob o fundamento do interesse nacional, a maioria das matérias de competência legislativa.[517] A segunda questão refere-se à possibilidade de intervenção supletiva do Estado em matérias que as regiões autônomas ainda não regulamentaram, com fundamento no princípio da subsidiariedade.

E ainda, o sistema centralizado de partidos políticos que acaba por suprimir as discussões das políticas socioeconômicas no âmbito local, contribuindo para a tomada de decisões únicas a nível nacional e central, muitas vezes contrariando os princípios de participação democrática e da descentralização.

E, por último, a progressiva expropriação dos poderes e competências regionais em Portugal em razão da unificação de direções políticas e administrativas protagonizadas pela integração europeia, que, por sua vez, influenciam a centralização quanto à direção e definição

---

[515]Cf. OTERO. *O poder de substituição...*, v. 2, p. 602, 603.
[516]Cf. OTERO. *O poder de substituição...*, v. 2, p. 603.
[517]Sobre a progressiva "expropriação" dos poderes de decisão das regiões autônomas em razão das formas concertadas ou negociadas de decisão localizadas em Lisboa e em razão da negociação e participação do Governo da República em decisões dos órgãos políticos da Comunidade Europeia, cf. OTERO. *Autonomia...*, p. 102-104.

das políticas de bem-estar.[518]

A Administração Pública exerce um papel de complementaridade da competência legislativa dos órgãos de soberania central e regional (regiões autônomas da Madeira e dos Açores), a fim de dar cumprimento aos princípios da eficiência e da administração participativa com a descentralização do poder normativo da Administração Pública, baseado na competência do poder local para expedir regulamentos de execução das leis centrais, além do poder administrativo normativo do governo central.

Desta forma, através desta competência administrativa normativa, a Constituição cria espaços próprios à administração autônoma (poderes locais e regiões autônomas) em matéria de implementação do modelo de bem-estar, o qual não pode ser reduzido pela competência legislativa dos órgãos de soberania e dos órgãos regionais em face do princípio constitucional da descentralização. Não pode o governo português editar um regulamento autônomo que limite ao máximo o poder regulamentar das autarquias locais, com clara violação do princípio da descentralização. O direito proveniente da Administração Pública aparece como direito compensador dos déficits da concretização legislativa da Constituição, funcionando como forma subsidiária de implementação do Estado de bem-estar.[519]

O poder regulamentar das autarquias locais deve ter por fundamento a lei e respeitar a unidade das políticas sociais e econômicas do poder político central. Da mesma forma, o poder regulamentar das regiões autônomas, em que pese a sua maior autonomia administrativa (poder administrativo normativo) na definição da implementação das políticas de bem-estar social e econômico. Os regulamentos administrativos, portanto, encontram-se não só vinculados à decisão legal do Estado central, como também aos planos de desenvolvimento socioeconômicos que permitem garantir o equilíbrio igualitário em todo o território nacional, como a melhoria da qualidade de vida dos cidadãos.

Por outro lado, a possibilidade da expedição de um decreto regulamentar autônomo por parte do governo, através da sua atividade administrativa, que trate sobre matérias de bem-estar social e econômico, não pode ser derrogada ou revogada por um decreto regulamentar das regiões autônomas ou do poder local, em razão dos

---

[518]Cf. OTERO. *O poder de substituição...*, v. 2, p. 701, 702.
[519]Cf. OTERO. *O poder de substituição...*, v. 2, p. 602-612.

princípios da unidade e da igualdade das políticas de bem-estar e em razão da impossibilidade de retrocesso social, caso o decreto regional ou local retire direitos antes já concedidos pelo Estado central.[520] Conclui-se, através das questões aqui levantadas, que em Portugal verifica-se uma preferência constitucional pela centralização das políticas sociais e econômicas sob a competência decisória do governo central, tanto política, como administrativa, determinando a erosão dos poderes políticos e administrativos descentralizados das regiões autônomas e das autarquias locais.

4.6 A opção política pelo "tamanho" da Administração Pública do Estado

O "tamanho" da Administração Pública do Estado — ou seja, a escolha político-constitucional dos limites e do grau de sua intervenção no mercado econômico e na execução de tarefas que a princípio poderiam ser executadas pela sociedade civil; e dos limites de sua estrutura orgânica, ou melhor, de todas as entidades administrativas que dela façam parte ou que atuem em parceria e através de mecanismos de colaboração e cooperação — pode ser analisado mediante três perspectivas diferentes: (i) a própria escolha das tarefas e fins do Estado e sua caracterização histórica em Estado liberal, social e "neoliberal" que, por sua vez, justifica o desenvolvimento em maior ou menor escala do aparelho administrativo e de suas atividades e poderes; (ii) o grau de intervenção da Administração Pública na economia (em sentido lato ao abranger as atividades econômicas em sentido estrito e os serviços públicos[521]), seja na qualidade de agente regulador ou agente de execução direta de serviços públicos ou de atividades econômicas propriamente ditas; (iii) e a própria escolha político-constitucional pela forma de Estado (Estado unitário, federal ou unitário regionalizado) que determinará o grau de autonomia administrativa delegada às entidades infraestaduais.

---

[520] Reflexões sobre a impossibilidade de revogação ou derrogação do decreto regulamentar autônomo do Governo em matéria de bem-estar por um decreto regional, cf. OTERO. *Autonomia...*, p. 98-101.

[521] No sentido de que a Constituição brasileira de 1988 diferencia atividade econômica em sentido estrito e prestação de serviços, incluindo-as como atividades econômicas em sentido amplo, cf. GRAU. *A ordem econômica...*, p. 102-119.

4.6.1 A escolha das tarefas administrativas

A vinculação do Estado a um modelo de Estado de bem-estar revolucionou o modelo de Estado liberal e cedeu lugar a uma "administração de prestações, constitutiva ou conformadora".[522] Desta forma, sob as vestes de um Estado, então social, a Administração deixa de ser responsável tão somente pela suas tradicionais funções e passa a assumir novas tarefas constituídas, principalmente, de atividades constitutivas ou prestadoras em termos econômicos, sociais e culturais.[523] Esta "responsabilidade administrativa máxima"[524] confere à Administração Pública do Estado social um "grau de protagonismo"[525] na execução de tarefas que se sobrepõe à ideia de uma Administração de autoridade e à Administração mínima do Estado liberal. A Administração Pública passa, então, a fornecer aos cidadãos meios de satisfação direta de necessidades nos mais variados setores, desde a educação ao desporto, desde a saúde à previdência, desde a habitação à alimentação.

A transição de um modelo liberal de Administração mínima — apenas garante da segurança, liberdade e propriedade e fundado em um sistema de autoridade[526] —, para um modelo de administração social e de Administração de bem-estar, provocou uma mudança do paradigma clássico liberal e proporcionou um "crescimento exponencial do aparelho administrativo"[527] e de suas atividades e tarefas, propiciando uma fragmentação administrativa do Estado de forma a atender às vinculações constitucionais e jurídicas do Estado no que diz respeito à execução das novas tarefas por ele assumidas. Assim, o modelo liberal, fundado em um modelo centralizado e racional de atividades e estruturas administrativas e em um sistema de autoridade pública capaz de potenciar a atividade econômica da burguesia emergente,[528] transformou-se em um modelo no qual a estrutura administrativa passou a comportar uma fragmentação administrativa de ordem funcional, orgânica e jurídica, em uma "fuga do centro", que se acentuou após a Segunda Guerra Mundial, em virtude do processo de redemocratização dos países da Europa Ocidental, *e.g.* em Portugal e Espanha, a partir da década de 1970.

---

[522] Cf. GONÇALVES. *A concessão*..., p. 8.
[523] Cf. OTERO. *Vinculação*..., p. 23.
[524] Cf. GONÇALVES. *A concessão*..., p. 8.
[525] Cf. OTERO. *Vinculação*..., p. 23.
[526] Cf. SILVA. *Em busca*..., p. 39, 40.
[527] Cf. GONÇALVES. *A concessão*..., p. 8.
[528] Cf. SILVA. *Em busca*..., p. 51.

Ambos os modelos, liberal e de bem-estar ou social, são modelos em que as tarefas públicas do Estado, definidas pela ordem jurídica, determinaram uma maior ou menor fragmentação administrativa, ao longo do final do século XIX e do século XX, até a década de 1980 — quando se inicia um novo movimento de "regresso"[529] às funções essenciais do Estado fundadas em uma concepção de Estado mínimo. O modelo liberal de tarefas do Estado imputava à Administração Pública funções de responsabilidade obrigatoriamente públicas, dentro de um quadro jurídico predefinido pelas Constituições liberais, através de uma distinção entre tarefas públicas, confiadas às entidades públicas integrantes do aparelho administrativo do Estado; e tarefas privadas que deveriam ser executadas pela sociedade civil e pela iniciativa privada. A distinção entre o público e o privado,[530] baseada em um critério de separação entre Estado e sociedade, impôs limites à atuação da Administração Pública que deveria ficar circunscrita, apenas, à execução de tarefas designadamente públicas de proteção (da liberdade), segurança e justiça. Pode-se afirmar, então, que o modelo liberal de definição de tarefas da Administração Pública do Estado evidenciou um modelo pouco fragmentado, mais centralizado e coordenado, mais hierarquizado, em razão dos limites impostos pela ordem jurídica e pelas opções políticas à sua estrutura e às suas atividades.

O Estado social ou de bem-estar determinou uma "pluralização da Administração Pública",[531] propiciando uma mudança do paradigma clássico de divisão entre tarefas públicas e tarefas privadas, especialmente determinado pelo aumento das tarefas administrativas do Estado, o que propiciou um alargamento orgânico-funcional, ensejando a criação de novas entidades e estabelecimentos públicos autônomos, empresas públicas, e, até mesmo, o "resgate" de técnicas de delegação de serviços públicos a entidades privadas.[532] Assim, enquanto a Administração Pública do século XIX desempenhava suas tarefas através de seus órgãos diretos, em um grau de centralização e controle (com exceção das concessões às entidades privadas), a administração social do século XX fragmenta-se diante de uma pluralidade de tarefas que a ela passam a ser confiadas, em grau de vinculação jurídica constitucional de efetivação dos direitos sociais, econômicos e culturais.

---

[529] Cf. GONÇALVES. *Entidades...*, p. 241.
[530] No sentido da manutenção e da relevância da dicotomia entre o público e o privado, cf. GONÇALVES. *Entidades...*, p. 238.
[531] Cf. MOREIRA. *Administração autônoma...*, p. 31.
[532] Cf. MOREIRA. *Administração autônoma...*, p. 30.

Esta ampliação da Administração trouxe consigo a sua diferenciação e diversificação orgânica e funcional. Pode-se mesmo afirmar que a fragmentação da administração de bem-estar foi e ainda é uma resposta necessária à imputação constitucional de tarefas ao Estado, antes dele desconhecidas, por meio de opções jurídico-políticas constitucionais.

Assim, a desintegração do centro, conforme define a doutrina britânica,[533] mediante processos de desconcentração e descentralização funcional, institucional e de serviços, veio flexibilizar um modelo liberal de limites à intervenção do Estado, do público, em matérias e em tarefas que antes eram confiadas ao mercado, à iniciativa privada e à sociedade civil, segundo o lema do *"laissez faire, lassez passer"*. E veio propiciar um processo de fragmentação administrativa que se desenvolveu até o ponto em que o Estado, sem abandonar a opção política de uma titularidade da responsabilidade pública pela implementação das políticas sociais, passou a abranger uma Administração "inchada" e "ineficiente" diante de uma proliferação de entidades e atividades administrativas.

A conjugação do crescimento desmesurado da Administração Pública com a importação para o setor público do conceito de eficiência conduziu a uma nova "transformação"[534] do Estado Administrativo herdado do século XX. A partir das décadas de 1970 e 1980, observa-se uma "hipertrofia"[535] do Estado de bem-estar que determina um redimensionamento do papel do Estado e de suas tarefas, incluindo a amplitude da intervenção de uma "Administração Pública verdadeiramente tentacular sobre a esfera da sociedade civil",[536] sob o ideal político de uma reforma administrativa. Os influxos de ordem política[537] e econômica conduziram, a partir da década de 1970, a uma concepção de que "Estado menor é Estado melhor",[538] devendo

---

[533] Ao apontar a referência britânica, cf. MOREIRA. *Administração autônoma...*, p. 32.
[534] Cf. GONÇALVES. *Entidades...*, p. 13.
[535] Cf. OTERO. *Coordenadas...*, p. 35.
[536] Cf. OTERO. *Coordenadas...*, p. 35.
[537] No sentido de que "a procura da motivação inicial que, em finais dos anos setenta, desencadeou no Reino Unido da Sr.ª Thatcher o fenômeno privatizador na Administração Pública não se poderá dissociar da tentativa política de o governo conservador reduzir o peso dos sindicatos no sector público. Independentemente, todavia, de ter sido este o motivo principalmente determinante da privatização ou representar apenas um entre outros motivos fundamentadores da respectiva orientação política, o certo é que a privatização da Administração Pública, além de se ter tornado um fenômeno que rapidamente alargou por toda a Europa, passou a alicerçar-se em argumentos de natureza econômica e financeira" (OTERO. *Coordenadas...*, p. 47).
[538] Cf. SILVA, Almiro do Couto e. Privatização no Brasil e o novo exercício de funções públicas por particulares. *In:* MOREIRA NETO, Diogo de Figueiredo (Coord.). *Uma avaliação das tendências contemporâneas do direito administrativo.* Rio de Janeiro: Renovar, 2003. p. 451. E no

a qualquer custo a realização, na medida do possível, do Estado mínimo e da administração eficiente e universalizada no que diz respeito à prestação dos serviços públicos. A concepção de "menos Estado" redefiniu as tarefas da Administração Pública, retirando-se a competência de intervenção direta em algumas atividades,[539] como atividades de regulação de determinados setores, com a transferência de poderes normativos a entidades distintas do Estado (*e.g.* autoridades administrativas independentes); e de prestação de serviços públicos, mediante o processo de privatização da execução dos serviços, seja mediante a concessão da execução a entidades privadas, seja mediante a transformação de empresas públicas em empresas privadas, com a alienação do capital social a empresas ou consórcios de empresas privadas, seja através de uma parceria acionária do Estado nestas mesmas empresas, ou outras formas de privatização[540] que passaram a ensejar um compartilhamento de tarefas, antes consideradas tarefas tipicamente públicas, entre o Estado, sociedade civil e iniciativa privada.

Da fragmentação administrativa do Estado social do século XX que propiciou a criação de novas entidades administrativas (empresas públicas, institutos públicos, associações, administração autônoma territorial[541]) em grau de desconcentração e descentralização clássicas,

---

sentido de que "a ideia de promover um "enxugamento da máquina estatal" generaliza-se por razões que têm muito a ver com a ineficácia que o Estado-providência foi acumulando ao longo do tempo. A realização do objectivo de "adelgaçamento", condensado no estribilho "quanto menos Estado, melhor", passa por várias "técnicas de reversão do estatismo", cf. GONÇALVES. *Entidades...*, p. 45.

[539] No sentido de que a privatização e a desregulamentação constituíram-se nos dois mais importantes mecanismos do modelo neoliberal, passando a ser adotados pelas principais nações ocidentais. Enquanto na América Latina o mecanismo mais adotado foi a privatização, nos Estados Unidos, a técnica foi a desregulamentação. Cf. SILVA. *Privatização...*, p. 451, 452. E no sentido de que o direito norte-americano surge em torno da atividade normativa das agências reguladoras e no sentido de que o nascimento do direito administrativo americano deu-se com o *Interstate Commerce Act*, que criou a *Interstate Commerce Comission* em 1887, cf. SCHWARTZ, Bernard. *Administrative Law*. Boston/Toronto: Little, Brown and Co., 1976. p. 17, 19.

[540] No sentido de que no direito português pode-se apontar seis conceitos jurídicos de privatização da Administração Pública: a) privatização da regulação administrativa da sociedade; b) privatização do direito regulador da Administração; c) privatização das formas organizativas da Administração; d) privatização da gestão ou exploração de tarefas administrativas; e) privatização de acesso a uma atividade econômica; f) e privatização do capital social de entidades empresariais públicas, cf. OTERO. *Coordenadas...*, p. 37 *et seq.*

[541] No sentido de que o incremento do fenômeno das administrações autônomas (territoriais ou funcionais) veio demonstrar que há um espaço ou uma esfera pública não estadual e no sentido de que "a instituição de uma entidade pública de natureza corporativa pode assim constituir um meio de o legislador proceder à desestadualização de uma tarefa, confiando-a a uma colectividade de interessados em sistema de auto-administração: temos aí, portanto, tarefas públicas não estaduais, bem como a prossecução de interesses públicos por organismos (públicos) não estaduais". Assim, continua: "o sector da administração

como formas de organização e das atividades da Administração Pública, verifica-se, no atual estágio de desenvolvimento da gestão administrativa do Estado, uma nova configuração de suas tarefas e, em consequência, um novo modelo de fragmentação administrativa, através da qual se verifica: (i) uma "desestatização" de tarefas antes confiadas à Administração Pública e que agora passam a ser delegadas a agentes privados da sociedade civil e da iniciativa privada, em clara partilha entre o público e o privado no desenvolvimento das tradicionais finalidades do Estado de bem-estar;[542] (ii) uma desregulamentação de setores específicos que antes eram regulados pela Administração direta do Estado e que passam a ser delegados a autoridades com poderes normativos e de fiscalização, em evidente partilha de responsabilidades entre o poder administrativo clássico do Estado e outras entidades administrativas, evidenciando o surgimento de um modelo "policêntrico" de decisões administrativas; (iii) e uma "modernização"[543] da Administração Pública que enseja uma paridade com modelos empresariais, importados da iniciativa privada e do mercado, e que implica a transformação das formas organizativas administrativas para formas de direito privado.

No atual cenário da Administração Pública, a fragmentação intensifica-se na medida em que os particulares são chamados a assumir responsabilidades de execução de tarefas nucleares do Estado, ou seja, de tarefas que justificam a sua própria existência e seus fins como entidade juridicamente constituída. Sem adentrar a discussão dos limites impostos à intervenção do Estado, avultam as questões da gestão do sistema prisional, por exemplo, e a manutenção da ordem, segurança e tranquilidade públicas. Neste ponto, a importância da alteração das tarefas do Estado como fator determinante de seu processo de fragmentação administrativa reside no "espetacular"[544] alargamento do universo de funções delegáveis e na possibilidade jurídica destas concessões à iniciativa privada, diante de sua qualidade de missões públicas de relevante aspecto político-social.

---

autónoma, ainda dentro do aparelho da Administração Pública mas já fora do Estado, alarga o campo do público e estende-o para lá do Estado, que, claramente, perde o exclusivo da prossecução do interesse público" (GONÇALVES. Entidades..., p. 142).

[542] No sentido de que a partilha das tarefas de interesse público entre os setores privado e público enseja e justifica o exercício de tarefas públicas por entidades e pessoas jurídicas de direito privado e que este exercício legitima a uma reforçada regulação do Estado e da Administração Pública, cf. GONÇALVES. Entidades..., p. 145.

[543] Cf. GONÇALVES. Entidades..., p. 13.

[544] Cf. GONÇALVES. Entidades..., p. 17.

O fenômeno da privatização de tarefas públicas do Estado, antes confiadas à Administração Pública, através de uma devolução de funções ao setor privado ou de formas de colaboração entre o Estado e iniciativa privada na execução destas tarefas,[545] por certo que em algumas hipóteses, além deste modelo fragmentário de gestão administrativa permitir o simples ingresso do setor privado em esferas públicas, em consolidação de uma nova ideologia de parceria entre o público e o privado; por outro lado, pode-se hoje observar uma invasão do privado em atividades essenciais do Estado e de seus poderes, e.g. execução de tarefas de polícia e de gestão das prisões e do sistema carcerário. Nesta questão, sobressai a indagação acerca dos limites político-jurídicos a este modelo de fragmentação administrativa neoliberal que se instalou nos Estados ocidentais a partir da década de oitenta e que vem se desenvolvendo, sob o ideário de um Estado menor e de uma Administração Pública tão somente reguladora e de intervenção mínima.

Quais são os limites a este processo de privatização da Administração Pública? O Professor Doutor Paulo Otero identifica três principais limites gerais à fragmentação administrativa sob a forma de privatização no Estado português:[546] (i) os limites decorrentes das funções públicas típicas de soberania: a defesa nacional, a segurança e a administração internas, a justiça e os negócios estrangeiros; (ii) a cláusula constitucional de bem-estar ou de Estado social, que, por sua vez, suscita áreas que são insusceptíveis de serem privatizadas integralmente, em razão da imposição constitucional de tarefas ao Estado pela Constituição, como por exemplo: a educação, a saúde, a segurança social, etc.; (iii) e o princípio da juridicidade, que determina que sempre exista uma lei ou uma norma constitucional habilitadora e autorizativa de qualquer um dos processos de privatização da Administração Pública do Estado.

Portanto, a fragmentação do Estado neoliberal, que se desenvolve através de processos de delegação de tarefas do Estado ao setor privado, que passa a atuar em parceria na execução destas mesmas tarefas com a Administração Pública, se por um lado importa na diminuição da máquina administrativa, seja em seu aspecto orgânico, seja no âmbito funcional, por certo que encontra limites na própria ordem jurídica vinculativa que impõe à gestão pública, certas atividades, consideradas essenciais e nucleares ao Estado, ligadas à própria soberania do Estado no plano interno.

---

[545] Cf. GONÇALVES. *Entidades*..., p. 45.
[546] Cf. OTERO. *Coordenadas*..., p. 53 *et seq*.

4.6.2 O grau de intervenção da Administração Pública

A segunda perspectiva que merece atenção no que diz respeito aos limites de uma fragmentação administrativa do Estado diz respeito ao grau de intervenção da atuação da Administração Pública do Estado quanto ao desenvolvimento de uma atividade pública constitutiva e prestadora em termos econômicos, sociais e culturais. A discussão coloca-se ao nível da intensidade desta intervenção pública, se deve efetivar-se excepcionalmente, visando apenas suprir casos de inércia ou desinteresse da sociedade civil, ou, pelo contrário, se o papel do Estado na produção de bens e prestação de serviços se autojustifica, ampliando o intervencionismo público e, consequentemente, o campo material e orgânico da Administração Pública.[547] Em última análise, a questão pode ser resumida em verificar se o Estado deve atuar como agente subsidiário na produção de bens e prestação de serviços, ou, deve atuar diretamente, na qualidade de agente principal. Ambas as hipóteses determinam formas de fragmentação administrativa. A primeira, segundo uma ótica de gestão partilhada entre Estado e demais entidades infra-administrativas públicas e privadas, ou até mesmo em parceria com a iniciativa privada; e a segunda, mediante a ampliação do próprio aparelho orgânico-funcional da Administração Pública que passará a atuar diretamente como agente econômico, respectivamente.

Importa destacar que o modelo atual de gestão administrativa encontra-se fundado em mecanismos de cooperação e coordenação com o setor privado no que diz respeito à produção de bens e prestação de serviços, gozando a Administração Pública de um papel subsidiário,[548] na medida em que não se pode excluir a responsabilidade do setor privado pela concretização do bem-estar. A partilha de responsabilidades entre o setor público e o setor privado pela efetivação dos direitos sociais, econômicos e sociais encontra fundamento em uma partilha democrática de espaços de gestão administrativa que pressupõe

---

[547] Neste sentido, cf. OTERO. *Vinculação...*, p. 23, cf. também OTERO. *Legalidade...*, p. 864.
[548] Neste sentido, cf. OTERO. *Vinculação...*, p. 24, cf. também OTERO. *Legalidade...*, p. 865. No sentido de que a revisão constitucional de 1997 veio consagrar de forma expressa o princípio da subsidiariedade ao nível da organização administrativa, segundo o artigo 6.º, n.º 1, da Constituição portuguesa que estabelece o princípio da subsidiariedade como limite à organização e funcionamento do Estado. E que, em razão do princípio da subsidiariedade ao nível intra-administrativo também o Estado deve, nas suas relações com a sociedade civil, especialmente em termos econômicos, pautar-se por um princípio de subsidiariedade de intervenção, cf. OTERO. *Vinculação...*, p. 37.

uma participação efetiva da sociedade civil na execução de tarefas de seus próprios interesses. Aqui pode ser apontada a autoadministração, compreendida pela partilha de competências administrativas entre o Estado e as entidades administrativas autônomas territoriais, associativas e institucionais e o papel da iniciativa privada na produção de bens e serviços a determinada parcela da população que dependa de sua atuação para fazer efetivar os seus direitos sociais, econômicos e culturais. A intervenção da Administração Pública, portanto, não pode constituir uma "postura totalitária"[549] do Estado, de forma a instrumentalizar a pessoa humana aos fins do Estado e deve respeitar a liberdade, como princípio fundamental da sociedade civil, especialmente quanto à efetivação de uma gestão econômica que possibilite, em parceria, a produção de bens e prestação de serviços essenciais. A par do papel subsidiário da Administração Pública no setor econômico, a subsidiariedade do Estado revela-se também no âmbito intra-administrativo, como mecanismo de repartição de competências entre entidades públicas, conforme já referido em tópico anterior no que diz respeito à partilha de competências.

O Estado moderno executa suas tarefas sob a "vocação" de atuar no campo econômico, passando apenas por alterações em seu modo de atuar, inicialmente voltado à constituição e à preservação do modo de produção social capitalista e, posteriormente, à substituição e compensação do mercado.[550] As políticas do *welfare state* evidenciaram as imperfeições do capitalismo e de uma autorregulamentação do mercado e, assim, atribuíram ao Estado novos modelos de intervenção, baseados em ideais sociais de igualdade e liberdade. O intervencionismo estatal e a fragmentação de sua Administração Pública conduziram, assim, a um processo de incremento do seu aparelho orgânico-funcional de forma a propiciar uma intervenção pública compensadora da ordem econômico-social: (i) com a criação de entidades administrativas que passaram a atuar produzindo bens e prestando serviços em grau de concorrência com o setor privado, com o objetivo de compensar as deficiências do mercado; (ii) com a criação de entidades administrativas independentes que, segundo um modelo "policêntrico", propicia uma regulação fora dos poderes do Estado, mais eficiente e distante das ingerências políticas; (iii) com a participação acionária do Estado em empresas de capital misto que atuam ora na prestação de serviços, ora

---

[549] Neste sentido, cf. OTERO. *Vinculação...*, p. 34.
[550] Neste sentido, cf. GRAU. *A ordem econômica...*, p. 19.

na execução direta de atividades econômicas em sentido estrito; (iv) e com a delegação de serviços e tarefas públicas à entidades de direito privado que passam a atuar em parceria com o poder público na gestão administrativa, sob a fiscalização e controle do Estado.

A intervenção da gestão administrativa no setor econômico, se por um lado representa uma fragmentação orgânico-funcional da Administração Pública, por outro, evidencia um modelo de gestão através do qual o Estado atua na qualidade de agente regulador e agente compensador dos desequilíbrios do meio capitalista de produção, adequando-o aos princípios do Estado de bem-estar, mediante um equilíbrio entre as responsabilidades públicas e privadas pela execução de tarefas de efetivação dos direitos sociais, econômicos e culturais.

4.6.3 A forma de Estado

A terceira perspectiva a ser analisada ainda, neste tópico, refere-se diretamente à escolha política pela forma de Estado,[551] segundo uma divisão de poderes político-administrativos ou tão somente administrativos, dentro do espaço territorial. Assim, em um Estado unitário, o Poder Legislativo unificado determina, direciona e condiciona os poderes administrativos, eventualmente, descentralizados. Já em um Estado federal, a descentralização político-administrativa conduz a uma partilha de espaços de autonomia político-normativa entre o Estado central e os demais Estados e entidades que compõem a federação e pressupõe espaços de Administração Pública relativa a cada Estado.

Os graus de descentralização política e administrativa nos Estados unitários[552] e federados determinam uma maior ou menor fragmentação orgânico-funcional e jurídica, refletida em uma maior ou menor partilha de poderes político-administrativos. Assim, enquanto no Estado federal as diferentes ordens jurídicas direcionam e conduzem os poderes administrativos partilhados entre as diversas autonomias federadas; já no Estado unitário, a Administração Pública fica circunscrita a uma ordem jurídica única, facultando-se a possibilidade de uma regionalização, através de uma previsão constitucional de autonomias político-

---

[551] Ao definir forma de Estado como sendo: "(...) o modo de o Estado dispor o seu poder em face de outros poderes de igual natureza (em termos de coordenação e subordinação) e quanto ao povo e ao território (que ficam sujeitos a um ou mais de um poder político)" (MIRANDA, Jorge. *Teoria do Estado e da Constituição*. Coimbra: Coimbra Ed., 2002. p. 435).

[552] No sentido da distinção entre Estados unitários centralizados e descentralizados ou regionais, cf. MIRANDA. *Teoria...*, p. 437.

administrativas partilhadas com espaços de autonomia administrativa dentro do território de um mesmo Estado, tal como ocorre com o Estado português em relação às regiões autônomas da Madeira e dos Açores e com o Estado autônomico espanhol. Porém, mesmo que a organização da Administração Pública do Estado unitário esteja diante de um fenômeno de regionalização, que comporta a delegação de poderes normativos e decisórios em graus mais acentuados do que um Estado unitário centralizado que goza tão somente de uma descentralização administrativa, por certo que o unitarismo da ordem jurídica estatal determina uma menor fragmentação administrativa, especialmente sob a forma jurídica, refletida na diversidade de instrumentos jurídicos vinculativos da Administração Pública. Em uma ordem jurídica federal, a autonomia dos Estados integrantes da federação possibilita-lhes o exercício de uma atividade legiferante distinta dos demais, que passa a ensejar uma diversidade de ordens jurídicas que condicionam cada gestão administrativa inserida no âmbito de cada Estado. Opera-se, assim, como se a Administração Pública, no Estado federal sofresse uma fragmentação em grau mais acentuado, sendo possível afirmar-se a existência de várias Administrações Públicas, uma de cada Estado, que comportam várias ordens jurídicas e várias estruturas. Fácil observar o exemplo brasileiro, em que cada Estado goza do Poder Legislativo, assim como os Municípios — entes integrantes da federação —, e, além deste poder, também detêm poderes administrativos. O Poder Legislativo confere a cada ente federado a competência de organizar sua estrutura e suas atividades administrativas, de forma a que cada um apresente: uma Administração direta, uma Administração indireta e formas de administração autônoma. Importa ressaltar que em razão da soberania do Estado e da unidade de sua ordem jurídica, os Estados e demais entes que compõem a federação deverão observar um critério de paridade com o modelo de Administração Pública central de forma a que as opções das políticas públicas possam ser implantadas em todo o território do Estado, segundo um critério de igualdade.

4.7 O princípio da igualdade: objetivo da Administração Pública do Estado de bem-estar

O Estado de bem-estar é antes de tudo um Estado social,[553] ao fundamentar os seus objetivos na concepção de justiça social que

---
[553] Cf. OTERO, *O poder de substituição...*, v. 2, p. 521.

começa por ser uma bandeira da doutrina social da Igreja e que ao longo do século XX transforma-se em uma reivindicação geral de todos os movimentos políticos com um mínimo de aspirações à construção de um mundo melhor e mais justo.[554] O poder público passa, então, a direcionar suas decisões e atividades, tendo como fim a concretização da melhoria da qualidade de vida dos cidadãos, segundo o princípio igualitário de igual oportunidade e bens para todos, o qual, segundo a matriz econômica de cada país, sofrerá maior ou menor intensidade.

A ideia de justiça associada à igualdade é antiga e remonta à Grécia antiga, segundo a filosofia de Platão e Aristóteles,[555] e é objeto de preocupação dos filósofos desde a Idade Média até os tempos modernos.[556] Em tempos contemporâneos, a famosa teoria da justiça de John Rawls chega à conclusão de que as noções fundamentais da justiça são, por um lado, a exigência de igualdade e, por outro, a promoção das desigualdades necessárias para beneficiar os mais desfavorecidos.[557] Esta teoria representa uma contribuição significativa para os princípios de justiça social desenvolvidos na segunda metade do século XX e introduz uma vertente democrática[558] aos princípios de concretização da justiça social e do Estado de bem-estar, ao defender a importância da diferença social e do pluralismo como fatores de análise necessários à implantação do modelo de bem-estar socioeconômico.

O processo democrático[559] modifica as bases da concepção de justiça social, não só ao trazê-la para o âmbito da participação política, com o alargamento das bases do sufrágio que possibilitou uma maior participação no processo político,[560] como também ao introduzir a

---

[554] Cf. AMARAL. *O princípio...*, p. 695.
[555] Para Aristóteles, respeitar a lei era respeitar a igualdade. Este filósofo também traz a distinção entre justiça distributiva e justiça corretiva. A primeira dará ensejo à construção das teorias sobre a proporcionalidade aplicada nas relações entre os indivíduos e o Estado, cf. AMARAL. *O princípio...*, p. 686-691.
[556] Cf. AMARAL. *O princípio...*, p. 691-698.
[557] No sentido de que: "(...) é necessário um conjunto de princípios que permitam optar por entre as diversas formas de ordenação social que determinam esta divisão dos benefícios, bem como obter um acordo sobre a repartição adequada dos mesmos. Estes princípios são os da justiça social: são eles que fornecem um critério para a atribuição de direitos e deveres nas instituições básicas da sociedade e definem a distribuição adequada dos encargos e benefícios da cooperação social" (RAWLS. *Uma teoria...*, p. 28).
[558] Cf. RAWLS. *Uma teoria...*, p. 78-84.
[559] Sobre o princípio da democracia econômica, social e cultural ter a mesma dignidade constitucional do princípio do Estado de direito e da democracia política, todavia ele apresenta uma dimensão teleológica de fim do Estado e uma dimensão impositivo-constitucional, por ser uma tarefa do Estado, cf. CANOTILHO. *Direito constitucional...*, p. 337.
[560] Cf. BONAVIDES, Paulo. O princípio da igualdade como limitação à atuação do Estado. *Revista Brasileira de Direito Constitucional*, São Paulo, n. 2, p. 218, 219, jul./dez. 2003.

ideia de respeito à dignidade da pessoa humana, alçada ao nível de norma constitucional em muitos países, na qualidade de princípio fundamental do Estado, tal como ocorre em Portugal (artigo 1.º da Constituição da República Portuguesa) e no Brasil (artigo 1º, inciso III, da Constituição da República Federativa do Brasil). Desta forma, a justiça social, hoje, no Estado de direito democrático deve ser concebida como "o conjunto de valores que impõem ao Estado e a todos os cidadãos a obrigação de dar a cada um o que lhe é devido, em função da dignidade da pessoa humana".[561] A dignidade da pessoa aparece como critério geral orientador acerca do que, em nome da justiça, é ou não devido a cada um e modifica a própria concepção de Estado, que passa a ser entendido como instrumento que não existe para atingir seus próprios fins, mas, sim, para servir aos seus cidadãos, assegurando e promovendo a sua dignidade individual e/ou coletiva, a sua autonomia, a liberdade e o bem-estar.[562] Ao seguir esta linha, a Constituição da República Portuguesa, dispõe no artigo 13.º que: "Todos os cidadãos têm a mesma dignidade social e são iguais perante a lei"; o que torna clara, portanto, no ordenamento jurídico português, a estreita ligação entre dignidade e igualdade,[563] como princípios fundamentais ao alcance da justiça social.

O princípio da igualdade reconstruído no Estado social tem por fundamento os critérios da universalidade dos direitos sociais, econômicos e culturais e da igualdade real destes mesmos direitos.[564]

---

[561] Cf. AMARAL. O princípio..., p. 699.
[562] Cf. NOVAIS. Os princípios..., p. 51-54.
[563] Cf. AMARAL, Maria Lúcia. O princípio da igualdade na Constituição Portuguesa. *In*: MIRANDA, Jorge (Coord.). *Estudos em homenagem ao Professor Doutor Armando M. Marques Guedes*. Coimbra: Coimbra Ed., 2004. p. 35-37, cf. também GARCIA, Maria da Glória F. P. D. *Estudos sobre o princípio da igualdade*. Coimbra: Almedina, 2005. p. 18: "É tendo presente esta realidade que o princípio da igualdade se refrescou num corolário tendente a garantir maior justiça ao ordenamento jurídico. Não basta afirmar que todos os homens são iguais em dignidade e direitos. Não basta afirmar que o que é igual deve ser tratado igualmente e o desigual desigualmente. É ainda necessário garantir que ninguém seja privilegiado, beneficiado, prejudicado, privado de qualquer direito ou isento de qualquer dever em razão de certas e específicas realidade: ascendência, sexo, raça, língua, território de origem, religião, convicções políticas ou ideológicas, instrução, situação econômica ou condição social (veja-se o disposto no artigo 13.º, n.º 2 da Constituição da República Portuguesa de 1976, paradigmática neste particular).
O princípio da igualdade passa assim a proibir tratamentos jurídicos diferenciados fundados exclusivamente em critérios ou razões justificativas que só por si põem em causa o valor humano mais precioso, o valor que qualquer regulação social deve começar por, antes do mais, salvaguardar: a dignidade da pessoa humana" (GARCIA. *Estudos...*, p. 18).
[564] Cf. FERNÁNDEZ-MIRANDA CAMPOAMOR, Alfonso. El estado social. *Revista Española de Derecho Constitucional*, Madrid, ano 23, n. 69, p. 164, 165, set./dez. 2003.

Estes dois critérios transformaram-se em tarefas fundamentais do Estado, v.g. o Estado português — no artigo 9.º, letra d, da Constituição da República Portuguesa, que dispõe: "São tarefas fundamentais do Estado: (...) d) Promover o bem-estar e a igualdade de vida do povo e a igualdade real entre os portugueses, bem como a efectivação dos direitos econômicos, sociais, culturais e ambientais, mediante a transformação e modernização das estruturas econômicas e sociais" — e o Estado brasileiro, através do artigo 3º da Constituição da República Federativa do Brasil que dispõe, por sua vez, ser objetivo fundamental do Estado: "Promover o bem de todos, sem preconceito de origem, raça, sexo, cor, idade e quaisquer outras formas de discriminação". A igualdade justa é, portanto, um critério de justiça social, que, em última análise, a ordem jurídica se propõe a realizar.[565] A concretização do bem-estar não pode, por isso, assentar em um mero critério de igualdade formal, porque este não satisfaz as atuais exigências axiológicas do ideal de justiça.[566]

A igualdade real[567] é a aposta do Estado social[568] que vem de encontro ao critério da justiça social e justifica a inclusão no rol dos direitos fundamentais, dos direitos sociais, econômicos e culturais,[569] que muito embora gozem de um regime jurídico diferenciado dos direitos fundamentais de primeira geração (liberdades e garantias individuais), introduzem a dimensão positiva da concretização destes direitos pelo Estado, e em última análise, pela própria Administração Pública. Logo, não só o Estado, no âmbito de suas decisões políticas, mas também a Administração Pública, no papel de concretizadora das políticas de bem-estar, passam a estar vinculados ao princípio da justiça e, consequentemente, ao princípio da igualdade real, a ele subjacente. O Estado social, desta forma, assume a tarefa de promover a igualdade real como uma função política, através do poder político de decisão sobre a

---

[565] Cf. OTERO. *O poder de substituição...*, v. 2, p. 588.
[566] Cf. OTERO. *O poder de substituição...*, v. 2, p. 588.
[567] Sobre a igualdade real, cf. ALBUQUERQUE, Martin de. *Da igualdade*: introdução à jurisprudência. Coimbra: Almedina, 1993. p. 71-79.
[568] Cf. TORRES DEL MORAL, Antonio. ¿Qué igualdad?. *Revista de Derecho Político*, Madrid, n. 44, p. 80, 81, 1998. E no sentido de que: "(...) concomitantemente, a caracterização constitucional do princípio da igualdade como direito 'à igualdade de oportunidades' pressupõe uma ordenação política e uma direção do processo social de troca, que, segundo o conhecido teorema de Arrow, ou falsifica imediatamente a distribuição de preferências sociais ou conduz a um programa de direcção inconsistente. Uma constituição dirigente assenta no alargamento da função de direção, coordenação e planificação estadual (...)" (CANOTILHO. *Constituição dirigente...*, p. 390-392).
[569] O Estado de bem-estar envolve a efetivação dos direitos econômicos, sociais e culturais, cf. OTERO. *O poder de substituição...*, v. 2, p. 593.

direção socioeconômica do Estado; como função econômica, através da qual organiza, concerta, dirige e planeja a economia do Estado e de sua sociedade; e uma função social, por meio da qual garante a liberdade e o mínimo existencial necessário ao respeito da dignidade da pessoa humana.[570] Esta liberdade social exige a atuação positiva do Estado, não só através da prestação dos serviços básicos de forma individual a cada cidadão, mas também, através da garantia de que todos os cidadãos residentes no território de um mesmo país possam gozar dos mesmos benefícios sociais, econômicos e culturais, sem discriminação em razão de sexo, cor, raça, região, etc.

A igualdade real no Estado de bem-estar é:[571] (i) um valor, por ser concebida como um dos valores superiores do ordenamento jurídico do Estado português e brasileiro; (ii) um direito fundamental,[572] quando pensada sob a ótica do cidadão destinatário das funções prestadoras do Estado social; (iii) e um princípio jurídico-político que informa todo o ordenamento do Estado, vinculando-o ao princípio da justiça e da dignidade da pessoa humana. Da mesma forma que o Estado de bem-estar encontra-se vinculado aos princípios da igualdade real, justiça social e dignidade da pessoa humana, à sua Administração Pública impõe-se atuar de acordo com estes princípios, o que altera completamente o paradigma do respeito estrito à legalidade, pois a concepção de um ato injusto não pode ser mais concebida como ato contrário à lei, mas, sim, como ato contrário ao princípio da justiça[573] e propõe uma atitude ativa no sentido do dever de corrigir as desigualdades sociais e as injustiças,[574] ao garantir a todos um mínimo de dignidade de vida e iguais oportunidades.[575]

O bem-estar social compreende, assim, as tarefas do Estado em promover a efetivação dos direitos sociais, culturais e econômicos. As normas constitucionais que tratam sobre estes direitos são classificadas pela doutrina do direito constitucional, como normas programáticas[576]

---

[570] Cf. TORRES DEL MORAL. ¿Qué igualdad?..., p. 83.
[571] TORRES DEL MORAL. ¿Qué igualdad?..., p. 86-95.
[572] Sobre a igualdade como direito, cf. ALEXY. *Teoria...*, p. 381-418.
[573] Cf. AMARAL. O princípio..., p. 701-704.
[574] No sentido da função distribuidora do Estado, em especial, quanto às normas constitucionais de direito econômico que assumem especial relevo, cf. OTERO. *O poder de substituição...*, v. 2, p. 593, 594.
[575] Cf. DOEHRING, Karl. Estado social, estado de derecho. In: ABENDROTH, Wolfgang; FORSTHOFF, Ernest; DOEHRING, Karl. *El estado social*. Madrid: Centro de Estudios Constitucionales, 1986. p. 167, 168.
[576] Cf. CANOTILHO, José Joaquim Gomes. *Estudos sobre direitos fundamentais*. Coimbra: Coimbra Ed., 2004. p. 36-39, cf. CANOTILHO. *Direito constitucional...*, p. 474, 475.

que apontam os objetivos que o Estado deve cumprir, não só no âmbito político[577] (governativo e legislativo), como também, e principalmente, na esfera da Administração Pública, como instrumento de efetivação das políticas econômicas, sociais e culturais. Este programa social e econômico traduz a opção política de determinado Estado, em determinada conjuntura econômica e social, reflete as próprias necessidades da sociedade em dada época e vincula não só a esfera dos órgãos políticos do Estado, como toda a Administração Pública. O Estado planifica, guia, intervêm, presta, distribui e assume, ou pelo menos deveria assumir, um papel ativo na concretização do programa estabelecido pela Constituição.[578] E, assim, tem o dever de garantir o cumprimento e a prestação dos direitos sociais e econômicos, com o objetivo de aumentar o bem-estar social e econômico e a qualidade de vida das pessoas, em especial, das mais desfavorecidas.

O Estado, assim, deve buscar diminuir as desigualdades, como forma de atender à finalidade de igualar as condições de vida dos indivíduos que residem em seu território. Como é fato, avultam as diferenças sociais e econômicas não só em Portugal, com a maior concentração da população na faixa de terra que se estende pelo litoral, como são sabidas também no Brasil, país com dimensões continentais e diversidade de culturas e graves desequilíbrios sociais regionais. A Constituição, por isso, ao definir o programa das políticas públicas sociais, culturais e econômicas procura conciliar, tanto no Brasil, como em Portugal, a busca pela igualdade das condições de vida de seus cidadãos, também como tarefa fundamental do Estado.

Os direitos sociais, econômicos e culturais possuem, portanto, uma estreita conexão com as tarefas do Estado,[579] segundo a dimensão impositiva das normas constitucionais que assumem o caráter de normas prospectivas. Esta imposição de concretização da democracia, da justiça social e da igualdade real vincula todos os órgãos do Estado, sejam eles políticos[580] ou administrativos e também todas as entidades

---

[577] Sobre os direitos de prestação social serem direitos de "fins políticos de realização gradual" sob a "reserva do possível", cf. ANDRADE. *Os direitos...*, p. 191-195.
[578] Cf. HESSE, Konrad. *Elementos de direito constitucional da República Federal da Alemanha*. Tradução de Luís Afonso Heck. Porto Alegre: Sergio Antonio Fabris, 1998. p. 174-177.
[579] Cf. MIRANDA. *Manual...*, v. 4, p. 385-387.
[580] Sobre os direitos fundamentais sociais na qualidade de mandato dirigido ao legislador, cf. WEBER, Albrecht. Estado social, direitos fundamentais sociais e segurança social na República Federal da Alemanha. In: *Direito constitucional*: estudos em homenagem a Manoel Gonçalves Ferreira Filho. São Paulo: Dialética, 1979. p. 15-18.

descentralizadas do Estado, em grau de autonomia político-territorial,[581] administrativa e até mesmo aquelas pessoas coletivas de direito privado que executam tarefas administrativas de prestação de serviços públicos de interesse geral.

É fácil chegar à conclusão de que a concretização dos direitos sociais, econômicos e culturais e, em última análise, a implantação efetiva do Estado de bem-estar, implica um esforço do Estado que deposita nos órgãos políticos e administrativos a realização dos ideais constitucionais e encontra dificuldades associadas aos custos e ao orçamento público e à própria infraestrutura necessária, sem falar em outras questões de ordem conjuntural, como, por exemplo, as crises internacionais. A democracia social depende, assim, do que a doutrina denomina de reserva do possível[582] conexa à garantia do mínimo social e ao princípio da dignidade da pessoa humana.

Além das dificuldades ligadas às despesas públicas necessárias à concretização da democracia social em sua plenitude, avulta a problemática associada ao princípio da igualdade real, imposição constitucional quanto aos direitos sociais, econômicos e culturais, que entra em conflito com o princípio constitucional da descentralização político-administrativa. Ou seja, a igualdade real aqui aparece como uma força centralizadora das opções e decisões político-administrativas do Estado, porém, por outro lado, o Estado não pode suprimir totalmente a margem de livre decisão político-administrativa das regiões autônomas em Portugal e dos Estados no Brasil, sob pena de violar o princípio da autonomia e o próprio pacto federativo, respectivamente.

Conclui-se, portanto, que a igualdade real, como objetivo do Estado de bem-estar vincula a atividade pública fragmentada em seu âmbito jurídico, funcional e organizacional, caracterizando-se como um importante fator de limitação à fragmentação administrativa do Estado, cuja condução das políticas públicas, em especial respeito aos direitos sociais, econômicos e culturais, devem estar pautadas segundo um critério de paridade que garanta um mínimo de igualdade real, sob pena de vislumbrar-se uma perda da coesão e da unidade político-administrativa do Estado. Esta perda de unidade, por sua vez, poderia, assim, ensejar uma desigualdade na prestação dos direitos, em clara violação da ordem constitucional, e possibilitar o risco de "pulverização"

---

[581] Cf. MIRANDA. Manual..., v. 4, p. 387-389.

[582] Uma breve introdução sobre a dogmática da concepção da reserva do possível, cf. CANOTILHO. O direito constitucional..., p. 480-482.

do próprio Estado como entidade politicamente organizada, diante de um grau de autonomia demasiada, eventualmente, conferida às entidades que compõe seu sistema político-administrativo no âmbito orgânico.

4.8 Conclusões

O princípio da unidade do poder do Estado informa todo o sistema jurídico-político de tarefas e estruturas políticas e de gestão administrativa do Estado, de forma a equilibrar: (i) a coesão necessária à própria noção de Estado como entidade de eficácia jurídica e política, seja no âmbito interno, seja no espaço externo ou internacional; (ii) e a liberdade, como demanda de um princípio democrático e social, informador da maioria dos Estados ocidentais contemporâneos, em que a sociedade, em parceria com o poder público, passa a dividir responsabilidades pelas decisões e tarefas que lhe afetem diretamente ou que envolvam interesses específicos.

As limitações jurídico-políticas de uma crescente fragmentação administrativa do Estado emergem no contexto de uma contradição entre pluralismo e unidade, ambos princípios fundamentais do Estado contemporâneo, como corolários da necessidade de manutenção de uma ordem unitária que, em última análise, possibilita a implementação mínima das políticas do Estado, de forma a respeitar um mínimo de igualdade e de dignidade a todos os residentes e cidadãos de um determinado Estado.

A unidade aparece como princípio estruturante do Estado que sob o fundamento da proporcionalidade, não pode servir de justificativa para a contenção excessiva da pluralidade, da descentralização e da fragmentação administrativa, sob pena de transformá-lo em um "gigante", ao suprimir toda a autonomia político-administrativa das entidades infraestaduais.

A própria Constituição institui limites à fragmentação político-administrativa, na tentativa de garantir de um lado a descentralização dos poderes políticos e administrativos e de outro, a unidade necessária à execução das políticas de coesão, de eficácia e igualdade em todo o território. O princípio da unidade constitui a mais importante limitação à fragmentação administrativa do Estado, pois a fragmentação ou descentralização político-administrativa coexistem com o próprio fenômeno centralizador, seja por uma questão de legitimidade política das decisões (maior aceitação da sociedade de uma decisão política tomada por um órgão central e nacional), seja por uma questão de dificuldade de infraestrutura das administrações locais territoriais, no âmbito da Administração Pública fragmentada. A tendência centralizadora surge como o primeiro limite à fragmentação, com fundamento no princípio da unidade político-administrativa e como força de direção e de coesão política e organizacional do Estado. Isto é, a descentralização extrema encontra limites na unidade como força centralizadora de forma a impedir a pulverização do Estado e a sua própria extinção. Embora sejam, a princípio, conceitos antagônicos, coexistem no seio do Estado contemporâneo, em virtude da grande variedade de funções desempenhadas pelo poder público no âmbito das atividades administrativas, em especial no âmbito das atividades prestacionais, e da discussão acerca da legitimidade democrática das decisões políticas no contexto regional e local.

Importa destacar que o processo de transformação de uma Administração Pública organizada em termos liberais clássicos para uma Administração Pública organizada em termos pluralistas — enquanto resultado de uma fragmentação orgânico-funcional, determinada pela democratização da Administração Pública do Estado e pela busca da eficiência de suas atividades, processos e decisões — não desnaturou ou esvaziou a densidade jurídica e a importância do princípio da unidade administrativa do Estado. Pois, mesmo diante de um modelo pluralista que permite a diversificação das estruturas institucionais, associativas e territoriais e da multiplicação de tarefas impostas pela concepção de Estado de bem-estar, o Estado ainda goza de uma centralidade unitária de direção político-administrativa, fundada na previsão e legitimação democrática de seus poderes de intervenção administrativa.

A reciprocidade entre unidade e fragmentação administrativa, fundada nos valores e tendências do pluralismo no seio da Administração Pública conduz, portanto, a três conclusões: (i) o princípio da unidade, fundado na política da soberania do Estado, atua como limite político-administrativo da fragmentação administrativa, ou seja, da diversificação decisória e orgânica da Administração Pública, na medida em que impõe uma linha centralista na condução da gestão administrativa, que prevalece por força do mecanismo de responsabilidade política do governo, como órgão superior da Administração Pública nos sistemas parlamentaristas e/ou parlamentar-presidencialistas e por força da chefia hierárquica do governo nos sistemas presidencialistas; (ii) o equilíbrio entre unidade e fragmentação revela-se necessário e, por força de imposição do sistema jurídico constitucional, aparece segundo uma lógica de proporcionalidade que garante o "pluralismo (a fragmentação) inserido no âmbito da unidade político-administrativa do Estado"; desta forma, a concessão de mais ou menos poderes político-administrativos, ou tão somente administrativos, seja por norma da própria Constituição, ou seja por lei, deverá obedecer a uma proporção, através da qual a entidade administrativa superior não poderá esvaziar a autonomia da entidade intermediária e inferior na estrutura administrativa e nem esta última poderá gozar de poderes que lhe permita uma autonomia sem controle, sob pena de na primeira hipótese, haver um resgate de um modelo centralista e unitário já ultrapassado pela nova dinâmica constitucional do Estado democrático de direito; e, na segunda, de ensejar uma "pulverização" político-administrativa do próprio Estado, o que poderá desembocar em uma situação separatista, se for uma entidade territorial, ou até mesmo, a supremacia de um poder autônomo interno sobre os próprios poderes do Estado; (iii) e, por fim, a legitimação e a previsão política, democrática e constitucional dos mecanismos de intervenção administrativa do governo (direção, tutela e superintendência) podem ser vistas como pressupostos do equilíbrio entre fragmentação e unidade, pois as disposições jurídicas que garantem de forma legítima o controle por parte do governo são mecanismos de garantia deste sistema de equilíbrio de duas forças antagônicas.

  A Constituição e o sistema jurídico-político, portanto, na busca por este necessário equilíbrio e, ao pretender dar estabilidade entre as relações político-administrativas das estruturas e entidades públicas ou privadas, integrantes da Administração Pública, como forma de garantir um mínimo de unidade na condução da gestão administrativa em um Estado plural e descentralizado, preveem normas, princípios e mecanismos político-administrativos de "freios" à demasiada autonomia orgânico-decisória. Estes princípios, normas e mecanismos podem ser assim sintetizados: (i) o próprio princípio da unidade político-administrativa; (ii) a previsão constitucional do princípio da igualdade; ou seja, as decisões administrativas e políticas, em especial aquelas relacionadas com a implementação das políticas de bem-estar, não podem ultrapassar um determinado limite de regulamentação e de prestação de serviços que violem um mínimo de igualdade entre os indivíduos residentes dentro do território de um mesmo Estado; (iii) a existência de normas gerais, cuja competência legislativa pertence, em regra, aos órgãos de soberania do Estado central, cujas entidades infraestaduais devem respeito, ao exercer os poderes inerentes às suas autonomias normativas e administrativas. As normas gerais funcionam como diretivas ao exercício das atividades administrativas e políticas fragmentadas, ao respeito do princípio da juridicidade do Estado democrático de direito e à própria noção de sistema jurídico a ele inerente e decorrente; (iv) as normas constitucionais que, sob a ideia de subordinação hierárquico-jurídica de toda a atividade legislativa, política e administrativa, configuram uma força centrípeta, aliada ao próprio controle de constitucionalidade judicial concentrado tanto no Brasil, como em Portugal; as normas constitucionais expressam a ordem pública e o princípio da ordem unitária do Estado e garantem as vinculações jurídico-públicas à Administração, em especial, àquelas relacionadas aos direitos e garantias fundamentais; (v) no âmbito interno da Administração, as formas de exercício dos poderes de controle, intervenção e orientação por parte do Estado central sobre as demais pessoas coletivas de direito público e de direito privado, integrantes da Administração Pública; os poderes de controle exprimem a unidade da Administração Pública como princípio de garantia da direção na execução das políticas de bem-estar do Estado central. E também no âmbito externo, os controles dos atos da Administração Pública pelo Poder Judiciário e o controle financeiro, seja perante o órgão do legislativo, seja perante o Tribunal de Contas; (vi) o sistema de partidos de base territorial e centralizado; em Portugal são proibidos os partidos de índole ou âmbito regional, segundo o artigo 51.º, n.º 4, da Constituição da República Portuguesa; o monopólio dos partidos na apresentação das listas de candidatos faz com que as plataformas de governo eleitorais sejam discutidas no âmbito das necessidades nacionais, e não locais; no Brasil, em razão de uma maior descentralização política, este limite já não aparece como determinante de um modelo centralizador, tendo em vista a descentralização do modelo partidário organizacional, com a existência de diretórios estaduais e municipais com poderes autônomos de escolha de candidatos e apresentação perante a Justiça Eleitoral nos períodos de eleições estaduais e municipais; (vii) o poder do Estado de delimitação das competências das demais pessoas coletivas de direito público de base territorial descentralizadas, segundo a qual o Estado detém uma "onipotência" no plano jurídico, resumida como uma soberania de competências; disto decorre que o Estado pode alargar ou reduzir o respectivo espaço funcional e material das demais competências subordinadas; o Estado possui a prerrogativa de definir a sua própria competência; e o Estado goza de uma presunção de competência, sempre que no silêncio da norma não esteja definida a área de competência da entidade descentralizada, situação em que o Estado atua de forma residual e subsidiária; (viii) o princípio da subsidiariedade adquire especial relevância, segundo o seu fim teleológico que permite, a princípio, que "o poder seja exercido ora por uma dada autoridade, a mais próxima do destinatário da decisão, ora por outra autoridade que embora mais longínqua, é aquela que está apta pela natureza e amplitude da tarefa, a realizá-la mais eficaz e economicamente"; (ix) a responsabilidade política em Portugal do governo, na qualidade de órgão superior da Administração Pública (artigo 182.º da Constituição da República Portuguesa), perante a Assembleia da República (artigo 194.º, n.º 1, da Constituição da República Portuguesa), que é refletida nos poderes de direção e intervenção intra-administrativa do Estado nas demais entidades descentralizadas; (x) e, por fim, a prevalência do interesse nacional, em especial quanto às matérias relacionadas à implantação e condução das políticas de bem-estar e das políticas econômicas, que funcionam através da instituição de normas gerais pelo Estado ou através da planificação destas matérias com efeito vinculativo para as demais entidades político-administrativas fracionadas no âmbito do território do Estado ou no âmbito institucional.

Por fim, a questão acerca da introdução e implementação de autoridades administrativas independentes evidencia a problemática acerca de um modelo administrativo que transpõe um modelo clássico unitário de gestão e controles do Estado, fundados na concentração no governo, enquanto órgão superior da Administração Pública. A crise de um modelo "piramidal" de poder administrativo que é substituído por um modelo "policêntrico", como alternativa normativa e decisória paralela aos poderes do Estado, vem flexibilizar a própria unidade do Estado, ao conduzir a uma forma de fragmentação e divisão de seus poderes. Porém, ainda sobrevivem alguns mecanismos de contenção desta forma de fragmentação administrativa do Estado, que podem ser, assim, sintetizados: (i) os princípios e normas constitucionais, traduzidos especialmente pelos princípios fundamentais (dignidade da pessoa humana e igualdade) e pelos demais direitos e garantias fundamentais, na medida em que vinculam todas as entidades e atividades integrantes do sistema administrativo do Estado; (ii) as normas gerais do Estado central, como expressão do princípio da legalidade, também aparecem como limite à atuação autônoma das autoridades administrativas independentes, na medida em que seus atos e decisões devem estar pautados segundo as ordens legais proferidas por atos legislativos de caráter geral que acabam por vincular e condicionar as suas atividades e a sua organização interna; (iii) o controle dos atos das autoridades administrativas independentes pelo Poder Judiciário do Estado, especialmente no que tange ao exame de constitucionalidade e legalidade (conformidade dos atos às normas e princípios constitucionais e à lei geral editada pelo Estado central), e também fundado em um maior "ativismo" judicial, através do exame da discricionariedade de seus atos, à luz do princípio da proporcionalidade. O princípio da proporcionalidade permite incursões acerca do mérito administrativo, no que tange à sua adequação interpretativa dos meios aos fins pretendidos, à necessidade da medida e à proporção em sentido estrito, possibilitando uma análise da razoabilidade dos atos emanados por parte das autoridades administrativas independentes; (iv) a exigência de procedimentalização das atividades normativas e decisórias das autoridades administrativas independentes que expressa não só uma unificação baseada em um controle jurídico das fases do procedimento, como também uma unificação, fundada em um controle social de ordem democrática, ao possibilitar a participação da sociedade nas fases do procedimento, de maneira direta ou indireta, bem como ao possibilitar uma maior publicização do processo que impõe, por sua vez, o dever maior de fundamentação e argumentação; (v) a própria delimitação das competências e atribuições por força de lei geral, editada pelo Estado central, representa um mecanismo de unificação político-administrativa, pois não se admite que a autoridade administrativa independente fundamente seus poderes e competências sem lei que assim as determine e defina; (vi) a previsão nas leis que criam as agências independentes, em regra, de duas faculdades diretivas reservadas as governo: a) o monopólio da nomeação governamental dos cargos diretivos das agências; b) e a presença de cargos governamentais como membros dos órgãos diretivos; estas duas faculdades conduzem a uma possibilidade de unidade na condução da direção administrativa do governo que efetiva a nomeação, mas podem sofrer uma restrição por força da previsão legal da prolongação dos mandatos para além do mandato eletivo deste governo nomeante; (vi) e, por fim, pode ser citada a previsão legal do controle financeiro das agências em três hipóteses: a) em alguns países as autoridades administrativas independentes não têm autonomia financeira, nem patrimônio próprio e, por isso, são financiadas pelo orçamento do Estado e têm de respeitar as regras da contabilidade pública e seus princípios; b) noutros casos, as autoridades administrativas independentes gozam de autonomia financeira e patrimonial e possuem receitas próprias; nesta situação, o controle financeiro cabe ao Tribunal de Contas de cada Estado que é feito *a posteriori*; c) e a possibilidade de previsão legal de terem de prestar contas às comissões parlamentares competentes.

CAPÍTULO 5

Os Problemas da Fragmentação Administrativa: Principais Questões

Sumário: 5.1 O déficit de sistematização orgânico-funcional da Administração Pública: "o que é e quem é Administração Pública"? – **5.2** Quais são as formas de fragmentação? – **5.3** A debilitação do controle da Administração Pública: alguns tópicos relevantes – **5.3.1** A debilitação do controle de legalidade – **5.3.2** A debilitação do controle da gestão administrativa privada – **5.3.3** A debilitação do controle administrativo da eficiência – **5.3.4** A debilitação do controle da Administração independente – **5.4** A "politização" do poder administrativo – **5.5** A equação: "igualdade *versus* autonomia administrativa" – **5.6** A centralização *versus* regionalização no Estado de bem-estar: realidade ou utopia? – **5.7** Conclusões

5.1 O déficit de sistematização orgânico-funcional da Administração Pública: "o que é e quem é Administração Pública"?

A sistematização da organização e das funções da Administração Pública, seja no que tange às implicações jurídicas do enquadramento ao direito administrativo, seja sob o aspecto do estudo da ciência da Administração Pública, é consequência de expressivos esforços realizados pela doutrina,[583] ora privilegiando as entidades públicas e suas

---

[583] No sentido de que a definição dos limites do conceito institucional orgânico e subjetivo de Administração Pública é um campo de divergências na doutrina e ao apontar pelo menos três orientações: (i) mais tradicional que exige o critério da personalidade jurídica pública; (ii) o que integra na Administração Pública as entidades formalmente privadas; (iii) e a que propõe uma delimitação do conceito de Administração que, além das pessoas públicas, inclui quaisquer entidades privadas investidas de funções públicas administrativas, cf. GONÇALVES. *Entidades*..., p. 282. No sentido de que se filia a esta última posição, cf. GONÇALVES. *Entidades*..., p. 282.

ações como partes integrantes da gestão administrativa do Estado — o que exclui as entidades de direito privado que desempenham funções públicas ou de interesse público —, ora ao dar ênfase às atividades desenvolvidas através de uma análise objetiva e funcional de enquadramento doutrinário da Administração Pública como executora de tarefas públicas estatais.[584] O certo, no entanto, é que a doutrina, atualmente, enquadra, para fins jurídicos, a Administração Pública sob dois sentidos:[585] (i) um sentido material, que corresponde à atividade concreta em que se traduz o exercício da função administrativa do Estado; (ii) e um sentido orgânico, que corresponde, por sua vez, ao conjunto de pessoas coletivas que exercem a título principal a função administrativa.

No entanto, diante da complexidade das estruturas modernas e da ampliação das tarefas do Estado, especialmente a partir da implantação de um modelo de Estado de bem-estar — ainda não abandonado após a reforma administrativa —, a delimitação das fronteiras, de forma precisa, entre "o que é e quem é" a Administração Pública, ou seja, quais são suas atividades e tarefas e quais são as entidades e órgãos que a compõem, aparece como déficit de construção teórica capaz de resistir às transformações pelas quais tem passado o Estado na última década do século XX e início do século XXI e apresenta-se como um dos problemas mais importantes da crescente fragmentação administrativa do Estado, ao impedir a ordenação de elementos e fundamentos jurídicos conformadores, de forma a possibilitar uma construção sistemática.

A verdade é que se repete a fórmula de reforma da Administração Pública como uma necessidade urgente e transformadora de uma gestão ineficiente do Estado social, sem que se tenha proposto, na maior parte dos países, um plano de ação e definição das novas tarefas, agora confiadas ao Estado, à sociedade civil e à iniciativa privada. As legislações, inclusive a legislação constitucional, não delimitam de forma específica os limites do Estado, após o processo de reforma e privatização administrativas, sobre os quais ele pode e deve atuar diretamente ou de forma subsidiária, a desempenhar tarefas de interesse

---

[584] No sentido de que as entidades privadas que exercem funções públicas integram o conceito orgânico da Administração Pública em dois sentidos: um estrito e outro funcional, cf. GONÇALVES. *Entidades...*, p. 282 *et seq.*

[585] Sobre os sentidos da Administração Pública, cf. SOUSA; MATOS. *Direito...*, t. I, p. 38 *et seq.*, cf. também WOLFF; BACHOF; STOBER. *Direito...*, p. 41-54. Cf. ainda AMARAL. *Curso...*, v. 1, p. 32-41.

público de produção de bens e prestação de serviços. Em um quadro estratégico de transformações da Administração Pública, pode-se dizer que não foram definidos, até então: (i) o que compete em exclusividade ao Estado e à sua Administração Pública direta, ao domínio público não estatal,[586] ao mercado e à sociedade civil;[587] (ii) o que compete de forma subsidiária, em cooperação ou coordenação; (iii) e sob que formas institucionais públicas ou privadas, empresariais ou orgânicas, podem ser desempenhadas as tarefas e atividades de interesse público de forma a atender aos fins de um ainda Estado de bem-estar.[588] A ausência de sistematização decorre da falta de planificação política das escolhas de reforma da Administração Pública, especialmente no que tange às novas formas orgânicas de direito privado, após um amplo processo de privatização, e às atividades delegadas a entidades particulares que, em nome próprio, exercem funções público-administrativas.

De fato o modelo francês-napoleônico de administração do Estado, cujo êxito pôde ser observado em grande parte dos países da Europa continental e que foi estabelecido sob as bases de uma Administração piramidal e centralista, em que os espaços públicos e privados encontravam-se muito bem definidos, teve que se adaptar rapidamente às medidas preconizadas por alguns conhecidos movimentos a que

---

[586] No sentido de que o espaço público é mais amplo que o estatal, já que pode ser estatal e não estatal e no sentido de que "(...) no mundo contemporâneo, o público foi conceitualmente separado do privado, mas vemos todos os dias tentativas de apropriação privada do Estado". E ainda que "o reconhecimento de um espaço público não-estatal tornou-se particularmente importante num momento em que a crise do Estado aprofundou a dicotomia Estado setor privado, levando muitos a imaginar que a única alternativa à propriedade estatal seria a propriedade privada" (PEREIRA, Luiz Carlos Bresser. Da Administração Pública burocrática à gerencial. In: PEREIRA, Luiz Carlos Bresser; SPINK, Peter (Org.) Reforma do Estado e Administração Pública gerencial. 7. ed. Rio de Janeiro: Fundação Getulio Vargas, 2006. p. 261 et seq.).

[587] No sentido da existência de uma subsidiariedade implícita do Estado em relação às entidades privadas, que decorre da própria limitação do Estado no âmbito intra-administrativo em face das entidades públicas, pois se o Estado está limitado pela subsidiariedade em face de entidades públicas, por mais também está limitado em suas intervenções e controles em face de entidades privadas, cf. OTERO. Vinculação..., p. 33-38. Em sentido contrário, ao afirmar que "a consagração constitucional da propriedade privada e das liberdades de associação de iniciativa económica privada não está na génese de um primado da privaticidade ('Vorrang der Privatheit'), mas apenas de um princípio de privaticidade. Trata-se de um princípio que convive (pode conviver) com o princípio da intervenção pública (mesmo no domínio económico)". E, assim, conclui: "parece-nos, por isso, que está fora de causa a ideia de subsidiariedade horizontal ou social referente a relações entre os poderes públicos e os privados" (GONÇALVES. Entidades..., p. 240. Nota de rodapé nº 411).

[588] Neste sentido, cf. CRAVINHO, João. Um contributo pessoal para um novo paradigma de organização e gestão da Administração Pública. In: Moderna gestão pública. Lisboa: Instituto Nacional de Administração – INA, 2000. p. 112.

se convencionou chamar de reinvenção, renovação ou, simplesmente, modernização ou reforma do Estado e de sua Administração Pública.[589] A mudança de paradigma de um Estado liberal, mínimo e centralizador, passando por um Estado social e administrativo e desembocando em um Estado regulador, gerencial e de garantia,[590] permitiu uma enorme reformulação teórica e sistemática do conceito de Administração Pública em seu sentido material e orgânico.[591] Inicialmente, através da proliferação de entidades e institutos públicos e entidades de direito privado (empresas estatais) prestadoras de serviços públicos e da intensificação do processo de autoadministração, com ênfase no surgimento de uma administração autônoma (territorial ou associativa) paralela à Administração do Estado; e, já em uma fase atual posterior e mais recente, a partir da década de 1970, em uma "fúria"[592] privatizadora da Administração Pública, que possibilitou a mudança de paradigma do próprio Estado, de "social" para "social e regulador" e ensejou uma tendência de incorporação de entidades de direito privado prestadoras de serviços públicos ou executoras de tarefas públicas no seio organizativo da Administração Pública, podendo ser possível apontar um "processo de descaracterização"[593] orgânica da Administração Pública do Estado.

A Administração Pública social sofre um aumento das tarefas administrativas, uma descentralização e uma "fuga do centro" do Estado e conhece novas formas de administração não estatal que passam a executar e a desempenhar tarefas públicas, ensejando a primeira fase de desvinculação entre o "estatal" e o "público", ou seja, as tarefas públicas deixam, então, de ser monopólio do Estado e passam a ser divididas com outras entidades integrantes da Administração Pública (direta, indireta e autônoma).[594] Já em uma fase mais recente, a Administração

---

[589] Neste sentido, cf. ABREU, A. Vassalo de. Novos modelos organizativos. *In*: RUIVO, Vítor Manuel. *A reinvenção da função pública*. Lisboa: Instituto Nacional de Administração – INA, 2002. p. 158.

[590] No sentido de que "(...) está hoje popularizada a chamada responsabilidade pública de garantia. Em geral, pode dizer-se que esta responsabilidade de garantia resulta de o designado 'dever estadual de garantia' se revelar compatível com a privatização de certas tarefas públicas e com a activação das responsabilidades privadas, desde que o Estado assuma uma 'posição de garante'" (GONÇALVES. *Entidades...*, p. 241).

[591] Neste sentido, cf. ABREU. Novos modelos..., p. 158.

[592] Ao utilizar esta expressão, cf. OTERO. Coordenadas..., p. 35.

[593] Ao referir-se a um "processo de descaracterização" orgânica da Administração Pública, cf. SOUSA; MATOS. *Direito...*, t. 1, p. 45.

[594] No sentido de que: "a intervenção e o dirigismo económico traduzem-se na proliferação de organismos autónomos ligados à administração central mas não integrados nos ministérios

Pública passa a se desfazer de tarefas que antes eram desempenhadas por estas entidades públicas não estatais, porém públicas, e as transfere ao setor privado, após um processo de privatização de serviços e da execução de funções público-administrativas, da transformação de entidades públicas em entidades de direito privado e de criação de novas entidades de direito privado que passarão a executar tarefas públicas. Neste processo, dá-se a segunda fase de desvinculação da noção de "público", fundada na execução exclusiva de tarefas públicas por entidades de direito público, para, enfim, abranger não só as atividades desenvolvidas por entidades de direito público integrantes da Administração Pública, como também entidades de direito privado que executam tarefas públicas e prestam serviços públicos. Desta forma, o que no início era concebido como Administração Pública, unicamente como tarefas e organismos do próprio Estado, passa por um amplo processo de diversificação orgânica e funcional[595] ao longo do século XX e já neste início de século XXI faz incorporar até mesmo entidades e organizações de direito privado cujas atividades e estruturas passam a ser consideradas como integrantes da Administração Pública do Estado.[596] Um exemplo clássico são as empresas que prestam serviços

---

— os institutos públicos; e as nacionalizações dão origem a numerosas empresas públicas. Os primeiros constituem a chamada administração indirecta do Estado, que juntamente com os ministérios ou administração directa compõem o sector público administrativo; as empresas públicas formam o sector público empresarial ou sector empresarial do Estado" (AMARAL. *Curso...*, v. 1, p. 83). No sentido de que a doutrina começou, nesta época de apogeu do Estado social, a sentir a necessidade de procurar encontrar construções teóricas capazes de enquadrar esses novos fenômenos de multiplicação de entidades distintas do aparelho administrativo central do Estado. E ao citar a origem do conceito alemão de *"Daseinsvorsorge"* desenvolvido por Ernst Forsthoff em 1938, que serviu para alertar a doutrina da época acerca do "alargamento dimensional" do próprio Estado e da Administração Pública e espelhar a multiplicidade das novas tarefas administrativas, à luz de uma dupla função: "descritiva" e "de estímulo", cf. ESTORNINHO. *A fuga...*, p. 86, 87. No sentido que o conceito de *"Daseinsvorsorge"* refere-se precisamente às tarefas da "moderna administração". Cf. FORSTHOFF, Ernst. *Die Verwaltung als Leistungstraeger*. Stuttgart/Berlin: Kohlhammer, 1938. p. 1 *et seq*. Apud ESTORNINHO. *A fuga...*, p. 86, nota nº 7. Ao propor o termo *"Daseinsvorsorge"* para designar as funções e todas as atividades da Administração de prestação do Estado-providência. E ao afirmar que: "Pour désigner l'ensemble des fonctions par lesquelles l'administration fournit des prestations, j'ai proposé le terme de "Daseinsvorsorge" (Etat-Providence)" (FORSTHOFF, Ernst. *Traité de droit administratif allemand*. Dijon: Établissements Émile Bruylant, 1969. Tradução do alemão para o francês: Michel Fromont, p. 535).

[595] No sentido de que "(...) la expresión 'Administración Pública' no deja de ser una fórmula abreviada con la que hace referencia a una realidad mucho más compleja, que requiere obligadamente el uso del plural: no hay, en efecto, una sola Administración Pública, sino múltiples Administraciones" (SANTAMARÍA PASTOR. *Princípios...*, p. 63).

[596] No sentido de que: "sem prejuízo de se poder identificar um núcleo essencial do conceito de administração pública em sentido orgânico, que integre apenas pessoas colectivas públicas, o fenômeno da administração pública (em sentido material) através de privados

públicos ou executam obras públicas, através do regime de concessão pública. Para fins de enquadramento jurídico, as empresas concessionárias integram o conceito orgânico de Administração Pública,[597] inclusive para fins de delimitação da responsabilidade por atos praticados no exercício de suas atividades e ainda assim podem ser pessoas jurídicas/coletivas de direito privado.

A importância assumida pelo setor privado e pela sociedade civil no desempenho de tarefas públicas e dos fins públicos é reflexo da vinculação das entidades privadas aos direitos fundamentais e aos princípios e valores sociais, transformando, assim, o espaço público em espaço de compartilhamento entre a Administração Pública do Estado e as entidades do setor privado[598] quanto à concretização dos direitos e garantias fundamentais. Desaparece, desta forma, a clássica dicotomia entre o público e o privado[599] e surge uma nova perspectiva de distinção,

---

não pode deixar de traduzir-se num correspondente alargamento da administração pública em sentido orgânico" (SOUSA; MATOS. *Direito...*, t. I, p. 46). No sentido de que: "En lo organizativo, y como ya señalamos anteriormente, las Administraciones han emprendido un proceso, empírico e incontrolado, de desgajamiento de partes completas de su estructura para constituir entes personificados cuya actividad se somete, total o parcialmente, al Derecho privado, y que en muchos casos adoptan formas de sociedad mercantil, propias de esta misma rama del Derecho" (SANTAMARÍA PASTOR. *Princípios...*, p. 62). O alargamento orgânico da Administração Pública pode ser evidenciado pelo artigo 2.º, n.º 4, do Código de Procedimento Administrativo em Portugal que determina: "Os preceitos deste Código podem ser mandados aplicar por lei à actuação dos órgãos das instituições particulares de interesse público". Em sentido contrário apontando que a concepção segundo a qual uma entidade particular, por que exerce funções públicas administrativas, não provoca qualquer alargamento real das fronteiras da Administração, nem contraria as tendências no sentido da redução do Estado e da Administração, cf. GONÇALVES. *Entidades...*, p. 286.

[597] Em sentido contrário, ao afirmar que as empresas concessionárias de serviços públicos não integram o conceito orgânico de Administração Pública, e sim podem ser classificadas como "organização indireta da Administração", cf. GONÇALVES. *A concessão...*, p. 123. Ao afirmar que as empresas concessionárias, detentoras de traços jusadministrativos (podem praticar regulamentos e atos administrativos), embora sejam pessoas coletivas de direito privado, encontram-se submetidas ao Código de Procedimento Administrativo na medida dos atos administrativos, por ela praticados e que, por isso, estão incluídas na Administração Pública, segundo um critério funcional, cf. SOUSA, Marcelo Rebelo de. *Lições de direito administrativo*. Lisboa: Lex, 1999. p. 404 *et seq*. No sentido de que as empresas concessionárias de serviços públicos são "órgãos indiretos da Administração", cf. GUEDES, Marques. *A concessão*. Coimbra: Coimbra Ed., 1954. p. 157. E no sentido de que se o concessionário é uma entidade de direito público, portanto, por este motivo considera-se integrado à Administração Pública em seu sentido orgânico; no entanto, se o concessionário é uma entidade de direito privado, ele já não faz parte integrante da Administração Pública em seu sentido orgânico, cf. ESTORNINHO. *A fuga...*, p. 326-328.

[598] Ao apontar três linhas fundamentais de crítica da distinção entre Estado e sociedade, cf. GONÇALVES. *Entidades...*, p. 228-230.

[599] Ao abordar a importância do dualismo entre tarefas públicas e tarefas privadas, com foco em dois problemas distintos: (i) um no plano normativo, acerca da decisão do que deve ser público e quais as funções que o Estado deve assegurar; (ii) e por outro lado, em um plano empírico, acerca do interesse em saber como se distinguem, em concreto, as tarefas públicas em relação às tarefas privadas, cf. GONÇALVES. *Entidades...*, p. 236-237.

fundada em um critério de delimitação das "responsabilidades públicas",[600] segundo o qual são definidas algumas atividades como atividades essenciais do Estado a serem desempenhadas diretamente por sua Administração Pública.[601] Porém, a indefinição no âmbito material da Administração Pública reside na afirmação de que as tarefas públicas necessárias do Estado, muitas vezes definidas pela própria Constituição não são sempre exclusivas, ou seja, o Estado não detém o monopólio destas tarefas, pois, com frequência, configuram-se como tarefas concorrentes com atividades do setor privado. Como exemplo, aponta-se a saúde e a educação como hipóteses emblemáticas desta concorrência, em que tanto a Administração Pública, como a iniciativa privada atuam na qualidade de agentes prestadores destes serviços, considerados como necessários e obrigatórios.

Desta forma, a corresponsabilidade entre os agentes públicos e privados na concretização das políticas públicas, prestação de serviços e efetivação dos direitos fundamentais socioeconômicos traz para o campo do estudo da ciência da Administração Pública e do direito administrativo uma indefinição das competências administrativas, ou seja, revela uma dificuldade de sistematização e conformação jurídica das responsabilidades e tarefas exclusivas, partilhadas e subsidiárias da Administração Pública direta do Estado, em face de uma Administração Pública sob a forma de direito privado e das entidades privadas que executam e desempenham funções administrativas.

Sob o aspecto orgânico, a imagem da Administração Pública como uma organização unitária foi superada por uma imagem pluralista da estrutura administrativa,[602] fundada na manifestação de uma

---

[600] Ao apontar a importância da dicotomia público/privado para a concepção de uma "teoria das responsabilidades públicas" que defende a divisão entre uma esfera de privaticidade e uma outra esfera de estadualidade que, por sua vez, justifica o reconhecimento da existência de limites à intervenção pública, do qual decorre a não aceitação de um princípio de subsidiariedade da intervenção pública (o princípio da privaticidade) "resultante de uma ordem jurídico-constitucional que garante a propriedade privada, a liberdade de associação e a liberdade de iniciativa económica" (GONÇALVES. Entidades..., p. 238-240). Em sentido contrário, defendendo a ideia de uma subsidiariedade implícita do Estado, decorrente da previsão constitucional do artigo 6.º, n.º 1, da Constituição da República Portuguesa, cf. OTERO. Vinculação..., p. 33 et seq.

[601] Em Portugal, pode-se apontar algumas tarefas definidas pela Constituição como tarefas constitucionalmente obrigatórias do Estado, tais como: segurança pública, serviço público de rádio e de televisão, segurança social, saúde, ensino, desporto; setores que a Constituição portuguesa exige uma intervenção pública direta. Neste sentido, cf. OTERO. Coordenadas..., p. 53, cf. também GONÇALVES. Entidades..., p. 243, 244.

[602] Ao apontar, em metáfora, a diversidade organizacional da Administração Pública, afirma que: "(...) o esquizofrénico já não consegue apreender o seu corpo como uma unidade; sente-o fragmentado, rasgado, disperso. Regressa assim ao 'fantasma do corpo desconjuntado', que preexiste à formação do ego na criança" (ESTORNINHO. A fuga..., p. 79).

diversidade jurídico-formal. A problemática manifesta-se diante da dificuldade de se chegar a um conceito orgânico ou institucional de Administração Pública refletida na circunstância de inúmeras entidades criadas por iniciativa pública adotarem a forma de direito privado.[603] As formas de direito privado e as entidades privadas que executam atividades administrativas demandam uma reformulação no conceito orgânico, ensejando o seu alargamento, para incluí-las em uma sistematização institucional da Administração Pública no atual estágio de seu desenvolvimento. A proposta oferecida por alguns autores[604] limita-se a identificar um critério material e funcional de delimitação do sentido orgânico da Administração Pública. O critério material vem substituir o critério meramente formal[605] e permite incluir as entidades formalmente privadas criadas pela Administração ou que se encontrem a ela subordinadas, segundo um conceito institucional. Já o critério funcional[606] alarga mais ainda o campo de abrangência do conceito para incluir também as entidades privadas que atuam em parceria e colaboração com a Administração, ao executarem e desempenharem tarefas públicas ou de interesse público. Segundo este critério, portanto,

---

[603] No sentido de que: "os modelos organizativos de direito privado tornaram-se, em muitos casos, verdadeiras 'formas de substituição' dos modelos organizativos de direito público". E no sentido de que "existe, assim, uma 'Administração paralela', uma 'Administração Pública em forma privada' ou 'organizada sob a forma privada', um conjunto de 'instâncias administrativas em forma privada' ou de 'entidades administrativas privadas', que um conceito orgânico ou institucional de Administração Pública não pode ignorar" (GONÇALVES. *Entidades...*, p. 283). Ao citar a expressão "Administração paralela" e também ao referir-se ao conceito de uma "Administração indireta privada", cf. OTERO. *Vinculação...*, p. 229, cf. também OTERO. *Legalidade...*, p. 305. E ao firmar que "a par com os entes públicos com formas de actuação jurídico-privadas, a Administração Pública recorre crescentemente a organizações administrativas de estatuto jurídico-privado. Trata-se da administração mediante entidades privadas criadas pelas próprias entidades administrativas (sociedades, cooperativas, associações, fundações). É o caso das sociedades de capitais públicos e das associações de direito privado entre entidades públicas (ou entre estas e particulares). Ao lado das pessoas colectivas genuinamente privadas, porque criadas e formadas por particulares, passou a haver pessoas colectivas ficticiamente privadas, porque criadas e formadas por entidades públicas" (MOREIRA. *Administração autônoma...*, p. 285).

[604] Uma parte da doutrina portuguesa inclina-se para apresentar a Administração Pública de acordo com um critério funcional como um sistema de organizações especificamente encarregadas da execução da função administrativa, cf. SOUSA. *Lições...*, p. 404, cf. também CAUPERS, João. *Introdução ao direito administrativo*. Lisboa: Âncora, 2001. p. 32.

[605] Ao apontar o critério formal e definir a Administração Pública, com fundamento na personalidade de direito público, nos seguintes termos: "'Administração Pública' é o sistema de órgãos, serviços e agentes do Estado, bem como das demais pessoas colectivas públicas, que asseguram em nome da colectividade a satisfação regular e contínua das necessidades colectivas de segurança, cultura e bem-estar" (AMARAL. *Curso...*, v. 1, p. 36, 37).

[606] No sentido da Administração Pública em seu sentido funcional, cf. WOLFF; BACHOF; STOBER. *Direito...*, p. 80, 81.

o particular, uma vez chamado a executar uma tarefa administrativa, passa a constituir um elemento, uma peça da máquina administrativa do Estado, ou seja, passa à categoria jurídica de "membro da Administração Pública".[607] A questão que se coloca, neste ponto, após a constatação de um movimento de transformação de entidades públicas em entidades privadas (privatização orgânica) ou de criação de novas entidades de direito privado pela Administração Pública, consiste quanto a saber, portanto, se tais entidades fazem ou não parte da Administração Pública. Em outras palavras, o déficit de uma sistematização incontroversa na doutrina impõe-se, na medida em que a fragmentação sob a forma de direito privado da Administração Pública implica em uma "fuga para o direito privado"[608] e, consequentemente, em uma "fuga" das vinculações jurídico-públicas e dos princípios conformadores da atividade administrativa do Estado.[609]

A atuação da Administração Pública sob as formas jurídico-privadas no atual estágio de seu processo de privatização orgânico-funcional, ocorrido nas últimas décadas de maneira mais expressiva, intensifica o debate sobre a ausência de tratamento sistemático mais ou menos uniforme quanto ao enquadramento jurídico-político de todas as atividades e estruturas fragmentadas de direito público e de direito privado no exercício de tarefas públicas ou de interesse público que compõem a Administração Pública moderna. Avulta a importância desta problemática quando estão em causa a aplicação de regras e princípios públicos administrativos, em especial as vinculações jurídico-públicas (normativas/legais e constitucionais) do Estado impostas às atividades que importam em efetivação de direitos e garantias fundamentais, com destaque na área de implementação de políticas públicas e de prestação de serviços essenciais ao respeito da dignidade da pessoa humana. O Estado e a sua Administração Pública são chamados a desempenhar um papel de garantia na efetivação destes serviços e de outras atividades, que, embora delegadas à iniciativa privada ou à sociedade civil, em

---

[607] Cf. GONÇALVES. *Entidades...*, p. 286.

[608] No sentido de que "a fuga da administração para o direito privado (civil, comercial, laboral) não pode, porém, ter por efeito uma fuga às garantias constitucionais dos cidadãos contra a Administração, nomeadamente o respeito dos direitos fundamentais. Foi neste sentido que a doutrina alemã elaborou o conceito do direito privado administrativo (Wolff) (...)" (MOREIRA. *Administração autônoma...*, p. 283).

[609] Sobre a análise e desenvolvimento do "direito privado administrativo" ou "*verwaltungsprivatrecht*", originada na doutrina alemã, cf. ESTORNINHO. *A fuga...*, p. 121-158. Também sobre o mesmo tema, cf. MOREIRA. *Administração autônoma...*, p. 283, 284. Cf. ainda GONÇALVES. *Entidades...*, p. 291.

última análise, não perdem o caráter de atividade de interesse público relevante, devendo ser observada uma série de princípios de natureza pública, em especial, o da igualdade e o da universalidade.

Desta forma, mesmo que se apresente um déficit de sistematização precisa sobre quais as atividades administrativas desempenhadas por entidades jurídico-privadas e quem são estas entidades e se fazem ou não parte integrante do conceito de Administração Pública, pode-se afirmar que a centralidade das vinculações jurídico-públicas constitui, no mínimo, um mecanismo conformador de uma ordem jurídico-administrativa fragmentada, possibilitando, ao menos, uma garantia ao particular em suas relações jurídicas com a Administração Pública sob a forma de atuar e de se organizar através de meios jurídico-privados.

Cabe ainda, neste tópico, fazer referência ao despontar de um novo modelo de administração "policêntrica"[610] em contraste com o modelo de orientação estatal e unificado por meio do mecanismo de responsabilidade política do governo, enquanto órgão superior da Administração Pública. O modelo clássico "piramidal"[611] de estruturação da organização e das atividades administrativas, bem como de seus poderes, fundados em uma ordem hierárquica e de controles administrativos recíprocos, apontavam para uma gestão baseada no monopólio do poder administrativo por entidades públicas do aparelho direto, indireto e autônomo do Estado, em especial dos poderes normativos e fiscalizatórios. A importação para diversos países da Europa continental e para outros da América Latina, tal como o Brasil, da figura da *independent regulatory agency* (agência reguladora independente), fenômeno restrito e peculiar à estrutura organizacional do Reino Unido e dos Estados Unidos da América, significou a institucionalização, por meio da legislação, de autoridades administrativas independentes, dotadas de um grau de autonomia acentuado em relação ao controle do aparelho administrativo direto do Estado.[612] A autonomia financeira, organizacional, gerencial, decisória e política de seus dirigentes trazem questionamentos acerca desta forma de fragmentação administrativa que podem ser sintetizadas sob dois aspectos: (i) quanto à redefinição das tarefas públicas do Estado-administração, diante de uma descentralização dos poderes administrativos de controle, decisão e normativos a entidades administrativas localizadas, para fins de análise organizacional, no

---

[610]Cf. RALLO LOMBARTE. *La constitucionalidad...*, p. 39.
[611]Cf. BINENBOJM. *Uma teoria...*, p. 240.
[612]Cf. ARAGÃO. *Agências reguladoras...*, p. 221.

âmbito externo da estrutura clássica da Administração Pública em seu sentido subjetivo; (ii) e quanto à incorporação ao seio orgânico da Administração Pública destas entidades independentes.

A análise das entidades administrativas independentes não traz grandes problemas de sistematização, eis que a maior parte da doutrina administrativista as considera como partes ou organizações fragmentadas, porém, integrantes da Administração em seu sentido orgânico.[613] Porém, o que importa destacar é que o sentido orgânico clássico de estruturação da Administração Pública aparece sob uma nova forma de sistematização, fundado sob uma nova configuração pluralista que abrange e admite poderes administrativos externos e autônomos do aparelho direto e indireto do Estado.

E ainda importa ressaltar que os poderes administrativos clássicos do Estado e de uma Administração Pública unitária e hierárquica passam a comportar graus de descentralização, fragmentação e delegação, especialmente no que tange ao controle e à regulamentação de setores econômicos e sociais importantes da sociedade, em uma tentativa de atingir as metas de "despolitização" dos poderes públicos e de busca por mecanismos regulatórios e fiscalizatórios, fundados em critérios técnicos e mais eficientes, exercidos por organizações independentes do controle político e especializadas em matérias específicas que importam e exigem um controle e uma regulação também específicos.

5.2 Quais são as formas de fragmentação?

A fragmentação da unidade político-administrativa deve ser compreendida no âmbito da organização do aparelho político e administrativo do Estado e também como divisão das funções políticas e administrativas. A centralização e a descentralização aparecem como fórmulas de organização do aparelho institucional, político e administrativo e determinam a divisão de atribuições entre os diversos níveis orgânicos e institucionais, sejam eles centrais, intermediários ou locais. Embora sejam, a princípio, conceitos antagônicos, coexistem no seio do Estado contemporâneo, em virtude da grande variedade de

---

[613] Há uma parte da doutrina que afirma a natureza jurisdicional ou quase jurisdicional das entidades administrativas independentes, em razão de sua função de garantia, em razão de seus poderes de natureza decisória e pelo fato de somente estarem subordinadas à lei, sem subordinação a qualquer tipo ou forma de controle administrativo. Ao apontar a controvérsia e ao afirmar que a orientação dominante é aquela que afirma a natureza administrativa das autoridades administrativas independentes, cf. PÁSSARO. *Le amministrazione...*, p. 309 *et seq.*, cf. também MOREIRA; MAÇÃS. *Autoridades...*, p. 24, 25.

funções desempenhadas pelo poder público no âmbito das atividades administrativas, em especial no âmbito das atividades prestacionais, e da discussão acerca da legitimidade democrática das decisões políticas no contexto regional e local.[614] Os fenômenos centralizadores e descentralizadores funcionam em equilíbrio de forças, segundo as regras de divisão de competências, normas e princípios de organização político-administrativa[615] e outros princípios de direito público consagrados pelas Constituições, *v.g.* o princípio da igualdade *versus* o princípio do interesse local.

A ideia de fracionamento da organização e das funções do Estado que passam a ser executadas através de órgãos fragmentados ou através de outras pessoas coletivas, situadas na extensão do território deste mesmo Estado, ou pessoas coletivas institucionais, distintas do Estado, traz ínsita a questão da quebra de uma unidade das funções políticas e administrativas que remonta à própria origem do Estado democrático. A ideia da possibilidade de autodeterminação e autogoverno favorece a descentralização da tomada de decisões políticas e administrativas que tocam diretamente aos cidadãos de uma determinada comunidade inserida no seio do Estado e por outro lado, permite a eficácia da execução das tarefas públicas, ao garantir que os serviços sejam prestados de maneira próxima ao cidadão e até mesmo com a participação deste, segundo a concepção de uma democracia participativa.

A descentralização, seja ela política ou administrativa,[616] compreende, por sua vez, vários conceitos, que vão desde o conceito de desconcentração, passando pelos conceitos de descentralização política, descentralização administrativa, regionalização, federalismo, e até pelo conceito de autonomia político-administrativa. Todos estes conceitos permitem uma variação que determina a estruturação constitucional do poder político e administrativo no seio do Estado, que pode assumir a forma unitária (Estado unitário centralizado ou Estado unitário descentralizado ou regional[617]) ou a forma complexa (Estado

---

[614] Cf. ROVERSI-MONACO. Descentralização..., p. 329-330.

[615] No sentido de que a Constituição portuguesa fornece indicações quanto ao que deva ser a organização da Administração Pública em Portugal, através do artigo 267.º, n.ºs 1 e 2, do qual resultam cinco princípios constitucionais sobre organização administrativa: princípio da desburocratização, princípio da aproximação dos serviços às populações; princípio da participação dos interessados na gestão da Administração Pública; princípio da descentralização e da desconcentração, cf. AMARAL. *Curso*..., v. 1, p. 724 *et seq.*

[616] Sobre as diferenças entre a descentralização administrativa e a descentralização política, cf. OTERO. *O poder de substituição*..., v. 2, p. 704, 705.

[617] No sentido de que: "se todos ou quase todos os Estados do mundo admitem descentralização administrativa, quer de âmbito territorial — através de municípios ou comunas e através

federal e uniões reais[618]). Logo, a opção por um maior ou menor grau de centralização ou descentralização[619] é uma opção política constitucional e a dimensão escolhida integra a forma do Estado, ou seja, a sua organização político-administrativa, e insere-se na qualidade de norma materialmente constitucional e de princípio estruturante da organização do Estado.

O pluralismo da Administração Pública de um Estado de direito democrático conduz ao fenômeno da descentralização, provocando a multiplicação das estruturas subjetivas da Administração, através das opções do legislador constitucional. Na prática, a criação de outras estruturas subjetivas não é suficiente para se verificar uma verdadeira descentralização. É necessário que a Constituição garanta o princípio da autonomia das entidades descentralizadas em relação ao Estado central, inseridas no fenômeno democrático da autoadministração. Esta autonomia consiste em certa margem de poder decisório cujo poder central não possui qualquer ingerência, seja através de legislação revogadora ou decisão administrativa de caráter revocatório.[620] A própria constitucionalização das formas organizatórias de descentralização política e administrativa passa a servir de garantia ao princípio do respeito pelo conteúdo mínimo[621] da esfera de decisão fragmentada, insuscetível de esvaziamento pelo Estado central.[622]

---

de circunscrições mais vastas — quer de âmbito institucional ou funcional — através de associações, fundações, institutos ou outras entidades públicas — só alguns Estados comportam descentralização política (...).
Esta descentralização política é sempre a nível territorial: são províncias ou regiões que se tornam politicamente autônomas por os seus órgãos desempenharem funções políticas, participarem ao lado dos órgãos estatais, no exercício de alguns poderes ou competências de caráter legislativo e governativo. Daí se fale em Estado Regional" [MIRANDA, Jorge. *Manual de direito constitucional*. 5. ed. Coimbra: Coimbra Ed., 2004. p. 274-275. (Estrutura constitucional do Estado, v. 3)].

[618] Cf. MIRANDA. *Manual*..., v. 3, p. 283-286.

[619] Existem várias categorias de Estados descentralizados. "No Estado regional integral, todo o território se divide em regiões autônomas. No Estado regional parcial, encontram-se regiões politicamente autônomas e regiões ou circunscrições só com descentralização administrativa, verificando-se pois, diversidade de condições jurídico-políticas de região para região" (MIRANDA. *Manual*..., v. 3, p. 278). E ainda o Estado federal, no qual todas as autonomias são dotadas de descentralização política e administrativa de maneira homogênea ou heterogênea, tal como ocorre com os municípios no Brasil em face dos Estados, pois aqueles não possuem Poder Judiciário.

[620] Cf. OTERO. *O poder de substituição*..., v. 2, p. 544-549.

[621] O Professor Canotilho, ao tratar sobre o princípio da autonomia das autarquias locais, faz referência à expressão "núcleo essencial do poder autárquico", como reduto de poder local, indisponível à interferência do Estado central, cf. CANOTILHO. *Direito constitucional*..., p. 361.

[622] Cf. OTERO. *O poder de substituição*..., v. 2, p. 547.

A criação pelo Estado de entidades com personalidade jurídica própria, que passam a executar tarefas público-administrativas e a dispor de poderes administrativos, antes de competência exclusiva dos órgãos integrantes do aparelho administrativo direto do próprio Estado, vem criar planos de fragmentação administrativa no seio interno do Estado, afastando-se uma lógica hierárquica de controle e supervisão, seguindo-se a um modelo de níveis administrativos distintos no âmbito territorial e da administração autônoma, indireta e independente, bem como de planos de Administração Pública nos âmbitos empresarial, de parceria com o setor privado e da gestão administrativa privada do Estado. E no plano jurídico, em razão da partilha de poderes administrativos normativos entre o Estado e as entidades fragmentadas e em razão do incremento de uma prática consensual de vinculação jurídica da Administração Pública (contratos, convênios, consórcios, etc.), em detrimento do ato administrativo, observa-se uma diversidade de fontes jurídicas e, consequentemente, uma fragmentação administrativa do Estado sob o seu aspecto jurídico.

Na tentativa de encontrar uma sistematização que possibilite um enquadramento jurídico-político das formas e planos de fragmentação administrativa do Estado, pode-se conceber, assim, quatro âmbitos principais:

 i) o âmbito público, no qual se incluem os órgãos e as entidades jurídicas fragmentadas e que possuem a natureza jurídica de entidades de direito público, segundo um critério orgânico, sejam elas de base territorial ou institucional, *e.g.* os órgãos e as entidades que compõem a Administração Pública direta central e periférica, em grau de desconcentração, as entidades que compõem a Administração autônoma e independente e os institutos públicos. No âmbito público, como é possível observar, é fácil perceber uma fragmentação interna que se divide em: a) administração central; b) administração periférica; c) administração autônoma territorial e associativa; d) o âmbito da administração independente, composto pelas autoridades administrativas independentes; e) e o âmbito dos institutos públicos e das universidades.

 ii) o âmbito empresarial do Estado que abrange as empresas administrativas estaduais, regionais ou municipais; com personalidade de direito privado ou de direito público;[623]

---

[623] No direito português, evidenciam três teses distintas sobre a personalidade jurídica das empresas públicas: (i) no sentido de que são pessoas coletivas públicas; (ii) no sentido de

iii) o âmbito da gestão administrativa em parceria com o setor privado, constituído através do incremento da privatização da execução de serviços e de tarefas públicas que foram objeto de delegação, mediante ato ou contrato administrativo, para entidades integrantes da sociedade civil ou da iniciativa privada e que podem ser assim divididos em quatro planos: a) o regime das concessões públicas; b) o regime das parcerias público/privadas; c) o regime especial das entidades privadas com poderes públicos; d) e o terceiro setor do Estado, no qual se incluem as organizações sociais que prestam serviços sociais e culturais, em sua grande maioria, sem o objetivo de obtenção de lucro;

iv) e, por fim, o âmbito jurídico do sistema jurídico aplicável à Administração Pública que se encontra fragmentado em diversos níveis. É possível recortar os seguintes níveis de fracionamento do sistema jurídico-administrativo: a) normas e princípios constitucionais; b) normas e regulamentos do Estado e de sua Administração Pública central e periférica; c) subordenamento regional e autônomo, incluindo atos e regulamentos provenientes de entidades dotadas de autonomia político-administrativa ou, tão somente, administrativa; d) subordenamento dos institutos públicos e das universidades; e) o subordenamento das autoridades administrativas independentes; f) e um subordenamento de normas consensuais, provenientes de acordos, contratos, convênios e outros instrumentos bilaterais de vinculação jurídica da Administração Pública.

Estes planos de fragmentação representam, em uma perspectiva de análise geral, uma tentativa de enquadramento de uma Administração Pública plural e fracionada em níveis diversos de poder que não mais se relacionam por meio de um princípio hierárquico, mas, sim, em graus de coordenação e cooperação, cujos controles administrativos, muitas vezes, resumem-se à tutela de legalidade ou de juridicidade, único elo que mantém intacta a unidade administrativa como princípio estruturante do Estado de direito democrático. A dificuldade de sistematização das formas de fragmentação reside no próprio universo diversificado da realidade orgânico-funcional da Administração Pública. A velocidade

---

que algumas são pessoas de direito privado e outras de direito público; (iii) e no sentido de que quando atuam em termos de gestão privada, cabem em um novo conceito de "pessoas coletivas públicas de direito privado", cf. AMARAL. *Curso...*, v. 1, p. 379.

das decisões políticas em resposta às demandas sociais não permite que a ciência da Administração e o direito administrativo possam pensar em novos elementos de enquadramento doutrinário dos novos institutos ou formas de gestão administrativa. A tendência, pois, é a tentativa de enquadrá-los em classificações já existentes, apontando, apenas, as modificações que se fazem necessárias. A hipótese mais recente e que bem retrata esta problemática, diz respeito ao enquadramento das autoridades administrativas independentes, que embora atuem com independência administrativa frente à Administração Pública do Estado central e, por isso, não façam parte de um estrutura piramidal de poder e controle da gestão administrativa, mesmo assim, foram devidamente enquadradas na qualidade de entidades administrativas pela maior parte dos autores, embora há quem defenda o seu caráter jurisdicional e não administrativo, em razão de suas funções de resolução de conflitos setoriais da economia e em razão do grau de sua independência administrativa.

No entanto, o próprio reconhecimento de planos de fragmentação e, consequentemente, do fenômeno da fragmentação administrativa do Estado e de sua gestão administrativa já se apresenta como estímulo a uma análise doutrinária que não apenas se dedique a classificar e a fracionar a Administração Pública, ainda entendida e concebida como um todo unitário, autoritário e hierárquico, mas, sim, que passe a vislumbrar uma Administração Pública orgânica e funcional fragmentada e, assim, fracionada em diversos âmbitos que, sob uma perspectiva plural e dinâmica, possibilite relações de gestão e controle, especialmente por parte do Estado, sob novas fórmulas de cooperação e coordenação, mesmo diante de relações intra-administrativas no âmbito público. Em outras palavras, o reconhecimento do fenômeno da fragmentação administrativa do Estado e de seus planos e formas de fragmentação possibilita o reconhecimento de uma nova face da Administração Pública, fundada em uma base plural e autônoma em que o Estado, de forma gradativa e impulsionado pelo anseio de uma reforma administrativa, passa a atuar muito mais como um coordenador de todas as relações intra-administrativas, de forma a garantir o cumprimento das metas estabelecidas pela Constituição de bem-estar. O Estado assume uma posição de garantidor da ordem administrativa e supervisiona a efetivação dos valores consagrados pela sua Constituição e concretizados pela sua legislação infraestadual.

A desburocratização, a busca por uma eficiência da gestão administrativa e a igualdade e efetividade na prestação dos direitos sociais, econômicos e culturais, através de uma maior proximidade e da possibilidade de participação dos cidadãos nos processos de escolha e de tomada de decisões pela Administração Pública e suas entidades fragmentadas pressupõem um modelo plural, de base comunitária que incentive uma autoadministração e uma autogestão dos assuntos de interesse local. E, além disso, pressupõem novas parcerias do Estado com entidades antes alijadas dos espaços públicos, como as entidades privadas e integrantes da sociedade civil. As parcerias, as novas formas de contrato e gestão e a delegação de funções a entidades públicas e privadas no seio da gestão administrativa representam um fenômeno e um processo sem retorno para o Estado. Sua fragmentação administrativa, portanto, diante de um repensar sobre as responsabilidades sociais no seio de um modelo de Estado de bem-estar, comporta a divisão e o fracionamento destas mesmas responsabilidades que, por sua vez, conduzem a uma diversidades orgânico-funcional de uma Administração Pública, antes unitária e centralizada.

Interessante notar que a Administração Pública é hoje uma Administração fragmentada, dividida, fracionada, em diversos âmbitos, cujos regimes jurídicos são distintos, *e.g.* os órgãos da Administração direta em contraste com as empresas públicas, por exemplo. É fácil perceber que o tratamento legal é distinto entre os diversos âmbitos de fragmentação administrativa. As formas de controle administrativo,[624] as formas de constituição e as prerrogativas e poderes são distintos, em razão de uma maior ou menor liberdade de conformação de seus atos. E, assim, os graus de autonomia e independência variam, ora de acordo com as relações administrativas mantidas com o Estado central, ora em razão da natureza jurídica de sua organização, se pública, incluída no âmbito público, ou se privada, inserida no âmbito da gestão administrativa privada da Administração Pública.

Desta forma, no âmbito da gestão administrativa privada da Administração Pública, vigora uma maior liberdade de conformação dos atos praticados pelas entidades de direito privado que executam tarefas e poderes público-administrativos, em razão do princípio da liberdade que rege as relações jurídicas privadas, o que acaba por "reduzir o campo de operatividade do direito administrativo"[625] e de todas as vinculações jurídico-públicas sobre este plano da gestão administrativa, ou seja, quando a Administração Pública atua em parceria

---

[624]Cf. artigo 199.º, letra d), da Constituição da República Portuguesa que faz clara distinção entre as formas de controle no âmbito da Administração direta, indireta e autônoma.
[625]Cf. OTERO. *Legalidade...*, p. 309.

com a iniciativa privada e com a sociedade civil. As relações jurídicas baseadas, em grande parte, em instrumentos bilaterais acabam por reduzir as formas de controle e intervenção intra-administrativas clássicas e acabam por instituir novas formas de controle, fundadas em critérios de gestão importados da iniciativa privada, segundo uma lógica empresarial, que permitem uma supervisão e uma avaliação de maneira mais flexível e dinâmica.

Já no âmbito público, a instituição de novas formas de concertação, como os acordos e convênios, celebrados entre diferentes entidades de natureza jurídica pública, evidencia também a flexibilização de uma Administração Pública autoritária e a sua transformação em uma Administração de parceria e colaboração, na busca por um desenvolvimento social sustentável. O compartilhamento das responsabilidades públicas entre o Estado e suas entidades públicas, integrantes de um plano público de fragmentação administrativa, evidencia um maior equilíbrio de forças e uma maior participação das decisões no âmbito dos processos públicos e de implantação das políticas públicas.

Desta forma, os diversos planos ou formas de fragmentação no seio interno do Estado representam âmbitos de gestão administrativa dos quais a Administração Pública serve-se para realizar e concretizar as tarefas que lhe são confiadas, especialmente pela Constituição. A dimensão do Estado de direito democrático que envolve as dimensões do pluralismo, da juridicidade e do bem-estar vincula toda a organização e atividades públicas ou privadas desempenhadas e coordenadas pela Administração Pública. O pluralismo e o Estado baseado em uma concepção de bem-estar, que possui como fim principal o respeito à dignidade da pessoa humana, afasta a concepção de um "Estado total",[626] fundado em um regime totalitário, e pressupõe a autonomia e a diversidade, a autogestão e a autodeterminação. O reflexo, portanto, a nível orgânico e funcional, é a pluralidade de pessoas jurídicas e entidades diversas e fragmentadas e uma Administração Pública fracionada em diversos âmbitos de atuação de forma a garantir a liberdade, a autoadministração e a condução de tarefas públicas administrativas em benefício dos interesses locais e específicos, segundo um maior critério de justiça e democracia social.

---

[626] Cf. OTERO. *O poder de substituição...*, v. 2, p. 528.

5.3 A debilitação do controle da Administração Pública: alguns tópicos relevantes

A debilitação do controle da Administração Pública pode ser apresentada sob quatro perspectivas de importante análise no âmbito da crescente fragmentação administrativa do Estado em seu aspecto jurídico, orgânico e funcional:

i) a debilitação do controle de legalidade das atividades e das formas orgânicas da Administração Pública, que abrange: a) a ampliação do conceito de legalidade administrativa e a sua transformação em "juridicidade" administrativa que passa a importar para dentro do sistema jurídico administrativo uma autovinculação de natureza principiológica normativa e axiológica; b) e a diversificação e a fragmentação do sistema jurídico de direito administrativo, em razão da própria fragmentação orgânico-funcional da Administração Pública que, por sua vez, conduz a uma pluralidade não só das atividades e das estruturas administrativas, como também, de poderes normativos administrativos, ensejando uma pluralidade de atos normativos vinculativos;

ii) a "fuga" para as formas orgânicas e de atuação privadas que possibilita uma "fuga" do controle proporcionado pelas vinculações jurídico-públicas (princípios e normas que regulam o direito administrativo);

iii) a excessiva fragmentação das tarefas da Administração Pública e a dificuldade do controle administrativo da eficiência em face da efetivação dos princípios do Estado de bem-estar, em razão da gradativa autonomia administrativa gerada pelo compartilhamento de tarefas administrativas entre o Estado e entidades públicas e privadas;

iv) e a debilitação do controle, caracterizada pelas "tensões"[627] existentes nas relações entre o Estado e as entidades que compõem

---

[627] A expressão "tensão" é utilizada por Gustavo Binenbojm para descrever os problemas gerados pela estrutura regulatória brasileira, nomeadamente: (i) a tensão com o princípio da legalidade, decorrente da adoção por diversas agências da tese da deslegalização e da banalização da edição de atos normativos; (ii) a tensão com o sistema de separação de poderes e de freios e contrapesos, decorrente da fragilidade dos mecanismos políticos de controle pelo Governo e pelo Parlamento e do insuficiente papel do Judiciário no que diz respeito ao controle jurídico; (iii) e a tensão com o regime democrático, em razão da não sujeição dos administradores aos procedimentos de *accountability* eleitoral e da circunstância de estarem investidos em mandatos a termo que ultrapassam os limites dos mandatos dos agentes políticos eleitos que os indicaram, cf. BINENBOJM. *Uma teoria...*, p. 269, 270.

o âmbito das autoridades administrativas independentes, em razão do demasiado grau de independência administrativa de que dispõem.

5.3.1 A debilitação do controle de legalidade

A juridicidade administrativa ou princípio da juridicidade substitui a clássica concepção da legalidade administrativa, em que a vinculação à lei formal representava a única forma jurídica de determinação orgânico-funcional da Administração e, assim, justificava o controle da legalidade em sentido estrito. Como já analisado em tópico anterior, a crise da lei formal, que se confunde com a crise do sistema representativo,[628] provoca a crise do princípio da legalidade como parâmetro de conduta e estruturação da gestão administrativa. O mito do positivismo jurídico como mecanismo de conformação da Administração sucumbe ao alargamento de suas estruturas e de suas tarefas, ao longo do Estado social, e provoca um aumento da capacidade legislativa do Estado que não consegue mais resolver todos os problemas ou suprir todas as deficiências e demandas de um modelo de bem-estar.[629]

Por outro lado, o renascer da importância da Constituição, como instrumento normativo vinculativo e importante forma de manifestação da vontade geral do povo, passa a condicionar toda uma ordem infraconstitucional baseada em princípios e valores, em cuja sistemática interpretativa e aplicativa do direito, inclusive do direito administrativo, encontram-se inseridos.[630] Os princípios e valores constitucionais passam a ocupar posição de destaque mediante a elevação do significado e da eficácia jurídica da Constituição, propiciando uma modificação da vinculação jurídica do direito administrativo, através da qual a lei é substituída pelas normas constitucionais, como a principal fonte desta disciplina, na qualidade de direito regulador da Administração Pública.[631] A Constituição passa a prever uma série de normas e princípios vinculativos da ordem administrativa do Estado, com o objetivo

---

[628] Ao indicar que: "se o velho Estado de Direito do liberalismo fazia o culto da lei, o novo Estado de Direito do nosso tempo faz o culto da Constituição" (BONAVIDES. *Curso*..., p. 362).
[629] Sobre a completude do ordenamento jurídico na doutrina positivista, cf. BOBBIO, Norberto. *O positivismo jurídico*: lições de filosofia do direito. Tradução de Márcio Pugliese, Edson Bini e Carlos E. Rodrigues. São Paulo: Ícone, 1995. p. 207.
[630] Sobre o movimento de constitucionalização do direito, inclusive do direito administrativo, cf. BARROSO. Neoconstitucionalismo...
[631] Neste sentido, cf. OTERO. *Legalidade*..., p. 733.

de vincular as atividades e as organizações da Administração Pública e, assim, modifica o fundamento do controle da Administração Pública, que passa de um controle de legalidade em sentido estrito para um controle de juridicidade.

O controle de juridicidade implica, portanto, não só a apreciação da aplicação correta e efetiva das disposições legais em sentido formal e estrito, mas também de todos os princípios e normas constitucionais por parte das entidades públicas ou privadas da Administração Pública e que exercem atividades e tarefas público-administrativas. E o controle de juridicidade justifica-se na medida em que as normas e princípios públicos constitucionais servem de critérios imediatos das decisões administrativas e dos atos administrativos[632] discricionários ou vinculados, gerando, desta forma, um incremento do controle jurídico de atuação e organização administrativas, por parte das próprias entidades administrativas no seio interno e, no âmbito externo, pelo Poder Judiciário.

A concepção de uma juridicidade vinculativa, seja em razão de uma fundamentação constitucional da ordem jurídica administrativa, seja em virtude de uma pluralização de formas jurídicas que passam a condicionar as atividades da Administração Pública, provocou o alargamento da verificação de conformidade da atuação da Administração Pública que, agora, passa a estar vinculada a um "bloco de legalidade" ou a uma "juridicidade" que abrange não só a lei, em seu sentido estrito, como também as normas e princípios constitucionais, os regulamentos administrativos gerais ou setoriais e a regulação independente, expressando-se, assim, em diferentes graus e distintos tipos de normas, conforme a disciplina estabelecida pela matriz constitucional.[633]

A ruptura com o sistema legal estrito e formal, em razão de um processo de influência do direito constitucional sobre a Administração Pública e de "erosão" da legalidade, trouxe para o âmbito do direito administrativo uma perspectiva principiológica de aplicação e constituição, baseada em um critério de ponderação de valores e interesses à luz do caso concreto, que proporciona decisões públicas baseadas em um maior critério de justiça. No entanto, a configuração de um

---

[632]Cf. OTERO. *Legalidade...*, p. 735.

[633]No sentido da ampliação do espaço de vinculação da Administração Pública ao princípio de legalidade, em razão de um acréscimo de exigência material, ao abranger todas as normas escritas ou não escritas provenientes de órgãos dotados de legitimidade político-democrática, assim como também os princípios gerais de direito e os princípios constitucionais, cf. OTERO. *Legalidade...*, p. 290.

modelo de juridicidade vinculativa proporciona um papel mais ativo da Administração Pública[634] e de todas suas entidades públicas e privadas fragmentadas, permitindo, assim, que as decisões e atos administrativos sejam tomados e efetivados de acordo com cada situação específica. Este quadro enseja, portanto, uma "pluralização" da atuação da Administração, ou melhor, uma evidente fragmentação e diversificação dos fundamentos destas mesmas decisões e atos que diante de uma situação de fato concreta, podem ocasionar fundamentações e justificações distintas para hipóteses semelhantes.

Dentro desta perspectiva plural de ampliação do conceito e da aplicação do princípio da legalidade, a fragmentação administrativa orgânico-funcional implica também diante de um parâmetro vinculativo de juridicidade principiológica e valorativa, que o controle da legalidade, ou melhor, que o controle da juridicidade se apresente de forma debilitada, em razão de dois aspectos principais: (i) da menor densidade jurídica dos princípios e normas constitucionais, que permitem a utilização do critério da ponderação de interesses, evidenciando uma flexibilidade na aplicação das normas e princípios vinculativos da Administração Pública; (ii) e de um maior protagonismo ou ativismo dos órgãos administrativos na aplicação ou realização constitutiva do direito, ou seja, da transferência de uma submissão à lei parlamentar — enquanto único meio jurídico de vinculação das atividades administrativas e erigido, até então, como um dos meios de controle administrativo —, para uma análise e uma vinculação aos princípios e normas constitucionais; que se de um lado, possibilitam uma maior vinculação jurídico-pública e a ampliação dos limites do controle administrativo (inclusive sobre as atividades discricionárias da Administração Pública), por outro lado, em uma evidente contradição,[635] configuram um espaço de debilitação deste próprio controle.

Logo, a Administração Pública e suas entidades, no seio de uma organização cada vez mais fragmentada e descentralizada e diante de um sistema jurídico que lhes possibilita valorar o grau de aplicação dos princípios jurídicos, além do poder de lhes conferir densidade jurídica, tudo isto à luz de uma situação de fato concreta a que são chamadas a decidir ou a emitir um ato administrativo, passam a assumir um papel ativo de concretizadoras de uma ordem de valores constitucionais e legais no âmbito das funções e tarefas administrativas. Porém, tal

---

[634] Cf. OTERO. *Legalidade...*, p. 292.
[635] Ao referir-se a esta específica contradição, cf. OTERO. *Legalidade...*, p. 290 *et seq.*

situação implica uma debilitação do controle da Administração Pública quanto à conformidade de suas atividades públicas e privadas ao "bloco de legalidade", pois ao se conferir uma margem de liberdade de conformação do direito (sistema de normas e princípios) aplicável, a Administração incorre em uma autovinculação jurídica decisória, afastando, assim, as limitações de um controle baseado, tão somente, na lei formal. Portanto, a transformação de um controle fundado na legalidade estrita (somente em face da lei formal) — que proporcionava uma vinculação jurídica externa, fundada em atos emitidos por outro Poder do Estado (o Legislativo) — para um controle de juridicidade da Administração Pública veio evidenciar um cenário em que este controle se depara com um protagonismo cada vez maior da Administração e de suas entidades fragmentadas na aplicação do direito que vincula suas atividades, configurando uma autovinculação jurídica das decisões administrativas, livres, muitas vezes do controle legal clássico, tal como ocorre na emissão de regulamentos autônomos pelo governo (órgão superior da Administração Pública) e até mesmo de decretos-lei pelo governo em Portugal, e medidas provisórias, no Brasil, que, embora se apresentem sob as "vestes" de lei material, podem vir a se caracterizar como atos administrativos normativos com objetivos concretos e reguladores.

Não está em causa aqui os benefícios gerados pela transformação da legalidade estrita em juridicidade no que tange à vinculação e à conformação jurídica da Administração Pública, em especial no tocante hoje à possibilidade de uma maior sindicabilidade das decisões administrativas pelo Poder Judiciário e a possibilidade de uma aplicação do direito de forma mais justa, à luz do caso concreto apresentado. O que importa aqui destacar é outra face trazida por esta nova realidade jurídica baseada em critérios de escolha axiológicos, especialmente quanto ao risco de uma excessiva diversidade de escolhas administrativas decorrentes de uma ampliação da margem de apreciação e da discricionariedade administrativa, em razão da pouca densidade jurídica dos princípios e regras constitucionais. Portanto, embora a lei estipule que "considera que o poder administrativo é mais adequadamente exercido no caso concreto e não através de uma predeterminação geral e abstracta",[636] no entanto, a ponderação de interesses, valores e princípios, fundamentadora de uma decisão e de um ato

---

[636] Cf. SOUSA; MATOS. *Direito...*, t. I, p. 191.

administrativo, pode configurar hipótese de autovinculação jurídica da Administração Pública e de suas próprias entidades públicas ou privadas, dificultando, assim, o controle sobre as atividades administrativas fragmentadas;[637] como pode caracterizar uma diversificação decisória das entidades administrativas, gerando um controle debilitado, seja no aspecto do próprio exame de conformação de juridicidade, na medida em que a aplicação dos princípios enseja uma análise de densificação jurídica na busca por paradigmas ideais nem sempre incontroversos; seja sob o aspecto de uma pluralização de atos e decisões a cada hipótese em concreto, caracterizando, assim, uma fragmentação administrativa sem controle ao nível das atividades administrativas.

Outra questão importante, ainda quanto ao controle de juridicidade, é a constatação de que a fragmentação orgânico-funcional da Administração Pública implicou também a transferência de poderes e tarefas administrativas a diferentes órgãos e entidades públicas ou privadas que hoje compõem a sua estrutura orgânica. Importa destacar a especial transferência de poderes normativos não só em grau de autonomização de poderes da Administração, através da delegação de poderes a uma administração autônoma com competência para o exercício de poderes normativos locais de natureza administrativa; como a transferência da regulação a entidades administrativas independentes, criadas após o processo de liberalização e privatização de determinados setores da economia, em especial daqueles relacionados aos serviços de interesse econômico geral, sobre os quais a Administração Pública do Estado assume o papel de garante de sua eficiente prestação e execução; e a transferência de poderes administrativos normativos a outras entidades administrativas, tais como as universidades. Tal situação cria um universo jurídico-administrativo caracterizado por diversas fontes jurídicas de natureza administrativa e vinculativa,[638] possibilitando a existência de uma pluralidade de administrações normativas e consequentemente de uma "juridicidade administrativa plural",[639] permitindo a concorrência de vários subordenamentos

---

[637] Cf. SOUSA; MATOS. *Direito...*, t. I, p. 192, 193.
[638] Cf. OTERO. *Legalidade...*, p. 400.
[639] No sentido de que: "a existência não de uma única Administração Pública, identificada esta com a Administração do Estado, mas sim de várias Administrações Públicas, envolvendo um sistema policentrico de fontes intencionais de Direito reveladas através de processos internos ao Estado, determina que exista hoje um verdadeiro pluralismo normativo no ordenamento jurídico-administrativo (...)" (OTERO. *Legalidade...*, p. 405, 406).

administrativos:⁶⁴⁰ autônomo, regional, autárquico, universitário, associativo e setorial independente.

Muito embora a unidade conferida pelas decisões legislativas e administrativas do Estado central como fundamento da soberania e da coesão jurídico-política do Estado como organização política, hoje, constata-se, no entanto, um modelo policêntrico de fontes de direito vinculativas das atividades da Administração Pública e das atividades por ela reguladas. Esta fragmentação do poder administrativo no âmbito jurídico atinge o controle da Administração Pública na medida em que enseja uma dificuldade de identificação do instrumento normativo que servirá de controle. A indagação, diante da concorrência de diversos regulamentos administrativos, sejam eles independentes, sejam eles regional, autárquico ou emitido por outras entidades administrativas que gozem de poderes normativos, restringe-se a identificar qual o paradigma jurídico de controle, ou seja, qual a norma a ser utilizada como parâmetro de controle de juridicidade, debilitando os espaços de um controle dos atos praticados na gestão administrativa do Estado.⁶⁴¹

5.3.2 A debilitação do controle da gestão administrativa privada

A "fuga" da Administração Pública para o direito privado,⁶⁴² propiciando a utilização de formas jurídicas de atuação de direito privado (*e.g.* contratos de direito privado) e a sua estruturação orgânica nos moldes das organizações de direito privado (*e.g.* empresas públicas), representou, e ainda representa, uma "fuga" às vinculações jurídico-públicas⁶⁴³ e, com isso, ao próprio controle de juridicidade, importando,

---

⁶⁴⁰ Ao apontar os vários subordenamentos: regional autônomo, autárquico, universitário e associativo, cf. OTERO. *Legalidade...*, p. 406, 407. No cenário brasileiro ainda incluem-se os subordenamentos estaduais e municipais.

⁶⁴¹ Ao referir-se a uma "encruzilhada hierárquica da 'galáxia' regulamentar" para explicar que a diversidade e a pluralidade de entidades descentralizadas contribuem para uma também pluralidade concorrente de fontes internas de legalidade, cf. OTERO. *Legalidade...*, p. 628-630.

⁶⁴² O tema da fuga para a Administração para o direito privado foi estudado por CORREIA, Sérvulo. Os contratos económicos perante a Constituição. *In*: MIRANDA, Jorge (Org.). *Nos dez anos da Constituição*. Lisboa: Coimbra, 1987. E, posteriormente, por ESTORNINHO. *A fuga... E*, ainda, cf. OTERO. *Vinculação...*, p. 77, 78. E, também OTERO. *Legalidade...*, p. 310-312.

⁶⁴³ No sentido de que esta "fuga" da Administração Pública para o direito privado seria uma "fuga" ao direito constitucional ou, em uma postura mais radical, uma "fuga" ao direito, "(...) uma vez que o direito privado não oferece aos particulares um grau de garantias igualável ao que o direito administrativo entretanto desenvolveu, tal como sucede, por

desta maneira, em um espaço de debilitação deste mesmo controle. A busca por uma maior liberdade de atuação, sob o discurso de uma busca por maior eficiência e efetividade da gestão administrativa, desencadeou um processo de tentativa, pela Administração Pública, de afastamento dos princípios e normas do direito público administrativo, cada vez mais incorporado por vinculações e garantias dos administrados.[644] Estas, por sua vez, diante de um discurso em prol de uma gestão da máquina administrativa de maneira eficiente e rápida, passaram a configurar limites jurídicos e a impor uma burocratização não desejada e que conduz a processos e a procedimentos mais demorados que se localizam na contramão daquilo que a reforma administrativa preconiza, em especial, nos tempos atuais.

O mecanismo de controle por meio de vinculações jurídico-públicas vê-se, desta maneira, atingido por discursos no sentido de que a Administração Pública, ao atuar e ao estruturar-se sob as formas de direito privado, não estaria, pois, abrangida pelo direito público-administrativo[645] e pelo direito constitucional, mas sim pelas regras e critérios ditados pelo direito privado, em evidente estratégia da Administração Pública para esquivar-se de um controle público, imposto pelo controle de juridicidade de seus atos e de sua organização. A construção alemã de uma teoria do direito privado especial da Administração,[646] em decorrência de uma evidente interligação entre o

---

exemplo, a favor de terceiros lesados por actuações administrativas contratuais" (OTERO. *Legalidade...*, p. 284). No sentido de que: "(...) o princípio da legalidade, nas suas duas vertentes, deve vincular hoje também, tal como o princípio da prossecução do interesse público, toda a actividade administrativa, seja ela de direito público ou de direito privado, parecendo-me 'saudável' e desejável a existência de uma tendência para a uniformização e para o tratamento homogéneo de toda a Administração Pública" (ESTORNINHO. *A fuga...*, p. 184).

[644] No sentido da coexistência de dois tipos distintos de controle sobre as entidades públicas e sobre as entidades privadas integrantes do setor empresarial do Estado: (i) entidades públicas empresariais: controle de direito público; (ii) entidades privadas empresariais integrantes da Administração Pública: controle do Estado na qualidade de acionista, cf. OTERO. *Vinculação...*, p. 313 *et seq*.

[645] Ao referir-se à interpretação do artigo 173, *caput* e §1º da Constituição brasileira, que dispõe sobre o tratamento jurídico a ser conferido às empresas estatais (públicas e sociedades de economia mista) exploradoras de atividades econômicas e prestadoras de serviços públicos, em uma clara distinção entre os dois tipos de empresas no âmbito da realidade administrativa brasileira, ao defender que as empresas estatais que exploram atividades econômicas, por estarem inseridas nas regras de concorrência econômica do mercado, não estariam, assim, sujeitas ao mesmo regime jurídico das empresas estatais que prestam serviços públicos, gozando, assim, de uma maior liberdade de atuação no que diz respeito às vinculações jurídico-administrativas públicas, cf. MELLO. *Curso...*, p. 196-214.

[646] No sentido de que: "o objectivo do "Direito Privado Administrativo" é essencialmente evitar essa possibilidade de "fuga" (*"Flucht In: das Privatrecht"*), cf. ESTORNINHO. *A fuga...*, p. 125. No sentido de que no âmbito do *"Verwaltungsprivatrecht"*, "a Administração está

direito público e o direito privado quanto às formas orgânicas e às atividades administrativas, preconiza que em razão do fato de que a gestão administrativa, embora exercida em algumas hipóteses, no âmbito do setor privado (*e.g.* concessões de serviços públicos a empresas privadas; empresas públicas que desempenham atividades de natureza econômica), não pode estar desvinculada de importantes princípios e normas do direito público, em especial, o princípio pela busca do interesse público, o princípio do controle de juridicidade e os princípios da igualdade, dignidade da pessoa humana e proporcionalidade, na qualidade de princípios estruturantes do Estado de bem-estar atual.

A debilitação do controle da gestão administrativa privada insere-se no âmbito da problemática acerca da privatização da Administração Pública,[647] fenômeno e processo pelo qual a gestão pública vem atravessando, especialmente ao longo das últimas décadas do século XX e início do século XXI. A privatização encontra quatro principais manifestações:[648] "(i) privatização das formas organizativas da Administração Pública; (ii) privatização da gestão ou da exploração de tarefas administrativas; (iii) privatização do direito regulador da atividade administrativa; (iv) e privatização das relações laborais intra-administrativas".

As três primeiras formas de privatização deram ensejo a um modelo de fragmentação da gestão administrativa, que abandonou o seu aspecto exclusivamente público e passou a absorver uma gestão de modelos administrativos privados, quer sob a perspectiva orgânica, quer sob a perspectiva funcional ou do desempenho de suas atividades, criando-se, assim, um plano privado administrativo, cujo sistema jurídico-público do direito administrativo clássico cede lugar a um direito privado especial, através de uma construção doutrinária alemã, consagradora de um "direito administrativo privado",[649] cujas vinculações jurídico-públicas incidem sobre uma regulação privada

---

sujeita a princípios constitucionais da actividade administrativa, como os da igualdade, da proporcionalidade e da liberdade e a outras vinculações de direito público, com as que resultam das regras de competência" (CORREIA. *Legalidade*..., p. 389, 390).

[647] Sobre a pluralidade de sentidos do termo "privatização", cf. MARTÍN-RETORTILLO, Sebastián. Sentido y formas de la privatización de la administración pública. *In*: COLÓQUIO LUSO-ESPANHOL DE DIREITO ADMINISTRATIVO, 4., *Os caminhos da privatização da Administração Pública*. Coimbra: Coimbra Ed., 2001. p. 19 *et seq.*, cf. OTERO. *Privatizações*..., p. 11 *et seq.*, cf. OTERO. *Coordenadas*..., p. 36 *et seq.*

[648] Cf. OTERO. *Legalidade*..., p. 304.

[649] Cf. ESTORNINHO. *Requiem*..., p. 174 *et seq.* Cf. também ESTORNINHO. *A fuga*..., p. 121 *et seq.* e ainda cf. CORREIA. *Legalidade*..., p. 389 *et seq.*

no âmbito das relações privatizadas da Administração Pública. Surge, então, o nascimento de uma terceira via que conjuga elementos do direito privado, com elementos do direito público administrativo, dando ensejo à caracterização uma "actividade de gestão privada publicizada ou administrativizada".[650]

Se por outro lado a transformação de entidades públicas em entidades privadas, mediante a alienação da participação acionária do Estado a empresas privadas ou a grupos de empresas privadas, bem como mediante a própria transformação da estrutura de uma determinada instituição que perde a sua natureza pública e passa a figurar como uma entidade de direito privado, traz uma série de benefícios de ordem financeira e de gestão administrativas,[651] como uma maior flexibilidade e rapidez na tomada de decisões e contratação de bens e pessoas; por outro lado, propicia alguns riscos, especialmente relacionados aos reais objetivos da Administração Pública "velados e sub-reptícios"[652] de ver-se livre de algumas regras e vinculações públicas, quanto à competência, formas de organização e atuação, formas de controle e responsabilidade.

A debilitação do controle da gestão privada da Administração Pública evidencia-se, portanto, sob a análise de duas perspectivas: (i) uma jurídica, de debilitação do espaço de controle da juridicidade, em razão da limitação da aplicação das vinculações jurídico-públicas à gestão administrativa privada, em razão da eleição de um direito administrativo especial ou de um "direito administrativo privado"; (ii) e outra fundada sob o próprio aspecto do controle orgânico-funcional administrativo que se encontra debilitado em seu espaço, em razão dos riscos trazidos por estas novas formas de gestão administrativa privada, em que as relações com a Administração Pública do Estado surgem como espaços de "menor" controle ou de um controle considerado em grau inferior em relação aos controles clássicos exercidos sobre as demais entidades de natureza pública.

As relações administrativas sujeitas a um regime de direito privado especial, ou de direito administrativo privado, dão ensejo, muitas vezes, a situações que irão causar dúvida, na medida em que permitem a aplicação de um regime híbrido entre o público, crivado por vinculações jurídico-públicas e por garantias dos administrados, e o

---

[650]Cf. OTERO. Legalidade..., p. 311.
[651]Cf. ESTORNINHO. A fuga..., p. 59 et seq.
[652]Cf. ESTORNINHO. A fuga..., p. 67.

privado, baseado na autonomia e na liberdade. A questão que se coloca é: como conciliar estes espaços de aplicação, especialmente quando a Administração Pública busca "fugir" de um controle público, através de um "agir" privado?

A resposta, ainda não encontrada, revela a complexidade caracterizadora de uma Administração Pública fragmentada sob o âmbito da gestão administrativa privada. E diante desta própria complexidade é que o controle administrativo apresenta-se limitado e incapaz de ser exercido de forma plena. A conclusão é que a Administração Pública, hoje, sob o discurso da reforma e da busca por uma maior rapidez e eficiência, passa a gerir sua organização sob a forma de direito privado e a desempenhar suas funções em parceria com entidades privadas, porém, o outro lado da moeda revela suas reais intenções de burlar todo um esquema jurídico-público de proteção, de vinculações públicas de princípios e normas, especialmente constitucionais, e de responsabilidade e controle.

Os sistemas jurídicos português e brasileiro preveem alguns poderes ou prerrogativas concedidas à Administração Pública na relação jurídica contratual administrativa de forma a garantir a efetivação de controle das atividades delegadas à iniciativa privada, tais como: (i) a possibilidade de modificação unilateral do contrato; (ii) a direção do modo de execução do contrato e gestão dos serviços públicos; (iii) a fiscalização permanente; (iv) a possibilidade de impor sanções por inexecução do contrato; (v) e a possibilidade de intervenção direta unilateral na gestão do serviço público. Além dos poderes ou prerrogativas legais, o contrato pode limitá-los ou até mesmo afastá-los ou prever outras formas de controle. Porém, não poderá reduzir ao extremo os mecanismos de controle, pois o controle, sob a ótica da dinâmica jurídico-política dos contrato administrativos, encontra-se em grau de relevante importância no cenário democrático, pois sem o controle da Administração Pública estar-se-ia a criar uma situação de demasiada liberdade de gestão por parte da entidade privada, o que equivaleria a valorizar o lucro e os interesses privados em detrimento do interesse público, da dignidade da pessoa humana, da igualdade, da proporcionalidade e de outros princípios valiosíssimos aplicáveis a qualquer atividade ou tarefa pública, por exigência constitucional.

O equilíbrio entre o interesse público e o interesse privado permeia todas as relações jurídicas contratuais administrativas, sejam elas públicas ou privadas, e em sua complexidade que alterna decisões de gestão privada controladas por poderes e prerrogativas de direito público é que o sistema jurídico tentou delimitar mecanismos legitimadores deste controle exercido pelo poder público. Hoje, o controle da eficiência, da igualdade, da continuidade, da efetividade e da universalidade das tarefas e serviços públicos desempenhados por particulares, deve ser exercido dentro dos limites das formas previstas em lei, porém fundado em critérios de juridicidade, tendo em vista a satisfação do interesse público envolvido. Porém, a densificação destes princípios em cada situação que enseja a prática de atos administrativos de controle utiliza em seu auxílio critérios oriundos das ciências econômicas e de outras ciências sociais a fim de justificar uma intervenção ou uma fiscalização da execução do contrato. A fundamentação do ato administrativo que origina um dos mecanismos legais ou contratuais de controle por parte do poder público, como, por exemplo, a fiscalização e a intervenção, deverá buscar um raciocínio técnico objetivo das ciências econômicas ou sociais que informam, muitas vezes, na prática, os balanços da empresa privada e outros fatos ou documentos relacionados com a gestão da atividade pública.

Por certo que a lei deveria prever critérios mais objetivos de controle destes princípios que informam toda a atividade pública-administrativa para que pudessem servir de fundamento jurídico para o exercício dos atos administrativos de controle. Espera-se, portanto, que tanto nos sistemas legais português e brasileiro, o legislador venha, em um futuro próximo, regulamentar, especialmente, os princípios da eficiência, da universalidade e da continuidade das tarefas e serviços públicos, dando a eles maior densidade normativa, ao eleger alguns critérios que possam informar e fundamentar melhor as formas de controle por parte da Administração Pública. Estes critérios deverão ser buscados através de conceitos provenientes das ciências econômicas e sociais, transformando-os, assim, em conceitos jurídicos, tal como ocorreu com o próprio conceito de eficiência que foi introduzido no sistema jurídico na categoria de princípio constitucional da Administração Pública. Só, então, será possível assegurar uma maior segurança jurídica do controle administrativo da gestão administrativa privada, especialmente, da gestão dos contratos administrativos públicos e/ou privados, evitando-se, assim, através de critérios jurídicos objetivos, que o ato administrativo de controle tenha por motivação interesses puramente políticos e eleitorais, dada a longa duração, muitas vezes, destes instrumentos bilaterais de vinculação jurídica e evitando-se também uma debilitação do próprio controle administrativos sobre as atividades desenvolvidas por entidades de direito privado em nome da Administração Pública.

Porém, por enquanto, a legislação em vigor, tanto em Portugal como no Brasil, não foi capaz de trazer para o mundo jurídico conceitos objetivos das ciências econômicas e sociais que possibilitem uma maior densidade normativa aos princípios jurídico-públicos e, assim, uma maior segurança jurídica na fundamentação dos atos administrativos de controle praticados pelo poder público nas situações que serão consideradas pela lei situações de ineficiência da gestão e da prestação dos serviços públicos ou situações de violação de qualquer outro princípio. Por certo que a lei não poderá prever todas as situações, pois a atividade de gestão privada dos serviços públicos envolve uma atividade que enseja uma margem de livre decisão administrativa e uma certa flexibilidade, inclusive para que possa ser possível atender ao interesse público em sua plenitude, além dos demais princípios públicos que informam a atividade da Administração Pública, considerada em termos globais como atividade. Logo, o que a lei deverá criar e disciplinar são os limites e metas gerais de eficiência, por exemplo, a serem aplicados a todos os contratos administrativos, em especial, de delegação de tarefas e serviços públicos, de forma a possibilitar uma fundamentação mais objetiva e mais jurídica dos atos de intervenção, de fiscalização, de direção e de outros poderes e prerrogativas de controle da atividade privada da Administração Pública, afastando, assim, por completo, a influência política dos atos administrativos de controle por parte do Poder concedente e garantindo uma maior segurança ao vínculo contratual mantido com a Administração Pública.

5.3.3 A debilitação do controle administrativo da eficiência

Além da problemática acerca do controle de juridicidade, sob a análise dos pontos aqui já referidos, aponta-se que a excessiva fragmentação orgânica e das tarefas da Administração Pública, especialmente em razão de sua transferência para entidades privadas, enseja também uma dificuldade de controle administrativo da eficiência em face da efetivação dos princípios do Estado de bem-estar, em razão de que a descentralização propicia uma maior autonomia. Esta hipótese merece destaque, dada a sua crescente importância no âmbito de análise do controle administrativo de suas atividades, como meta a ser atingida no atual estágio do Estado de direito democrático. Ou seja, cabe aqui, nesta altura, analisar a importância do controle da eficiência, na qualidade de princípio jurídico administrativo e conformador das atividades administrativas, em especial no que tange às dificuldades de sua efetivação quanto ao controle da execução de tarefas administrativas delegadas a entidades de direito público e de direito privado.

O fenômeno da transferência da gestão de tarefas administrativas a entidades distintas do Estado, por sua vez, alargou as atividades de regulação e controle por parte do Estado, que assume a responsabilidade de "garantia"[653] pela sua eficiente prestação. A delegação de tarefas e serviços e a busca pela eficiência, por outro lado, produziram o alargamento da atividade discricionária da Administração Pública, isto porque a gestão das tarefas e dos serviços de maneira eficiente pressupõe uma margem de escolha pela entidade pública ou privada a fim de atender a exigência do melhor serviço, do serviço mais adequado, mais barato e que atenda ao interesse público do bem-estar comum. O aumento da discricionariedade e da margem de livre decisão, desta forma, possibilitou um aumento do controle por parte do Estado e permitiu, com base no princípio da eficiência, estabelecer um novo critério jurídico de controle administrativo. Um critério erigido à categoria de princípio constitucional, ao qual a Administração Pública e todas as entidades que exercem poderes administrativos, funções e serviços públicos, passaram a estar diretamente vinculados.

A atividade de gestão das tarefas administrativas delegadas, desenvolvida e executada por uma entidade pública ou privada demanda uma margem de livre decisão e desemboca, em última análise, em uma valoração por parte desta, da própria tarefa executada e gerida. O controle administrativo, fundado no critério do princípio da eficiência propõe-se, assim, a avaliar não só os atos de gestão singulares[654] praticados, mas também a avaliar a atividade considerada em termos globais,[655] o que envolve as ponderações sobre a economicidade, produtividade, continuidade e universalidade, e, por outro lado, a própria correlação com os demais princípios públicos e constitucionais, hoje, vinculativos de todas as funções administrativas, tais como o interesse público, a igualdade e a dignidade da pessoa humana. Portanto,

---

[653] Cf. GONÇALVES. *A concessão...*, p. 16.

[654] No sentido de que o princípio da eficiência reclama uma valoração da atividade administrativa, não só do ato administrativo singular, mas também da própria atividade, considerada em termos globais, cf. BATISTA JÚNIOR. *Princípio...*, p. 440, 441.

[655] Como também observa Hely Lopes Meirelles, na doutrina brasileira, a verificação da eficiência atinge aspectos quantitativos e qualitativos do serviço, para aquilatar do seu rendimento efetivo, do seu custo operacional e da sua real utilidade para os administrados e para a Administração: "tal controle desenvolve-se, portanto, na tríplice linha administrativa, económica e técnica" (MEIRELLES, Hely Lopes. *Direito administrativo brasileiro*. 25. ed. São Paulo: Malheiros, 2000. p. 69).

o poder administrativo passa a aferir os resultados positivos obtidos pela Administração Pública descentralizada em face dos interesses e necessidades da coletividade.

Importa destacar a dificuldade, tanto na doutrina, como na jurisprudência, em dar densidade jurídica e técnica ao próprio conceito de eficiência. Os balizamentos provenientes de outras ciências, especialmente das ciências econômicas, vêm em auxílio do conceito jurídico, mas não podem ser considerados em termos isolados, como já foi afirmado anteriormente. Logo, o princípio da eficiência, em especial, quando tomado como critério de controle administrativo da execução e desempenho de tarefas administrativas, não pode fundar-se apenas em critérios técnicos e econômicos, mas deve ter como parâmetros outras diretrizes principiológicas erigidas pelas Constituições portuguesa e brasileira que orientam toda a atividade pública administrativa que afeta diretamente o cidadão. Portanto, a ponderação do interesse público, da proporcionalidade, da universalidade, do grau de economicidade, muitas vezes recai sobre as decisões políticas, de competência do próprio poder administrativo, o que acaba por gerar a possibilidade de controles sociais não institucionalizados, como forma de pressão sobre o controle exercido.

A eficiência, por outro lado, aparece na ordem jurídica administrativa como princípio que enseja, por parte daqueles que desenvolvem atividades públicas, uma margem de livre decisão administrativa[656] que "consiste num espaço de liberdade de actuação administrativa conferido por lei e limitado pelo bloco de legalidade, implicando, portanto, uma parcial autodeterminação administrativa".[657] Esta margem de livre

---

[656] No sentido de que "na actualidade, avulta pela sua importância na República Federal Alemã o estudo doutrinário da margem de livre apreciação na aplicação de conceitos jurídicos indeterminados e a procura de uma base teórica para a delimitação das situações em que o juízo valorativo proferido pela Administração sobre os pressupostos contidos na previsão da norma não deva ser controlado jurisprudencialmente. (...)
A orientação mais promissora das investigações em curso é aquela que aponta para a unificação teorizante de uma margem de livre decisão com responsabilidade exclusiva da Administração, na qual se enquadram a discricionariedade e a margem de livre apreciação. Tal zona emerge da falta de densidade da norma jurídica, quer na enunciação dos elementos cuja verificação permite ou impõe a tomada de decisão, quer na fixação dos elementos que formam o conteúdo da decisão. A diferença entre margem de livre apreciação dos conceitos jurídicos indeterminados e discricionariedade reside apenas na circunstância de a primeira envolver um juízo autónomo de prognose somente subordinado a critérios de aptidão, ao passo que a discricionariedade envolve a ponderação autónoma de interesses em conflito à luz de critérios de aptidão, indispensabilidade e equilíbrio ou razoabilidade" (CORREIA. *Legalidade...*, p. 760).
[657] Cf. SOUSA; MATOS. *Direito...*, t. I, p. 176.

decisão diz respeito, principalmente, à própria atividade de gestão das tarefas e dos serviços públicos, cuja execução foi transferida e compreende as duas formas definidas na doutrina do direito administrativo: a margem de livre apreciação e a discricionariedade.[658] A gestão pública e privada de tarefas e serviços públicos, a fim de atingir as metas da eficiência pública, detém, portanto, um grau de liberdade de ação limitado pela lei e pelo instrumento de delegação (lei, contrato, convênio, etc.). Portanto, a atividade desenvolvida pela entidade pública ou privada deve atuar segundo a lei e segundo o contrato, mas também deve pautar a sua margem de livre decisão na gestão das tarefas e dos serviços públicos na ordem jurídica e no sistema de normas e princípios constitucionais, em especial, no respeito pelo interesse público, que se encontra subjacente ao atendimento universal das necessidades básicas da coletividade.

Outra questão de igual importância, é que nesse mesmo compasso, o controle da eficiência não pode se limitar à sindicância da conformidade formal do ato isolado, praticado pela entidade pública ou privada, à lei ou às apreciações sobre o correto uso da discricionariedade na gestão dos serviços públicos, mas deve se estender às verificações das relações complexas que se travam entre os vários interesses públicos confiados aos mais diversos centros subjetivos do ordenamento pluralista.[659] [660]

Assim, o controle da eficiência na execução das tarefas e a na prestação de serviços públicos por entidades de natureza pública ou privada revela a dificuldade de imposição de limites técnico-jurídicos, pois a avaliação da eficiência não pode ser considerada de forma compartimentada, ou seja, não pode pautar-se, tão somente, portanto, na análise de conformidade dos resultados e objetivos ao princípio da eficiência. O que leva à conclusão de que o controle administrativo, neste caso, deve ser um controle global sobre todas as decisões relacionadas diretamente com a gestão da atividade, que, em última análise, é pública e da qual o poder administrativo, o próprio Estado, é o titular.

Conforme já ressaltado, a gestão e a execução de tarefas administrativas e a prestação de serviços públicos pressupõem uma atividade

---

[658] Cf. SOUSA; MATOS. *Direito...*, t. I, p. 176.
[659] Cf. BATISTA JÚNIOR. *Princípio...*, p. 444.
[660] No sentido de que "per questo anche l'apprezzamento del b.a. dell'amministrazione non puo essere limitato ad una considerazione frazionaria, ma deve essere rapportata al tutto" (ANDREANI, Antonio. *Il principio costituzionale di buon andamento della pubblica amministrazione*. Cedam: Padova, 1979. p. 59).

discricionária[661] e que enseja atos administrativos e decisões por parte das entidades pública ou privadas, fundados em uma margem de livre escolha que as possibilita adequar a prestação dos serviços às alterações que ocorrem, não só, quanto às políticas implementadas pelo poder administrativo, como também ao interesse público em cada momento de execução das atividades a elas confiadas.

A análise e o controle da eficiência dos atos de gestão, sejam considerados de maneira global ou individual, possuem como conteúdo principal, a finalidade do interesse público, que deve ser atendido, o que afasta a eficiência jurídica administrativa da lógica da simples eficiência técnica. Entretanto, não se pode deixar de considerar o fato de que a atividade de administrar e executar uma tarefa pública engloba atividades de perfil eminentemente técnico, ou seja, atividades que dependem de conhecimentos especiais para o seu desempenho e de profissionais com real aptidão para desenvolvê-las. O problema que se coloca, então, nesse aspecto, envolve a disciplina jurídica que deve regular a atividade técnica, pois se a função administrativa tem por alvo o exercício de atividade técnica, necessário será que se implante um conjunto de normas jurídicas e cláusulas contratuais que tenham por escopo fundamentar a atividade de regulação técnica por parte do poder administrativo.[662]

Nesta altura, importa destacar que o controle administrativo da eficiência sobre a atividade ou sobre os atos de gestão e execução de tarefas administrativas e prestação de serviços públicos funda-se, nomeadamente, em duas situações: (i) o controle administrativo da eficiência sobre a atividade ou sobre o ato administrativo de gestão ou execução praticado com violação de uma norma legal/regulamentar ou cláusula contratual — controle primário de legalidade; (ii) e o controle com fundamento na violação de cláusula contratual ou de regra legal

---

[661] No sentido de que "Discricionariedade é a qualidade da competência cometida por lei à Administração Pública para definir, abstrata ou concretamente, o resíduo de legitimidade necessário para integrar a definição de elementos essenciais à prática de atos de execução voltados ao atendimento de um interesse público específico" (MOREIRA NETO. *Legitimidade...*, p. 33).

[662] Sobre a diferença da discricionariedade técnica da discricionariedade administrativa. E ao apontar que "a discricionariedade administrativa se contrapõe à discricionariedade técnica. A primeira se explica pela escolha dos meios e modos mais eficazes e oportunos para realizar o interesse público. A segunda se consuma pelo emprego das noções e dos métodos próprios das várias ciências, artes ou disciplinas, em função preparatória ou instrumental relacionada ao exercício da ação administrativa" (CARVALHO FILHO, José dos Santos. A discricionariedade: análise de seu delineamento jurídico. *In*: GARCIA, Emerson. *Discricionariedade administrativa*. Rio de Janeiro: Lumen Juris, 2005. p. 34).

ou regulamentar que permite uma atividade discricionária por parte da entidade pública ou privada na gestão ou execução da prestação dos serviços públicos, o que permitiria a análise da ponderação axiológica do princípio da eficiência relativamente a determinado ato ou atividade de gestão à luz dos demais princípios da ordem constitucional administrativa.

A primeira situação não causa grande controvérsia, pois o controle do poder administrativo terá por fundamento conduta de gestão (ato ou atividade) da entidade pública ou privada, cuja lei ou contrato (ou o instrumento de delegação) já exigem determinada escolha ou forma, configurando assim uma típica atividade pública vinculada. A grande problemática diz respeito à segunda situação de controle, ou seja, aquela em que o controle é exercido sobre uma atividade legal ou contratual discricionária, aberta à ponderação do interesse público pela entidade delegatária. Nesta hipótese, o controle administrativo terá também como fundamento, o princípio da eficiência, hoje, exigência constitucional e que vincula toda a atividade administrativa. Assim, muito embora a entidade descentralizada não esteja praticando nenhum ato ou atividade de gestão dos serviços públicos que viole a lei ou o contrato, ela poderá estar praticando uma atividade ou um ato ineficiente.[663] A doutrina italiana[664] entende o vício de mérito como uma violação à regra de boa administração que determina que a Administração Pública deva agir não só em conformidade com a lei e com a finalidade legal, mas ainda, do melhor modo possível, mesmo sob o ponto de vista não jurídico, isto é, sob o ângulo ético, econômico, técnico.[665]

O controle fundado tão somente no controle de legalidade, originário do Estado liberal e mantido no Estado social, mostra-se, hoje, insuficiente para as novas exigências de um Estado descentralizado e pluralista. Desta forma, os mecanismos de controle da atividade administrativa vêm se dilatando gradativamente por diversos flancos, buscando compreender uma sindicância da eficiência e da eficácia da gestão, em especial, da gestão de tarefas públicas e dos serviços públicos

---

[663] Ao apontar que "dizem os autores mais modernos que, na análise das funções, podem ser identificados desvios e são detectáveis certas disfunções funcionais quando a função em si é legal, mas no seu exercício há distorções sem que seja cometida qualquer ilegalidade. Há disfunção quando há ineficiência, não proteção aos interesses que deveriam ser protegidos, frustração de expectativas legalmente consagradas, etc. Em suma, quando a função não funciona" (GRECO, Marco Aurélio. *Planejamento fiscal e interpretação da lei*. São Paulo: Dialética, 1998. p. 73).
[664] Cf. ITÁLIA, Vittorio. *Manuale di diritto ammnistrativo*. Milano: Giuffrè, 1999. p. 281.
[665] Cf. BATISTA JÚNIOR. *Princípio...*, p. 471, 472.

transferidos para outras entidades externas ao aparelho direto do Estado, uma vez que integram o conceito de Administração Pública em seu sentido lato e encontram-se sujeitas ao controle administrativo. A grande dificuldade de se admitir a sindicabilidade administrativa nestes casos reside em admitir-se um controle, na prática, da conduta por parte da entidade pública ou privada, que muito embora esteja de acordo com o contrato e com a lei, enseja a gestão ou a execução ineficiente na prestação dos serviços. Ora, como admitir-se a intervenção e a fiscalização do poder administrativo se a entidade fragmentada está agindo de acordo com a lei e com o contrato (ou com o instrumento de delegação)?

A eficiência pressupõe muito mais um controle de mérito do que um controle de legalidade. A eficiência, como princípio, é norma de pouca densidade e constitui um conceito jurídico indeterminado, que para ser aplicada ao controle concreto da gestão de tarefas e dos serviços públicos e deve ser concretizada através de regras provenientes das ciências econômicas e da ciência da administração. Noções como qualidade, produtividade e economicidade devem servir de parâmetros. Porém, muitas vezes a lei, as regras jurídicas e o contrato não preveem de forma específica o que pode ser considerado como eficiência. Eficiência, então, pressupõe uma avaliação de mérito por parte do Estado na execução de tarefas púbicas por entidades fragmentadas.

5.3.4 A debilitação do controle da Administração independente

Importante questão, ainda relacionada à debilitação do controle administrativo de juridicidade em razão do processo de fragmentação administrativa do Estado diz respeito às "tensões"[666] político-administrativas trazidas pela introdução de um modelo de regulação e fiscalização administrativa independente, exercido por autoridades administrativas independentes. A transferência de poderes[667] administrativos normativos e de fiscalização de setores específicos da economia,

---

[666]Cf. BINENBOJM. *Uma teoria...*, p. 269, 270.

[667]No sentido de que as autoridades administrativas independentes gozam em geral de poderes de natureza muito diferente e que variam em conformidade com o seu objeto e tipo de atividade que desenvolvem e que podem ser poderes normativos, consultivos, de investigação e inspeção, de acionar processos judiciais, aplicar sanções e, até mesmo, de dirimir conflitos entre os sujeitos intervenientes no setor respectivo, cf. MOREIRA; MAÇÃS. *Autoridades...*, p. 33, 34.

além de outros poderes específicos a depender da lei que regula cada uma das entidades administrativas independentes, se de um lado representou a possibilidade de um controle e de uma capacidade decisória administrativa cedida a um setor da Administração Pública independente e neutro em relação às ingerências do poder político, por outro lado, evidencia cada vez mais alguns problemas inerentes ao controle da Administração Pública por parte do Estado, no âmbito de suas atividades.

A fim de conferir um tratamento sistemático a estes problemas ou "tensões" no tocante ao controle da Administração Pública, originadas pela implantação, pela efetivação e pelo desenvolvimento das atividades das autoridades administrativas independentes e que representam, hoje, espaços de debilitação do controle da Administração Pública, importa aqui apontar alguns dos principais pontos de destaque, especialmente em relação ao controle de juridicidade:

i) o fenômeno da "deslegalização"[668] que importa na alteração da reserva de lei prevista para algumas matérias específicas, transformando-a em reserva de administração, ou mesmo em reserva de administração independente ou em matérias de reserva concorrente entre a Administração independente e o Estado. Tal situação evidencia uma retração do domínio da lei sobre algumas matérias específicas que, por sua vez, provoca uma transferência de poderes normativos reservados —, facultando a edição de regulamentos autônomos delegados —, ou concorrentes com o Poder Legislativo do Estado. Evidencia-se, portanto, a "erosão" do controle de legalidade, em razão de uma "plasticidade"[669] e degradação

---

[668] Ao referir-se ao fenômeno e ao apontar que: "independentemente dos efeitos de tais fenómenos em sede de estruturação hierárquica da normativa interna infraconstitucional, regista-se que ambos ilustram uma certa plasticidade da força de lei formal por parte do legislador, permitindo-se através da deslegalização uma degradação dessa mesma força, transformando actos legislativos em actos dotados de uma simples natureza administrativa, enquanto que a legalização envolve, bem pelo contrário, a valorização da força jurídica de actos de natureza administrativa, conferindo-lhe força de lei" (OTERO. *Legalidade*..., p. 899).
A tese da deslegalização tem sua origem na doutrina francesa da *"délégation de matiéres"* e na doutrina italiana da *"delegificazione"*. Neste sentido, cf. CALIL, Laís. O poder normativo das agências reguladoras em face dos princípios da legalidade e da separação dos poderes. *In*: BINENBOJM, Gustavo. *Agências reguladoras e democracia*. Rio de Janeiro: Lumen Juris, 2006. p. 147. A tese da deslegalização foi defendida, no Brasil, por Diogo de Figueiredo, no sentido de que é possível a retirada de certas matérias do domínio da lei pelo próprio legislador, passando-as à regulação das agências, cf. CALIL. O poder normativo..., p. 147.

[669] Neste sentido, cf. OTERO. *Legalidade*..., p. 899. No sentido de que, com determinadas ponderações, parece inserido no sistema das agências reguladoras, algo que se aproxima do chamado "regulamento autônomo", cf. JUSTEN FILHO. *O direito das agências*..., p. 509 *et seq.* Ao defender a legalidade e o princípio de jurididicidade como limites formais e

da força vinculativa da lei sobre a edição de atos normativos pelas agências administrativas independentes. No sistema político-administrativo Português, como no sistema brasileiro, este fenômeno encontra-se delimitado ao universo de entidades decisórias que sejam titulares de uma competência administrativa e legislativa, ao mesmo tempo, de forma a permitir a possibilidade de escolha entre a edição de um ato administrativo regulamentar, ao invés de uma lei em sentido formal, ou outro ato que detenha o mesmo sentido funcional (decretos-lei em Portugal, por parte do governo, e medidas provisórias no Brasil). Desta forma, a edição de um regulamento ao invés de um decreto-lei pelo governo português, por exemplo, implica em um mecanismo de "flexibilização administrativa da legalidade"[670] da lei formal, possibilitando que as autoridades administrativas independentes passem a gozar de uma competência concorrente, dando ensejo, assim, a uma multiplicação de fontes normativas acerca de uma determinada matéria.[671]

ii) a adoção da teoria de uma "discricionariedade técnica",[672] que afastaria um controle de juridicidade sobre determinadas decisões administrativas de caráter eminentemente técnico,

---

substanciais à competência normativa das agências, cf. MOREIRA, Egon Bockmann. Os limites à competência normativa das agências reguladoras. *In*: ARAGÃO, Alexandre Santos de. *O poder normativo das agências reguladoras*. Rio de Janeiro: Forense, 2006. p. 184-210.

[670]Cf. OTERO. *Legalidade*..., p. 901-903.

[671]No sentido de que o poder normativo das agências reguladoras encontra limites nos princípios da subsidiariedade do poder normativo do Estado, proporcionalidade e legalidade, cf. LOSS, Giovani R. Contribuições à teoria da regulação no Brasil: fundamentos, princípios e limites do poder regulatório das agências. *In*: ARAGÃO, Alexandre Santos de. *O poder normativo das agências reguladoras*. Rio de Janeiro: Forense, 2006. p. 164-169.

[672]Acerca da discricionariedade técnica e do uso equivocado da expressão, cf. JUSTEN FILHO. *O direito das agências*..., p. 525-532, cf. também GRAU, Eros Roberto. *Direito posto e o direito pressuposto*. 4. ed. São Paulo: Malheiros, 2002. p. 191 *et seq*. E, ainda. DESDENTADO DAROCA, Eva. *Los problemas del control judicial de la discrecionalidad técnica*. Madrid: Civitas, 1997. E no sentido de que a discricionariedade técnica não seria um óbice ao controle da Administração Pública pelo Poder Judiciário, cf. MOREIRA. *Os limites*..., p. 216-219. Ao apontar que alguns autores advogam a tese da imunidade jurisdicional das autoridades administrativas independentes, sobretudo em razão da defesa de uma discricionariedade técnica, cf. MOREIRA; MAÇÃS. *Autoridades*..., p. 37. E no sentido de que, embora a discricionariedade seja inerente ao exercício da regulação econômica, as agências reguladoras não conferem liberdade absoluta de decisão e ensejam uma margem de apreciação menor do que aquela exercida pelos órgãos públicos em geral, eis que fundada na lei e nos princípios da proporcionalidade e da razoabilidade, cf. MARQUES NETO, Floriano de Azevedo. Discricionariedade e regulação setorial: o caso do controle dos atos de concentração por regulador setorial. *In*: ARAGÃO, Alexandre Santos de. *O poder normativo das agências reguladoras*. Rio de Janeiro: Forense, 2006. p. 571.

o que também representa uma debilitação do controle da Administração Pública, especialmente quanto às vinculações jurídico-públicas e quanto ao controle de juridicidade pelo Poder Judiciário, ensejando um reconhecimento de uma imunidade jurisdicional das autoridades administrativas independentes;

iii) a argumentação dos riscos da "teoria da captura",[673] visualizado nos Estados Unidos da América e que trouxe a preocupação de uma regulamentação independente e específica sofrer as influências diretas dos setores que regula diretamente por meio de autoridades administrativas independentes, abrangendo interesses específicos em detrimento do interesse público e das demais vinculações jurídico-públicas que justificam e fundamentam o controle de juridicidade sobre o poder normativo das agências;[674]

iv) a problemática afeta a própria independência administrativa,[675] que autojustifica a própria debilitação do espaço de controle

---

[673] No sentido de que a teoria da captura insere-se no âmbito restrito do conceito jurídico de regulação, no que diz respeito à disciplina e ao condicionamento normativo da atividade privada, seja por lei ou qualquer outro instrumento normativo. E, ao apontar que neste âmbito observa-se o desenvolvimento de quatro escolas do pensamento regulatório: a teoria do interesse público, a teoria da falha regulatória, a teoria econômica da regulação e a teoria da organização administrativa. E, ainda, que no âmbito da teoria da falha regulatória, encontra-se desenvolvida a teoria da captura ou o modelo da captura, mais conhecido por "modelos de influência", em que "a implicação fundamental da captura das agências seria de que aquelas agências capturadas sistematicamente favoreceriam a indústria regulada por meio de suas regulamentações e, em contraposição, sistematicamente desfavoreceriam a sociedade" (LOSS. *Contribuições*..., p. 146-160). Também sobre a teoria da captura, cf. MARQUES. *Regulação*..., p. 37-39. No sentido de que existem teóricos que negam a existência da captura das agências, formando o que se convenciona chamar de Teoria da Conspiração (*Conspiracy Theory*) e que por esta teoria "as agências não seriam capturadas pois não teriam sua origem baseada no interesse público, mas sim no interesse da própria indústria regulada, tendo sido criadas para servi-las" (LOSS. *Contribuições*..., p. 151, nota nº 22).

[674] No sentido de que um dos riscos associados ao desenvolvimento de autoridades administrativas independentes é "justamente o de caírem sob o controle dos poderes económicos e sociais do sector, ficando ao serviço dos interesses de agentes sociais mais poderosos, em geral constituídos por empresas economicamente fortes, fenómeno conhecido pela captura pelos interesses regulados" (MOREIRA; MAÇÃS. *Autoridades*..., p. 27).

[675] Ao apontar o pensamento do Prof. Doutor Vital Moreira, no sentido de que o que caracteriza a independência das autoridades administrativas independentes: "a) a independência orgânica dos seus titulares, traduzida nos seguintes factores: requisitos pessoais de designação; regime de incompatibilidades; mandato fixo e inamovibilidade durante o mesmo; b) a independência funcional, consubstanciada nas seguintes condições: ausência de ordens e de instruções ou mesmo de directivas vinculantes; inexistência de controlo de mérito ou da obrigatoriedade da prestação de contas em relação à orientação definida; c) a independência em relação aos interesses envolvidos na actividade regulada, decorrente da ausência de título representativo na designação dos membros dirigentes e da forma de proceder à sua escolha, assente essencialmente em critérios que permitam a nomeação de personalidades realmente independentes dos interesses em jogo" (MOREIRA; MAÇÃS. *Autoridades*..., p. 28).

sobre a Administração Pública e que suscita algumas questões, tais como: a) qual o espaço de reserva de administração em face das orientações e instruções ministeriais e do governo (órgão superior da Administração Pública) no âmbito da linha de produção normativa das agências? b) Existe algum tipo de hierarquia entre regulamentos emitidos pelas autoridades independentes e as normas e princípios do Estado? c) e se é possível a interposição de recurso hierárquico impróprio em face das decisões administrativas das agências quando violadoras de normas e princípios constitucionais, ou, ao contrário, elas representam a última instância decisória administrativa, em razão de seu grau de autonomia administrativa, só se admitindo um controle jurisdicional?

v) e a problemática dos mecanismos de controle político, em razão: a) da possibilidade de previsão legal da extensão do período de mandato dos dirigentes administrativos das entidades administrativas independentes para além dos mandatos políticos daqueles que os nomearam; b) da impossibilidade de responsabilização política do governo, na qualidade de órgão superior da Administração Pública, diante da independência administrativa que afasta qualquer forma de controle hierárquico ou tutelar.

Torna-se evidente que o aprofundamento de cada uma destas questões importaria em uma nova dissertação, sendo impossível aqui, neste estudo, o tratamento específico de cada uma delas. Porém, o que se pretende demonstrar, no entanto, é que estas problemáticas inseridas no âmbito das relações entre Estado e autoridades administrativas independentes evidenciam que o incremento desta forma de fragmentação administrativa,[676] através da implantação de um segmento independente da Administração Pública, representa uma autonomia administrativa que objetiva o afastamento, não só das influências políticas de seus poderes administrativos (normativos, fiscalizatórios e de controle), como também de um controle de legalidade clássico por parte do Estado. Compreende-se que em uma perspectiva de reforma administrativa e busca por uma maior eficiência e tecnicismo, o distanciamento do "Estado-político" justifique-se, na medida em que as razões são maiores do que a imposição do controle

---

[676] No sentido de que a administração independente integra-se no movimento de fragmentação dos sistemas administrativos e de autodeterminação dos seus elementos constitutivos, cf. MOREIRA. *Administração autônoma...*, p. 130.

de legalidade clássico. Porém, não se pode deixar de lado a análise de alguns pontos em que a debilitação extrema do controle sobre as autoridades administrativas independentes põe em xeque o princípio da unidade administrativa, fundamento da soberania e da coesão político-administrativa do próprio Estado.

O controle da Administração Pública encontra fundamento no princípio da unidade político-administrativa do Estado e assume variados sentidos e formas em um sistema que garante um mínimo de coesão administrativa. Nesta perspectiva, a Administração Pública independente não pode representar um grau de autonomia administrativa que impossibilite, ao menos, um controle finalístico[677] de suas atividades, fundado em critérios de juridicidade impostos pelo próprio Estado. Em outras palavras, as entidades administrativas independentes estão sujeitas a um controle de juridicidade, na medida em que a ordem jurídica do Estado estabelece a possibilidade de "controle do controle",[678] ou seja, de um controle possibilitado pelas vinculações jurídicas do Estado, que, por sua vez, conformam e determinam a implantação das pautas normativas dos atos das autoridades administrativas independentes e garantem um mínimo de unidade do sistema político-administrativo, com respeito às normas e princípios fundamentais, em especial, a igualdade, a dignidade da pessoa humana e a proporcionalidade.

No entanto, as questões aqui apresentadas evidenciam espaços de debilitação do controle da Administração Pública, em especial, quanto ao controle de juridicidade, no âmbito das relações entre Estado e entidades administrativas independentes, e acabam, em última análise, por gerar conflitos que refletem um desequilíbrio no princípio da separação dos poderes do Estado.

5.4 A "politização" do poder administrativo

O sistema político ocidental funda-se em uma herança liberal de representação político-partidária. Hoje discute-se acerca de sua crise, em razão do processo de democratização vivido pelos países da Europa Ocidental nos últimos cinquenta anos que acabou por demonstrar a falência do sistema, em um verdadeiro paradoxo de ordem prática,

---

[677] Neste sentido, cf. SOUTO, Marcos Juruena Villela. *Direito administrativo regulatório*. Rio de Janeiro: Lumen Juris, 2002. p. 347.
[678] Cf. MARQUES NETO. Discricionariedade..., p. 591.

suprido por formas tímidas de democracia participativa. Esta abertura influenciou o poder administrativo e suas estruturas, ao ponto de se garantir uma procedimentalização das decisões administrativas, em que a participação[679] do administrado ou de grupo de cidadãos pudessem garantir a efetivação de seus interesses.

A diversificação e a fragmentação administrativa do Estado, com a criação de novas estruturas públicas administrativas não estatais, mas sim infraestatais, e já em uma fase seguinte, com o compartilhamento de tarefas com o setor privado, tiveram como um dos principais fatores determinantes a democratização da Administração Pública, garantindo aos cidadãos: (i) uma maior participação coletiva ou individual nos procedimentos de tomada de decisões administrativas que lhe digam respeito; (ii) e uma participação nos processos eleitorais de escolhas de dirigentes administrativos em entidades associativas ou territoriais fragmentadas do Estado, em que a Constituição garante uma autonomia e uma autoadministração dos assuntos específicos e locais, em uma evidente delegação da gestão administrativa do Estado central.

Os processos de eleição para a ocupação dos membros dos poderes do Estado e das autarquias administrativas locais em Portugal, estruturados através de um sistema de representação partidária, em que os partidos políticos funcionam na qualidade de "centros de recrutamento dos titulares dos poderes legislativo, executivo e até judicial",[680] conduzem a uma progressiva identificação entre Estado e os partidos políticos,[681] na medida em que os seus interesses encontram-se representados em todos os poderes e evidenciam uma interdependência cada vez maior entre poder administrativo e poder político. No tocante ao poder administrativo que decorre do Poder Executivo do Estado, evidencia-se, especialmente, o fenômeno da "politização" das estruturas e dos cargos da Administração Pública, nomeados, na maioria das vezes, pelo governo em troca de interesses políticos, no âmbito da troca de favores políticos a partidos de oposição e a partidos aliados.

Desta forma, o governo, órgão político-administrativo que integra a estrutura orgânico-administrativa do Estado, detém um poder de "barganha" política, através do qual oferece em troca de apoio político,

---

[679] Cf. BAENA DEL ALCÁZAR. Curso..., p. 201-203.

[680] Cf. OTERO. Legalidade..., p. 138.

[681] Ao afirmar que "(...) o 'Estado de partidos' constitui instrumento de democratização e, simultaneamente, de politização das estruturas da Administração Pública, originando um fenómeno de "colonização da Administração" pelos partidos políticos" (OTERO. O poder de substituição..., v. 2, p. 541).

cargos administrativos inseridos no âmbito orgânico da Administração Pública, incluídos neste âmbito cargos de sua livre nomeação, desde ministérios[682] até cargos de direção em empresas públicas, autarquias institucionais e também nas entidades administrativas independentes.[683] Desta forma, os interesses políticos, em última análise, acabam por confundir-se com os interesses administrativos, na medida em que os altos dirigentes das estruturas orgânicas fragmentadas da Administração Pública, em razão de sua nomeação política pelo governo, eleito através de um determinado partido político, se veem quase que vinculados e subordinados às diretrizes do partido do governo, constituindo um verdadeiro "Estado do(s) partido(s) do governo"[684] e uma Administração "paralela" fundada em uma relação política em detrimento de uma relação jurídico-administrativa.[685]

A influência dos partidos políticos e do poder político na Administração Pública[686] faz-se sentir também ao nível de todos os restantes órgãos eleitos das entidades jurídico/coletivas públicas associativas[687] ou territoriais infraestaduais,[688] [689] expressão dos conceitos de autonomia e autoadministração, em que a fragmentação da Administração Pública, em seu sentido democrático autonômico, abre espaço para que os partidos políticos, acompanhados muitas vezes de interesses eleitoreiros, possam influenciar a escolha dos dirigentes destas entidades administrativas, garantindo-lhe a participação no exercício de funções e poderes administrativos do Estado.

No Brasil, Estado federado, a fragmentação político-administrativa determina um maior grau de interdependência entre o poder político e o poder administrativo, na medida em que a coexistência entre uma

---

[682] Cf. Artigo 187.º, n.º 2, da Constituição da República Portuguesa, cf. também Artigo 84, incisos I e XIV da Constituição da República Federativa do Brasil.

[683] No sentido de que uma excessiva politização partidária do aparelho administrativo pode conduzir a um afrouxamento dos deveres hierárquicos dos funcionários de carreira e a uma inércia ou lentidão dos serviços no cumprimento das ordens, cf. OTERO. *Conceito...*, p. 280, 281.

[684] Cf. OTERO. *A democracia...*, p. 207.

[685] No sentido de que "das autarquias ao sector empresarial do Estado, passando pela Administração central, a existência dos '*fidèles du Gouvernement*' permite a criação de vínculos de subordinação política, a par de nexos jurídicos de relacionamento (: tutela, superintendência e hierarquia)" (OTERO. *Conceito...*, p. 284).

[686] Acerca da influência dos partidos políticos e do poder político na Administração Pública, cf. BAENA DEL ALCÁZAR. *Curso...*, p. 204 *et seq.*

[687] Cf. Artigo 267.º, n.º 5, da Constituição da República Portuguesa.

[688] Cf. Artigo 235.º, n.º 2, da Constituição da República Portuguesa.

[689] Cf. OTERO. *A democracia...*, p. 209.

Administração federal, estadual (de cada Estado) e municipal (os Municípios são considerados entes da federação brasileira), cada qual com a sua organização e gestão administrativas distintas, possibilita que as nomeações administrativas para cargos administrativos em empresas públicas e entidades administrativas indiretas e diretas pelo Governador de cada Estado (chefe do Executivo e da Administração Pública) e pelo Prefeito de cada Município (também chefe do Executivo e da Administração Pública) atendam aos interesses político-partidários de cada Estado ou Município, conforme os acordos políticos que são realizados com os demais partidos de oposição ou aliados; ou, até mesmo, possibilita que os interesses político-partidários dos diretórios nacionais dos partidos políticos se imponham, especialmente em anos eleitorais para o cargo de Presidente da República, em troca de apoio político nas futuras e subsequentes eleições estaduais e municipais para os cargos de Governador e Prefeito, respectivamente. Em outras palavras, os interesses políticos mostram-se de maneira mais influente, na medida em que a troca de favores políticos determina a nomeação para cargos administrativos no âmbito das "diferentes Administrações Públicas" fragmentadas do Estado.

A fragmentação administrativa orgânico-funcional do Estado vem colocar em questão uma crescente interdependência entre poder político e estruturas e decisões administrativas, uma vez que a concepção clássica de unidade político-administrativa liberal do Estado é substituída por uma pluralidade orgânica e funcional da Administração Pública que apresenta, tão somente, como elo de coesão os controles e as vinculações políticas e jurídicas do Estado. Desta forma, a pluralização do aparelho administrativo e de suas atividades se por um lado apresenta uma nova visão de legitimidade político-democrática das decisões administrativas, fundada em conceitos de participação e autoadministração, por outro lado, sob a influência de interesses político-partidários, sofre um processo espúrio de "politização" das estruturas, entidades e órgãos administrativos, transformando o Estado e sua Administração Pública em uma "Administração política e partidarizada", mediante a ocupação de cargos administrativos por aqueles indicados pelo poder político e, por consequência, mediante a inevitável subordinação destes dirigentes administrativos a orientações do governo e do partido do governo, ensejando, assim, uma Administração Pública paralela, fundada em vínculos políticos e não jurídicos.

A interdependência entre poder político e poder administrativo e a sua crescente problematização no campo teórico e sob o âmbito das decisões do Estado, diante de um processo de menor intervenção do

Estado e de sua transformação em Estado social e regulador e diante da busca por uma maior eficiência e tecnicismo da gestão administrativa, propiciaram a implantação de estruturas administrativas independentes do controle administrativo e, teoricamente, livres das ingerências do poder político na execução de suas decisões e poderes de fiscalização e regulação. Assim, no âmbito das autoridades administrativas independentes, em tese, o Estado busca uma Administração Pública livre do poder político, na medida em que se encontram fora do âmbito de uma responsabilidade política do governo, eis que não sofrem quaisquer controles intra-administrativos por parte deste.[690]

No entanto, o fenômeno de uma "politização" da Administração Pública também manifesta-se no âmbito das entidades administrativas independentes a partir do momento que a indicação de seus dirigentes é feita pelo governo que, da mesma forma como ocorre no âmbito das demais entidades administrativas, vê-se influenciado pelos interesses partidários de seu próprio partido ou daqueles partidos aliados ou por razões de favorecimento político a partidos de oposição, pela troca de apoio político, especialmente na hipótese em que não detém a maioria do parlamento.

Logo, impõe-se a conclusão de que a crescente fragmentação administrativa do Estado propiciou e propicia uma crescente interdependência entre o poder político e a Administração Pública, de um lado, abrindo espaço para uma maior legitimação político-partidária, baseada em um sistema representativo, porém, de outro, favorecendo a uma "politização" das estruturas e das decisões administrativas, constituindo uma Administração Pública fundada em vínculos de subordinação política e não jurídica, o que provoca um espaço de debilitação do controle da Administração Pública.

5.5 A equação: "igualdade *versus* autonomia administrativa"

A questão que se coloca, neste tópico, é: como funciona o princípio da igualdade em um Estado de autonomias político-administrativas?

Um dos problemas mais interessantes do Estado moderno democrático, fundado no pluralismo político e administrativo no que

---

[690] No sentido de que a introdução da figura das autoridades administrativas independentes na organização da Administração Pública fez emergir um setor da Administração "sem cabeça e politicamente irresponsável", produzindo uma "fragmentação dos sistemas administrativos". Cf. OTERO. *Legalidade...*, p. 320.

se refere à divisão de poderes dentro seu território, é a dicotomia[691] que se estabelece entre autonomia, assente na liberdade e na participação política necessárias ao exercício do processo democrático, e a igualdade, baseada no conceito de unidade do Estado em relação àquelas matérias e questões que constituem o núcleo essencial da manutenção do próprio Estado como entidade independente de seus próprios cidadãos. Em última análise, o Estado de bem-estar, o Estado de direito e o Estado democrático, assumem como valores a liberdade e a igualdade,[692] responsáveis por dimensionar os princípios da igualdade real individual e institucional[693] e o princípio da autonomia ou da descentralização político-administrativa. De um lado, o bem-estar conduz à concepção de justiça social e de iguais oportunidades e direitos para todos; de outro, a democracia conduz à liberdade e à participação nos processos de decisão político-administrativa do Estado, exigindo das entidades fracionadas, no âmbito do território do Estado, um papel ativo na condução das políticas socioeconômicas, cuja competência do Estado central não poderá suprimir.

As formas de Estado complexas que pressupõem a descentralização política e administrativa parcial ou total possuem o desafio político e institucional de realizar os valores da liberdade, ou seja, da autonomia e da igualdade de todos os cidadãos quanto aos níveis de prestação dos direitos sociais, econômicos e culturais. O pluralismo territorial não pode descuidar da igualdade substancial quanto ao desfrute dos serviços de bem-estar e melhoria da qualidade de vida de cada cidadão.[694] A igualdade deve funcionar como elemento homogeneizador

---

[691] No sentido de que "o primeiro contraste que se nos oferece é exatamente este pertinente à relação de igualdade e liberdade como valores fundamentais da convivência e princípios de uma ordem jurídica traçada segundo a inspiração de um ideal de justiça, paz e segurança. Conduzidos ao plano histórico, exprimem eles, respectivamente, os dois ordenamentos-chaves do Estado moderno, a saber, as duas formas sucessivas que o molde ideológico de organização política do Estado ocidental tomou nos dois últimos séculos: o Estado liberal, abraçado à liberdade, com o culto da personalidade como valoração tutelar, e o Estado social, preso à igualdade, como culto democrático da dignidade humana" (BONAVIDES. *O princípio da igualdade...*, p. 210).

[692] Cf. COSSÍO DÍAZ, José Ramón. *Estado social y derechos de prestación*. Madrid: Centro de Estudios Constitucionales, 1989. p. 35-40.

[693] No sentido de que: "En un Estado descentralizado la igualdad ha de consistir en el mantenimiento de unos criterios de homogeneidad institucional básicos y en la exigencia de que todos los ciudadanos compartan el mismo status jurídico elemental" (SOLOZÁBAL ECHAVARRÍA, Juan José. El estado social como estado autonómico. *Teoría y Realidad Constitucional*, Madrid, n. 3, p. 69, 1º semestre 1999).

[694] Cf. FERNÁNDEZ-VALMAYOR, José Luis. Pluralismo territorial y estado social en la perspectiva nacional e comunitária. *Revista de Estudios de la Administración Local*, Madrid, n. 291, p. 216, 217, ene./abr. 2003.

da coesão social e econômica dentro da estrutura estatal.[695] Esta coesão, em última análise, contribuirá para a própria legitimidade dos princípios regionais e federais.[696]

O princípio da autonomia favorece a diversidade regional, não só em matéria de decisão política, como em matéria de concretização das políticas de bem-estar em cada entidade autônoma, intensificando as desigualdades regionais no âmbito do território de um mesmo Estado. A ordem jurídica, em especial o sistema das normas constitucionais, deve encontrar limites à autonomia, cujo conteúdo este estudo já destacou na primeira parte. A igualdade é, então, inserida no rol dos princípios de contenção da expansão da margem de livre decisão político-administrativa das entidades autônomas e deve ser aplicada sempre em ponderação[697] com a margem de liberdade expressa através do núcleo essencial da autonomia, sob pena de se privilegiar de forma demasiada a autonomia e ensejar um processo de perda de legitimidade e identidade políticas do próprio Estado, considerado segundo o princípio da unidade. Os limites à autonomia são matérias de reserva constitucional[698] e passam pela determinação ou pela escolha política de cada país. Esta escolha terá por base a opção de quais serão os direitos ou serviços que deverão ter um tratamento unitário e quais aqueles que poderão gozar de um tratamento diferenciado em razão das diferenças de cada região do território do Estado.[699] Os direitos e serviços unificados serão, consequentemente, matérias de competência exclusiva do Estado central. Já as de tratamento diferenciado farão parte do rol de competências das demais entidades fragmentadas ao longo do território do Estado. Uma vez não exercida a competência por parte dos entes fracionados, o Estado poderá atuar de forma subsidiária ou suplementar, a fim de resguardar o mínimo de igualdade na fruição dos direitos e serviços entre todos os cidadãos. Há ainda uma margem de competências concorrentes, sobre as quais o Estado central, em

---

[695] Cf. FERNÁNDEZ-VALMAYOR. Pluralismo..., p. 216, 217.

[696] Cf. FERNÁNDEZ-VALMAYOR. Pluralismo... p. 216, 217.

[697] Cf. LUCAS MURILLO DE LA CUEVA, Enrique. Cláusulas de igualdad y autonomía política en la Constitución Española de 1978. In: MORODO, Raúl; VEGA, Pedro de. *Estudios de teoría del estado y derecho constitucional en honor de Pablo Lucas Verdú*. Madrid: Servicio de Publicaciones, Facultad de Derecho, Universidad Complutense de Madrid, 2000. t. IV, p. 2628, 2629.

[698] Cf. LUCAS MURILLO DE LA CUEVA. Clausulas de igualdad..., p. 2629, 2630.

[699] Sobre a questão da atuação das entidades autônomas no desenvolvimento e na concretização dos direitos sociais, econômicos e culturais, cf. SOLOZÁBAL ECHAVARRÍA. El estado social..., p. 66, 67.

respeito aos princípios da igualdade e da unidade, possui o poder de editar normas e direções administrativas de caráter geral que acabam por vincular as decisões políticas das entidades autônomas. Porém, a conciliação com o princípio da autonomia impede que as normas gerais constituam mecanismos de supressão total da margem decisória das entidades autônomas.[700] Este jogo de equilíbrio entre igualdade e autonomia operou no plano social, econômico e cultural dos diversos países do hemisfério ocidental, alterações substanciais, em especial patrocinadas pelo processo de abertura democrática em muitos deles após a década de 1960, período em que se passou a desenvolver uma nova concepção de bem-estar: o bem-estar justo, participativo e igualitário, fundado no princípio da dignidade da pessoa humana. A crescente intervenção do Estado nos setores social e econômico, através de planos de direção, com a institucionalização de amplas garantias sociais, propiciou um processo de homogeneização e centralização das políticas de bem-estar.[701] Porém, a abertura política, com a ampliação das bases de sufrágio e a crescente participação política e administrativa no âmbito dos processos de tomada de decisão por parte do Estado, exigiram a descentralização das suas funções, de forma a atender também as demandas por uma maior eficiência e rapidez na prestação dos serviços de interesse público.

A dicotomia "autonomia *versus* igualdade" procura, portanto, equacionar as seguintes questões: (i) a coexistência da determinação constitucional da igualdade das condições de vida de todos indivíduos que fazem parte de um mesmo Estado e o princípio da descentralização político-administrativa; (ii) a determinação do conteúdo mínimo de igualdade de condições de vida ou seja, quais os direitos sociais e econômicos que devem fazer parte deste conteúdo mínimo; (iii) a problemática da distribuição de competências administrativas e normativas entre os entes autônomos — os princípios da supletividade no direito brasileiro e o da subsidiariedade no direito português, como garantia do mínimo de igualdade nas políticas sociais e econômicas — tendência centralizadora; (iv) e o controle político e administrativo, como forma de atender ao princípio igualitário.

Todas estas questões são resolvidas através dos mecanismos de controle jurídicos previstos na Constituição, que ora privilegiam a autonomia, ora dão ênfase à igualdade como força de coesão socioeconômica no país. A conclusão, porém, é que tanto um princípio, quanto o outro

---

[700] Cf. OTERO. *Autonomia...*, p. 93, 94.
[701] Cf. BONAVIDES. *O princípio da igualdade...*, p. 218, 219.

são relativizados quando a ordem jurídica admite apenas um critério de equiparação, quanto às condições de vida de todos os cidadãos de um mesmo país, já que o critério de igualdade absoluta mostra-se incompatível com a adoção da autonomia político-administrativa como determinante da forma de Estado unitária descentralizada ou federal.[702]

O critério da equiparação, resolvido no direito alemão como princípio da uniformidade das condições de vida,[703] não exige a igualdade absoluta, mas sim a garantia de um mínimo, ou de um conteúdo mínimo que se possa garantir a todos os cidadãos de um mesmo Estado relativamente à fruição dos direitos sociais, econômicos e culturais. Este mínimo jurídico igualitário dependerá da importância que a Constituição dá a cada serviço ou prestação de natureza social, cuja competência recairá sobre o Estado central. Os direitos fundamentais, portanto, enquanto elementos fundamentais do ordenamento, objetivo de proteção do cidadão em face do Estado e de garantia do mínimo de dignidade individual, representam um fator de uniformização,[704] embora alguns direitos sociais, por sua própria natureza, tenham características diversificadas, exigindo assim uma maior descentralização político-administrativa, *v.g.* a vertente social do direito ao meio ambiente.

Algumas desigualdades nos planos jurídico e social são admitidas segundo critérios de discriminação razoáveis, fundamentados e legítimos, tal como ocorre com os direitos relativos aos estrangeiros residentes e não residentes, por exemplo; com os direitos das pessoas portadoras de deficiências e outras diferenças, que exigem do Estado ações positivas para equilibrar as situações e garantir igual oportunidade para todos. Não basta simplesmente garantir a igual oportunidade, o Estado tem o dever de garantir o acesso à igualdade. As ações afirmativas aparecem dentro do conceito de Estado compensador e cooperativo, segundo uma lógica baseada no equilíbrio e em um critério de equiparação das condições de vida.

Estas desigualdades admitidas e legítimas, segundo a ordem jurídica, constituem a chave para a compreensão da coexistência entre autonomia e igualdade. A fragmentação dos poderes do Estado, sob esta perspectiva, torna-se fundamental ao cumprimento pelo Estado de seu

---

[702] Cf. PEMÁN GAVÍN, Juan. *Igualdad de los ciudadanos y autonomias territoriales.* Madrid: Civitas, 1992. p. 123, 124.

[703] O princípio da uniformidade das condições de vida (*einheitlichkeit der lebensverhältnisse*) encontra-se no artigo 72, II, da lei Fundamental de Bonn. Sobre a análise deste princípio no direito alemão, cf. BAÑO LEÓN. *Las autonomías...,* p. 69-140.

[704] Cf. BAÑO LEÓN. *Las autonomías...,* p. 208-213.

papel de intermediador no processo de compensações socioeconômicas. Sem a descentralização, o Estado não poderia implantar políticas locais de desenvolvimentos nas regiões mais necessitadas e, em última análise, não poderia aspirar por uma política social igualitária, uma vez que não conseguiria solucionar as desigualdades. Logo, a autonomia é elemento necessário à busca pela igualdade.

As compensações efetivadas pelo Estado em matéria de bem-estar refletem um outro princípio de grande importância para a efetivação dos direitos sociais, econômicos e culturais, o princípio da solidariedade[705] que também deve ser aplicado quando se trate de regiões desiguais no âmbito territorial de um mesmo Estado. A solidariedade permite medidas de compensação e distribuição de receitas, com grande relevo nas áreas financeira e econômica da Administração Pública, como, por exemplo: a distribuição de receitas tributárias ou outras receitas do Estado de maneira a atender às necessidades das áreas mais carentes; os subsídios destinados a projetos sociais relativos às entidades autônomas que não disponham de meios financeiros para desenvolvê-los, entre outras medidas que fazem da solidariedade um instrumento de equilíbrio entre a autonomia e a igualdade. O equilíbrio da dicotomia é necessário para afastar a centralização total, cujas políticas compensatórias adquirem relevo e impedem as desigualdades extremas ou a máxima concentração.

A dicotomia também é resolvida através dos sistemas de representação político-partidária das entidades fragmentadas nos órgãos de representação política do Estado central. Assim ocorre no Brasil através do Senado, órgão político que compõe o Congresso Nacional, na qualidade de órgão legislativo do governo central e que é integrado pelos senadores, representantes dos Estados no sistema político-legislativo brasileiro. Em Portugal, o monopólio da indicação dos nomes dos candidatos que compõem as listas partidárias em cada eleição, leva em conta, ou pelo menos deveria levar em consideração, a necessidade da representatividade das diversas regiões do país. O sistema político-representativo funciona como mecanismo de participação política das entidades fracionadas nas decisões políticas do governo central.

A autonomia encontra limites na igualdade que, por sua vez, perde o seu caráter absoluto no Estado de bem-estar democrático, em razão dos valores da liberdade e dignidade da pessoa humana que informam todo o ordenamento. E, assim, o equilíbrio funciona através dos seguintes mecanismos e princípios jurídicos:

---

[705]Cf. PEMÁN GAVIN. *Igualdad...*, p. 251-305.

1. o princípio da descentralização político-administrativa que integra a própria forma do Estado, o que acentua as diferenças sociais;
2. a garantia de igualdade de posições jurídicas e de condições básicas para o exercício dos direitos sociais, econômicos e culturais, o que exige da infraestrutura dos órgãos políticos e da Administração Pública uma igualdade no modelo organizatório básico de cada entidade autônoma, muitas vezes à semelhança com o modelo central, em uma tentativa de aproximar os serviços essenciais e fundamentais;
3. a exigência de um mínimo de igualdade, o que acaba por refletir na opção política de cada Estado em eleger qual o conteúdo mínimo dos direitos sociais, econômicos e culturais, cuja competência será reservada ao Estado central. A própria Constituição aponta a importância destes direitos e dos serviços a eles inerentes, sendo matéria de reserva constitucional. Este conteúdo mínimo deve levar em conta um critério de equivalência e uniformidade e não de igualdade absoluta;
4. a posição jurídica dos cidadãos que em cada ente autônomo não pode exceder a determinado nível. A igualdade surge como fator de limitação político-administrativa, refletida na prevalência legislativa do Estado central em matéria de política de bem-estar;
5. a igualdade, no entanto, não pode desnaturar o regionalismo e a federação, por isso a repartição de competências garante o equilíbrio de poderes entre a esfera central e autônoma;
6. e, por fim, a fiscalização no cumprimento das normas de caráter geral e constitucional pelo Estado central, através do controle judicial de constitucionalidade dos regulamentos e leis; político, como a possibilidade de intervenção no Estado brasileiro; e administrativo servem também como garantias do princípio da unidade do Estado, favorecendo o equilíbrio da força autonômica.

5.6 A centralização *versus* regionalização no Estado de bem-estar: realidade ou utopia?

A crise da organização de poderes político-administrativos no espaço territorial do Estado constitui um dos temas mais recorrentes da agenda política dos últimos anos, em especial, da agenda dos países da Europa ocidental, *e.g.*, Espanha, Itália e Portugal.[706] A perspectiva de uma reforma na divisão de poderes públicos, com foco em uma maior descentralização, traz à discussão a necessidade de um processo de regionalização e, em contrapartida, recentemente, conduz à análise real de um resultado não alcançado, na medida em que se observa, hoje, através de um processo inverso, uma gradativa perda de poderes político-administrativos antes de competência das entidades territoriais locais e fragmentadas do Estado.[707] Portanto, a crescente assunção pelo Estado central, ou por suas entidades públicas ou que executam atividades públicas em seu nome, vem demonstrar um enfraquecimento do exercício de poderes autonômicos e locais, em detrimento de uma efetiva autoadministração, e de uma utopia política de uma tentativa de regionalização.

As estruturas territoriais dos Estados e a sua organização política, administrativa e geográfica vêm-se revelando como crescentemente desadequadas, em razão da pluralização dos interesses públicos e privados, em espaços cada vez fragmentados sob a ótica da diversidade e que acabam por refletir a própria insuficiência do Estado de bem-estar

---

[706] Neste sentido, cf. ROJO SALGADO, Argimiro. La experiencia del estado regional en europa: un referente para el caso español. *Revista de Estudios Políticos*, Madrid, n. 127, ene./mar. 2005. E no sentido de que "a sobrecarga, a sobre-extensão e a inadequação do modelo moderno de Estado decorrem da sua incapacidade de servir os interesses dos cidadãos, os quais se vêm forçados a recorrer a centros de poder alternativos situados para além do aparelho central de poder daquela instituição. (...) A crise exprime, portanto, a inoperância do paradigma moderno do Estado que, na contemporaneidade ocidental, não é já modelo organizacional adequado às tarefas que lhe cumprem: pela sua dimensão, pelos seus modos de organização e de comandos políticos, pelos progressos tecnológicos, pelo incremento da capacidade crítica dos cidadãos, pela proliferação dos domínios de actuação que lhe são atribuídos, e pela sua desproporcionada capacidade de intervenção que, em determinados domínios é excessiva, e, noutros, é francamente insuficiente.
(...) Outros referem-se a 'crescente obsolescência do Estado moderno' enquanto entidade político-organizacional desenvolvida para o serviço dos interesses dos seus cidadãos — tarefa que não é mais capaz de assegurar. E para outros ainda a crise assume proporções tais que só admite uma solução: 'desestatizar', 'rejeitar o Estado' que se tem manifestado 'ineficaz', 'hipertrofiado', 'mal organizado' e perfeitamente inadaptado às tarefas que se lhe colocam" (AMARAL. *Do Estado soberano...*, p. 117, 118).

[707] No sentido de que a doutrina jurídico-pública vem advertindo sobre a inexistência de assuntos locais por natureza, introduzindo, desta forma, um elemento importante na concepção clássica de autonomia municipal, uma vez que reflete uma progressiva apropriação pelo Estado central de competências próprias das entidades autônomas locais, com a consequente perda do poder e do caráter local (*entörtlichung*), cf. FERNÁNDEZ-VALMAYOR, José Luis. El debate sobre la autonomía municipal. *In*: SOSA WAGNER, Francisco. *El derecho administrativo en el umbral del siglo XXI*. Valencia: Tirant lo Blanch, 2000. t. I, p. 566. No sentido de que os publicistas alemães se queixam, após trinta anos de sólida experiência federativa, da perda de competências legislativas originárias por parte dos Estados-membros, cf. BONAVIDES. *Política e Constituição...*, p. 108.

em atender e efetivar todos os direitos de natureza social, econômica e cultural. A divisão de tarefas, opção a uma lógica centralista, encontra na tentativa de implantação de um processo de regionalização[708] do Estado de bem-estar uma suposta solução em suplantar esta incapacidade do Estado central, ao conceder uma alternativa de promoção de um desenvolvimento integrado e harmonioso na totalidade do espaço territorial, impedindo, por outro lado, a sua "pulverização" e garantindo a manutenção de um esquema de soberania que garanta a coesão e o mínimo de unidade das políticas de bem-estar, mediante a conciliação dos interesses locais e estaduais.

O Estado regionalizado, intermediário[709] entre um Estado unitário clássico e um Estado federado, é teorizado a partir da crise do Estado social e propõe-se a uma reestruturação dos seus poderes político-administrativos, de forma a atingir a meta do desenvolvimento sustentável, com inclusão social e respeito ao mínimo existencial e à igualdade equiparada para todos. A criação de novas estruturas dotadas de poderes decisórios no âmbito político e administrativo pressupõe, na atualidade, um repensar sobre a estrutura de organização e de tarefas públicas no âmbito do espaço geográfico nacional e apresenta-se, através de uma proposta de regionalização, como uma nova fórmula, ou uma terceira concepção de configuração da forma de Estado. Nestes termos, portanto, a superação da crise passa pela superação do ideário que está na base do modelo moderno de Estado e pela sua substituição por outro diferente que venha a potencializar a pluralidade de comunidades e de grupos em que a pessoa humana situa-se e encontra-se inserida.[710] Pode-se dizer que a "democracia social" contemporânea não se assenta mais em uma perspectiva individualista e atomística herdada da Revolução Francesa, mas sobre uma perspectiva realista da sociedade e de valorização dos seus "órgãos e tecidos mais naturais".[711]

Diante desta nova perspectiva de análise do Estado contemporâneo, fundado em uma base comunitária e não centralista, é que se desenvolveu uma quantidade enorme de estudos sobre as temáticas acerca da regionalização e da autonomização das estruturas territoriais

---

[708] No sentido da diferença entre os conceitos de região continental e região autônoma insular, em Portugal, cf. AMARAL. *Curso...*, v. 1, p. 533.
[709] No sentido de que a região situa-se em um nível entre os Municípios e o Estado. Cf. AMARAL. *Curso...*, v. 1, p. 541.
[710] Cf. AMARAL. *Do Estado soberano...*, p. 121.
[711] Cf. MONCADA. *Filosofia...*, p. 210, 211.

infraestaduais, particularmente na Espanha e na Itália⁷¹² e proporcionou-se campo favorável às decisões político-legislativas e administrativas de concessão de maior autonomia a regiões antes dependentes do Estado central. O reconhecimento de espaços públicos não estatais e de espaços públicos "privados", ou melhor, de entidades de direito privado que atuam em concorrência com o Estado na efetivação dos direitos sociais, revela uma fragmentação orgânico-funcional do Estado, justificada pela quebra do monopólio que os órgãos do Estado central detinham até então sobre os poderes político-administrativos. As regiões ou as entidades autônomas, por sua vez, por estarem inseridas no âmbito público de fragmentação político-administrativa do Estado enquanto partes de seu território e entidades que compõem o conceito de uma administração autônoma do Estado, delineiam um cenário plural e complexo do espaço público em contraste com uma unidade total e absoluta, concepção político-jurídica desenvolvida ao longo dos séculos XIX e XX.

A perda da unidade clássica, através da qual o Estado era concebido como uma organização fechada e centralizada, em cujo todo o poder político encontrava-se agregado ao centro, a partir do qual exercia-se os poderes de maneira racional e igualitária, altera-se, agora, para uma nova vertente contemporânea, através de propostas de um Estado plural, fragmentado, seja em seu âmbito interno, como externo,⁷¹³ em que se consagra a distribuição de poderes político-administrativos por uma vasta gama de agentes públicos que passam a atuar em parceria, coordenação e cooperação com o "centro", fundados em princípios fundamentais de autonomia e subsidiariedade.

O regionalismo apresenta-se como um conceito amplo que abrange uma pluralidade de realidades político-jurídicas.⁷¹⁴ A regionalização pode se compreendida, através do conceito de descentralização administrativa, como a instituição de entidades que gozam de poderes administrativos, distintos e autônomos do Estado central, passando pela instituição de regiões para fins administrativos, até a constituição de entidades fragmentadas, dotadas de poderes não só administrativos, como políticos, também. Assim, o conceito de região é utilizado

---

⁷¹²Neste sentido, cf. AMARAL. *Do Estado soberano...*, p. 21.

⁷¹³A fragmentação administrativa do Estado em seu âmbito externo não é objeto deste trabalho. Porém, cabe referir o despontar de um direito administrativo e de uma organização administrativa supraestatal, em razão dos órgãos e do aparelho administrativo da Comunidade Europeia.

⁷¹⁴Neste sentido, AMARAL. *Do Estado soberano...*, p. 126.

para identificar uma grande variedade de entidades substancialmente diferentes. Aponta-se, como exemplo, os *Länder* alemães, verdadeiros Estados federados e que não recusam a classificação de regiões, assim como as regiões no Estado brasileiro, criadas para fins de gestão administrativa.[715] Também são regiões as comunidades autônomas espanholas e ainda, as regiões autônomas italianas, quer as de estatuto especial, as regiões insulares e as de fronteira, assim como as de direito comum. E as unidades francesas de descentralização econômico-administrativa, bem como as regiões autônomas dos Açores e da Madeira em Portugal. Todos estes exemplos[716] servem para demonstrar a amplitude que o conceito de "região" ganhou ao longo do processo de divisão dos poderes do Estado com entidades fragmentadas no âmbito interno territorial.

O fenômeno de regionalização do Estado reflete uma fragmentação administrativa de sua organização que, por sua vez, permite a divisão de tarefas entre o Estado e novas entidades criadas por ele de forma a que estas novas unidades possam atuar a serviço dele, de acordo com as suas políticas, definidas a nível central. A regionalização é um processo através do qual o Estado cria no seu seio entidades novas, cujas fronteiras, orgânica interna e de competências, são por ele definidas, para, através delas, melhor exercer a sua ação sobre a sociedade,[717] mediante a intermediação de interesses das comunidades autônomas e com os interesses centrais. Esta definição retoma a institucionalização de uma clivagem radical entre política e Administração, em que esta última se propõe a executar os comandos definidos politicamente. A compreensão da regionalização sob a perspectiva de uma fragmentação político-administrativa ou tão somente administrativa, segundo o princípio da descentralização dos poderes do Estado central, insere-se no âmbito das escolhas políticas relacionadas à gestão administrativa do território, facultando ao Estado colocar a seu serviço, entidades fragmentadas que sob o manto de uma concessão de poderes autônomos, em última análise, devem pautar suas ações e decisões de acordo com as decisões políticas e a gestão administrativa geral do Estado central.

Torna-se fácil perceber que o processo de regionalização do Estado de bem-estar, ou de um Estado que se propõe a prestar os seus serviços e a desempenhar suas tarefas ao longo de todo o seu território,

---

[715] As regiões brasileiras são dividas em: região norte, nordeste, centro-oeste, sudeste e sul; e cada qual abrange os respectivos Estados da federação que dela fazem parte para fins de divisão administrativa.

[716] Cf. AMARAL. *Do Estado soberano...*, p. 126, 127.

[717] Cf. AMARAL. *Do Estado soberano...*, p. 128.

se por um lado representa a resposta a um ideal democrático de gestão administrativa, fundado em uma fragmentação através de entidades menores representativas e em um modelo de autoadministração, por outro, e de forma contraditória, apresenta-se como mecanismo justificador de uma maior intervenção político-administrativa nos assuntos de interesse local, ou melhor, na gestão administrativa local e, em tese, puramente autônoma em face da Administração Pública central. Em outras palavras, pode-se afirmar, que este processo apresenta-se como um "regionalismo centralista",[718] em cujo contexto de um Estado autonômico e pluralista e sob o discurso de uma gestão administrativa igualitária, fundada em um interesse público geral e coletivo, o Estado central pretende engrandecer a sua gestão administrativa e a sua direção política, através da institucionalização de sua capacidade de intervenção sob todos os níveis da sociedade constituída e organizada.[719]

O Estado central, ao propor a regionalização, passa a instituir uma gama de órgãos e auxiliares que atuarão em nome do Estado, sob a sua supervisão e sob o seu controle hierárquico. Deste modo, com o discurso da desburocratização, da busca pela eficiência, da aproximação dos serviços a todos os cidadãos, o Estado central cria um espaço de reforço de sua capacidade de penetração das escolhas e decisões da autoadministração local efetivada através das entidades fragmentadas locais, em regime de autonomia político-administrativa ou tão somente administrativa. As regiões, portanto, passam a representar, em última análise, "institutos estatais"[720] de transmissão e execução administrativa do poder político do Estado central e das políticas definidas pelos órgãos centrais de poder.

A análise das questões *supra* remete às seguintes perguntas: será que o Estado, sob o manto do princípio formal constitucional da descentralização, em última análise, exagerou no equilíbrio de sua unidade político-administrativa e criou, sob os resquícios de um Estado autoritário, um sistema que privilegia a atuação dos poderes políticos e administrativos do Estado central, em detrimento dos poderes descentralizados e autônomos? Ou será que o Estado, hoje, embora diante da previsão constitucional da democracia participativa e do pluralismo político e administrativo, na verdade, é caracterizado por um modelo, na prática, mais centralizado do que autonômico?

---

[718]Cf. AMARAL. *Do Estado soberano*..., p. 145.
[719]Cf. AMARAL. *Do Estado soberano*..., p. 145.
[720]Cf. AMARAL. *Do Estado soberano*..., p. 145.

O modelo de fragmentação político-administrativa territorial retrata a descentralização como mecanismo ainda, em processo de desenvolvimento e implantação progressiva.[721] As tentativas cada vez maiores dos governos em colocar em prática a transferência de poderes políticos e administrativos para entidades distintas do Estado entram em conflito com a necessidade de controle e responsabilização da atuação destas pessoas coletivas. Ou seja, como descentralizar sem ter o controle de que o poder local efetivamente estará desenvolvendo políticas de bem-estar em observância com as direções políticas do Estado central? Em resposta a esta pergunta introduz-se, por outro lado, a problemática do respeito ao princípio constitucional da igualdade quanto aos direitos sociais, ou seja, é possível descentralizar e manter um nível de igualdade razoável em matéria de bem-estar socioeconômico? Este desafio justifica a lentidão do processo de fragmentação que em Portugal tem gerado grandes discussões políticas e acadêmicas, em especial no que diz respeito ao processo de regionalização, fruto de um referendo fracassado em 1998 e que o governo, ainda repensa em colocá-lo em votação novamente.

As questões políticas também representam um entrave para a descentralização político-administrativa. O jogo político e a definição das políticas locais, tanto em Portugal, como no Brasil, representam nada mais do que os interesses daqueles que ocupam os altos cargos nos partidos políticos e que, por sua vez, anseiam ocupar cargos no Legislativo ou no Executivo do Estado central. Em última análise, os políticos locais, hoje, representam cabos eleitorais dos políticos e deputados do órgão legislativo nacional e, assim, configuram mais um poder de barganha política em época de campanha eleitoral. Muitas vezes, sequer possuem uma plataforma de governo local, mas executam a direção política das bases centrais do partido ao qual estão filiados, o que acaba por inviabilizar a própria participação política dos cidadãos, como elemento essencial da autonomia política local.

Conclui-se, portanto, que a fragmentação não desemboca em um novo tipo de Estado. Pelo contrário, em resposta às indagações *supra*, a fragmentação em regiões, na realidade, constitui mecanismo através do qual o Estado moderno simultaneamente liberta-se de um rol de tarefas com que, na contemporaneidade, tem vindo a ser sobrecarregado — sobretudo nos domínios econômicos e sociais — e

---

[721]Sobre a hipertrofia do poder político central em Portugal, cf. AMARAL, Diogo Freitas do. Novas reflexões sobre a regionalização. *In*: BARRETO, António. *Regionalização sim ou não.* Lisboa: Dom Quixote, 1998. p. 89-90.

dota-se de instrumentos para a extensão e a aplicação uniformes da sua vontade a todo o território, pessoal e funcional que abarca. Com o processo de fragmentação ainda lento, a organização do poder, segundo o paradigma moderno do Estado, permanece intacta. Nela não se verifica uma efetiva partilha de poder político-administrativo em matéria de bem-estar socioeconômico. Pelo contrário, a fragmentação materializou uma malha institucional nova, dotada de poderes políticos e administrativos, porém estas entidades fragmentadas atuam, em última análise, a serviço das direções políticas e administrativas do Estado central em matéria de bem-estar, transformando-se em meras executoras das políticas centrais, propiciando ao Estado a aplicação mais rápida e eficiente de suas decisões e a prestação de serviços desburocratizada em todo o território.[722]

A regionalização, portanto, não representa uma verdadeira fragmentação dos poderes político-administrativos em matéria de bem-estar, mas sim um mecanismo do qual o Estado central utiliza-se para se desfazer de tarefas que antes lhe competiam e que não é mais capaz de cumpri-las de forma eficiente e rápida. O Estado central tenta resolver a sua crise através desta "fuga do centro" sob as vestes de um pretenso Estado democrático descentralizado e pluralista, mas, no entanto, mantém uma organização político-administrativa centralizada e controlada que afasta a possibilidade real de autogoverno, autoadministração e autodefinição das políticas de bem-estar de cada ente local.

5.7 Conclusões

O fenômeno da fragmentação administrativa do Estado apresenta alguns problemas que não poderiam deixar de ser analisados neste estudo, pois se por um lado a diversificação e a pluralização da Administração Pública impõem-se como alternativas de uma gestão democrática e eficiente, por outro, a sensação de uma divisão e de uma dispersão sem controle e sem enquadramento jurídico, em algumas hipóteses, apresenta-se em um cenário de déficit de uma sistematização necessária para o estabelecimento de um mínimo de controle pelo Estado sobre as diversas estruturas e atividades administrativas públicas ou privadas.

---

[722] Cf. AMARAL. *Do Estado soberano...*, p. 144-147.

A principal indagação que hoje aparece no âmbito deste déficit sistemático pode ser assim sintetizada: "quem é e o que é Administração Pública?"; ou seja, quais as entidades, estruturas públicas ou privadas; ou quais as atividades públicas ou privadas que integram o conceito de Administração Pública? As diversas formas e planos de fragmentação administrativa, seja no âmbito público, empresarial, privado e no âmbito jurídico, evidenciam uma Administração plural em que o Estado tem a seu dispor diversas formas de agir e atuar em que suas decisões de gestão administrativa encontram fundamento na busca pela eficiência e pela participação democrática. Mas como encontrar um critério de enquadramento jurídico-político destas diversas formas de gestão e de opção administrativas que, hoje, encontram-se à disposição do Estado? Em última análise, questiona-se mesmo se é possível este enquadramento, diante das diversas formas e planos de fragmentação administrativa, em especial das formas de gestão privada, em parceria com o setor privado, e de gestão administrativa independente (autoridades administrativas independentes), pois ambas aparecem como alternativas paralelas a um modelo público-administrativo de gestão, fundados em mecanismos de direção e controles hierárquicos, substituídos por formas de controle contratual e consensual e controle "independente", mais flexíveis.

No entanto, o que se pode constatar é que a Administração Pública, suas entidades, estruturas, formas de agir e atuar, atividades e decisões, encontram-se divididas, dispersas, fragmentadas. E, diante desta constatação, pode-se dizer que o próprio reconhecimento de planos de fragmentação e, consequentemente, do fenômeno da fragmentação administrativa do Estado e de sua gestão administrativa, já se apresenta como estímulo a uma análise doutrinária que não apenas se dedique a classificar e a fracionar a Administração Pública, ainda entendida e concebida como um todo unitário, autoritário e hierárquico, mas, sim, que passe a vislumbrar uma Administração Pública orgânica e funcional fragmentada e, assim, fracionada em diversos âmbitos que, sob uma perspectiva plural e dinâmica, possibilite relações de gestão e controle, especialmente, por parte do Estado, sob novas fórmulas de cooperação e coordenação, mesmo diante de relações intra-administrativas no âmbito público. Em outras palavras, o reconhecimento do fenômeno da fragmentação administrativa do Estado e de seus planos e formas de fragmentação possibilita o reconhecimento de uma nova face da Administração Pública, fundada em uma base plural e autônoma em que o Estado, de forma gradativa e impulsionado pelo anseio de uma reforma administrativa, passa a atuar muito mais como um coordenador de todas as relações intra-administrativas de forma a garantir o cumprimento das metas estabelecidas pela Constituição de bem-estar. O Estado assume uma posição de garantidor da ordem administrativa e supervisiona a efetivação dos valores consagrados pela sua Constituição e concretizados pela sua legislação infraestadual.

A atuação da Administração Pública, sob as formas jurídico-privadas no atual estágio de seu processo de privatização orgânico-funcional, ocorrido nas últimas décadas de maneira mais expressiva, intensifica o debate sobre a ausência de tratamento sistemático mais ou menos uniforme quanto ao enquadramento jurídico-político de todas as atividades e estruturas fragmentadas de direito público e de direito privado no exercício de tarefas públicas ou de interesse público que compõem a Administração Pública moderna. Avulta a importância desta problemática quando estão em causa a aplicação de regras e princípios públicos administrativos, em especial as vinculações jurídico-públicas (normativas/legais e constitucionais) do Estado impostas às atividades que importam em efetivação de direitos e garantias fundamentais, com destaque na área de implementação de políticas públicas e de prestação de serviços essenciais ao respeito da dignidade da pessoa humana. O Estado e a sua Administração Pública são chamados a desempenhar um papel de garantia na efetivação destes serviços e de outras atividades, que, embora delegadas à iniciativa privada ou à sociedade civil, em última análise, não perdem o caráter de atividade de interesse público relevante, devendo ser observados uma série de princípios de natureza pública, em especial, o da igualdade e da universalidade.

Desta forma, mesmo que se apresente um déficit de sistematização precisa sobre quais as atividades administrativas desempenhadas por entidades jurídico-privadas e quem são estas entidades e se fazem ou não parte integrante do conceito de Administração Pública, pode-se afirmar que a centralidade das vinculações jurídico-públicas constitui, no mínimo, um mecanismo conformador de uma ordem jurídico-administrativa fragmentada, possibilitando, ao menos, uma garantia ao particular em suas relações jurídicas com a Administração Pública sob a forma de atuar e de se organizar através de meios jurídico-privados.

A fragmentação administrativa do Estado evidencia também a debilitação das formas de controle que são analisadas, neste estudo, sob quatro perspectivas, assim apontadas: (i) a debilitação do controle de legalidade das atividades e das formas orgânicas da Administração Pública que abrange: a) a ampliação do conceito de legalidade administrativa e a sua transformação em "juridicidade" administrativa que passa a importar para dentro do sistema jurídico administrativo uma autovinculação de natureza principiológica normativa e axiológica; b) e a diversificação e a fragmentação do sistema jurídico de direito administrativo, em razão da própria fragmentação orgânico-funcional da Administração Pública que, por sua vez, conduz a uma pluralidade não só das atividades e das estruturas administrativas, como também, de poderes normativos administrativos, ensejando uma pluralidade de atos normativos vinculativos; (ii) a "fuga" para as formas orgânicas privadas de atuação privadas que possibilita uma "fuga" do controle proporcionado pelas vinculações jurídico-públicas (princípios e normas que regulam o direito administrativo); (iii) a excessiva fragmentação das tarefas da Administração Pública e a dificuldade do controle administrativo da eficiência em face da efetivação dos princípios do Estado de bem-estar, em razão da gradativa autonomia administrativa gerada pelo compartilhamento de tarefas administrativas entre o Estado e entidades públicas e privadas; (iv) e a debilitação do controle, caracterizada pelas "tensões" existentes nas relações entre o Estado e as entidades que compõem o âmbito das autoridades administrativas independentes, em razão do demasiado grau de independência administrativa de que dispõem, evidenciada pelas seguintes questões: (i) o fenômeno da "deslegalização"; (ii) a adoção da teoria de uma "discricionariedade técnica"; (iii) a argumentação dos riscos da "teoria da captura"; (iv) a problemática afeta à própria independência administrativa que autojustifica a própria debilitação do espaço de controle sobre a Administração Pública e que suscita algumas questões, tais como: a) qual o espaço de reserva de administração em face das orientações e instruções ministeriais e do governo (órgão superior da Administração Pública) no âmbito da linha de produção normativa das agências?; b) existe algum tipo de hierarquia entre regulamentos emitidos pelas autoridades independentes e as normas e princípios do Estado?; c) e se é possível a interposição de recurso hierárquico impróprio em face das decisões administrativas das agências quando violadoras de normas e princípios constitucionais, ou, ao contrário, elas representam a última instância decisória administrativa, em razão de seu grau de autonomia administrativa, só se admitindo um controle jurisdicional?; (v) e a problemática dos mecanismos de controle político, em razão: a) da possibilidade de previsão legal da extensão do período de mandato dos dirigentes administrativos das entidades administrativas independentes para além dos mandatos políticos daqueles que os nomearam; b) da impossibilidade de responsabilização política do governo, na qualidade de órgão superior da Administração Pública, diante da independência administrativa que afasta qualquer forma de controle hierárquico ou tutelar.

Outro problema importante suscitado em razão da crescente fragmentação administrativa do Estado diz respeito à "politização" do poder administrativo, ou melhor, da crescente interferência do poder político e dos mecanismos da política, no seio da Administração Pública, evidenciada: (i) pela nomeação política de cargos da Administração Pública, o que substitui vínculos jurídicos, por vínculos políticos, o que enseja uma confusão entre os interesses administrativos técnicos de gestão pública, com interesses político-partidários; (ii) e pela previsão de eleições para cargos inseridos no âmbito das entidades autônomas (Administração autônoma institucional ou territorial), que se por um lado favorece o princípio democrático, por outro possibilita uma interferência de interesses partidários, contrários, muitas vezes, ao próprio interesse público que deve pautar as decisões e atividades da Administração Pública.

Outra questão importante refere-se à interessante questão acerca do equilíbrio entre o princípio da igualdade e a fragmentação político-administrativa do Estado. A dicotomia "autonomia *versus* igualdade" procura, portanto, equacionar as seguintes questões: (i) a coexistência da determinação constitucional da igualdade das condições de vida de todos indivíduos que fazem parte de um mesmo Estado e o princípio da descentralização político-administrativa; (ii) a determinação do conteúdo mínimo de igualdade de condições de vida ou seja, quais os direitos sociais e econômicos que devem fazer parte deste conteúdo mínimo; (iii) a problemática da distribuição de competências administrativas e normativas entre os entes autônomos — os princípios da supletividade no direito brasileiro e o da subsidiariedade no direito português, como garantia do mínimo de igualdade nas políticas sociais e econômicas — tendência centralizadora; (iv) e o controle político e administrativo, como forma de atender ao princípio igualitário.

Todas estas questões são resolvidas através dos mecanismos de controle jurídicos previstos na Constituição, que ora privilegiam a autonomia, ora dão ênfase à igualdade como força de coesão socioeconômica no país. A conclusão, porém, é que tanto um princípio quanto o outro são relativizados quando a ordem jurídica admite apenas um critério de equiparação, quanto às condições de vida de todos os cidadãos de um mesmo país, já que o critério de igualdade absoluta mostra-se incompatível com a adoção da autonomia político-administrativa como determinante da forma de Estado unitária/descentralizada ou federal.

O critério da equiparação, resolvido no direito alemão como princípio da uniformidade das condições de vida, não exige a igualdade absoluta, mas sim a garantia de um mínimo, ou de um conteúdo mínimo que se possa garantir a todos os cidadãos de um mesmo Estado relativamente à fruição dos direitos sociais, econômicos e culturais. Este mínimo jurídico igualitário dependerá da importância que a Constituição dá a cada serviço ou prestação de natureza social, cuja competência recairá sobre o Estado central. Os direitos fundamentais, portanto, enquanto elementos fundamentais do ordenamento, objetivo de proteção do cidadão em face do Estado e de garantia do mínimo de dignidade individual, representam um fator de uniformização, embora alguns direitos sociais, por sua própria natureza, tenham características diversificadas, exigindo assim uma maior descentralização político-administrativa, *v.g.* a vertente social do direito ao meio ambiente.

Por fim, aponta-se a problemática acerca do movimento político de regionalização no âmbito do Estado de bem-estar. E conclui-se, após a sua análise, neste estudo, que a fragmentação não desemboca em um novo tipo de Estado. Pelo contrário, a fragmentação em regiões, na realidade, constitui mecanismo através do qual o Estado moderno simultaneamente se liberta de um rol de tarefas com que, na contemporaneidade, tem vindo a ser sobrecarregado — sobretudo nos domínios econômicos e sociais — e se dota de instrumentos para a extensão e a aplicação uniformes da sua vontade a todo o território, pessoal e funcional que abarca. Com o processo de fragmentação, a organização do poder, segundo o paradigma moderno do Estado, permanece intacta. Nela não se verifica uma efetiva partilha de poder político-administrativo em matéria de bem-estar socioeconômico. Pelo contrário, a fragmentação materializou uma malha institucional nova, dotada de poderes políticos e administrativos, porém estas entidades fragmentadas atuam, em última análise, a serviço das direções políticas e administrativas do Estado central em matéria de bem-estar, transformando-se em meras executoras das políticas centrais, propiciando ao Estado a aplicação mais rápida e eficiente de suas decisões e a prestação desburocratizada de serviços em todo o território.

CAPÍTULO 6

NOTA FINAL

As ideias defendidas neste estudo podem ser sintetizadas da seguinte forma:
1. A fragmentação administrativa não é um fenômeno recente ao longo da história da Administração Pública, pois a divisão da gestão, da organização e das atividades público-administrativas pôde ser observada em diversos períodos históricos, que vão desde o Império Romano, passando pela Idade Média até o despontar do Estado moderno, absolutista, liberal e social.
2. A fragmentação administrativa no Estado contemporâneo foi, e ainda é, impulsionada: (i) pela transição de uma "Administração Pública social" para uma "Administração Pública social e reguladora"; processo, através do qual, a Administração Pública sofreu, a partir da segunda metade do século XX, uma "fuga" do centro, com a proliferação de entidades institucionais ou territoriais distintas do Estado, o que propiciou um alargamento das estruturas e atividades de uma Administração prestadora e social; e, mais recentemente, a partir da década de 1970, uma divisão de tarefas público-administrativas, com os setores privados da sociedade (sociedade civil e iniciativa privada), em razão da constatação da crise do Estado social, o que transformou a "face" da Administração Pública, ao imputar a ela o papel de garantidora, reguladora e fiscalizadora de todas as entidades e atividades delegadas e fragmentadas; (ii) pela democratização da Administração Pública, com a introdução de princípios decorrentes do ideal democrático, tais como descentralização, participação, autoadministração e maior legitimidade do poder administrativo, fundado, agora, em princípios, normas e valores constitucionais que propiciam a busca e a aplicação de um maior critério de justiça nas escolhas públicas; (iii) e pela busca da eficiência, como

princípio jurídico-constitucional da Administração Pública que determina uma maior fragmentação administrativa de forma a atender os princípios da universalidade, solidariedade, continuidade dos serviços públicos, igualdade e dignidade da pessoa humana.

3. O fenômeno da fragmentação administrativa do Estado sofre limitações político-jurídicas que emergem no contexto de uma contradição entre pluralismo e unidade, ambos princípios fundamentais do Estado contemporâneo. E aparecem como corolários da necessidade de manutenção de uma ordem unitária que, em última análise, possibilita a implementação mínima das políticas do Estado, de forma a respeitar um mínimo de igualdade e dignidade a todos os residentes e cidadãos de um determinado Estado. Assim, a própria Constituição e o sistema jurídico instituem limites à fragmentação político-administrativa, na tentativa de garantir de um lado a descentralização dos poderes políticos e administrativos e de outro, a unidade necessária à execução das políticas de coesão, de eficácia e igualdade em todo o território.

4. A fragmentação administrativa do Estado apresenta alguns problemas, pois se por um lado a diversificação e a pluralização da Administração Pública impõem-se como alternativas de uma gestão democrática e eficiente, por outro, a sensação de uma divisão e de uma dispersão sem controles e sem enquadramento jurídico, em algumas hipóteses, apresenta-se em um cenário de déficit de uma sistematização necessária para o estabelecimento de um mínimo de controle pelo Estado sobre as diversas estruturas e atividades administrativas públicas ou privadas. Os problemas levantados, neste estudo, podem ser assim sintetizados: (i) a dificuldade e, até mesmo, a impossibilidade de se definir com precisão "quem é e o que é a Administração Pública"; (ii) a dificuldade de sistematizar os planos de fragmentação orgânica e funcional da Administração Pública, seja no âmbito público, empresarial, de gestão privada e no âmbito jurídico; (iii) o próprio reconhecimento de planos distintos de fragmentação administrativa apresenta-se como estímulo a uma análise doutrinária que não apenas se dedique a classificar e a fracionar a Administração Pública, ainda entendida e concebida como um todo unitário, autoritário e hierárquico, mas, sim, que passe a vislumbrar uma Administração Pública orgânica e funcional

fragmentada e, assim, fracionada em diversos âmbitos que, sob uma perspectiva plural e dinâmica, possibilite relações de gestão e controle, especialmente, por parte do Estado, sob novas fórmulas de cooperação e coordenação, mesmo diante de relações intra-administrativas no âmbito público; (iii) a debilitação das formas de controle da Administração Pública, sob a perspectiva de alguns tópicos relevantes: a) a debilitação do controle de legalidade, em razão da ampliação do conceito de legalidade e a sua transformação em "juridicidade" administrativa e em razão da pluralização de fontes normativas; b) a debilitação do controle da gestão administrativa privada do Estado, em razão da "fuga" das vinculações jurídico-públicas; c) a debilitação do controle da eficiência, em razão da multiplicidade orgânica e funcional da Administração Pública; d) e a debilitação do controle da Administração independente, em razão do demasiado grau de independência administrativa; (iv) a "politização" do poder administrativo, propiciada pela interferência de interesses político-partidários; (v) a busca pela solução da equação: "igualdade *versus* autonomia administrativa", resolvida pela eleição do critério da equiparação das condições de vida; (vi) e, por fim, a utopia da regionalização do Estado de bem-estar que, em última análise, não representa uma verdadeira fragmentação e descentralização de poderes político-administrativos, mas, sim, uma forma de fortalecimento dos poderes de controle e implantação das políticas econômico-sociais do Estado central.

Referências

ABREU, A. Vassalo de. Novos modelos organizativos. *In*: RUIVO, Vítor Manuel. *A reinvenção da função pública*. Lisboa: Instituto Nacional de Administração – INA, 2002.

ALBUQUERQUE, Martim de. *O Poder Político no renascimento português*. Lisboa: Instituto Superior de Ciências Sociais e Política Ultramarina. Sep. Estudos Políticos e Sociais, v. IV, V, 1968.

ALBUQUERQUE, Martin de. *Da igualdade*: introdução à jurisprudência. Coimbra: Almedina, 1993.

ALEXY, Robert. *Teoria de los derechos fundamentales*. Madrid: Centro de Estudios Constitucionales, 1993.

AMARAL, Carlos Eduardo Pacheco. *Autonomia*: uma aproximação na perspectiva da filosofia social e política. Ponta Delgada: Universidade dos Açores, 1995.

AMARAL, Carlos Eduardo Pacheco. *Do Estado soberano ao Estado das autonomias*: regionalismo, subsidiariedade e autonomia para uma nova idéia de Estado. Porto: Afrontamento, 1998.

AMARAL, Diogo Freitas do. *Curso de direito administrativo*. 2. ed. Coimbra: Almedina. 2005. v. 1.

AMARAL, Diogo Freitas do. Novas reflexões sobre a regionalização. *In*: BARRETO, António. *Regionalização sim ou não*. Lisboa: Dom Quixote, 1998.

AMARAL, Diogo Freitas do. O princípio da justiça no artigo 266º da Constituição. *In*: STUDIA Iuridica 61: estudos em homenagem ao Professor Doutor Rogério Soares. Coimbra: Coimbra Ed., 2001.

AMARAL, Maria Lúcia. O princípio da igualdade na Constituição Portuguesa. *In*: MIRANDA, Jorge (Coord.). *Estudos em homenagem ao Professor Doutor Armando M. Marques Guedes*. Coimbra: Coimbra Ed., 2004.

ANDRADE, José Carlos Vieira de. *Os direitos fundamentais na Constituição Portuguesa de 1976*. 3. ed. (reimpressão da edição de 2004). Coimbra: Almedina, 2006.

ANDREANI, Antonio. *Il principio costituzionale di buon andamento della pubblica amministrazione*. Cedam: Padova, 1979.

ARAGÃO, Alexandre Santos de. *Agências reguladoras e a evolução do direito administrativo econômico*. Rio de Janeiro: Forense, 2001.

ARENDT, Hannah. *Origens do totalitarismo*. Tradução de Roberto Raposo. 1. ed. 6. reimp. São Paulo: Companhia das Letras, 2006.

ARRETCHE, Marta T. S. Políticas sociais no Brasil: descentralização em um Estado federativo. *Revista Brasileira de Ciências Sociais*, São Paulo, v. 14, n. 40, jun. 1999.

AUGER, J. *Réforme de l'administration publique suède*. Coup D'Oeil. "online". Juin. 1998. Disponível em: <http://207.162.4.3/Observatoire/Coupdoeil/reforme-suede.htm>.

ÁVILA, Humberto. Repensando o "princípio da supremacia do interesse público sobre o particular". *In*: SARMENTO, Daniel (Org.). *Interesses públicos versus interesses privados*: desconstruindo o princípio de supremacia do interesse público. Rio de Janeiro: Lumen Juris, 2007.

AZZARITI, Gaetano. *Forme e soggetti della democrazia pluralista*. Torino: Giappichelli, 2000.

BACHOF, Otto. *Normas constitucionais inconstitucionais?*. Tradução de José Manuel M. Cardoso da Costa. Coimbra: Almedina, 1994.

BAENA DEL ALCÁZAR, Mariano. *Curso de la ciencia de la administración*. 4. ed. Madrid: Tecnos, 2000. v. 1.

BAÑO LEÓN, José María. *Las autonomías territoriales y el principio de uniformidad de las condiciones de vida*. Madrid: Instituto Nacional de Administración Pública, 1988.

BARACHO, José Alfredo de Oliveira. *O principio da subsidiariedade*: conceito e evolução. Rio de Janeiro: Forense, 1996.

BARACHO, José Alfredo de Oliveira. *Teoria geral do federalismo*. Rio de Janeiro: Forense, 1986.

BARCELLOS, Ana Paula de. Constitucionalização das políticas públicas em matéria de direitos fundamentais: o controle político-social e o controle jurídico no espaço democrático. *Revista de Direito do Estado*, Rio de Janeiro, n. 3, jul./set. 2006.

BARROSO, Luís Roberto. Neoconstitucionalismo e constitucionalização do direito. *Revista de Direito da Procuradoria Geral do Estado do Rio de Janeiro*, Rio de Janeiro, 2006.

BASTOS, Celso Ribeiro. As futuras bases da descentralização. *Revista Brasileira de Estudos Políticos*, Belo Horizonte, n. 60/61, p. 177-194, jan./jul. 1985.

BATISTA JÚNIOR, Onofre Alves. *Princípio constitucional da eficiência administrativa*. Belo Horizonte: Mandamentos, 2004.

BIELSA, Rafael. *Derecho administrativo*. 4. ed. Buenos Aires: Ateneo, 1951.

BINENBOJM, Gustavo. A constitucionalização do direito administrativo no Brasil: um inventário de avanços e retrocessos. *In*: SOUZA NETO, Cláudio Pereira de; SARMENTO, Daniel (Coord.). *A constitucionalização do direito*. Rio de Janeiro: Lumen Juris, 2007.

BINENBOJM, Gustavo. Da supremacia do interesse público ao dever de proporcionalidade: um novo paradigma para o direito administrativo. *Revista de Direito Administrativo*, Rio de Janeiro, n. 239, jan./mar. 2005.

BINENBOJM, Gustavo. *Uma teoria do direito administrativo*. Rio de Janeiro: Renovar, 2006.

BOBBIO, Norberto. *Estado, governo e sociedade*: para uma teoria geral da política. 4. ed. Rio de Janeiro: Paz e Terra, 1987.

BOBBIO, Norberto. *O futuro da democracia*. Rio de Janeiro: Paz e Terra, 1997.

BOBBIO, Norberto. *O positivismo jurídico*: lições de filosofia do direito. Tradução de Márcio Pugliese, Edson Bini e Carlos E. Rodrigues. São Paulo: Ícone, 1995.

BOBBIO, Norberto; MATTEUCCI, Nicola; PASQUINO, Gianfranco. *Dicionário de política*. 4. ed. Brasília: Universidade de Brasília. 1992. v. 2.

BONAVIDES, Paulo. *A Constituição aberta*. São Paulo: Malheiros, 2004.

BONAVIDES, Paulo. *Ciência política*. Rio de Janeiro: Fundação Getulio Vargas, 1967.

BONAVIDES, Paulo. *Curso de direito constitucional*. 11. ed. São Paulo: Malheiros, 2001.

BONAVIDES, Paulo. *Do Estado liberal ao Estado social*. 7. ed. 2. tir. São Paulo: Malheiros, 2004.

BONAVIDES, Paulo. O princípio da igualdade como limitação à atuação do Estado. *Revista Brasileira de Direito Constitucional*, São Paulo, n. 2, jul./dez. 2003.

BONAVIDES, Paulo. *Política e Constituição*: os caminhos da democracia. Rio de Janeiro: Forense, 1985.

BURGOS, Javier de. El principio de subsidiariedad y las regiones europeas: las comunidades europeas. *In*: BARNES VASQUEZ, Javier (Coord.). *La comunidad europea, la instancia regional y la organización administrativa de los estados miembros*. Madrid: Civitas, 1993.

CABO MARTÍN, Carlos de. La crisis del estado social. *In*: CÁMARA VILLAR, Gregorio; CANO BUESO, Juan. *Estudios sobre el estado social*. Madrid: Tecnos, 1993.

CAETANO, Marcello. *História do direito português*. Lisboa: Verbo, 2000.

CAETANO, Marcello. *Princípios fundamentais do direito administrativo*. Reimpressão da edição brasileira de 1977 e 2. reimpressão portuguesa. Coimbra: Almedina, 2003.

CALIL, Lais. O poder normativo das agências reguladoras em face dos princípios da legalidade e da separação dos poderes. *In*: BINENBOJM, Gustavo. *Agências reguladoras e democracia*. Rio de Janeiro: Lumen Juris, 2006.

CANOTILHO, José Joaquim Gomes. A *governance* do terceiro capitalismo e a Constituição social. *In*: CANOTILHO, José Joaquim Gomes; STRECK, Lenio Luiz. *Entre discursos e cultura jurídica*. Coimbra: Coimbra Ed., 2006.

CANOTILHO, José Joaquim Gomes. *Constituição dirigente e vinculação do legislador*. 2. ed. Coimbra: Coimbra Ed., 2001.

CANOTILHO, José Joaquim Gomes. *Direito constitucional e teoria da Constituição*. 7. ed. reimp. Coimbra: Almedina, 2003.

CANOTILHO, José Joaquim Gomes. *Estudos sobre direitos fundamentais*. Coimbra: Coimbra Ed., 2004.

CANOTILHO, José Joaquim Gomes. O direito constitucional passa: o direito administrativo passa também. *In*: *Estudos em homenagem ao Prof. Doutor Rogério Soares*. Coimbra: Coimbra Ed., 2001.

CANOTILHO, José Joaquim Gomes. Paradigmas de Estado e paradigmas de Administração Pública. *In*: MODERNA GESTÃO PÚBLICA. Ata Geral do 2º encontro INA (Instituto Nacional de Administração – Portugal). Lisboa, 2000.

CANOTILHO, José Joaquim Gomes; MOREIRA, Vital. *Constituição da República Portuguesa anotada*. 3. ed. Coimbra: Coimbra Ed., 1993.

CANOTILHO, José Joaquim Gomes; MOREIRA, Vital. *Fundamentos da Constituição*. Coimbra: Coimbra Ed., 1991.

CARAPETO, Carlos; FONSECA, Fátima. *Administração Pública*: modernização, qualidade e inovação. Lisboa: Sílabo, 2005.

CARINGELLA, Francesco. *Corso di diritto amministrativo*. Milano: Giuffrè, 2001. v. 1.

CARRÉ DE MALBERG, R. *Contribution à la théorie générale de l'etat*. Paris: Recueil Sirey, 1922. t. II.

CARVALHO FILHO, José dos Santos. A discricionariedade: análise de seu delineamento jurídico. *In*: GARCIA, Emerson. *Discricionariedade administrativa*. Rio de Janeiro: Lumen Juris, 2005.

CASSESE, Sabino. La arena pública: nuevos paradigmas para el Estado. *In*: *La crisis del Estado*. Buenos Aires: Abeledo Perrot, 2003.

CASSESE, Sabino. *Le basi del diritto amministrativo*. 6ª ed. Milano: Garzanti, 2000.

CASSESE, Sabino. Le trasformazioni dell'organizzazione amministrativa. *Revista Trimestrale di Diritto Pubblico*, n. 2, 1985.

CASTELLS, Manuel. *A sociedade em rede*. Tradução de Alexandra Lemos e Rita Espanha. Sob a coordenação de José Manuel Paquete de Oliveira e Gustavo Leitão Cardoso. Lisboa: Fundação Calouste Gulbenkian, 2003. (A era da informação: economia, sociedade e cultura, v. 1).

CASTELLS, Manuel. *Fim do milênio*. Tradução de Alexandra Figueiredo e Rita Espanha. Sob a coordenação de José Manuel Paquete de Oliveira e Gustavo Leitão Cardoso. Lisboa: Fundação Calouste Gulbenkian, 2003. (A era da informação: economia, sociedade e cultura, v. 3).

CASTELLS, Manuel. *O poder da identidade*. Tradução de Alexandra Lemos e Rita Espanha. Sob a coordenação de José Manuel Paquete de Oliveira e Gustavo Leitão Cardoso. Lisboa: Fundação Calouste Gulbenkian, 2003. (A era da informação: economia, sociedade e cultura, v. 2).

CASTRO, Carlos Roberto Siqueira. Função normativa regulatória e o novo princípio da legalidade. *In*: ARAGÃO, Alexandre Santos de (Coord.). *O poder normativo das agências reguladoras*. Rio de Janeiro: Forense, 2006.

CAUPERS, João. *A administração periférica do Estado*: estudo de ciência da administração. Lisboa: Aequitas, 1994.

CAUPERS, João. *Introdução ao direito administrativo*. Lisboa: Âncora, 2001.

CHEVALLIER, Jacques; LOSCHAK, Danièle. *Science administrative*. Paris: Librairie Générale de Droit et de Jurisprudence, 1978. t. I.

CORREIA, Sérvulo. *Legalidade e autonomia contratual nos contratos administrativos*. Coimbra: Almedina, 2003.

CORREIA, Sérvulo. Os contratos económicos perante a Constituição. *In*: MIRANDA, Jorge (Org.). *Nos dez anos da Constituição*. Lisboa: Coimbra, 1987.

COSSÍO DÍAZ, José Ramón. *Estado social y derechos de prestación*. Madrid: Centro de Estudios Constitucionales, 1989.

COTTIER, B. Les "Independent agencies" américaines: un modèle pour l'administration polycentrique de demaine?. *Revista Internacional de Ciencias Administrativas*, Madrid, n. 2, 1985.

COUTINHO, Jacinto Nelson de Miranda (Org.). *Canotilho e a Constituição dirigente*. Rio de Janeiro: Renovar, 2003.

CRAVINHO, João. Um contributo pessoal para um novo paradigma de organização e gestão da Administração Pública. *In*: *Moderna gestão pública*. Lisboa: Instituto Nacional de Administração – INA, 2000.

DALLARI, Adilson Abreu. Privatização, eficiência e responsabilidade. *In*: MOREIRA NETO, Diogo Figueiredo (Coord.). *Uma avaliação das tendências contemporâneas do direito administrativo*. Rio de Janeiro: Renovar, 2003.

DESDENTADO DAROCA, Eva. *Los problemas del control judicial de la discrecionalidad técnica.* Madrid: Civitas, 1997.

DI PIETRO, Maria Sylvia Zanella. Participação popular na Administração Pública. *Revista Trimestral de Direito Público,* São Paulo, n. 1, 1993.

DOEHRING, Karl. Estado social, estado de derecho. *In:* ABENDROTH, Wolfgang; FORSTHOFF, Ernest; DOEHRING, Karl. *El estado social.* Madrid: Centro de Estudios Constitucionales, 1986.

DUVERGER, Maurice. *Éléments de droit public.* Paris: PUF, 1995.

DWORKIN, Ronald. *Taking Rights Seriously.* Cambridge: Harvard University Press, 1998.

ESCUDERO, José Antonio. *Curso de historia del derecho.* Madrid: Gráficas Solano, 1985.

ESPING-ANDERSEN, G. *The Three Worlds of Welfare Capitalism.* Princeton: Pricenton University Press, 1990.

ESTORNINHO, Maria João. *A fuga para o direito privado.* Coimbra: Almedina, 1999.

ESTORNINHO, Maria João. *Direito europeu dos contratos públicos*: um olhar português. Coimbra: Almedina, 2006.

ESTORNINHO, Maria João. *Requiem pelo contrato administrativo.* Coimbra: Almedina, 2003.

FALCÓN, G. Alcune osservazioni sullo sviluppo del diritto amministrativo europeo. *Rivista Trimestrale di Diritto Pubblico,* n. 1, 1993.

FALZONE, Guido. *Il dovere di buona amministrazione*: parte I. Milano: Giuffrè, 1953.

FANLO LORAS, Antonio. *Fundamentos constitucionales de la autonomia local.* Madrid: Centro de Estudios Constitucionales, 1990.

FERNÁNDEZ-MIRANDA CAMPOAMOR, Alfonso. El estado social. *Revista Española de Derecho Constitucional,* Madrid, ano 23, n. 69, set./dez. 2003.

FERNÁNDEZ-VALMAYOR, José Luis. El debate sobre la autonomía municipal. *In:* SOSA WAGNER, Francisco. *El derecho administrativo en el umbral del siglo XXI.* Valencia: Tirant lo Blanch, 2000. t. I.

FERNÁNDEZ-VALMAYOR, José Luis. Pluralismo territorial y estado social en la perspectiva nacional e comunitária. *Revista de Estudios de la Administración Local,* Madrid, n. 291, ene./abr. 2003.

FERREIRA FILHO, Manoel Gonçalves. O princípio da legalidade. *Revista de Direito da Procuradoria Geral do Estado de São Paulo,* São Paulo, v. 10, jun. 1977.

FERREIRA, Eduardo Paz. Direito comunitário II (União Económica e Monetária) – Relatório. Suplemento de: *Revista da Faculdade de Direito da Universidade de Lisboa*, Lisboa, 2001.

FINER, S. E. *A história do governo*. Mira-Sintra: Publicações Europa-América Ltda, 2004. (As épocas intermediárias, v. 2).

FINER, S. E. *A história do governo*. Mira-Sintra: Publicações Europa-América Ltda, 2004. (Impérios, monarquias e o Estado moderno, v. 3).

FINER, S. E. *A história do governo*. Tradução de José Espadeiro Martins. Mira-Sintra: Publicações Europa-América Ltda, 2003. (Monarquias e impérios antigos, v. 1).

FLORA, P.; ALBER, J. Modernization, Democratization and the Development of Welfare States. *In: Europe and America*. Transaction Publishers, 1982.

FONSECA, Guilherme da; CLARO, João Martins; FONTES, José. *Código de processo nos tribunais administrativos e legislação complementar*. 2. ed. Coimbra: Coimbra Ed., 2005.

FONSECA, Rui Guerra da. As companhias majestáticas de colonização do final do século XIX. *O Direito*, Lisboa, ano 133, III, jul./set. 2001.

FONSECA, Rui Guerra da. *Autonomia estatutária das empresas públicas e descentralização administrativa*. Coimbra: Almedina, 2005.

FORSTHOFF, Ernst. *Die Verwaltung als Leistungstraeger*. Stuttgart/Berlin: Kohlhammer, 1938.

FORSTHOFF, Ernst. *Traité de droit administratif allemand*. Dijon: Établissements Émile Bruylant, 1969. Tradução do alemão para o francês: Michel Fromont.

FORSTHOFF, Ernst. *Tratado de derecho administrativo*. Madrid: Instituto de Estudios Políticos, 1958.

GALVÃO, Paulo Braga. *Os direitos sociais nas constituições*. São Paulo: LTr, 1981.

GARCÍA DE ENTERRÍA, E. Principios y modalidades de la participación ciudadana en la vida administrativa. *In: Libro en homenaje al Profesor J. L. Villar Palasí*. Madrid: Civitas, 1989.

GARCÍA DE ENTERRÍA, Eduardo; FERNÁNDEZ, Tomás-Ramón. *Curso de derecho administrativo*. 6. ed. Madrid: Civitas, 1993. v. 1.

GARCÍA DE ENTERRÍA, Eduardo; FERNÁNDEZ, Tomás-Ramón. *Curso de derecho administrativo*. 5. ed. Madrid: Civitas, 1998. v. 2.

GARCÍA DE ENTERRÍA, Eduardo; FERNÁNDEZ, Tomás-Ramón. *Curso de derecho administrativo*. 11. ed. Madrid: Civitas, 2002. v. 1.

GARCIA, Maria da Glória F. P. D. *Estudos sobre o princípio da igualdade*. Coimbra: Almedina, 2005.

GIANNINI, Massimo Severo. L'amministrazione pubblica nello stato comtemporaneo. *In*: SANTANIELLO, Giuseppe. *Trattato di diritto amministrativo*. Pádua: Cedam, 1988. v. 1.

GIDDENS, Anthony. *A terceira via*: reflexões sobre o impasse político atual e o futuro da social-democracia. Rio de Janeiro: Record, 2000.

GIDDENS, Anthony. *Para além da esquerda e da direita*. Tradução de Álvaro Hattnher. São Paulo: Unesp, 1994.

GILISSEN, John. *Introdução histórica ao direito*. Tradução de A. M. Hespanha e L. M. Macaísta. Lisboa: Fundação Calouste Gulbenkian, 2003.

GONÇALVES, Pedro. *A concessão de serviços públicos*. Coimbra: Almedina, 1999.

GONÇALVES, Pedro. *Entidades privadas com Poderes Públicos*. Coimbra: Almedina, 2005.

GRAU, Eros Roberto. *A ordem econômica na Constituição de 1988*. 12. ed. São Paulo: Malheiros, 2007.

GRAU, Eros Roberto. *Direito posto e o direito pressuposto*. 4. ed. São Paulo: Malheiros, 2002.

GRECO, G. Il diritto comunitario propulsore del diritto amministrativo europeo. *Rivista Trimestrale di Diritto Pubblico*, n. 1, 1993.

GRECO, Marco Aurélio. *Planejamento fiscal e interpretação da lei*. São Paulo: Dialética, 1998.

GROTTI, Dinorá Adelaide Musetti. A participação popular e a consensualidade na Administração Pública. *In*: MOREIRA NETO, Diogo de Figueiredo (Coord.). *Uma avaliação das tendências contemporâneas do direito administrativo*. Rio de Janeiro: Renovar, 2003.

GUEDES, Armando Manuel de A. Marques. *A concessão (Estudo de direito, ciência e política administrativa)*. Coimbra: Coimbra Ed., 1954.

HABERMAS, Jürgen. *Direito e democracia*: entre a facticidade e validade. Tradução de Flávio Beno Siebeneichler. 2. ed. Rio de Janeiro: Tempo Brasileiro, 2003.

HESPANHA, António Manuel. *Panorama da cultura jurídica européia*. Lisboa: Publicações Europa-América, 1997.

HESSE, Konrad. *Elementos de direito constitucional da República Federal da Alemanha*. Tradução de Luís Afonso Heck. Porto Alegre: Sergio Antonio Fabris, 1998.

HOBSBAWN, Eric. *Era dos extremos*: o breve século XX: 1914-1991. 2. ed. 7. reimp. São Paulo: Companhia das Letras, 1997.

IRELLI, Vincenzo Cerulli. *Corso di diritto amministrativo*. 2ª ed. Torino: Giappichelli, 1997.

ITÁLIA, Vittorio. *Manuale di diritto ammnistrativo*. Milano: Giuffrè, 1999.

JELLINEK, Georg. *Teoría general del estado*. Trad. Fernando de los Rios. Buenos Aires: Albatros, 1981.

JORDANO FRAGA, Jesús. Tendencias de evolución en el derecho administrativo y alguna propuesta iconoclasta. *In*: SOSA WAGNER, Francisco (Coord.). *El derecho administrativo en el umbral del siglo XXI*. Valencia: Tirant lo Blanch, 2000. t. I.

JUSTEN FILHO, Marçal. *O direito das agências reguladoras independentes*. São Paulo: Dialética, 2002.

KELSEN, Hans. *Teoria geral do direito e do Estado*. São Paulo: Martins Fontes, 1998.

LARENZ, Karl. *Metodologia da ciência do direito*. Tradução de José Lamego. 3. ed. Lisboa: Fundação Calouste Gulbenkian, 1997.

LAUBADÈRE, André de; VENEZIA, Jean-Claude; GAUDEMET, Yves. *Traité de droit administratif*. Paris: Librairie Générale de Droit et de Jurisprudence, 1990.

LOEWENSTEIN, Karl. *Teoría de la constitución*. Tradução de Alfredo Gallego. São Paulo: Abril Cultural, 1973.

LOSS, Giovani R. Contribuições à teoria da regulação no Brasil: fundamentos, princípios e limites do poder regulatório das agências. *In*: ARAGÃO, Alexandre Santos de. *O poder normativo das agências reguladoras*. Rio de Janeiro: Forense, 2006.

LUCAS MURILLO DE LA CUEVA, Enrique. Cláusulas de igualdad y autonomía política en la Constitución Española de 1978. *In*: MORODO, Raúl; VEGA, Pedro de. *Estudios de teoría del estado y derecho constitucional en honor de Pablo Lucas Verdú*. Madrid: Servicio de Publicaciones, Facultad de Derecho, Universidad Complutense de Madrid, 2000. t. IV.

MAINARDIS, Cesare. *Poteri sostitutivi statali autonomia amministrativa regionale*. Milano: Giuffrè, 2007.

MARCOS, Rui Manuel de Figueiredo. *As companhias pombalinas*: contributo para a história das sociedades por acções em Portugal. Coimbra: Almedina, 1997.

MARQUES NETO, Floriano de Azevedo. Discricionariedade e regulação setorial: o caso do controle dos atos de concentração por regulador setorial. *In*: ARAGÃO, Alexandre Santos de. *O poder normativo das agências reguladoras*. Rio de Janeiro: Forense, 2006.

MARQUES, Rui Cunha. *Regulação de serviços públicos*. Lisboa: Sílabo, 2005.

MARTÍNEZ-CARRASCO PIGNATELLI, Concepción. *Postmodernidad y derecho público*. Madrid: Centro de Estudios Políticos y Constitucionales, 2002.

MARTÍN-RETORTILLO, Sebastián. Sentido y formas de la privatización de la administración pública. In: COLÓQUIO LUSO-ESPANHOL DE DIREITO ADMINISTRATIVO, 4., *Os caminhos da privatização da Administração Pública*. Coimbra: Coimbra Ed., 2001.

MARTINS, Margarida Salema D'Oliveira. *O princípio da subsidiariedade em perspectiva jurídico-política*. Coimbra: Coimbra Ed., 2003.

MASSERA, A. L'Amministrazione e i cittadini nel diritto comunitario. *Rivista Trimestrale di Diritto Pubblico*, n. 1, 1993.

MATTEUCCI, Nicola. *Organización del poder y libertad*: historia del constitucionalismo moderno. Madrid: Editorial Trotta, 1998.

MAURER, Hartmut. *Elementos de direito administrativo alemão*. Tradução de Luís Afonso Heck. Porto Alegre: Sergio Antonio Fabris, 2000.

MAYER, Otto. *Derecho administrativo alemán*. 2. ed. Tradução do original em francês por Horácio H. Heredia y Ernesto Krotoschin. Buenos Aires: Depalma, 1982. t. I.

MEDAUAR, Odete. *O direito administrativo em evolução*. São Paulo: Revista dos Tribunais, 1992.

MEIRELLES, Hely Lopes. *Direito administrativo brasileiro*. 25. ed. São Paulo: Malheiros, 2000.

MELLO, Celso Antônio Bandeira de. *Curso de direito administrativo*. 22. ed. São Paulo: Malheiros, 2007.

MENDES, Gilmar Ferreira; COELHO, Inocêncio Mártires; BRANCO, Paulo Gustavo Gonet. *Hermenêutica constitucional e direitos fundamentais*. Brasília: Brasília Jurídica, 2000.

MERKL, Adolf. *Teoria general del derecho administrativo*. Madrid: Revista de Derecho Privado, 1935.

MIRANDA, Jorge. A Administração Pública nas Constituições Portuguesas. *Revista de Direito Administrativo*, Rio de Janeiro, v. 183, 1991.

MIRANDA, Jorge. *Funções, órgãos e actos do Estado*: apontamentos de lições do Professor Doutor Jorge Miranda. Lisboa: Faculdade de Direito da Universidade de Lisboa, 1990.

MIRANDA, Jorge. *Manual de direito constitucional*. 3. ed. Coimbra: Coimbra Ed., 2000. (Direitos fundamentais, v. 4).

MIRANDA, Jorge. *Manual de direito constitucional*. 5. ed. Coimbra: Coimbra Ed., 2004. (Estrutura constitucional do Estado, v. 3).

MIRANDA, Jorge. *Manual de direito constitucional*. Coimbra: Coimbra Ed., 2003. (Preliminares. A experiência constitucional, v. 1).

MIRANDA, Jorge. *Teoria do Estado e da Constituição*. Coimbra: Coimbra Ed., 2002.

MONCADA, Luís S. Cabral de. Direito público e eficácia. *In: Estudos de direito público*. Coimbra: Coimbra Ed., 2001.

MONCADA, Luís S. Cabral de. *Filosofia do direito e do Estado*. Coimbra: Coimbra Ed., 1966. (Doutrina e crítica, v. 2).

MONTALVO, António Rebordão. *O processo de mudança e o novo modelo da gestão pública municipal*. Coimbra: Almedina, 2003.

MORAES, Alexandre de. *Direito constitucional*. 7. ed. São Paulo: Atlas, 2000.

MORAES, Germana de Oliveira. *Controle jurisdicional da Administração Pública*. São Paulo: Dialética, 2004.

MORAIS, Carlos Blanco de. *A autonomia legislativa regional*. Lisboa: Associação Acadêmica da Faculdade de Direito de Lisboa, 1993.

MORAIS, Carlos Blanco de. O princípio da subsidiariedade na ordem constitucional portuguesa. *In*: BARROS, Sérgio Resende de *et al.* (Coord.). *Direito constitucional*: estudos em homenagem a Manoel Gonçalves Ferreira Filho. São Paulo: Dialética, 1999.

MOREIRA NETO, Diogo de Figueiredo. A globalização e o direito administrativo. *In*: MOREIRA NETO, Diogo de Figueiredo (Coord.). *Uma avaliação das tendências contemporâneas do direito administrativo*. Rio de Janeiro: Renovar, 2003.

MOREIRA NETO, Diogo de Figueiredo. *Curso de direito administrativo*. 12. ed. Rio de Janeiro: Forense, 2001.

MOREIRA NETO, Diogo de Figueiredo. *Legitimidade e discricionariedade*. 4. ed. Rio de Janeiro: Forense, 2001.

MOREIRA NETO, Diogo de Figueiredo. *Mutações do direito administrativo*. 3. ed. Rio de Janeiro: Renovar, 2007.

MOREIRA, Egon Bockmann. Os limites à competência normativa das agências reguladoras. *In*: ARAGÃO, Alexandre Santos de. *O poder normativo das agências reguladoras*. Rio de Janeiro: Forense, 2006.

MOREIRA, Vital. *Administração autônoma e associações públicas*. Coimbra: Coimbra Ed., 2003.

MOREIRA, Vital. *Auto-regulação profissional e Administração Pública*. Coimbra: Almedina, 1997.

MOREIRA, Vital. Serviço público e concorrência: a regulação do sector eléctrico. *In*: *Os caminhos da privatização da Administração Pública*. Coimbra: Coimbra Ed., 2001.

MOREIRA, Vital; MAÇÃS, Fernanda. *Autoridades reguladoras independentes*: estudo e Projecto de Lei-quadro. Coimbra: Coimbra Ed., 2003.

MOZZICAFREDDO, J. Modernização da Administração Pública e Poder Político. *In*: MOZZICAFREDDO, J.; GOMES, J. S. (Org.). *Administração e política*: perspectivas de reforma da Administração Pública na Europa e nos Estados Unidos. Oeiras/Portugal: Celta, 2001.

MUÑOZ MACHADO, Santiago. Las competencias en materia económica del estado y de las comunidades autónomas. *In*: GARCÍA DE ENTERRÍA, Eduardo (Org.). *La distribución de las competencias económicas entre el poder central y las autonomías territoriales en el derecho comparado y en la constitución española*. Madrid: Instituto de Estudios Económicos, 1980.

NABAIS, José Casalta. A autonomia local. *In*: *Estudos em homenagem ao Professor Doutor Afonso Rodrigues Queiro*. Coimbra: Coimbra Ed., 1993.

NEVES, A. Castanheira. A redução política do pensamento metodológico-jurídico. *In*: *Estudos em homenagem ao Professor Afonso Rodrigues Queiró*. Coimbra: Coimbra Ed., 1995. v. 2.

NOVAIS, Jorge Reis. *Os princípios constitucionais estruturantes da República Portuguesa*. Coimbra: Coimbra Ed., 2004.

OLIVEIRA, César. Os municípios no liberalismo monárquico constitucional. *In*: *História dos municípios e do poder local*. Lisboa: Círculo de Leitores, 1996.

OLIVEIRA, Gustavo Henrique Justino de. Parceria público-privada e direito ao desenvolvimento: uma abordagem necessária. *Revista de Direito da Procuradoria Geral do Rio de Janeiro*, Rio de Janeiro, n. 60, 2006.

OTERO, Paulo. *A democracia totalitária*: do Estado totalitário à sociedade totalitária. Portugal/Cascais: Principia, 2001.

OTERO, Paulo. Autonomia regional, igualdade e administração de bem-estar. *O Direito*, Lisboa, ano 130, I-II, 1998.

OTERO, Paulo. *Conceito e fundamento da hierarquia administrativa*. Coimbra: Coimbra Ed., 1992.

OTERO, Paulo. Coordenadas jurídicas da privatização da Administração Pública. *In*: *Os caminhos da privatização da Administração Pública*: IV colóquio luso-espanhol de direito administrativo. Coimbra: Coimbra Ed., 2001.

OTERO, Paulo. *Legalidade e Administração Pública*: o sentido da vinculação administrativa à juridicidade. Coimbra: Almedina, 2003.

OTERO, Paulo. *O poder de substituição em direito administrativo*: enquadramento dogmático-constitucional. Lisboa: Lex. 1995. v. 1.

OTERO, Paulo. *O poder de substituição em direito administrativo*: enquadramento dogmático-constitucional. Lisboa: Lex, 1995. v. 2.

OTERO, Paulo. *Privatizações, reprivatizações e transferências de participações sociais no interior do sector público*. Coimbra: Coimbra Ed., 1999.

OTERO, Paulo. *Vinculação e liberdade de conformação jurídica do sector empresarial do estado*. Coimbra: Coimbra Ed., 1998.

PARADA, Ramón. Administraciones independientes y estado regulador. *In*: MOREIRA NETO, Diogo de Figueiredo (Coord.). *Uma avaliação das tendências contemporâneas do direito administrativo*. Rio de Janeiro: Renovar, 2003.

PARADA, Ramón. *Derecho administrativo*. 5. ed. Madrid: Marcial Pons, 1993. t. I.

PARADA, Ramón. *Derecho administrativo*: organización y empleo público. Madrid: Marcial Pons, Ediciones Jurídicas y Sociales S.A., 2002. t. II.

PÁSSARO, Michele. *Le amministrazione indipendenti*. Torino: Giappichelle Editore, 1996.

PEMÁN GAVÍN, Juan. *Igualdad de los ciudadanos y autonomias territoriales*. Madrid: Civitas, 1992.

PEREIRA, Luiz Carlos Bresser. A reforma gerencial da Administração Pública Brasileira de 1995. *In: Moderna gestão pública*. Acta Geral do 2º encontro INA. Lisboa: Instituto Nacional de Administração, 2001.

PEREIRA, Luiz Carlos Bresser. Da Administração Pública burocrática à gerencial. *In*: PEREIRA, Luiz Carlos Bresser; SPINK, Peter (Org.) *Reforma do Estado e Administração Pública gerencial*. 7. ed. Rio de Janeiro: Fundação Getulio Vargas, 2006.

PINTO, Eduardo Vera-Cruz. *Apontamentos de história das relações internacionais*. Lisboa: Associação Acadêmica da Faculdade de Direito de Lisboa, 1998.

QUADROS, Fausto. *A nova dimensão do direito administrativo*: o direito administrativo português na perspectiva comunitária. Coimbra: Almedina, 1999.

RALLO LOMBARTE, Artemi. *La constitucionalidad de las administraciones independientes*. Madrid: Tecnos, 2002.

RAWLS, John. *Uma teoria da justiça*. Tradução de Carlos Pinto Correia. Lisboa: Editorial Presença, 2001.

RESTA, Raffaele. L'onere di buona amministrazione. *In: Scritti giuridici in onore di Santi Romano*. Padova: Cedam, 1940. v. 2.

RIVERO ORTEGA, Ricardo. *El estado vigilante*. Madrid: Tecnos, 2000.

ROCHA, J. A. Oliveira. Administração Pública managerial. *In: Gestão Pública e modernização administrativa*. Lisboa: Instituto Nacional de Administração – INA.

RODRÍGUEZ, Betancor. *Las administraciones independientes*. Madrid: Tecnos, 1994.

ROJO SALGADO, Argimiro. La experiencia del estado regional en Europa: un referente para el caso español. *Revista de Estudios Políticos*, Madrid, n. 127, ene./mar. 2005.

ROSSI, Giampaolo. *Diritto amministrativo*. Milano: Giuffrè, 2005. v. 1.

ROVERSI-MONACO, Fabio. Descentralização e centralização. *In*: BOBBIO, Norberto; PASQUINO, Gianfranco (Org.). *Dicionário de política*. 6. ed. Brasília: Ed. UnB, 1983. v. 1.

RUIVO, Vítor Manuel. A reinvenção da função pública e o instituto nacional de administração. *In*: *A reinvenção da função pública*. Lisboa: Instituto Nacional de Administração – INA, 2002.

RUIZ-RICO RUIZ, Gerardo. El estado social autonómico: eficacia e alcance de las normas programático-sociales de los estatutos de autonomía. *Revista Española de Derecho Constitucional*, Madrid, año 22, n. 65, mayo/ago. 2002.

SALAMON, Lester M. et al. (Org.). *Government and the Third Sector*: Emerging Relationships in Welfare States. San Francisco: Jossey-Bass, 1992.

SANTAMARÍA PASTOR, Juan Alfonso. *Principios de derecho administrativo general I*. Madrid: Iustel, 2004. (reimpressão, 2006).

SANTOS, Boaventura de Sousa (Org.). *Democratizar a democracia*: os caminhos da democracia participativa. 3. ed. Rio de Janeiro: Civilização Brasileira, 2005.

SANTOS, Boaventura de Sousa. *Pela mão de Alice*. São Paulo: Cortez, 1995.

SARMENTO, Daniel. *Direitos fundamentais e relações privadas*. 2. ed. Rio de Janeiro: Lumen Juris, 2006.

SARMENTO, Daniel. Ubiqüidade constitucional: os dois lados da moeda. *In*: SOUZA NETO, Cláudio Pereira de; SARMENTO, Daniel (Coord.). *A constitucionalização do direito*: fundamentos teóricos e aplicações específicas. Rio de Janeiro: Lumen Juris, 2007.

SCHWARTZ, Bernard. *Administrative Law*. Boston/Toronto: Little, Brown and Co., 1976.

SCHWARTZ, Bernard. *O federalismo norte-americano atual*. Rio de Janeiro: Forense Universitária, 1983.

SEPE, Onorato. *L'efficienza nell'azione amministrativa*. Milano: Giuffrè, 1975.

SILVA, Almiro do Couto e. Privatização no Brasil e o novo exercício de funções públicas por particulares. *In*: MOREIRA NETO, Diogo de Figueiredo (Coord.). *Uma avaliação das tendências contemporâneas do direito administrativo*. Rio de Janeiro: Renovar, 2003.

SILVA, Jorge Pereira da. Protecção constitucional dos direito sociais e reforma do Estado-providência. *In: A reforma do Estado em Portugal*: problemas e perspectivas: Actas do I Encontro Nacional de Ciência Política. Lisboa: Editorial Bizâncio, 2001.

SILVA, Vasco Pereira da. *Em busca do acto administrativo perdido*. Coimbra: Almedina, 2003.

SILVA, Vasco Pereira da. *Para um contencioso administrativo dos particulares*. Coimbra: Almedina, 2005.

SOLOZÁBAL ECHAVARRÍA, Juan José. El estado social como estado autonómico. *Teoría y Realidad Constitucional*, Madrid, n. 3, 1º semestre 1999.

SOUSA, Marcelo Rebelo de. *Lições de direito administrativo*. 2. ed. Lisboa: Pedro Ferreira, 1995. v. 1.

SOUSA, Marcelo Rebelo de. *Lições de direito administrativo*. Lisboa: Lex, 1999.

SOUSA, Marcelo Rebelo de; GALVÃO, Sofia. *Introdução ao estudo do direito*. Lisboa: Publicações Europa-América, 1998.

SOUSA, Marcelo Rebelo de; MATOS, André Salgado de. *Direito administrativo geral*. Lisboa: Dom Quixote, 2004. (Introdução e princípios fundamentais, t. I).

SOUTO, Marcos Juruena Villela. *Direito administrativo regulatório*. Rio de Janeiro: Lumen Juris, 2002.

STRECK, Lenio Luiz. Hermenêutica e concretização dos direitos fundamentais-sociais no Brasil. *In*: ANDRADE, André (Org.). *A constitucionalização do direito*. 1. ed. 2. tir. Rio de Janeiro: Lumen Juris, 2003.

SUSTEIN, Cass. O constitucionalismo após o *The New Deal*. *In: Regulação econômica e democracia*: o debate norte-americano. São Paulo: Ed. 34, 2003.

TÁCITO, Caio. O retorno do pêndulo: serviço público e empresa privada: o exemplo brasileiro. *In: Temas de direito público*: estudos e pareceres. Rio de Janeiro: Renovar, 1997. v. 1.

TOCQUEVILLE, Alexis de. *A democracia na América*: leis e costumes. São Paulo: Martins Fontes, 2005.

TOCQUEVILLE, Alexis de. *L'ancien régime et la révolution*. Paris: Gallimard, 1967.

TORRES DEL MORAL, Antonio. ¿Qué igualdad?. *Revista de Derecho Político*, Madrid, n. 44, 1998.

TORRES, Ricardo Lobo. *Tratado de direito constitucional, financeiro e tributário*: valores e princípios constitucionais tributários. Rio de Janeiro: Renovar, 2005.

TRIBE, Laurence H. *American Constitutional Law*. 2nd ed. Mineola: The Foundation Press, 1988.

VEDEL, Georges; DELVOLVÉ, Pierre. *Droit administratif.* 12ᵉ éd. Paris: PUF, 1992.

VIERA, Oscar Vilhena. *A Constituição e sua reserva de justiça.* São Paulo: Malheiros, 1999.

VILLORIA MENDIETA, Manuel. *La modernización de la administración como instrumento al servicio de la democracia.* Madrid: INAP, 1996.

WEBER, Albrecht. Estado social, direitos fundamentais sociais e segurança social na República Federal da Alemanha. In: *Direito constitucional:* estudos em homenagem a Manoel Gonçalves Ferreira Filho. São Paulo: Dialética, 1979.

WOLFF, Hans J.; BACHOF, Otto; STOBER, Rolf. *Direito administrativo.* Tradução de António F. de Sousa. 11. ed. alemã revisada. Lisboa: Fundação Calouste Gulbenkian, 2006. v. 1.

ZIMMERMANN, Augusto. *Teoria geral do federalismo democrático.* Rio de Janeiro: Lumen Juris, 2005.

ZIPPELIUS, Reinhold. *Teoria geral do Estado.* Tradução de Karin Praefke-Aires Coutinho. 3. ed. Lisboa: Fundação Calouste Gulbenkian, 1997.

Sites consultados

<http://www.portaldocidadao.pt/PORTAL/pt/noticias/03_2006>.

Portal do governo de Portugal: <http://www.portugal.gov.pt/Portal/PT>.

Índice de Assuntos

A

Absolutismo monárquico 39
Administração autônoma 103, 207
- Dimensões 105
- Espanha 107
- Portugal 107
Administração direta 15, 17
Administração independente
- Controle (debilitação) 263
Administração indireta 15, 17, 87
Administração participativa 108
Administração Pública
- Autonomia administrativa 103, 272
- Autonomia *versus* igualdade
 (dicotomia) 272-277
- - Equilíbrio 277-278
- Competências
 político-administrativas
 (delimitação) 191
- Controle (debilitação) 245
- Controle da eficiência
 (debilitação) 257
- Controle de legalidade
 (debilitação) 246
- Déficit de sistematização
 orgânico-funcional 227
- Democratização 92, 102, 114, 143
- Eficiência 123, 257
- Enquadramento jurídico-político ... 21
- Fragmentação administrativa .. 21-25,
 62, 65, 145, 207, 208, 227
- Gestão administrativa privada 243
- - Controle (debilitação) 251
- Guardiã dos direitos
 fundamentais 163
- Independência 157-158, 263
- Intervenção 210
- Liberal 204
- Modelo piramidal 235

- Modelo policêntrico 235
- Opção política pelo "tamanho" 203
- Participativa 108
- Pluralismo 79-80, 116, 123,
 205, 239, 248
- Princípios gerais 130
- Privatização 207, 209, 231, 253-255
- Reforma administrativa 21-23,
 126, 130
- Reforma constitucional 130
- Reguladora 67, 88, 91
- Sistema jurídico (transformações) .. 95
- Social 67, 84, 91, 92,
 140, 142, 204, 213
- Submissão à lei e ao parlamento ... 47
- Transferência de tarefas para
 o setor privado 87
Administração Pública reguladora ... 67
Administração Pública social 67, 78
Administração urbana 36
Agência reguladora 154-156, 188
Atividade privada 85
Atividade pública 85, 233

C

Código de Procedimento
Administrativo 112, 130
Código dos Contratos Públicos 131
Companhias coloniais 57, 58
Companhias majestáticas 58
Comunidade Econômica Europeia . 129
Concentração
 político-administrativa 53
- França 53
Concessão pública 57
Constituição dirigente 84
Contrato administrativo 83, 94
Contrato público *ver* Contrato
administrativo

B
Bem-estar social *ver* Estado de bem-estar social

D
Democracia 101, 143
- Crise 102
- Princípios constitucionais 114
Democracia liberal 106
Democracia social 75, 106
Desigualdade 218
Despotismo esclarecido 38
Direito administrativo
- Constitucionalização 117
- Mudança da centralidade jurídica 165
- Surgimento 47
Direito comunitário 131
Direito social 76
- Constitucionalização portuguesa ... 70
Direitos fundamentais sociais
- Portugal 70

E
Eficiência administrativa (princípio) 90, 257, 263
- Conceituação 133
- Constitucionalização 132
- Subprincípios 135
Era da informação 85
Estado
- Controle e fiscalização
- - Repartição dos poderes 188-191
- Crise da autoridade 83
- Forma de Estado 212
- Fragmentação 91
- Fragmentação administrativa .. 21-25, 62, 65, 145, 227
- - Formas 237
- Normas constitucionais 162
- Separação dos poderes 46
- Terceiro setor 80
- Vinculações jurídico-públicas 162
Estado absoluto 38

Estado central 176, 177
- Controle 181
- - Controle externo 185
- - Controle interno 182
- - Controle jurídico 183
- - Tribunal de Contas 185
- Normas gerais 171
Estado de bem-estar social .. 69-77, 106, 180, 200, 201, 205, 213, 229, 272
- Centralização *versus* regionalização 278-285
- Igualdade 217, 271-272
Estado de polícia 43
Estado democrático de direito 103
Estado do investimento social 88
Estado liberal 46, 55, 63, 64, 88, 93, 204
- Características 46-47
- Crise 75, 94
- França 54
Estado moderno 40, 43
- Conceito 43
Estado português
- Descentralização 107
- Privatização 209
Estado pós-social 132
Ver também Estado social (crise)
Estado regulador 88
Estado social 26, 28, 59, 89, 94, 173, 204, 205, 213, 216
- Crise 82, 132
- Fragmentação administrativa 207
- Modelo pluralista 59
- Portugal 81
Ver também Bem-estar social

F
Feudalismo 35
Fisco 44, 45
Fragmentação administrativa (Estado) 21-25, 62, 65, 145, 227, 269, 285, 291-294
- Estado moderno 40, 43

Índice de Assuntos | 313

- Evolução histórica 31
- Formas 237
- França 50
- Idade média 34-36
- Império romano 32-34
- Inglaterra 51
- Limitações jurídico-políticas 145
- Monarquia 36-43
- Parceria com o setor privado 56
- Politização 270-272
- Problemas 227
  Ver também Administração Pública
  Ver também Estado
  Ver também Estado português
  Funções administrativas
- Atuação cidadã (formas) 111

G
Gestão pública
- Ordens 16-17
Globalização 89, 126

I
Império romano 32-34
- Fragmentação
  político-administrativa 33
Interesse privado 255
Interesse público 255

J
Juridicidade administrativa
  (princípio) 98, 247

L
Liberalismo 91

N
Normas constitucionais 159, 162

O
Ofício público
- Patrimonialização 42
Organização não governamental
  (ONG) 17-18

Organização social (OS) 16-18
Organizações da sociedade civil
  de interesse público (OSCIP) 16-18

P
Poder administrativo
- Legitimidade 115
- Politização 268
Políticas públicas
- Controle pelo Poder Judiciário 149
Prestação de serviço público ver
  Serviço público (prestação)
Princípio da boa administração ver
  Princípio da eficiência
Princípio da descentralização .. 201, 230
Princípio da eficiência 90, 123, 132
- Conceituação 133
- Constitucionalização 132
- Subprincípios 135
Princípio da igualdade 56, 151,
                                213-220, 272
Princípio da juridicidade 101, 209
Princípio da legalidade 163, 164,
                                174-175
Princípio da legitimidade 115
Princípio da participação 108, 112
- Direito português 101, 108
Princípio da proporcionalidade 97
Princípio da razoabilidade 97
Princípio da subsidiariedade .. 153, 195,
                                196, 201
Princípio da unidade
  político-administrativa 145, 192
- Exercício do poder 152
- Mecanismos, princípios e
  normas 159-161
- Normas constitucionais 152
- Normas gerais 152
- Partidos de base territorial 153
- Princípio da igualdade 151
- Princípio da subsidiariedade 153
Princípios fundamentais 159
Privatização 207, 209, 231, 253
- Estado português 209

	página
Programa de Simplificação Administrativa e Legislativa (Simplex)	130

R
Reforma administrativa
 (Estado) 21-22
Regimes presidencialistas 150
Reserva de lei 175, 179
 Ver também Princípio da legalidade
Revolução Francesa 46, 55

S
Self-government 50
Separação dos poderes
 (princípio) 46, 63, 64
Serviço público (prestação) 84
- Melhoria 90

	página
Supremacia do interesse público (princípio)	97

T
Teoria da captura 266
Teoria do domínio 44
Teoria do fisco 44
Teoria dos diretos
 tfundamentais 166
Terceira via 88-89

U
Unidade político-administrativa 145

W
Welfare state 70-72, 210
- Crise 85
 Ver também Bem-estar social

ÍNDICE DA LEGISLAÇÃO

C
Código de Procedimento Administrativo (Portugal)
- art. 100 112

Constituição da República do Brasil (1988)
- art. 1º 107, 121, 145
- - inc. III 215
- art. 3º 216
- art. 5º
- - inc. LXXVIII 19
- art. 6º 81
- art. 23 199
- art. 24 199
- art. 25, §1º 199
- art. 29, inc. X 121
- art. 30
- - inc. I 199
- - inc. IX 190
- art. 34 .... 183, 187
- art. 35 183
- art. 37 183
- art. 37 .... 15, 138
- art. 84 148
- - inc. II 187
- art. 125 183
- art. 170 17
- art. 173 .... 15, 169
- art. 175 .... 15, 84
- art. 182 121
- art. 194, inc. VII 121
- art. 198, inc. III 121
- art. 199, §1º 16
- art. 204
- - inc. I 16
- - inc. II 121
- art. 205 16
- art. 206, inc. VI 121
- art. 216, §1º 16, 122
- art. 225 122
- art. 227 16

Constituição da República Espanhola (1978)
- art. 9.2 121
- art. 23.1 121
- art. 105 121

Constituição da República Italiana (1947)
- art. 97 135

Constituição da República Portuguesa (1976)
- art. 1.º 69, 215
- art. 2.º 69
- art. 6.º, n.º 1 145
- art. 9.º, d 69, 179, 216
- art. 13.º 215
- art. 18.º, n. 1.º 69, 167
- art. 51.º, n.º 4 153
- art. 56.º, n.º 2 115
- - letra b) 112
- - letra d) 112
- art. 63.º, n.º 5 80
- art. 73.º, n.º 3 112
- art. 81.º
- - c 136
- - d 180
- art. 90 180
- art. 91.º, n.º 3 180
- art. 105.º
- - n.º 2 181
- - n.º 3 181
- art. 112.º, n.º 2 200
- art. 182.º 146, 147, 186
- art. 194.º, n.º 1 .... 146, 154

	página
- art. 199.º, letra d	147, 186, 243
- art. 226.º, n.º 2	137
- art. 227.º, n.º 1	200
- art. 235.º, n.º 2	105, 121, 270
- art. 266.º	168
- - n.º 2	119
- art. 267.º	120
- - n.º 1	112, 136, 168
- - n.º 2	136, 168
- - n.º 5	112, 270
- art. 273.º	
- - n.º 1	178
- - n.º 2	178

D
Decreto-Lei nº 200/1967 15

	página
Diretivas Comunitárias nº 2004/17/CE (Portugal)	131
Diretivas Comunitárias nº 2004/18/CE (Portugal)	131

E
Emenda Constitucional
nº 19/1999 .... 131, 138
Emenda Constitucional
nº 45/2004 19

L
Lei nº 8.031/1990 154
Lei nº 9.784/1999 138
- art. 2º 138
Lei nº 9.790/1999 80

Índice Onomástico

	página

A
Abreu, A. 230
Alber, J. 71, 72
Albuquerque, Martin de 38, 39, 216
Alexy, Robert 164
Amaral, Carlos Eduardo
    Pacheco 60, 75, 76, 81, 93, 99,
        104, 106, 108, 118,
        155, 196, 198
Amaral, Diogo Freitas do 33, 34,
        35, 36, 39, 41, 42, 43, 46, 49,
        53, 57, 183, 184, 228, 231,
        234, 238, 240, 279, 280,
        282, 283, 284, 285
Amaral, Maria Lúcia 214, 215, 217
Andrade, José Carlos
    Vieira de 167, 218
Andreani, Antonio 260
Aragão, Alexandre Santos de .. 155, 236
Arendt, Hannah 72, 99
Arretche, Marta T. S. 199
Auger, J. 129
Ávila, Humberto 96
Azzariti, Gaetano 120

B
Bachof, Otto 32, 34, 44, 45, 39, 118
Baena del Alcázar, Mariano .. 36, 47, 48,
        49, 52, 57, 61, 103, 269, 270
Baño León, José María 152, 168, 276
Baracho, José Alfredo de
    Oliveira 172, 196
Barcellos, Ana Paula de 149
Barroso, Luís
    Roberto 97, 164, 165, 166, 246
Bastos, Celso Ribeiro 172
Batista Júnior, Onofre Alves ... 125, 133,
        134, 135, 138, 258, 260, 262

Bielsa, Rafael 163
Binenbojm, Gustavo 48, 51, 96, 97,
        98, 101, 109, 112, 113, 117,
        118, 155, 156, 166, 167,
        169, 236, 245, 263
Bobbio, Norberto 87, 93, 246
Bonavides, Paulo 68, 116, 173,
        199, 214, 246, 273,
        275, 279
Branco, Paulo Gustavo Gonet 169

C
Cabo Martín, Carlos de 81
Caetano, Marcello 32, 35, 36, 41,
        42, 183-184, 185, 186
Calil, Laís 264
Canotilho, José Joaquim
    Gomes 44, 69, 73, 82, 84, 89, 90,
        95, 100, 104, 107, 118, 120,
        128, 146, 150, 162, 165,
        166, 172, 175, 214, 216,
        217, 219, 239
Carapeto, Carlos 126, 127, 129, 130
Caringella, Francesco 156, 157
Carré de Malberg, R. 92
Carvalho Filho, José dos Santos 261
Cassese, Sabino 22, 50, 51, 83
Castells, Manuel 67, 85
Castro, Carlos Roberto Siqueira 154
Caupers, João 94, 234
Chevallier, Jacques 37
Coelho, Inocêncio Mártires 169
Correia,
    Sérvulo 83, 176, 251, 259, 253
Cossío Díaz, José Ramón 273
Cotarelo, Ramon 82
Cottier, B. 156
Cravinho, João 229

D

Dallari, Adilson Abreu 124
Delvolvé, Pierre 163
Desdentado Daroca, Eva 265
Di Pietro, Maria Sylvia Zanella 113
Doehring, Karl 217
Duverger, Maurice 163
Dworkin, Ronald 116, 164

E

Echavarría, Juan José 273
Espingandersen, G. 70
Estorninho, Maria João 45, 82, 83,
90, 94, 127, 130, 133, 166,
167, 231, 233, 235,
251, 252, 253, 254

F

Falzone, Guido 125, 135
Fanlo Loras, Antonio 54
Fernández, Tomás-Ramón 45
Fernández-Miranda Campoamor,
 Alfonso 215
Fernández-Valmayor, José Luis 273,
274, 279
Ferreira, Eduardo Paz 90
Ferreira Filho, Manoel Gonçalves ... 164
Finer, S. E. 32, 34, 35, 37, 39
Flora, P 71, 72
Fonseca, Fátima 126, 127, 129, 130
Fonseca, Rui Guerra da 58
Forsthoff, Ernst 26, 32, 49, 231
Freitas, Daniela Bandeira de 14, 20

G

Galvão, Paulo Braga 73
Garcia, Maria da Glória F. P. D. 215
García de Enterría,
 Eduardo 45, 48, 51, 100, 111, 112
Giannini, Massimo Severo 101
Giddens, Anthony 68, 88
Gilissen, John 32
Gonçalves, Pedro 33, 57, 77, 94, 104,
115, 124, 132, 133, 204, 205,
206, 207, 208, 209, 227,
228, 229, 230, 232, 233,
234, 235, 258
Grau, Eros
 Roberto 97, 165, 203, 211, 265
Greco, Marco Aurélio 262
Grotti, Dinorá Adelaide Musetti 112
Guedes, Armando Manuel de
 A. Marques 33, 57, 232

H

Habermas, Jürgen 109-110, 116,
163, 165, 166
Hauriou, Maurice 54
Hespanha, António Manuel 73
Hesse, Konrad 218

I

Itália, Vittorio 262

J

Jellinek, Georg 37
Justen Filho, Marçal 158, 264, 265

L

Larenz, Karl 165, 166
Loewenstein, Karl 150
Loss, Giovani R. 265, 266
Lucas Murillo de La Cueva,
 Enrique 274
Luhmann, Niklas 116

M

Maças, Fernanda 155, 156, 158,
161, 188, 189, 238,
263, 265, 266
Mainardis, Cesare 196-197, 198
Marcos, Rui Manuel de
 Figueiredo 33
Marques Neto, Floriano de
 Azevedo 265, 265, 268
Marques, Rui Cunha 189, 266
Martínez-Carrasco Pignatelli,
 Concepción 110

	página

Martins, Margarida Salema
D'Oliveira 153, 195, 196, 198
Martín-Retortillo, Sebastián 253
Matos, André Salgado de 46, 61
Matteucci, Nicola 44
Maurer, Hartmut 168
Mayer, Otto 42, 44, 50
Medauar, Odete 164
Meirelles, Hely Lopes 258
Mello, Celso Antônio
Bandeira de 112, 181, 188, 252
Mendes, Gilmar Ferreira 169
Merkl, Adolf 117
Miranda, Jorge 35, 39, 44, 45, 68,
81, 162, 167, 172, 212,
218, 219, 239
Moncada, Luís S. Cabral de 59, 133,
135, 139, 140, 280, 281
Montalvo, António Rebordão 75
Moraes, Alexandre de 138, 198
Moraes, Germana de Oliveira 185
Morais, Carlos
Blanco de 154, 171, 198
Moreira, Egon Bockmann 265
Moreira, Vital 46, 60, 61, 78, 79,
88, 89, 93, 94, 100, 104, 105,
106, 112, 146, 155, 156, 158,
161, 166, 188, 189, 205,
206, 234, 235, 238,
263, 265, 266, 267
Moreira Neto, Diogo de
Figueiredo 80, 97, 119, 124, 125, 261
Mozzicafreddo, J. 128
Muñoz Machado, Santiago 154, 195

N
Novais, Jorge Reis 69, 215

O
Oliveira, César 52
Oliveira, Mouzinho de 53
Otero, Paulo 38, 39, 40, 42, 47, 48,
55, 56, 57, 58, 59, 61, 62, 68,
69, 78, 79, 81, 85, 90, 92, 93,

95-97, 98, 101, 107, 114, 115,
116, 117, 118, 119, 122, 124,
134, 136, 137, 148, 149, 150,
151, 152, 153, 154, 156, 157,
160, 163, 165, 166, 167, 168,
174, 176, 177, 178, 180, 181,
182, 183, 186, 187, 194, 195,
196, 197, 198, 200, 201, 202,
204, 206, 209, 210, 211, 213,
216, 217, 229, 230, 233, 234,
238, 239, 243, 244, 246, 247,
248, 250, 251, 252, 253, 254,
264, 265, 269, 270, 275

P
Parada, Ramón 45, 51, 52, 55, 56
Pássaro, Michele 189
Pemán Gavín, Juan 276, 277
Pereira, Luiz Carlos Bresser 130
Pereira, Luiz Carlos Bresser 229
Pereira Junior, Jessé Torres 20
Pinto, Eduardo Vera-Cruz 58

Q
Quadros, Fausto 171

R
Rallo Lombarte,
Artemi 155, 156, 157, 158, 160, 161
Rawls, John 164, 214
Resta, Raffaele 125
Rivero Ortega, Ricardo 189
Rocha, J. A. Oliveira 133
Rodríguez, Betancor 188
Rojo Salgado, Argimiro 279
Rossi, Giampaolo 44, 49, 54
Roversi-Monaco, Fabio 147, 238
Ruiz-Rico Ruiz, Gerardo 72

S
Santamaría Pastor, Juan Alfonso 31,
39, 41, 42, 43, 47, 49,
77, 97, 104, 107, 108,
116, 231, 232

página	página
Santos, Boaventura de Sousa.....72, 109	Torres del Moral, Antonio........216, 217
Sarmento, Daniel.........68, 69, 70, 72, 76	Torres, Ricardo Lobo.........................166
Schwartz, Bernard.....................199, 207	Tribe, Laurence H................................76
Sepe, Onorato 134	
Silva, Vasco Pereira da.....48, 56, 61, 83, 127, 163, 204, 206, 207	**V** Vedel, Georges....................................163
Solozábal Echavarría, Juán José 274	Viera, Oscar Vilhena 164
Sousa, Marcelo Rebelo de 46, 61, 87, 101, 108, 112, 137, 146, 147, 168, 228, 230, 232, 249, 250, 259, 260	Villoria Mendieta, Manuel................88 **W** Weber, Albrecht.................................218
Souto, Marcos Juruena Villela.........268	Wolff, Hans J. 32, 34, 39, 39
Stober, Rolf....................32, 34, 38, 39, 44	
Streck, Lenio Luiz..........................68, 69	**Z**
Sustein, Cass 157	Zimmermann, Augusto....................172
	Zippelius, Reinhold 149, 151, 153, 168, 191, 192, 193, 194
T	
Tocqueville, Alexis de..................50, 51	

Esta obra foi composta em fonte Palatino Linotype, corpo 10
e impressa em papel Offset 75g (miolo) e Supremo 250g (capa)
pela Gráfica e Editora O Lutador.
Belo Horizonte/MG, maio de 2011.